财政部规划教材

财务管理实务

格仁其木格　主　编
刘丽莎　副主编

中国财经出版传媒集团
经济科学出版社
Economic Science Press

图书在版编目（CIP）数据

财务管理实务／格仁其木格主编．—北京：经济科学出版社，2020.6（2022.3 重印）
财政部规划教材
ISBN 978-7-5218-1550-4

Ⅰ.①财…　Ⅱ.①格…　Ⅲ.①财务管理-高等学校-教材　Ⅳ.①F275

中国版本图书馆 CIP 数据核字（2020）第 075543 号

责任编辑：白留杰
责任校对：蒋子明
责任印制：李　鹏

财务管理实务
格仁其木格　主　编
刘丽莎　副主编
经济科学出版社出版、发行　新华书店经销
社址：北京市海淀区阜成路甲 28 号　邮编：100142
教材分社电话：010-88191309　发行部电话：010-88191522
网址：www.esp.com.cn
电子邮箱：bailiujie518@126.com
天猫网店：经济科学出版社旗舰店
网址：http://jjkxcbs.tmall.com
北京密兴印刷有限公司印装
787×1092　16 开　19.75 印张　500000 字
2020 年 7 月第 1 版　2022 年 3 月第 2 次印刷
ISBN 978-7-5218-1550-4　定价：60.00 元
（图书出现印装问题，本社负责调换。电话：010-88191510）

前言

本教材共设九章内容，从企业财务管理工作基本理论知识入手，以财务预测、财务决策、财务预算、财务控制和财务分析等财务活动为主线，以财务基本技能（资金时间价值和风险价值）、筹资管理、投资管理、营运资金管理和收入分配管理为主要内容进行编写。编写过程中，我们吸收借鉴国内外学者在财务管理领域的研究成果，融合了会计专业技术资格考试所要求相关知识、技能与能力的需要，结合了高等院校财务管理教学的实际需要。本教材可供高等院校财经类、经济管理类学生使用，可供财务工作者和自学人员使用。

本书采用了全新的体例格式，将理论和实践紧密结合在一起。全书各部分内容均由学习目的、引入知识、案例导入、知识点的思考及互动环节等内容组成，启发学生思考，激发他们的学习热情。

本书具有以下几个特点：

（1）注重我国高职高专教育教学改革的要求及岗位针对性和综合性结合，并且体系完整，内容全面。

（2）注重应用能力的培养，围绕培养应用型人才的目标，克服重理论、轻实践的弊端，侧重实务介绍，突出应用性，强化操作性。

（3）注重结构安排新颖，强化趣味性与可读性。通过案例、实务演练、知识点思考等编写方法，将晦涩难懂的专业术语，以通俗易懂的语言表达，风格新颖，案例生动，贴近国内经济领域。

在编写过程中，参阅了大量财务管理方面的书籍，借鉴了许多财务管理方面的案例，在此一并表示感谢！

由于编者水平所限，书中难免存在一些缺点和不足，在此，恳请广大读者批评指正！

编者

2020 年 4 月

目录

第一章 财务管理工作基本理论知识 …… (1)
第一节 财务管理的内容 …… (3)
第二节 财务管理目标选择与协调 …… (10)
第三节 财务管理环境 …… (15)
第四节 财务管理组织机构 …… (20)
第二章 资金时间价值和风险价值 …… (27)
第一节 资金时间价值的内容 …… (30)
第二节 资金时间价值的计算与应用 …… (33)
第三节 风险价值指标的计算与应用 …… (45)
第三章 筹资管理 …… (57)
第一节 筹资管理概述 …… (60)
第二节 企业资金需要量预测 …… (64)
第三节 债务筹资 …… (72)
第四节 权益筹资 …… (86)
第四章 资金成本与资金结构 …… (95)
第一节 资金成本 …… (98)
第二节 杠杆原理 …… (104)
第三节 资本结构 …… (114)
第五章 证券投资管理 …… (129)
第一节 证券投资概述 …… (132)
第二节 证券投资的收益评价 …… (135)
第三节 证券投资的风险与组合 …… (141)
第六章 项目投资管理 …… (153)
第一节 项目投资管理概述 …… (156)
第二节 项目投资的现金流量估算 …… (160)
第三节 项目投资决策评价指标计算与评价 …… (167)
第四节 项目投资决策方法的应用 …… (183)

第七章　营运资金管理 …… (193)
第一节　营运资金管理概述 …… (196)
第二节　现金管理 …… (198)
第三节　应收账款管理 …… (205)
第四节　存货管理 …… (213)
第八章　收入与分配管理 …… (229)
第一节　收入与分配管理的主要内容 …… (233)
第二节　收入管理 …… (236)
第三节　收益分配管理概述 …… (246)
第四节　收益分配程序 …… (249)
第五节　股利理论和股利政策 …… (251)
第九章　财务分析 …… (267)
第一节　财务分析概述 …… (271)
第二节　财务分析的方法 …… (272)
第三节　财务指标分析 …… (276)
第四节　财务综合分析 …… (287)
附录　资金时间价值系数表 …… (299)
复利终值系数表 …… (301)
复利现值系数表 …… (303)
年金终值系数表 …… (305)
年金现值系数表 …… (307)
参考文献 …… (309)

第一章

财务管理工作基本理论知识

PPT：财务管理工作基本理论知识

学习目标

* 理解财务管理的基本内容及财务关系
* 理解财务管理目标及不同观点的优缺点
* 了解财务管理环境及组织机构

【引入知识】

企业经营的目的是获利。企业一旦成立，在经营中就会面临竞争，并始终处于生存和倒闭、发展和萎缩的矛盾之中。企业必须生存下去才可能获利，只有不断发展才能求得生存。财务管理就是研究企业在经营中资金运动的规律性，并使其产生最大效益的一门学科。它将告诉你如何融通资金、如何评价投资、如何聚财生财……

你所在的企业获利了吗？获利的企业一定是由谙熟财务管理基本理念和方法的企业家所经营管理的企业。经商不懂理财，就如同捕鱼不知收网，忙忙碌碌，一无所获。

本章将引领你进入财务管理的奇妙世界——财务管理工作基本理论知识，即财务管理的学习内容、财务管理的基本概念、财务管理的目标、财务管理的环节、财务管理的环境等。

【案例导入】

（一）案例资料

春秋战国时期，齐国有一个喜欢打猎的人，花费许多时间去打猎，结果一无所获，回家之后，觉得愧对家人，决心不再打猎，安心种田。可是秋天到了，其收成也不如别人。

他仔细琢磨：为什么自己打猎猎不到猎物，种田也得不到好收成？最后才明白，打猎猎不到猎物，是因为没有好猎狗；种庄稼得不到好收成，是因为没有好的肥料。等到他拥有了好的猎狗，每天都满载而归，终于实现了一个好猎手的心愿。

（二）阅读分析

（1）为什么好的猎狗能帮助猎人打到更多更好的猎物？

（2）你认为现代企业靠什么成功？

资料来源：宋海涛，王静．财务管理基础知识训练与案例分析教程．哈尔滨工业大学出版社，2014.

文本：案例导入分析提示

第一节　财务管理的内容

一、财务管理基本概念

任何企业的生产经营活动，都是运用人力、物资与信息等各项生产经营要素来进行的，其中包含了生产经营的业务活动和财务活动两个方面，与之对应的，在企业中必然存在两种基本管理活动，即生产经营管理和财务管理。企业财务是指企业生产经营过程中的资金运动及其所体现的财务关系。财务管理是组织企业财务活动，处理财务关系的一项经济管理工作。理解企业财务管理的基本概念，还必须了解资金运动、财务活动及财务关系等相关概念。

（一）资金运动及形式

资金是企业生产经营过程中物资价值的货币表现，其实质是再生产过程中不停转化物质形态的货币流。资金运动是指企业实物商品运动和金融商品运动过程中的价值运动。具体表现为两种形式：

1. 实物商品资金运动

企业再生产过程是实物商品的使用价值的生产和交换与价值的形成和实现过程的统一。实物商品经过采购、生产和销售三个基本环节，即表现为其使用价值的实现过程，又表现为实物商品的价值运动过程。这种价值运动过程可用图 1－1 表示。

$$G——W\left\langle\begin{matrix}A\\ P_m\end{matrix}\right.——P——W'——G'$$

图 1－1　实物商品资金运动

随着实物商品的采购、生产和销售的进行，货币资金（G）依次转化为商品资金（W 表现为一定数量的劳动力 A 和生产资料 P_m）、生产资金（P）、产成品资金（W'）和更多的货币资金（G'）。资金运动的结果实现了资金的增值性要求。

2. 金融商品资金运动

金融商品是指在金融市场反复买卖，并有市场价格的各种有价证券（如股票、债券等）。企业进行的各种金融商品投资或买卖活动可用图 1－2 表示。

$$G——G^W——G'$$

图 1－2　金融商品资金运动

随着金融商品买卖的进行，货币资金（G）依次转化为金融商品资金（G^w）和更多的货币资金（G'）。

如果企业利用发行股票或债券筹集资金以及之后的偿付资金（如回购股票、支付股利；还本付息），完整的实物商品资金运动可用图 1－3 表示。

$$G^w——G——W\left\langle\begin{matrix}A\\ P_m\end{matrix}\right.——P——W'——G'——G^w$$

图 1－3　完整的实物商品资金运动

G —— G 成为实物商品运动的前提，称为筹资活动，实物商品运动称为广义的投资活动，G'——G^w 成为实物运动的结果，称为偿付筹资活动。

（二）财务活动与财务关系

1. 财务活动

如前所述，企业资金运动过程是资金形态的不断转化及其增值过程，这一过程是通过一系列的财务活动实现的。所谓财务活动是指资金的筹集、运用、耗资、收回及分配等一系列行为。其中资金的运用、耗资、收回又称为投资。资金运动和财务活动对应关系如图 1－4 所示。

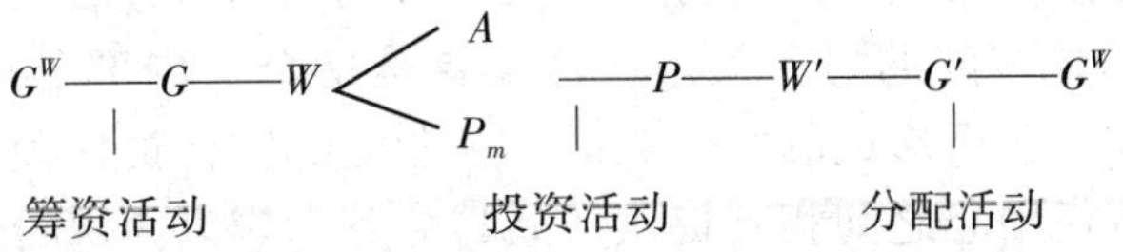

图 1－4　资金运动和财务活动对应关系

筹资活动是资金运动的前提，投资活动是资金运动的关键，分配活动是作为投资成果进行的，体现了企业投资与筹资的目标要求。

2. 财务关系

企业的财务活动是以企业为主体来进行的，企业作为法人在组织财务活动过程中，必然与企业内外部有关各方发生广泛的经济利益关系，这就是企业的财务关系。企业的财务关系可概括为以下几个方面：

（1）企业与国家行政管理者之间的财务关系。国家作为行政管理者——政府，担负着维护社会正常的秩序、保卫国家安全、组织和管理社会活动等任务。政府为完成这一任务，必然无偿参与企业利润的分配。企业则必然按照国家税法规定缴纳各种税款，包括所得税、流转税和计入成本的税金。这种关系体现为一种强制和无偿的分配关系。

（2）企业与投资者之间的财务关系。这主要是指企业的所有者向企业投入资本形成的所有权关系，企业的所有者主要有：国家、个人和法人单位，它具体表现为独资、控股和参股关系。企业作为独立的经营实体，独立经营，自负盈亏，实现所有者资本的保值与增值。所有者以出资人的身份，参与企业税后利润的分配，体现为所有权性质的投资与受资的关系。

（3）企业与债权人之间的财务关系。这主要是指债权人向企业发放贷款资金，企业按借款合同的规定按时支付利息和归还本金所形成的经济关系，企业的债权人主要有：金融机构、企业和个人。企业除利用权益资金进行经营活动外，还要借入一定数量的资金，以便扩大企业经营规模，降低资金成本。企业同债权人的财务关系在性质上属于债务与债权的关系。在这种关系中，债权人不像资本投资者那样有权直接参与企业经营管理，对企业的重大活动不享有表决权，也不参与剩余收益的分配，但在企业破产清算时享有优先求偿权。因此债权人投资的风险相对较小，收益也较低，体现为债务与债权的关系。

（4）企业与受资者之间的财务关系。这主要是指企业以购买股票或直接投资的形式向其他企业投资所形成的经济关系。随着市场经济的不断深入发展，企业经营规模和经营范围的不断扩大，这种关系将会越来越广泛。企业与受资方的财务关系体现为所有权性质的投资与受资的关系。企业向其他单位投资，依其出资额，可形成独资、控股和参股情况，并根据其出资份额参与受资方的重大决策和利润分配。企业投资最终目的是取得收益，但预期收益能否实现，也存在一定的投资风险。投资风险大，要求的收益高。体现为投资者和受资者之间的关系。

（5）企业与债务人之间的财务关系。这主要是指企业将资金购买债券、提供借款或商业信用等形式出借给其他单位所形成的经济关系。企业将资金借出后，有权要求其债务人按约定的条件支付利息和归还本金。企业同其他债务人的关系体现为债权与债务关系。企业在提供信用的过程中，一方面会产生直接的信用收入，另一方面也会发生相应的机会成本和坏账损失的风险，企业必须考虑两者的对称性。体现为债权和债务之间的经济关系。

（6）企业内部各单位之间的财务关系。这主要是指企业内部各单位之间在生产经营各环节中相互提供产品或劳务所形成的经济关系。企业内部实行责任预算与责任考核与评价的情况下，企业内部各责任中心之间相互提供产品与劳务，应以内部转移价格进行核算。这种在企业内部形成的资金结算关系，体现为企业内部各单位之间的利益均衡关系。

（7）企业与客户之间的财务关系。这主要是指企业购买供货商的商品或接受其劳务，以及企业向客户销售商品或提供劳务过程中形成的经济关系，体现为交易关系。

（8）企业与职工之间的财务关系。这主要是指企业向职工支付劳动报酬过程中所形成的经济关系。职工是企业的劳动者，他们以自身提供的劳动作为参加企业分配的依据。企业根据劳动者的劳动情况，用其收入向职工支付工资、津贴和奖金，并按规定提取公益金等，体现了职工个人和集体在劳动成果上的分配关系。

思考

如何理解企业资金运动？在企业财务活动中形成哪些财务关系？

二、财务管理的内容

根据以上分析，财务管理是基于企业再生产过程中客观存在的财务活动和财务关系而产生的，是企业组织财务活动、处理与各方面财务关系的一项经济管理工作。企业筹资、投资和利润分配构成了完整的企业财务活动，与此对应的，企业筹资管理、投资管理和利润分配管理便成为企业财务管理的基本内容。

（一）筹资管理

筹资管理是企业财务管理的首要环节，是企业投资活动的基础。事实上，在企业发展过程中，筹资及筹资管理是贯穿始终的。无论在企业创立之时，还是在企业成长过程中追求规模扩张，甚至日常经营周转过程中，都可能需要筹措资金。可见，筹资是指企业为了满足投资和用资的需要，筹措和集中所需资金的过程。在筹资过程中，企业一方面要确定筹资的总规模，以保证投资所需要的资金；另一方面要选择筹资方式，降低筹资的代价和筹资风险。

企业的资金来源按产权关系可以分为权益资金和负债资金。一般来说，企业完全通过权益资金筹资是不明智的，不能得到负债经营的好处。但负债的比例大则财务风险也大，企业随时可能陷入财务危机。因此，筹资决策的一个重要内容是确定最佳的资本结构。

企业资金来源按使用的期限，可分为长期资金和短期资金。长期资金和短期资金的筹资速度、筹资成本、筹资风险以及借款时企业所受到的限制条件不同。因此，筹资决策要解决的一个重要内容是安排长期资金与短期资金的比例关系。

（二）投资管理

投资是指企业资金的运用，是为了获得收益或避免风险而进行的资金投放活动。在投资过程中，企业必须考虑投资规模；同时，企业还必须通过投资方向和投资方式的选择，确定合理的投资结构，以提高投资效益、降低投资风险。投资是企业财务管理的重要环节。投资决策的失败，对企业未来经营成败具有根本性影响。

1. 投资按其方式可分为直接投资和间接投资

（1）直接投资是指将资金投放在生产经营性资产上，以便获得利润的投资。在日常生产经营活动中，会发生一系列的资金收付行为。首先，企业需要采购材料或商品，从事生产和销售活动，并支付工资和其他营业费用；其次，当企业把商品或产品售出后，便可取得收入，收回资金；最后，如果资金不能满足企业经营需要，还要采取短期借款方式来筹集所需要资金。为满足企业日常，营业活动的需要而垫支的资金称为营运资金。因企业日常经营而引起的财务活动，也称为资金营运活动。在一定时期内，营运资金周转速度越快，资金的利用效率就越高，企业就可能产生出更多的产品，取得更多的收入，获取更多的利润。

（2）间接投资又称证券投资，是指将资金投放在金融商品上，以便获得利息或股利收入的投资，如购买政府债券、购买企业债券和企业股票等。

2. 按投资影响的期限长短分为长期投资和短期投资

（1）长期投资是指其影响超过一年以上的投资，如固定资产投资和长期证券投资。前者又称资本性投资。由于长期投资涉及的时间长、风险大，直接决定着企业的生存和发展，因此，在决策分析时更重视资金时间价值和投资风险价值。

（2）短期投资又称流动资产投资或营运资金投资，是指其影响和回收期限在一年以内的投资，如应收账款、存货和短期证券投资。

3. 按其投资的范围分为对内投资和对外投资

（1）对内投资是对企业自身生产经营活动的投资，如购置流动资产、固定资产、无形资产等。

（2）对外投资是以企业合法资产对其他单位或对金融资产进行投资，如企业与其他企业联营、购买其他企业的股票、债券等。

（三）利润（股利）分配管理

企业通过投资必然会取得收入，获得资金的增值。分配总是作为投资的结果而出现的，它是对投资成果的分配。投资成果表现为取得各种收入，并在扣除各种成本费用后获得利润，所以，广义地说，分配是指对投资收入（如营业收入）和利润进行分割和分派的过程，而狭义的分配仅指对利润的分配。利润（股利）分配管理就是要解决在所得税交纳后的企业获得的税后利润中，有多少分配给投资者，有多少留在企业作为再投资之用。如果利润发放过多，会影响企业再投资能力，使未来收益减少，不利于企业长期发展；如果利润分配过少，可能引起投资者不满。因此，利润（股利）分配决策的关键是确定利润（股利）的支付率。影响企业股利决策的因素很多，企业必须根据情况制定出企业最佳的利润（股利）分配政策。

思考

财务管理的主要内容是什么？你如何理解企业营运活动？在企业生产经营中哪些属于营运资金运动？

文本：实务演练

三、企业财务管理工作环节

企业财务管理工作环节，是指财务管理工作步骤的程序，一般来说，企业财务管理包括以下五个环节。

（一）财务规划和预测

财务规划和预测，是根据企业整体战略目标和规划，结合对未来宏观、微观形势的判断来进行的。企业战略目标的实现需要确定与之相匹配的企业财务战略目标，因此财务战略目标是企业战略目标的具体表现。财务战略规划也就是企业整体战略规划的具体化。在财务战略的指导下，企业财务人员要根据财务活动的历史资料，考虑现实的要求和条件，对企业未来的财务活动和财务成果做出科学的预计和测算。财务预测可以测算各项生产经营方案的经济效益，为决策提供可靠的依据；可以预计财务收支的发展变化情况，以确定经营目标；可以测算各项定额和标准，为编制计划、分解计划指标服务。

财务规划和预测一般包括以下工作步骤：

（1）明确预测对象和目标。

（2）收集和整理相关资料。

（3）建立预测模型。

（4）确定财务预测结果。

（二）财务决策

财务决策是指财务人员按照财务目标的总体要求利用专门方法对各种备选方案进行比较和分析，并从中选出最佳方案的过程。在市场经济条件下，财务管理的核心是财务决策，财务预测是为财务决策服务的，财务决策成功与否直接关系到企业的兴衰成败。

财务决策一般包括以下工作步骤：

（1）确定财务决策目标。

（2）提出备选方案。

（3）选择最优方案。

（三）财务计划

财务计划是运用科学技术手段和数学方法，对决策目标进行综合平衡，制定主要指标，拟定增产节约措施，协调各项计划指标。它是落实企业奋斗目标和保证措施的必要环节。财务计划是对财务决策确定的最优方案，通过有关数据进行集中而又系统的反映，即对财务决策所选定的最优方案的数量化、具体化、系统化。财务计划为企业生产经管各个方面确立了明确的目标和任务，也为企业生产经营控制与业绩考评提供了基本依据，所以它既为企业财务控制提供依据，又为控制财务分析和业绩考核提供标尺。企业财务计划主要包括资金筹集计划、固定资产投资和折旧计划、流动资产占用和周转计划、对外投资计划、利润和利润分配计划。除了各项计划表格以外，还要附列财务计划说明书。

财务计划的编制一般包括以下工作步骤：

（1）分析主客观条件，确定主要指标。

（2）安排生产要素，组织综合平衡。

（3）编制计划表格，协调各项指标。

（四）财务控制

财务控制是以计划任务和各项定额为依据，对资金的收入、支出、占用、耗费进行日常的核算，利用相关财务信息和特定手段对企业财务活动施加影响和进行调节，以便实现计划规定的财务目标。它是落实财务计划、保证财务计划实现的有效措施。

财务控制要适应管理定量化的需要，应抓好以下几项工作：

（1）制定控制标准，分解落实责任。

（2）确定执行差异，及时消除差异。

（3）评价单位业绩，搞好考核奖惩。

（五）财务分析

财务分析是以财务预算、财务报表及核算资料为主要依据，运用特定方法，借助有关指标，对企业财务活动的过程和结果进行系统评价和剖析的一项工作。通过财务分析可以掌握各项财务计划指标的完成情况，有利于改善财务预测、财务决策、财务计划工作；还可以总结经验，研究和掌握企业财务活动的规律性，不断改进企业财务管理工作。企业财务人员要通过财务分析提高业务工作水平，提高管理效率。

进行财务分析的一般程序包括以下几项：

（1）收集资料，掌握信息。

（2）指标对比，揭露问题。

（3）因素分析，明确责任。

（4）提出建议，改进工作。

财务分析作为企业财务管理工作的最后一个环节，标志着上一个财务管理循环的完成，也意味着下一个财务管理循环的开始，是两个循环交替的转折点。下一个财务管理循环能否上一个较高的台阶，很大程度上取决于财务分析能否揭示财务报表中数据之间的本质关系，能否为其他管理环节提供真实、有用的信息，因此财务分析水平的高低是决定企业财务管理综合水平的最为重要的因素之一。

上述几个环节的财务管理工作相互联系、相互依存。

> **思考**
>
> 企业财务管理工作的核心是哪个环节？

第二节　财务管理目标选择与协调

视频：企业财务管理目标

一、企业财务管理目标的选择

任何管理都是有目的的行为，财务管理也不例外。财务管理目标是企业财务管理工作尤其是财务决策所依据的最高准则，是企业财务活动所要达到的最终目标。

（一）企业财务管理目标理论

企业财务管理目标有如下几种具有代表性的理论：

1. 利润最大化

利润最大化就是假定企业财务管理以实现利润最大为目标。以利润最大化作为财务管理目标，其主要原因有三个：一是人类从事生产经营活动的目的是为了创造更多的剩余产品，在市场经济条件下，剩余产品的多少可以用利润这个指标来衡量；二是在自由竞争的资本市场中，资本的使用权最终属于获利最多的企业；三是只有每个企业都最大限度地创造利润，整个社会的财富才可能实现最大化，从而带来社会的进步和发展。

利润最大化目标的主要优点是，企业追求利润最大化，就必须讲求经济核算，加强管理，改进技术，提高劳动生产率，降低产品成本。这些措施都有利于企业资源的合理配置，有利于企业整体经济效益的提高。但是，以利润最大化作为财务管理目标存在以下缺陷：

（1）没有考虑利润实现时间和资金时间价值。比如，今年 100 万元的利润和 10 年以后同等数量的利润其实际价值是不一样的，10 年间还会有时间价值的增加，而且这一数值会随着贴现率的不同而有所不同。

（2）没有考虑风险问题。在激烈的市场竞争环境中，忽视风险的存在，可能会导致管理者不顾风险的大小而盲目追求利润最大化。比如，同样是 100 万元的资金，一个企业用于购买债券获得一定的收益，而另一个企业用于购买股票有可能获得更高的收益，如果不考虑风险因素，很容易得出错误的结论，即投资于股票比投资于债券要好。

（3）没有反映创造的利润与投入资本之间的关系。这里的利润是一个绝对数额，没有反映投入和产出之间的对比关系。因而不能把不同时期、不同规模的企业用利润额来进行比较、评价企业的经济效益。比如，同样获得 10 万元的利润，一个企业投入 100 万元资本，而另一个企业投入 150 万元资本，如果不与投入的资本相联系，就难以判断孰优孰劣。

（4）可能导致企业短期财务决策倾向，影响企业长远发展。片面追求利润最大化，容易导致企业的短期行为，只顾眼前利益，而忽视企业的长远可持续发展。比如忽视新产品的开发、科技投入不足，设备更新缓慢等。

利润最大化的另一种表现方式是每股收益最大化。每股收益最大化的观点认为，应当把企业的利润和股东投入的资本联系起来考察，用每股收益来反映企业的财务目标。

除了反映所创造利润与投入资本之间的关系外，每股收益最大化与利润最大化目标的缺陷基本相同。但如果假设风险相同、每股收益时间相同，每股收益的最大化也是衡量公司业绩的一个重要指标。事实上，许多投资人都把每股收益作为评价公司业绩的重要标准之一。

2. 股东财富最大化

股东财富最大化是指企业财务管理以实现股东财富最大为目标。在上市公司，股东财富是由其所拥有的股票数量和股票市场价格两个方面决定的。在股票数量一定时，股票价格达到最高，股东财富也就达到最大。

与利润最大化相比，股东财富最大化的主要优点是：

（1）考虑了风险因素，因为通常股价会对风险做出较敏感的反应。

（2）在一定程度上能避免企业短期行为，因为不仅目前的利润会影响股票价格，预期未来的利润同样会对股价产生重要影响。

（3）对上市公司而言，股东财富最大化目标比较容易量化，便于考核和奖惩。

以股东财富最大化作为财务管理目标也存在以下缺点：

（1）通常只适用于上市公司，非上市公司难于应用，因为非上市公司无法像上市公司一样随时准确获得公司股价。

（2）股价受众多因素影响，特别是企业外部的因素，有些还可能是非正常因素。股价不能完全准确反映企业财务管理状况，如有的上市公司处于破产的边缘，但由于可能存在某些机会，其股票市价可能还在走高。

（3）它强调得更多的是股东利益，而对其他相关者的利益重视不够。

3. 企业价值最大化

企业价值，就是企业的市场价值，是企业所能创造的预计未来现金流量的现值。它反映了企业潜在的或者预期的获利能力。往往在评价企业价值时，以投资者预期投资时间为起点，将未来各点产生的收入按照一定比率进行折现。

在实践中，股份制企业的价值可以近似地用股票市场价值总额来代表。当股票市场价格最高时，该公司的企业价值最大；对于非股份制企业，其价值可以用下述公式计算：

$$V = \sum_{i=1}^{n} \frac{P_t}{(1+i)^t}$$

式中，V 代表企业价值；P_t代表企业在第 t 年预期的报酬，一般用企业未来的现金净流量来表示；i 表示对每年所获报酬进行折现时所使用的折现率；t 代表取得报酬的时间；n 代表取得报酬的持续时间。

企业价值最大化是指企业财务管理行为以实现企业的价值最大为目标。企业价值可以理解为企业所有者权益和债权人权益的市场价值，或者是企业所能创造的预计未来现金流量的现值。未来现金流量这一概念，包含了资金的时间价值和风险价值两个方面的因素。因为未来现金流量的预测包含了不确定性和风险因素，而现金流量的现值是以资金的时间价值为基础对现金流量进行折现计算得出的。

企业价值最大化目标要求企业通过采用最优的财务政策，充分考虑资金的时间价值和风险回报的关系，在保证企业长期稳定发展的基础上使企业总价值达到最大。

以企业价值最大化作为财务管理目标，具有以下优点：

（1）考虑了取得报酬的时间，并用时间价值的原理进行了计量。

（2）考虑了风险与报酬的关系。

（3）将企业长期、稳定的发展和持续的获利能力放在首位，能克服企业在追求利润上的短期行为，因为不仅目前的利润会影响企业的价值，预期未来的利润对企业价值增加也会产生重大影响。

（4）用价值代替价格，避免了过多外界市场因素的干扰，有效地规避了企业的短期行为。

但是，以企业价值最大化作为财务管理目标过于理论化，不易操作。再者对于非上市公司而言，只有对企业进行专门的评估才能确定其价值，而在评估企业的资产时，由于受评估标准和评估方式的影响，很难做到客观和准确。

4. 相关者利益最大化

在现代企业是多边契约关系的总和的前提下，要确立科学的财务管理目标，需要考虑哪些利益关系会对企业发展产生影响。在市场经济中，企业的理财主体更加细化和多元化。股东作为企业所有者，在企业中拥有最高的权力，并承担着最大的义务和风险，但是债权人、员工、企业经营者、客户、供应商和政府也为企业承担着风险。因此，企业的利益相关者不仅包括股东，还包括债权人、企业经营者、客户、供应商、员工、政府等。在确定企业财务管理目标时，不能忽视这些相关利益群体的利益。

相关者利益最大化目标的具体内容包括如下几个方面：

（1）强调风险与报酬的均衡，将风险限制在企业可以承受的范围内。

（2）强调股东的首要地位，并强调企业与股东之间的协调关系。

（3）强调对代理人即企业经营者的监督和控制，建立有效的激励机制以便企业战略目标的顺利实施。

（4）关心本企业普通职工的利益，创造优美和谐的工作环境和提供合理恰当的福利待遇，培养职工长期努力为企业工作。

（5）不断加强与债权人的关系，培养可靠的资金供应者。

（6）关心客户的长期利益，以便保持销售收入的长期稳定增长。

（7）加强与供应商的协作，共同面对市场竞争并注重企业形象的宣传，遵守承诺，讲究信誉。

（8）保持与政府部门的良好关系。

以相关者利益最大化作为财务管理目标，具有以下优点：

（1）有利于企业长期稳定发展。这一目标注重企业在发展过程中考虑并满足各利益相关者的利益关系。在追求长期稳定发展的过程中，站在企业的角度上进行投资研究，避免只站在股东的角度进行投资可能导致的一系列问题。

（2）体现了合作共赢的价值理念，有利于实现企业经济效益和社会效益的统一。由于兼顾了企业、股东、政府、客户等的利益，企业就不仅仅是一个单纯营利的组织，还承担了一定的社会责任。企业在寻求其自身的发展和利益最大化过程中，由于需要维护客户及其他利益相关者的利益就会依法经营，依法管理，正确处理各种财务关系，自觉维护和确实保障国家、集体和社会公众的合法权益。

（3）该目标本身是一个多元化、多层次的目标体系，较好地兼顾了各利益主体的利益。这一目标可使企业各利益主体相互作用、相互协调，并在使企业利益、股东利益达到最大化的同时，也使其他利益相关者利益达到最大化。也就是将企业财富这块“蛋糕”做到最大的同时保证每个利益主体所得的“蛋糕”更多。

（4）体现了前瞻性和现实性的统一。比如，企业作为利益相关者之一，有其一套评价指标，如未来企业报酬贴现值；股东的评价指标可以使用股票市价；债权人可以寻求风险最小、利息最大；工人可以确保工资福利；政府可考虑社会效益等。不同的利益相关者有各自的指标，只要合理合法、互利互惠、相互协调，就可以实现所有相关者利益最大化。以相关者利益最大化作为财务管理目标的缺点是过于理想化，不太容易操作。

（二）各种财务管理目标之间的关系

上述利润最大化、股东财富最大化、企业价值最大化以及相关者利益最大化等财务管理目标，都以股东财富最大化为基础。因为，企业是市场经济的主要参与者，企业的创立和发展都必须以股东的投入为基础，离开了股东的投入，企业就不复存在；并且，在企业的日常经营过程中，作为所有者的股东在企业中承担着最大的义务和风险，相应也需享有最高的报酬，即股东财富最大化，否则就难以为企业的持续发展提供动力。

当然，以股东财富最大化为核心和基础，还应该考虑利益相关者的利益。各国公司法都规定，股东权益是剩余权益，只有满足了其他方面的利益之后才会有股东的利益。企业必须交税、给职工发工资、给顾客提供他们满意的产品和服务，然后才能获得税后收益。可见，其他利益相关者的要求先于股东被满足，因此这种满足必须是有限度的。如果对其他利益相关者的要求不加限制，股东就不会有“剩余”了。除非股东确信投资会带来满意的回报，否则股东不会出资。没有股东财富最大化的目标，利润最大化、企业价值最大化以及相关者利益最大化的目标也就无法实现。因此，在强调公司承担应尽的社会责任的前提下，应当允许企业以股东财富最大化为目标。

思考

1. 假设你是企业财务管理者，帮助企业选择哪个财务管理目标？为什么？

2. 什么是企业价值？有人说：“对股份公司而言企业价值就是股票价值。”你同意这种观点吗？

二、不同利益主体财务管理目标的矛盾与协调

企业从事财务管理活动，必然发生企业与各个方面的经济利益关系，在企业财务关系中最为重要的关系是所有者、经营者与债权人之间的关系。企业必须处理、协调好这三者之间的矛盾与利益关系。

（一）所有者与经营者的矛盾与协调

企业是所有者的企业，企业价值最大化代表了所有者的利益。现代公司制企业所有权与经营权完全分离，经营者不持有公司股票或持部分股票，其经营的积极性就会降低，因为经营者拼命干的所得不能全部归自己所有。此时他会干的轻松点，不愿意为提高股价而冒险，并想办法用企业的钱为自己谋福利，如坐豪华轿车，奢侈的出差旅行等，因为这些开支可计入企业成本由全体股东分担。甚至故意压低股票价格，以自己的名义借款买回，导致股东财富受损，自己从中渔利。由于两者行为目标不同，必然导致经营者利益和股东财富最大化的冲突，即经理个人利益最大化和股东财富最大化的矛盾。

为了协调所有者与经营者的矛盾，防止经理背离股东目标，一般有两种方法：

1. 监督

经理背离股东目标的条件是，双方的信息不一致。经理掌握企业实际的经营控制权，对企业财务信息的掌握远远多于股东。为了协调这种矛盾，股东除要求经营者定期公布财务报表外，还应尽量获取更多信息，对经理进行必要的监督。但监督只能减少经理违背股东意愿的行为，因为股东是分散的，得不到充分的信息，全面监督实际上做不到，也会受到合理成本的制约。

2. 激励

就是将经理的管理绩效与经理所得的报酬联系起来，使经理分享企业增加的财富，鼓励他们自觉采取符合股东目标的行为。如允许经理在未来某个时期以约定的固定价格购买一定数量的公司股票。股票价格提高后，经理自然获取股票涨价收益；或以每股收益、资产报酬率、净资产收益率以及资产流动性指标等对经理的绩效进行考核，以其增长率为标准，给经理以现金、股票奖励。但激励作用与激励成本相关，报酬太低，不起激励作用；报酬太高，又会加大股东的激励成本，减少股东自身利益。可见，激励也只能减少经理违背股东意愿的行为，不能解决全部问题。

通常情况下，企业采用监督和激励相结合的办法使经理的目标与企业目标协调起来，力求使监督成本、激励成本和经理背离股东目标的损失之和最小。

除了企业自身的努力之外，由于外部市场竞争的作用，也促使经理把公司股票价格最高化作为他经营的首要目标。其主要表现在：

（1）经理人才市场评价。经理人才作为一种人力资源其价值是由市场决定的。来自资本市场的信息反映了经理的经营绩效，公司股价高说明经理经营有方，股东财富增加，同时经理在人才市场上的价值也高，聘用他的公司会为他付出高报酬。此时经理追求利益最大的愿望便与股东财富最大的目标一致。

（2）经理被解聘的威胁。现代公司股权的分散使个别股东很难通过投票表决来撤换不称职的总经理。同时由于经理被授予很大的权力，他们实际上控制了公司。股东看到他们经营企业不力、业绩欠佳而无能为力。进入20世纪80年代以来，许多大公司为机构投资者控股，养老基金、共同基金和保险公司在大企业中占的股份，足以使他们有能力解聘总经理。由于高级经理被解聘的威胁会动摇他们稳固的地位，因而促使他们不断创新、努力经营，为股东的最大利益服务。

（3）公司被兼并的威胁当公司经理经营不力或决策错误，导致股票价格下降到应有的水平时，就会有被其他公司兼并的危险。被兼并公司的经理在合并公司的地位一般都会下降或被解雇，这对经理利益的损害是很大的。因此经理人员为保住自己的地位和已有的权力，会竭尽全力使公司的股价最高化，这是和股东利益一致的。

（二）所有者与债权人的矛盾与协调

企业的资本来自股东和债权人。债权人的投资回报是固定的，而股东收益随企业经营效益而变化。当企业经营较好时，债权人所得的固定利息只是企业收益中的一小部分，大部分利润归股东所有。当企业经营状况差陷入财务困境时，债权人承担了资本无法追回的风险。这就使得所有者的财务目标与债权人可望实现的目标可能发生矛盾。首先，所有者可能未经债权人同意，要求经营者投资于比债权人预计风险要高的项目，这会增加负债的风险。若高风险的项目一旦成功，额外利润就会被所有者独享；但若失败，债权人却要与所有者共同负担由此而造成的损失。这对债权人来说风险与收益是不对称的；其次，所有者或股东未征得现有债权人同意，而要求经营者发行新债券或借新债，这增大了企业破产风险，致使旧债券或老债的价值降低，侵犯了债权人的利益。因此，在企业财务拮据时，所有者和债权人之间的利益冲突加剧。

所有者与债权人的上述矛盾协调，一般通过以下方式解决：

1. 限制性借款

它是通过对借款的用途限制、借款的担保条款和借款的信用条件来防止和迫使股东不能利用上述两种方法剥夺债权人的债权价值。

2. 收回借款或不再借款

它是当债权人发现公司有侵蚀其债权价值的意图时，采取收回债权和不给予公司重新放款，从而保护自身的权益。

除债权人外，与企业经营者有关的各方都与企业有合同关系，都存在着利益冲突和限制条款。企业经营者若侵犯职工、客户、供应商和所在社区的利益，都将影响企业目标的实现。所以说企业是在一系列限制条件下实现企业价值最大化的。

思考

1. 企业相关利益群体存在哪些矛盾？
2. 如何协调企业相关利益群体的利益冲突？

第三节 财务管理环境

财务管理环境是指对企业财务活动和财务管理产生影响作用的企业内外部的各种条件。通过环境分析，提高企业财务行为对环境的适应能力、应变能力和利用能力，以便更好地实现企业财务管理目标。

企业财务管理环境按其存在的空间，可分为内部财务环境和外部财务环境。内部财务环境的主要内容包括企业资本实力、生产技术条件、经营管理水平和决策者的素质四个方面。由于内部财务环境，存在于企业内部，是企业可以从总体上采取一定的措施控制和改变的因素。而外部财务环境，由于存在于企业外部，它们对企业财务行为的影响无论是有形的硬环境还是无形的软环境，企业都难以控制和改变，更多的是适应和因势利导。因此本章主要介绍外部财务环境。影响企业外部财务环境有各种因素，其中最主要的有法律环境、经济环境和金融市场环境等因素。

一、法律环境

财务管理的法律环境是指企业和外部发生经济关系时所应遵守的各种法律、法规和规章。市场经济是一种法治经济，企业的一切经济活动总是在一定法律规范范围内进行的。一方面，法律提出了企业从事一切经济业务所必须遵守的规范，从而对企业的经济行为进行约束；另一方面，法律也为企业合法从事各项经济活动提供了保护。企业财务管理应遵循的法律法规主要包括：

（一）企业组织法

企业组织必须依法成立。组建不同的企业要依照不同的法规。这些法规主要有《中华人民共和国公司法》（以下简称《公司法》）《中华人民共和国全民所有制工业企业法》《中华人民共和国外资企业法》《中华人民共和国中外合资经营企业法》《中华人民共和国中外合作经营企业法》《中华人民共和国私营企业暂行条例》《中华人民共和国合伙企业法》等。这些法规既是企业的组织法，又是企业的行为法。企业是市场经济的主体，不同组织形式的企业所适用的法律是不同的。按照国际惯例，企业分为独资企业、合伙企业和公司制企业，各国均有相应的法律来规范这三类企业的行为。因此，不同组织形式的企业在进行财务管理时，必须熟悉其企业组织形式对财务管理的影响，从而做出相应的财务决策。

各种不同组织形式的企业应按照相应的企业法进行理财活动。例如，《公司法》对公司的设立条件、设立程序、组织机构、组织变更和终止的条件和程序都作了规定，包括股东人数、法定资本的最低限额、资本的筹资方式等。只有按规定的条件和程序建立的企业，才能称为“公司”。《公司法》还对公司生产经营的主要方面做出了规定，包括股票的发行和交易、债券的发行和转让、利润的分配等。公司一旦成立，其主要的活动，包括财务管理活动，都要按照《公司法》的规定来进行。因此，《公司法》是公司财务管理最重要的强制性规范，公司的理财活动不能违反该法律，公司的自主权不能超出该法律的限制。

（二）税收法规

国家财政收入的主要来源是企业所缴纳的税金，而国家的财政状况和财政政策，对于企业的资金供应和税收负担都有着重要的影响。国家各税种的设置、税率的调整，具有调节生产经营的作用。企业的财务决策应当适应税收政策的导向，企业应合理安排资金的投入，以追求最佳的经济效益。

国家税收制度特别是工商税收制度，是企业财务管理的重要外部条件。目前，由全国人民代表大会及其常务委员会制定的税收实体法律有：《中华人民共和国个人所得税法》（以下简称《个人所得税法》）《中华人民共和国企业所得税法》（以下简称《企业所得税法》）《中华人民共和国车船税法》（以下简称《车船税法》）等；税收程序法律为《中华人民共和国税收征收管理法》（以下简称《税收征管法》）。税负是企业的一种费用，会增加企业的现金流出，对企业理财有重要影响。企业都希望在不违反税法的前提下减少税务负担。税负的减少，只能靠投资、筹资和利润分配等财务决策时的精心安排和筹划，而不允许在纳税行为已经发生时去偷税漏税。精通税法，对财务主管人员具有重要意义。

（三）财务法规

财务法规是规范企业财务行为的法律规范，包括《中华人民共和国会计法》（以下简称《会计法》）《企业财务通则》《企业会计准则》等。《会计法》作为我国会计工作的根本大法，是我国进行会计工作的基本依据，由于财务与会计工作的关联性，每个财务人员必须熟悉《会计法》并以此来指导自己的工作。《企业财务通则》是各类企业从事财务活动、实施财务管理和监督必须统一遵循的基本原则和规范。它对以下问题做出了规定：建立资本金制度、固定资产的折旧、成本的开支范围、利润的分配等。《企业会计准则》是为了规范企业会计确认、计量和报告行为，保证会计信息质量根据《会计法》和其他有关法律和法规制定的。该准则适用于中华人民共和国境内设立的企业（包括公司）。

除上述法规外，与企业财务管理有关的其他经济法规还有许多，如《证券交易法》《票据法》《银行法》等。财务人员必须熟悉这些法规，在守法的前提下完成财务管理的职责。从整体上说，法律环境对企业财务管理的影响和制约主要表现在以下方面：

在筹资活动中，国家通过法律规定了筹资的最低规模和结构，如《公司法》规定取消了股份有限公司的注册资本的最低限额要求，规定了筹资的前提条件和基本程序，如《公司法》就对公司发行债券和股票的条件做出了严格的规定。

在投资活动中，国家通过法律规定了投资的方式和条件，如《公司法》规定股份公司的发起人可以用货币资金出资，也可以用实物、工业产权、非专利技术、土地使用权作价出资，规定了投资的基本程序、投资方向和投资者的出资期限及违约责任，如企业进行证券投资必须按照《证券法》所规定的程序来进行，企业投资必须符合国家的产业政策，符合公平竞争的原则。

在分配活动中，国家通过法律如《税法》《公司法》《企业财务通则》《企业财务制度》规定了企业成本开支的范围和标准，企业应缴纳的税种及计算方法，利润分配的前提条件、利润分配的去向、一般程序及重大比例。在生产经营活动中，国家规定的各项法律也会引起财务安排的变动或者说在财务活动中必须予以考虑。

思考

有限责任公司和股份有限公司区别有哪些？

二、经济环境

财务管理作为一种微观管理活动，与其所处的经济管理体制、经济结构、经济发展状况、宏观经济调控政策等经济环境密切相关。

（一）经济管理体制

经济管理体制，是指在一定的社会制度下，生产关系的具体形式以及组织、管理和调节国民经济的体系、制度、方式和方法的总称。分为宏观经济管理体制和微观经济管理体制两类。宏观经济管理体制是指整个国家宏观经济的基本经济制度，而微观经济管理体制是指一国的企业体制及企业与政府、企业与所有者的关系。宏观经济体制对企业财务行为的影响主要体现在，企业必须服从和服务于宏观经济管理体制，在财务管理的目标、财务主体、财务管理的手段与方法等方面与宏观经济管理体制的要求相一致。微观经济管理体制对企业财务行为的影响与宏观经济体制相联系，主要体现在如何处理企业与政府、企业与所有者之间的财务关系。

（二）经济结构

一般指从各个角度考察社会生产和再生产的构成，包括产业结构、地区结构、分配结构和技术结构等。经济结构对企业财务行为的影响主要体现在产业结构上。一方面，产业结构会在一定程度上影响甚至决定财务管理的性质，不同产业所要求的资金规模或投资规模不同，不同产业所要求的资本结构也不一样；另一方面，产业结构的调整和变动要求财务管理作出相应的调整和变动，否则企业日常财务运作艰难，财务目标难以实现。

（三）经济发展状况

任何国家的经济发展都不可能呈长期的快速增长之势，而总是表现为“波浪式前进，螺旋式上升”的状态。当经济发展处于繁荣时期，经济发展速度较快，市场需求旺盛，销售额大幅度上升。企业为了扩大生产，需要增加投资，与此相适应则需筹集大量的资金以满足投资扩张的需要。当经济发展处于衰退时期，经济发展速度缓慢，甚至出现负增长，企业的产量和销售量下降，投资锐减，资金时而紧缺、时而闲置，财务运作出现较大困难。另外，经济发展中的通货膨胀也会给企业财务管理带来较大的不利影响，主要表现在：资金占用额迅速增加；利率上升，企业筹资成本加大；证券价格下跌，筹资难度增加；利润虚增、资金流失。

（四）宏观经济调控政策

政府具有对宏观经济发展进行调控的职能。在一定时期，政府为了协调经济发展，往往通过计划、财税、金融等手段对国民经济总运行机制及子系统提出一些具体的政策措施。这些宏观经济调控政策对企业财务管理的影响是直接的，企业必须按国家政策办事，否则将寸步难行。例如，国家采取收缩的调控政策时，会导致企业的现金流入减少，现金流出增加、资金紧张、投资压缩。反之，当国家采取扩张的调控政策时，企业财务管理则会出现与之相反的情形。

思考

我国现有的经济管理体制是什么？

三、金融市场环境

金融市场是指资金筹集的场所。广义的金融市场，是指一切资本流动（包括实物资本和货币资本）的场所，其交易对象为：货币借贷、票据承兑和贴现、有价证券的买卖、黄金和外汇买卖、办理国内外保险、生产资料的产权交换等。狭义的金融市场一般是指有价证券市场，即股票和债券的发行和买卖市场。

（一）金融市场的分类

（1）按交易的期限分为短期资金市场和长期资金市场。短期资金市场是指期限不超过一年的资金交易市场，因为短期有价证券易于变成货币或作为货币使用，所以也叫货币市场。长期资金市场，是指期限在一年以上的股票和债券交易市场，因为发行股票和债券主要用于固定资产筹资货物的购置，所以也叫资本市场。

（2）按交易的性质分为发行市场和流通市场。发行市场是指从事新证券和票据等金融工具买卖的转让市场，也叫初级市场或一级市场。流通市场是指从事已上市的旧证券或票据等金融工具买卖的转让市场，也叫次级市场或二级市场。

（3）按交易的直接对象分为同业拆借市场、国债市场、企业债券市场、股票市场和金融期货市场等。

（4）按交割的时间分为现货市场和期货市场。现货市场是指买卖双方成交后，当时或几天之内买方付款、卖方交出证券的交易市场。期货市场是指买卖双方成交后，在双方约定的未来某一特定的时间才交割的交易市场。

（二）金融市场与企业财务活动

企业从事投资活动所需要资金，除了所有者投入以外，主要从金融市场取得。金融政策的变化必然影响企业的筹资与投资。所以，金融市场环境是企业最为主要的环境因素，它对企业财务活动的影响主要有：

1. 金融市场为企业提供了良好的投资和筹资的场所

当企业需要资金时，可以在金融市场上选择合适的方式筹资，而当企业有闲置的资金，又可以在市场上选择合适的投资方式，为其资金寻找出路。

2. 金融市场为企业的长短期资金相互转化提供方便

企业可通过金融市场将长期资金，如股票、债券，变现转为短期资金，也可以通过金融市场购进股票、债券等，将短期资金转化为长期资金。

3. 金融市场为企业财务管理提供有意义的信息

金融市场的利率变动反映资金的供求状况，有价证券市场的行情反映投资人对企业经营状况和盈利水平的评价。这些都是企业生产经营和财务管理的重要依据。

（三）我国主要的金融机构

1. 中国人民银行

中国人民银行是我国的中央银行，它代表政府管理全国的金融机构和金融活动，经理国库。

2. 政策银行

政策银行是指由政府设立，以贯彻国家产业政策、区域发展政策为目的，不以营利为目的的金融机构。我国目前有三家政策银行：国家开发银行、中国进出口银行、中国农业发展银行。

3. 商业银行

商业银行是以经营存款、放款、办理转账结算为主要业务，以营利为主要经营目标的金融企业。我国商业银行有：国有独资商业银行、股份制商业银行。

4. 非银行金融机构

我国主要的非银行金融机构有：保险公司、信托投资公司、证券机构、财务公司、金融租赁公司。

（四）金融市场利率

在金融市场上，利率是资金使用权的价格，其计算公式为：

$$利率 = 纯利率 + 通货膨胀附加率 + 风险附加率$$

纯利率是指没有风险和通货膨胀情况下的平均利率。在没有通货膨胀时，国库券的利率可以视为纯利率。

通货膨胀附加率是由于通货膨胀会降低货币的实际购买力，为弥补其购买力损失而在纯利率的基础上加上通货膨胀附加率。

风险附加率是由于存在违约风险、流动性风险和期限风险而要求在纯利率和通货膨胀之外附加的利率。其中，违约风险附加率是指为了弥补因债务人无法按时还本付息而带来的风险，由债权人要求附加的利率；流动性风险附加率是指为了弥补因债务人资产流动不好而带来的风险，由债权人要求附加的利率；期限风险附加率是指为了弥补因偿债期长而带来的风险，由债权人要求附加的利率。

思考

社会平均利润率是纯利率吗？为什么？

第四节　财务管理组织机构

财务管理的组织机构设置因企业规模不同而有差异。一般来说，有合设和分设两种情况。合理设置的财务管理组织机构的特点是：会计核算职能与财务管理职能不进行分工，机构内部以会计核算职能为核心划分内部职责、财务管理工作只作为会计工作的一部分来进行，其工作重点是利用商业信用筹资和收回企业的应收账款，很少关心筹资和投资问题。在这种情况下，企业一般设一个财会科室，由总会计师或主管副经理来领导。这种类型的财务管理组织机构一般适用于小企业。

分设的财务管理组织机构的特点是：会计核算职能与财务管理职能相分离，企业分别设置会计部门和财务部门，二者分工明确，各司其职，既可以保证会计工作的顺利进行，又可以保证财务管理作用的发挥。这种类型的财务管理组织机构通常适用于大中型企业。

实务中，各企业的财务管理组织机构并不完全相同，最典型的财务管理组织机构如图 1－5 所示。

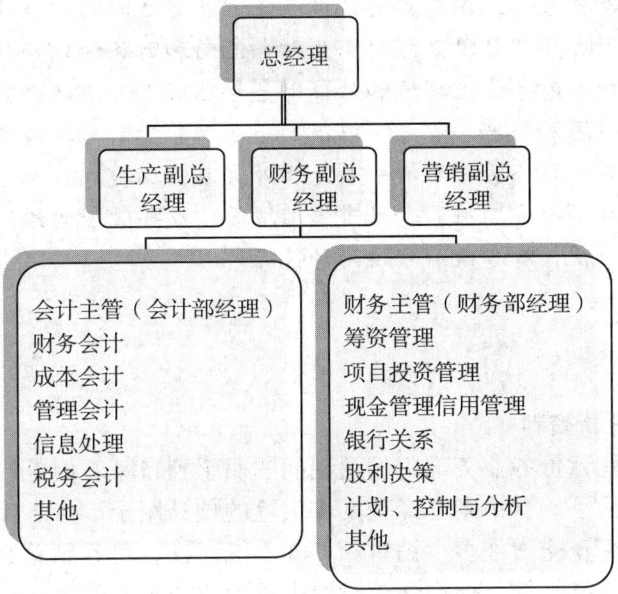

图 1－5　大中企业财务管理组织机构

从图 1－5 可以看出，企业财务工作的主要负责人是财务副总经理，他直接向总经理报告，会计主管（有的企业将其称为会计部经理，西方称为会计长）和财务主管（有的企业将其称为财务部经理，西方称为财务长）共同接受财务副总经理的领导。财务主管主要负责资金的筹集、使用，股利的分配以及现金、应收账款的管理，并负责协调各种财务关系；会计主管则负责核算、成本计算、税务、信息处理等工作。

从西方的发展来看，财务副总经理的工作范围常常超过财务的范围，他们除了领导好财务与会计工作外，还常常参与公司经营全过程的管理，制定企业的战略规划，关注企业的业绩增长，领导公司的变革，已经从总经理的参谋转化为商业伙伴。但从我国目前来看，财务副总经理的工作内容仍然停留在传统的会计与财务管理的职能上。

思考

财务主管和会计主管的工作有何不同？

本章小结

财务管理是企业组织财务活动、处理财务关系的一项综合性的管理工作；财务活动包括投资活动、资金营运活动、筹资活动和资金分配活动，财务关系则包括企业与投资者、企业与债权人、企业与受资者、企业与债务人、企业与供货商及顾客、企业与政府、企业内部各部门、企业与职工等之间的财务关系；企业的财务管理工作需要经过财务预测、财务决策、财务预算、财务控制与财务分析几个环节，其中财务决策是核心环节；财务管理的目标比较有代表性的观点有利润最大化、每股收益最大化、企业价值最大化，以企业价值最大化作为财务管理的目标更具有代表性，但是需要协调相关利益者之间的利益冲突；财务管理工作者必须熟悉金融市场。财务管理环境是指对企业财务活动和财务管理产生影响作用的企业内外部的各种条件。包括内部财务管理环境和外部财务管理环境。了解财务环境的目的在于，使企业在规划财务行为时更加合理、有效，以提高企业财务活动对环境的适应能力、应变能力和利用能力。因此，企业财务管理环境一般是指外部财务环境。影响企业外部财务环境的因素主要包括：法律环境、经济环境和金融市场环境等。财务管理的组织机构设置因企业规模不同而有差异。一般来说，有合设和分设两种情况。

本章互动环节

（一）互动环节分析资料

财务副总经理为能评价各业务部门的盈利问题而感到自豪，但是，在碰到营销开支题的时候，他们就没精打采了。营销副总经理要求大笔的预算用于广告、促销活动和促销人员的开支，但花了这些钱究竟能增加多少销售额，却不能保证。财务副总经理就怀疑营销人员所作的预算都是为自己作打算的，他们认为营销人员没有花足够的时间认真考虑营销支出与销售额之间的关系，没有认真考虑把预算用于更能盈利的方面。他们认为，营销人员轻率地杀价去争取订货，却不考虑如何通过定价去获得盈利。

在营销副总经理方面，他们常常认为，财务人员把钱袋扣得太紧，不肯花钱用于长期市场开发的投资，似乎是财务部门的人员过分保守躲避风险，以致错过了许多宝贵的机会。

（二）互动环节分析问题

提问（1）分别从财务及营销的角度分析，如果你是其中一个部门负责人，将如何协调两部门关系？

提问（2）为什么财务部报销发票慢？

音频：互动环节分析提示

本章习题

一、理论知识强化训练题

（一）单项选择题

1. 财务关系是指企业在组织财务活动过程中与有关各方面所发生的（　　）。

A. 经济往来关系　B. 经济协作关系　C. 经济责任关系　D. 经济利益关系

2. 财务管理的核心工作环节为（　　）。

A. 财务预测　B. 财务决策　C. 财务预算　D. 财务控制

3. 财务管理区别于企业其他管理的基本特征，它是一种（　　）。

A. 综合管理　B. 价值管理　C. 成本管理　D. 风险报酬管理

4. 下列各项中属于筹资活动引起的财务活动是（　　）。

A. 支付电费　B. 购买原材料　C. 支付现金股利　D. 购买固定资产

5. 下列关于财务管理的目标中，即反映了资产保值增值的要求，又克服了企业管理上的片面性和短期行为的是（　　）。

A. 企业利润最大化　B. 相关者利益最大化
C. 股东财富最大化　D. 企业价值最大化

6. 在协调企业所有者与经营者的关系时，通过市场约束经营者的一种办法是（　　）。

A. 解聘　B. 接收　C. 激励　D. 提高报酬

7. 下列说法正确的是（　　）。

A. 筹资活动是指企业为了满足投资和资金营运的需要，筹措所需资金的行为
B. 广义的投资包括企业内部使用资金的过程和对外投放资金的过程，狭义的投资仅指企业内部使用资金的过程
C. 资金营运活动是指企业所发生的资金收付活动
D. 广义的分配是指企业对各种利润进行分割和分派的行为；狭义的分配仅指对净利润的分配

8. 关于企业价值最大化目标的具体内容的表述，错误的是（　　）。

A. 强调风险与报酬的均衡
B. 关心客户的长期利益
C. 保持与政府部门的良好关系
D. 强调职工的首要地位，创造企业与职工之间的利益协调关系

9. 利润最大化目标和每股收益最大化目标存在的共同缺陷不包括（　　）。

A. 没有考虑货币时间价值　B. 没有考虑风险因素
C. 没有考虑利润与资本的关系　D. 容易导致短期行为

10. 企业价值最大化目标没有考虑的因素是（　　）。

A. 企业资产的账面价值　B. 资金使用的时间价值
C. 资产保值增值　D. 资金使用的风险

（二）多项选择题

1. 企业在财务活动中与各方面发生的财务关系主要有（　　）。

A. 企业与国家之间的财务关系　　B. 企业与其他投资者之间的财务关系

C. 企业与债权人之间的财务关系　　D. 企业与受资者之间的财务关系

2. 下列财务关系中，属于债权债务关系的有（　　）。

A. 企业与国家之间的财务关系　　B. 企业与债权人之间的财务关系

C. 企业与受资者之间的财务关系　　D. 企业与债务人之间的财务关系

3. 在财务管理中，一般采用企业价值最大化作为企业的理财目标，这种目标存在的问题有（　　）。

A. 考虑了资金的时间价值

B. 法人股东对股票价值的增加没有足够的兴趣

C. 如果不是上市公司，其价值的评估不易做到客观和公正

D. 有利于克服管理上的片面和短期行为

4. 金融市场利率的构成因素有（　　）。

A. 纯利率　　B. 通货膨胀补偿利率

C. 流动性风险报酬率　　D. 违约风险报酬率

5. 关于财务分析、业绩评价与激励的说法正确的有（　　）。

A. 财务分析是财务预测的前提

B. 经营业绩评价体系是企业建立激励机制和发挥激励作用的依据和前提

C. 财务分析是经营业绩评价体系的基础，经营业绩评价体系只包括财务指标

D. 一个完善的业绩评价体系应该力求达到内部与外部的长期平衡

二、技能知识强化训练题

案例分析题

1. 案例资料

宏伟公司是一家从事 IT 产品开发的企业。由三位志同道合的朋友共同出资 100 万元，三人平分股权比例共同创立。企业发展初期，创始股东都以企业的长远发展为目标，关注企业的持续增长能力，所以，他们注重加大研发投入，不断开发新产品，这些措施有力地提高了企业的竞争力，使企业实现了营业收入的高速增长。在开始的几年间，销售业绩以年 60% 的递增速度提升。然而，随着利润的不断快速增长，三位创始股东开始在收益分配上产生了分歧。股东王某、张某倾向于分红，而股东赵某则认为应将企业取得的利益用于扩大再生产，以提高企业的持续发展能力，实现长远利益的最大化。由此产生的矛盾不断升级，最终导致坚持企业长期发展的赵某被迫出让持有的 1/3 股份而离开企业。

但是，此结果引起了与企业有密切联系的广大供应商和分销商的不满，因为他们许多人的业务发展壮大都与宏伟公司密切相关，他们深信宏伟公司的持续增长将为他们带来更多的机会，于是，他们威胁如果赵某离开企业，他们将断绝与企业的业务往来。面对这一情况，其他两位股东提出他们可以离开，条件是赵某必须收购他们的股份，赵某的长期发展战略需要较多投资，这样做将导致企业陷入没有资金维持生产的境地。这时，众多供应商和分销商伸出了援助之手，他们或者主动延长应收账款的期限，或者预付货款，最终使赵某又重新回

到了企业，成为公司的掌门人。经历了股权变更的风波后，宏伟公司在赵某的领导下，不断加大投入，实现了企业规模化发展，在同行业中处于领先地位，企业的竞争力和价值不断提升。

2. 案例要求

（1）赵某坚持企业长远发展，而其他股东要求更多的分红，你认为赵某的目标是否与股东财富最大化的目标相矛盾？

（2）拥有控制权的大股东与供应商和客户等利益相关者之间的利益是否矛盾？如何协调？

文本：挑战中级（历年真题）

文本：本章实训题

第二章

资金时间价值和风险价值

PPT：资金时间价值和风险价值

学习目标

* 掌握复利终值与现值的含义与计算方法
* 掌握年金终值与年金现值的含义与计算方法
* 掌握资金时间价值计算中的特殊问题
* 掌握风险价值指标的计算与应用
* 理解资金时间价值的概念及其表现形式
* 了解风险价值的概念及类别

【引入知识】

200 年前，本杰明·富兰克林向波士顿捐献了 1 000 英镑，该城市将其用于放贷收息增值活动。100 年后，这笔投资增值的一部分用于继续再投资。200 年后，人们用这笔增值的资金建立了富兰克林基金，以非常优惠的贷款方式帮助了许多医科学生，还盈余 300 多万美元。200 年间，美国平均年利率为 5%，那么富兰克林最初捐献的 1 000 英镑何来这么大的威力？

本章将教你如何回答这类问题，全章围绕资金时间价值原理展开，推导计算资金时间价值的公式，计算资金时间价值的现值、终值等数据，让你学会如何确定在任一时点实际发生的现金流量在其他任一时点的价值。想要成为一名合格的财务管理人员，必须掌握财务管理的基本技能，为实施具体的财务管理工作打下基础，即能够熟练计算和运用资金时间价值的相关指标。另外，风险是企业理财过程中面临的主要问题，作为企业的财务管理人员，如何分析、衡量企业面临的主要风险，将对科学理财产生重要影响。因此，必须掌握分析和衡量风险的基本技能。

【案例导入】

（一）案例资料

宋国有个养猴的老人，养的猴子成群，他能够理解猴子们的意思，猴子们也懂得养猴老人的心意。养猴老人减少了一家人的口粮，用来满足猴子们的需要。没过多久，养猴老人粮食不够了，他准备限定猴子每天的食物。他怕猴子们不服从自己，便先哄骗它们说："给你们香蕉吃，早晨三根，晚上四根，够了吗？"猴子们听了嫌少，都站了起来，非常恼怒。不多一会儿，养猴老人又说："那么早上给你们四根香蕉吃，晚上三根，够了吧！"猴子们听了，都伏在地上，显得很高兴。

这篇寓言中的养猴老人是个善使计谋、工于心计的人。他略施小计，达到了既控制了猴子们的食量，又使它们驯服而不闹乱子的目的。其实，"早晨三根，晚上四根"与"早晨四根，晚上三根"，总数同样都是七根，数量一点也没有增加，只是改变了一下分的方法，猴子们竟由怒变喜，这是由于它们没有看出问题的实质，被养猴老人所迷惑了。

我们几乎可以认为猴子在这个故事中是愚蠢的。它们只看到眼前的一步，没有看到下一步，只看到早晨的食物多了一根，没有看到晚上的食物少了一根；只知道片面地看问题，不知道全面地看问题，没有看到朝三暮四与朝四暮三，在总体上是完全一样的。

（二）阅读分析

假如你是故事中的“猴子”！你在一家企业工作，企业决定每个月给你7 000元的工资。你可以有两种选择：一是在月初支付你3 000元，在月末支付你4 000元；二是在月初支付你4 000元，在月末支付你3 000元。你会选择哪一种支付方式？

资料来源：李其银，徐然，齐明霞．财务管理实务．哈尔滨工业大学出版社，2018.

文本：案例导入分析提示

第一节　资金时间价值的内容

一、资金时间价值的概念及其表现形式

（一）资金时间价值的含义

资金时间价值是货币在使用过程中，随着时间的变化发生的增量价值。在商品经济条件下，即使不存在通货膨胀，等量货币在不同时点上，其价值也是不相等的。

众所周知，在市场经济条件下，即使不存在通货膨胀，等量货币在不同时点上的价值量也不相等。今天的1元钱和将来的1元钱不等值，前者要比后者的价值大。因为，若银行存款年利率为10%，将今天的1元钱存入银行，一年以后就会是1.10元。可见，经过一年的时间，这1元钱发生了0.1元的增值，今天的1元钱和一年后的1.10元钱等值。人们将货币在使用过程中随着时间的推移而发生增值的现象，称为资金具有时间价值。

资金时间价值是资金在周转使用中产生的，是资金所有者让渡资金使用权而参与社会财富分配的一种形式。通常情况下，资金的时间价值相当于没有风险和没有通货膨胀条件下的社会平均资金利润率，这是利润平均化规律作用的结果。

对于资金时间价值，可以从以下两个方面来理解：一方面，资金属于商品经济的范畴。在商品经济中，资金参与社会的再生产过程而不断地运动着，资金的运动伴随在生产流通的过程中。由于劳动者再生产过程中创造了剩余价值，从而使资金增值给投资者带来利润。因此从投资者的角度来看，资金时间价值表现为资金在运动过程中的增值特性。另一方面，资金一旦用于投资，就不能用于消费，牺牲现期消费是为将来得到更多的消费。因此从消费者的角度来看资金时间价值表现为牺牲现期消费的损失所应得到的必要补偿。

（二）资金时间价值的表现形式

资金时间价值的表现形式有两种：一是绝对数表示，资金时间价值额（利息）；二是相对数表示，资金时间价值率（利率），但通常用相对数即利率表示资金时间价值，它实际就是在没有风险、没有通货膨胀条件下的社会平均资金利润率。

在实际经济生活中，银行存款利率、贷款利率、债券利率和股票股利等，不仅包括资金

时间价值，而且也包括风险价值和通货因素，因此不能绝对地认为资金时间就是利息和利率。

企业财务人员在为企业资金运作的过程中，必须牢固树立资金时间价值观念，合理使用资金，加速资金周转，才能提高资金使用效率。因此，理解资金时间价值含义应注意以下三点：

（1）资金时间价值产生于生产领域和流通领域，消费领域不产生时间价值，企业应将更多的资金或资源投入生产领域和流通领域而非消费领域。

（2）资金时间价值产生于资金运动中，只有运动着的资金才能产生时间价值，凡处于停顿状态的资金不会产生时间价值，企业应尽量减少资金的停顿时间和库存数量。

（3）资金时间价值的大小取决于资金周转速度的快慢，资金时间价值与资金周转速度成正比，因此企业应采取各种有效措施加速资金周转，提高资金使用效率。

思考

如何理解时间价值？举例说明。

二、资金时间价值计算中的基本概念

（一）单利计息法和复利计息法

1. 单利计息方式

单利计息方式下，每期都按初始本金计算利息，当期利息即使不取出也不计入下期的计息基础，每期的计息基础不变。我国现行的银行存款计息方法采用的就是单利计息法。

2. 复利计息方式

复利计息方式下，每期都按上期期末的本利和作为当期的计息基础，即通常说的“利上加利”，不仅要对初始本金计息还要对上期已经产生的利息再计息，每期的计息基础都在变化，世界上大多数国家都采用复利计息方式。

不同的计息方法使资金时间价值的计算结果截然不同，下面举例说明两种计息方法的差别。如将 100 元存入银行，在年利率为 10% 的情况下，两年后产生的利息（资金时间价值）为多少？按单利计息法计算：第一年末的利息是 $100\times10\%=10$（元），第二年末的利息同样是 $100\times10\%=10$（元），两年后产生的利息总额为 20 元。再按复利计息法计算：第一年末的利息是 $100\times10\%=10$（元），第二年末的利息则是 $(100+10)\times10\%=11$（元），两年后产生的利息总额为 21 元。显然在复利计息法下，第二年计息的基础已由 100 元变成了 110 元，其中 100 元是初始本金，10 元则是第一年产生的利息，体现了“不仅要对初始本金计息还要对上期已经产生的利息再计息”的复利计息法的特点。现实生活中，如果我们要达到复利计息的目的，让钱“生出”更多的钱，可以将资金存入一年后连本带息取出，然后作为下一年存款本金，存入一年后连本带息取出，再作为下一年存款本金，以此往复进行。如果计息周期由一年缩短到半年或季度，则产生的收益差异更明显，收益随计息周期的缩短而增加。虽然复利计息法同单利计息法相比较，计算过程更复杂、计算难度更大，但它不仅考虑了初始资金的时间价值，而且考虑了由初始资金产生的时间价值，因此财务管理中资金时间价值的计算一般都用复利计息法进行计算。

（二）现值和终值

终值又称将来价值，是现在一定量的现金在未来某一个时点上的价值，也称本利和。

现值，是未来某一个时点上的现金折合为现在的价值，也称本金。

在实际工作中，把已知终值计算现值的过程称为折现。在这个过程的时间跨度，称为折现期。

（三）利率、利息、计息期数

利率是利息和本金之比，如果没有特别指明，一般是指年利率。对于日利率可以按一年365天来换算，月利率、季利率或半年利率按同样的方法换算。

利息是本金与利率之积。

计息期数，理论上计息期数可以是日、月、季、半年、年等，如果没有特别指明，一般是以年为单位，应该与利率相互匹配。

（四）现金流量时间线

计算货币资金的时间价值，首先要清楚资金运动发生的时间和方向，即每笔资金是在哪个时点上发生的，资金流向是流入还是流出。现金流量时间线提供了一个重要的计算货币资金时间价值的工具，它可以直观、便捷地反映资金运动发生的时间和方向。现金流量时间线见图 2－1。

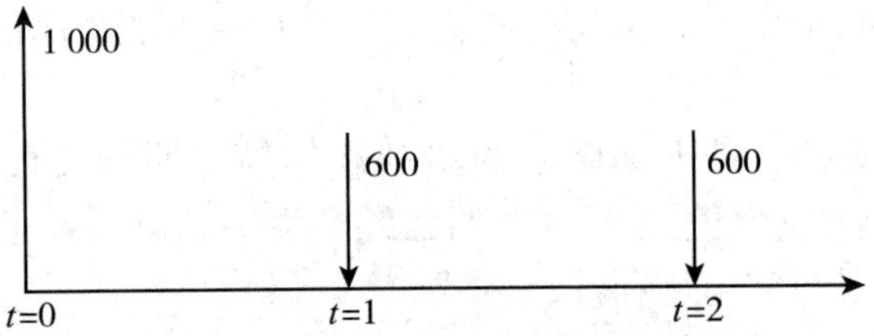

图 2－1　现金流量时间线示意

图 2－1 中横轴为时间轴，箭头所指的方向表示时间的增加。横轴上的坐标代表各个时点，$t=0$ 表示现在，$t=1$，2，…，分别表示从现在开始的第 1 期期末、从现在开始的第 2 期期末，依此类推。如果每期的时间间隔为 1 年，则 $t=1$ 表示从现在起第 1 年年末，$t=2$ 表示从现在起第 2 年年末。换句话说，$t=1$ 也表示第 2 年年初。

从图 2－1 可以看出，时间点上引出的纵向箭头线表示各时点的现金流量，流向由箭头的指向来表示，一般而言，向下的箭头表示现金流入，向上的箭头表示现金流出。现金流量的大小用箭头旁的数字表示。

现金流量时间线对于更好地理解和计算货币资金的时间价值很有帮助。

第二节　资金时间价值的计算与应用

一、一次性收付款的终值和现值的计算

（一）单利终值和现值的计算

单利计息方式下，每期都按初始本金计算利息，当期利息即使不取出也不计入下期的计息基础，每期的计息基础不变。我国现行的银行存款计息方法采用的就是单利计息法。

（1）单利终值（F）。

$$F = P + P \times i \times n = P(1 + i \times n)$$

（2）单利现值（P）。

$$P = F/(1 + i \times n)$$

（3）单利利息（I）。

$$I = P \times i \times n$$

以上三式中，F 为本金与利息之和，又称本利和或终值；P 为本金，又称期初额或现值；i 为利率，通常指每年利息与本金之比；I 为利息；n 为计息期。

【例题 2－1】某企业有一张带息期票，面额为 1 200 元，票面利率为 4%，出票日期为 6 月 15 日，8 月 14 日到期（共 60 天），则到期时利息、终值为：

利息计算：$I = 1\,200 \times 4\% \times 60/360 = 8$（元）

终值计算：$F = 1\,200 + (1\,200 \times 4\% \times 60/360) = 1\,208$（元）

（二）复利终值和现值的计算

1. 复利终值

复利终值是现在一笔款项按复利计算，在未来某一时期期末的本利和（见图 2－2）。

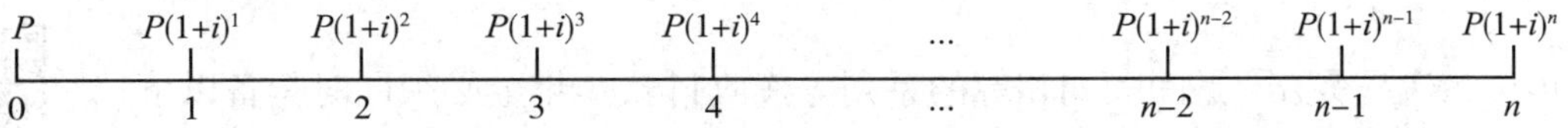

图 2－2　复利终值计算示意

计算公式：

$$F = (1 + i)^n$$

式中，F 为复利值（或终值），即在计算期末资金的本利和；P 为本金（或现值），即在计算期初资金的价值；i 为利率；n 为计算期数。

$(1 + i)^n$，也被称为复利终值系数或复利系数，表示为（F/P，i，n），它表示 1 元本金按照一定的利率计算到计算期末的本利和。可以由复利终值系数表直接查出，直接用

于终值计算。

【例题2-2】 现在将10万元投资于一个年利率为12%的基金，并且把利息与本金都留在基金中，那么10年后，账户中共有多少钱？

$P=10$（万元） $i=12\%$，$n=10$，根据复利值计算公式：

$F=10(1+12\%)^{10}=P(F/P,12\%,10)=10\times3.1058=31.058$（万元）

答：账户中共有31.058万元。

2. 复利现值

现值是未来的一笔资金按一定的利率计算，折合到现在的价值。现值的计算公式与复利终值计算公式正好相反，即计算公式：

$$P=F(1+i)^{-n}$$

式中，$(1+i)^{-n}$为复利现值系数，表示为（P/F，i，n），复利现值系数表示1元本利和按照一定的利率计算的本金或当前价值。它可以由复利现值系数表直接查出，直接用于现值计算。

【例题2-3】 如果要在5年后使账户中积累10万元，年利率为12%，那么现在需要存入多少钱？

$F=10$（万元），$i=12\%$，$n=5$，根据现值计算公式：

$P=10(1+12\%)^{-5}=F(P/F;12\%,n)=10\times0.5674=5.674$（万元）

答：现在需要存入5.674万元。

> **思考**
>
> 复利终值和复利现值有什么区别？举例说明。

文本：实务演练1

二、年金终值和现值的计算

视频：预付年金的终值与现值

年金，代号为A，是间隔期相等的系列等额收付款。年金必须同时具备以下三个条件：一是发生的间隔期相等；二是每期发生的金额相等；三是系列款项；按照其收付的次数和收付的时间进行划分，还可以分为普通年金、预付年金、递延年金和永续年金。

（一）普通年金

普通年金又称后付年金，是指各期期末收入或付出的年金。在现实经济生活中这种年金最为常见。如利息、租金等。普通年金的收付形式如图2-3所示，横线代表时间的延续，用数字标出各期的顺序号；竖线的位置表示支付的时刻，竖线下端数字表示支付的金额。

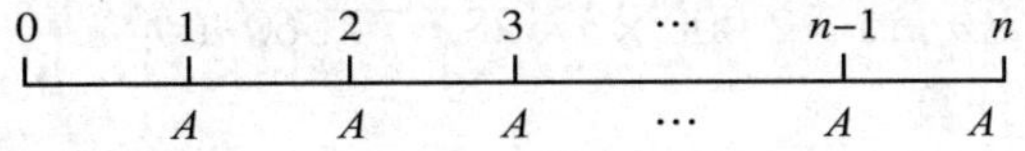

图 2－3　普通年金的收付形式示意

1. 普通年金终值（*F*）的计算

普通年金的终值是指每期期末收入或支出的相等款项，按复利计算，在最后一期所得的本利和。每期期末收入或支出的款项用 A 表示，利率用 i 表示，期数用 n 表示，那么每期期末收入或支出的款项，折算到第 n 年的终值（见图 2－4）。

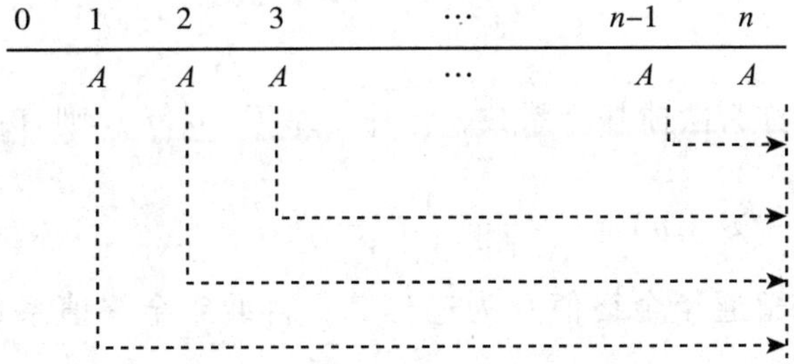

图 2－4　普通年金终值计算示意

第 n 年支付或收入的款项 A 折算到最后一期（第 n 年），其终值为 $A(1+i)^0$。

第 $n-1$ 年支付或收入的款项 A 折算到最后一期（第 n 年），其终值为 $A(1+i)^1$。

……

第 3 年支付或收入的款项 A 折算到最后一期（第 n 年），其终值为 $A(1+i)^{n-3}$。

第 2 年支付或收入的款项 A 折算到最后一期（第 n 年），其终值为 $A(1+i)^{n-2}$。

第 1 年支付或收入的款项 A 折算到最后一期（第 n 年），其终值为 $A(1+i)^{n-1}$。

那么 n 年的年金终值和为：

$$F=A(1+i)^0+A(1+i)^1+\cdots+A(1+i)^{n-3}+A(1+i)^{n-2}+A(1+i)^{n-1} \quad (2-1)$$

公式推导：

式（2－1）两边同乘（$1+i$）得到式（2－2）：

$$F(1+i)=A(1+i)^1+A(1+i)^2+A(1+i)^3+\cdots+A(1+i)^n \quad (2-2)$$

式（2－2）减去式（2－1）推导如下公式：

$$F(1+i)-F=A(1+i)-A$$

$$F=A\frac{(1+i)^n-1}{i}$$

$\frac{(1+i)^n-1}{i}$称为“年金终值系数”记作（F/A，i，n），从年金终值系数表中可以查出。

【例题 2－4】如果你在将来的 5 年中每年 7 月 1 日存入 2 000 元，年利率为 12%，那么在第 n 年的终值的多少钱？

题中 $A=2\ 000$，$n=15$，$i=12\%$，利用上面的计算公式或者直接使用年金终值系数公式都会得到相同的结果。

$F=2\ 000\times(F/A,i,12\%,5)=2\ 000\times37.28=74\ 560$（元）

2. 偿债基金（A）的计算

偿债基金是指为了在约定的未来某一时点清偿某笔债务或累计一定数额的资金而必须分次等额形成的存款准备金。由于每次形成的等额准备金类似年金存款，因而同样可以获得按复利计算的利息，所以债务实际上等于年金终值，每年计提的偿债基金等于年金 A。也就是说，已知年金终值 F，求年金 A，实际上，年偿债基金是普通年金终值的逆运算。其公式为：

$$A=\frac{F}{\frac{(1+i)^n-1}{i}}=F\frac{i}{(1+i)^n-1}$$

一般把$\frac{i}{(1+i)^n-1}$称为偿债基金系数，记作（A/F，i，n）则有：

由此可得 $A=F\times(A/F,i,n)=F\times\frac{1}{(F/A,i,n)}$

结论：偿债基金和普通年金终值互为逆运算；普通年金终值系数和偿债基金系数互为倒数。

【例题 2－5】某企业有一笔 4 年后到期的借款，到期值为 2 000 万元。若存款年复利率为 10%，则为偿还该借款应建立的偿债基金额为多少？

解：$F=2\ 000$ 万元，$n=4$，$(F/A,10\%,4)=4.641\ 0$

$A=2\ 000\times\frac{1}{(F/A,10\%,4)}=430.94$（万元）

3. 普通年金的现值（P）的计算

普通年金的现值是指一定时期内每期期末等额收支款项的复利现值之和。实际上就是指为了在每期期末取得或支出相等金额的款项，现在需要一次投入或借入多少金额，年金现值用 P 表示，其计算见图 2－5。

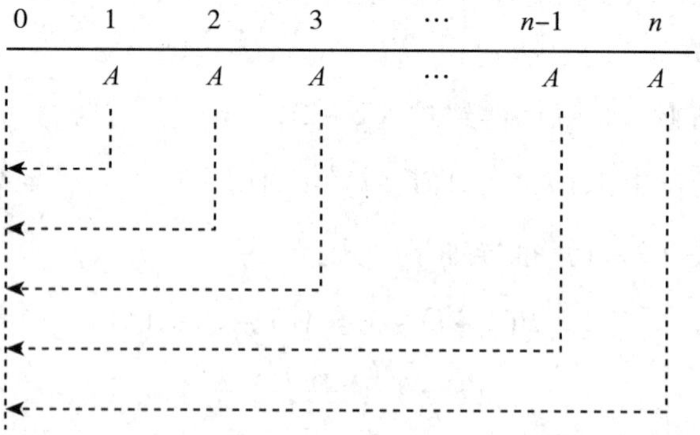

图 2－5　普通年金现值计算示意

要将每期期末的收支款项全部折算到时点 0，则：

第 1 年末的年金 A 折算到时点 0 的现值为 $A(1+i)^{-1}$

第 2 年末的年金 A 折算到时点 0 的现值为 $A(1+i)^{-2}$

第 3 年末的年金 A 折算到时点 0 的现值为 $A(1+i)^{-3}$

第（$n-1$）年末的年金 A 折算到时点0的现值为 $A(1+i)^{-(n-1)}$

第 n 年末的年金 A 折算到时点0的现值为 $A(1+i)^{-n}$

那么，n 年的年金现值之和：

$$P=A(1+i)^{-1}+A(1+i)^{-2}+A(1+i)^{-3}+\cdots+A(1+i)^{-(n-1)}+A(1+i)^{-n} \quad (2-3)$$

公式推导：

式（2－3）两边同乘（$1+i$）得式（2－4）：

$$P(1+i)=A+A(1+i)^{-1}+A(1+i)^{-2}+A(1+i)^{-3}+\cdots+A(1+i)^{-(n-1)} \quad (2-4)$$

式（2－4）减去式（2－3）得：

$$P(1+i)-P=A-A(1+i)^{-n}$$

$$或：P=A\times\frac{1-(1+i)^{-n}}{i}$$

$\frac{1-(1+i)^{-n}}{i}$称为“年金现值系数”可以表示为：（P/A，i，n），从年金现值系数表中可以查出。

【例题2－6】假设某一项目投产以后，计划在8年内每年收回800万元，利率为12%，问投资总额最多是多少？

查表得：（P/A,12%,8）＝4.968

投资总额最多是：

$P=A(P/A,12\%,8)=800\times4.968=3\ 974.4$（万元）

4. 资本回收额

年资本回收额是指在约定年限内等额回收初始投入资本或清偿所欠债务的金额。年资本回收额的计算是普通年金现值的逆运算。其公式为：

$$由：A=\frac{P}{\frac{1-(1+i)^{-n}}{i}}=P\frac{i}{1-(1+i)^{-n}}$$

式中，$\frac{i}{1-(1+i)^{-n}}$称作“资本回收系数”，记作（A/P，i，n），由此可得结论：年资本回收额和普通年金现值互为逆运算；普通年金现值系数和资本回收系数互为倒数。

【例题2－7】某企业现在借得2 000万元的贷款，在十年以内年利率12%等额偿还，则每年应付的金额为多少？

解：$P=2\ 000$，$i=12\%$，$n=10$，（P/A,12%,10）＝5.650 2

$$A=2\ 000\times\frac{1}{(P/A,\ 12\%,\ 10)}=2\ 000\times\frac{1}{5.650\ 2}=353.97（万元）$$

（二）即付年金

即付年金，又称先付年金，是指从第一期期初起，在一定时期内每期期初等额收付的系列款项。它与普通年金的区别仅在于付款时间的不同。即付年金的收付形式见图2－6：

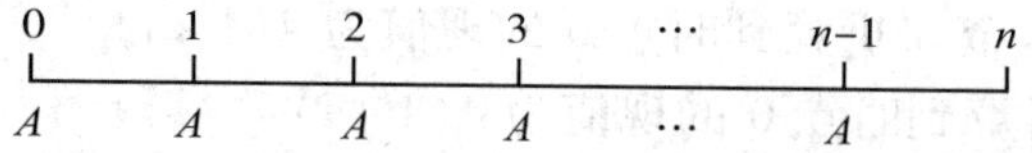

图 2－6　即付年金的收付形式示意

1. 即付年金终值的计算

即付年金终值是其最后一期末时的本利和，是各期收付款项的复利终值之和。

比较可以看出，n 期即付年金与 n 期普通年金的付款次数相同，但由于其付款时间不同，n 期即付年金比 n 期普通年金终值多计算一期利息。因此，在 n 期普通年金终值的基础上乘以（$1+i$）就是 n 期即付年金终值，或者在普通年金现值系数的基础上，期数加 1，系数减 1 便可得到对应的即付年金的终值。其计算公式为：

$$F = A(F/A,i,n)(1+i) = A[(F/A,i,n+1)-1]$$

【例题 2－8】某公司决定连续 5 年每年年初存入 200 万元作为住房基金，银行存款利率为 10%。则该公司在第 5 年末能一次取出本利和为多少？

解：已知 $A=200$ 万元，$i=10\%$，$n=5$

方法（1）：$F=200\times(F/A,15\%,5)(1+10\%)$

$=200\times6.1051\times1.1=1\ 343.12$（万元）

方法（2）：$F=200\times[(F/A,10\%,5+1)-1]$

$=200\times(7.7156-1)=1\ 343.12$（万元）

2. 即付年金现值的计算

即付年金现值是每期期初等额收付系列款项的复利现值之和。n 期即付年金与 n 期普通年金的付款次数相同，但由于其付款时间不同，n 期即付年金比 n 期普通年金少折现一期利息，因此，在 n 期普通年金现值的基础上乘以（$1+i$）就是 n 期即付年金现值，或者，在普通年金现值系数的基础上，期数减 1，系数加 1 便可得到对应的即付年金的现值。其计算公式为：

$$P = A(P/A,i,n)(1+i) = A[(P/A,i,n-1)+1]$$

【例题 2－9】某企业租用一台设备，在 10 年中每年年初要支付租金 5 000 元，假设年利率为 8%，则这些租金的现值是多少？

解：已知 $A=5\ 000$ 元，$i=8\%$　$n=10$

方法（1）：$P=5\ 000\times(P/A,8\%,10)(1+8\%)$

$=5\ 000\times6.7101\times1.08=36\ 234.5$（元）

方法（2）：$P=5\ 000\times[(P/A,8\%,10-1)+1]$

$=5\ 000\times(6.2469+1)=36\ 234.5$（元）

（三）递延年金

递延年金是指第一次收付发生在第二期或者第二期以后的年金，即首次现金流量发生在整个期间（共 $m+n$ 期）的中间（第 m 期），而不是期间的起点。它是普通年金的特殊形式，凡不是从第一期开始的年金都是递延年金。递延年金的收付形式见图 2－7：

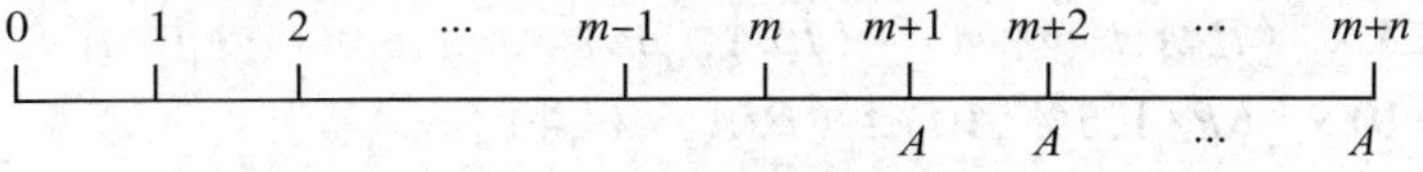

图 2-7　递延年金的收付形式示意

从图 2-7 可知，递延年金的第一次年金收付没有发生在第一期，而是隔了 m 期（这 m 期就是递延期），在第 $m+1$ 期的期末才发生第一次收付，并且在以后的 n 期内，每期期末均发生等额的现金收支。与普通年金相比，尽管期限一样，都是（$m+n$）期，但普通年金在（$m+n$）期内，每个期末都要发生收支，而递延年金在（$m+n$）期内，只在后 n 期发生收支，前 m 期无收支发生。

1. 递延年金终值的计算

在图 2-7 中，先不看递延期，年金一共支付了 n 期。只要将这 n 期年金折算到期末，即可得到递延年金终值。所以，递延年金终值的大小与递延期无关，只与年金共支付了多少期有关，它的计算方法与普通年金相同。

$$F=A\times(F/A,i,n)$$

【例题 2-10】某企业于年初投资一个项目，估计从第五年开始至第十年，每年年末可得收益 10 万元，假定年利率为 5%。

要求：计算投资项目年收益的终值。

解：$F=A\times(F/A,i,n)=10\times(F/A,5\%,6)=10\times6.8019=68.019$（万元）

2. 递延年金现值的计算

递延年金的现值可用三种方法来计算。

第一种：把递延年金视为 n 期的普通年金，求出年金在递延期期末 m 点的现值，再将 m 点的现值调整到第一期期初。

$$P=A\times(P/A,i,n)\times(P/F,i,m)$$

第二种：先假设递延期也发生收支，则变成一个（$m+n$）期的普通年金，算出（$m+n$）期的年金现值，再扣除并未发生年金收支的 m 期递延期的年金现值，即可求得递延年金现值。

$$P=A\times[(P/A,i,m+n)-(P/A,i,m)]$$

第三种：先算出递延年金的终值，再将终值折算到第一期期初，即可求得递延年金的现值。

$$P=A\times(F/A,i,n)\times(P/F,i,m+n)$$

【例题 2-11】某企业年初投资一个项目，希望从第 5 年开始每年年末取得 10 万元收益，投资期限为 10 年，假定年利率 5%。

要求：求该企业年初最多投资多少元才有利。

解（1）：
$$\begin{aligned}P&=A\times(P/A,i,n)\times(P/F,i,m)\\&=10\times(P/A,5\%,6)\times(P/F,5\%,4)\\&=10\times5.0757\times0.8227\\&=41.76\text{（万元）}\end{aligned}$$

解（2）：$P = A \times [(P/A, i, m+n) - (P/A, i, m)]$

$= 10 \times [(P/A, 5\%, 10) - (P/A, 5\%, 4)]$

$= 10 \times (7.7217 - 3.5460)$

$= 41.76$（万元）

解（3）：$P = A \times (F/A, i, n) \times (P/F, i, m+n)$

$= 10 \times (F/A, 5\%, 6) \times (P/F, 5\%, 10)$

$= 10 \times 6.8019 \times 0.6139$

$= 41.76$（万元）

从计算中可知，该企业年初的投资额不超过 41.76 万元才合算。

（四）永续年金

永续年金是指无期限等额系列收付的款项，可以视为普通年金的特殊形式，即期限区域无穷的普通年金。例如，英国政府发行的统一公债，这种债券没有到期日，即政府不必承担支付给债权人本金的义务，但是政府需要每年都按时支付给债权人相同的利息见图 2－8：

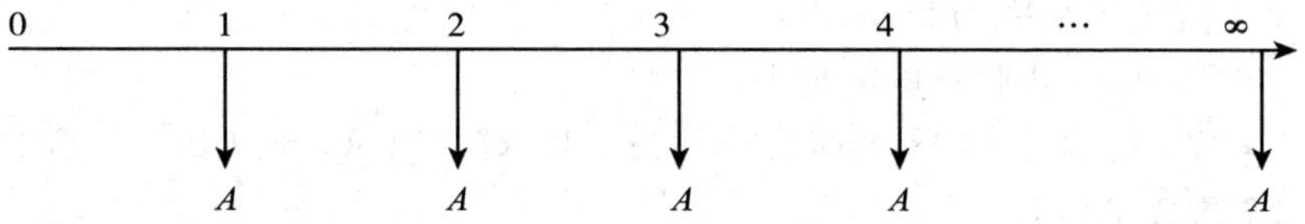

图 2－8　永续年金的收付形式示意

1. 永续年金终值的计算

由于永续年金持续期无限，没有终止的时间，因此无法定量计算期终值。

2. 永续年金现值的计算

永续年金是期限区域无穷的普通年金，所以，可以通过普通年金现值的计算公式推导出永续年金的计算公式。

$$P = A \times \frac{1-(1+i)^{-n}}{i}$$

当 $n \to \infty$ 时 $(1+i)^{-n}$ 的极限为 0，故上式可写成：

$$P = A \times \frac{1}{i}$$

【例题 2－12】某人持有某公司的优先股，每年每股股利为 2 元，若此人想长期持有，在利率为 10% 的情况下，要求对该项股票投资进行估价。

这是一个求永续年金现值的问题，即假设该优先股每年股利固定且持续较长时期，计算出这些股利的现值之和，即为该股票的估价。

$P = A \times \frac{1}{i} = 20 \times \frac{1}{10\%} = 20$（元）

思考

1. 举例说明实际经济生活的年金的形式。
2. 各种年金现值的计算相同吗？为什么？

文本：实务演练2

三、资金时间价值计算中的特殊问题

（一）未知复利期限问题

在现实的经济生活中，常常有这样的现象，就是在一定的资金时间价值条件下，不能确定多长时间的增值才能实现一定量货币金额的终期目标。比如，小张想每年存1 000元，在银行利率为2%的条件下，存多少期才能保证本利和超过50 000元，以偿还欠朋友的债务。又如，小李想在若干年后存蓄200 000元购买一套住房，如果现在存100 000元，在银行利率为5%的条件下，需要存多少年，才能实现上述本利和达到200 000元的目标。在财务学管理上，我们把上述问题称为未知复利期限问题。它们的共同特点是：在确定货币收付的规律、金额和利率的条件下，如何确定合适的期限，使货币增值达到一定的终值目标。

1. 一次性收付款期限问题

【例题2-13】 下岗职工郑先生现有存款80 000元，他决定趁现在还有劳动能力，先找工作养家糊口，将80 000元存起来，存到200 000元时再取出，保证自己的养老。假设银行一年存款利率为8%，请问郑先生需要存多少年？

设要存n年，则必有：

$(F/P, 8\%, n) = 200\,000/80\,000 = 2.5$

经查复利终值系数表：

$(F/P, 8\%, 12) = 2.518\,2$

$(F/P, 8\%, 11) = 2.331\,6$

因此在11年和12年之间，运用内插法公式：

$$\frac{n-11}{12-11} = \frac{2.5-2.331\,6}{2.518\,2-2.331\,6}$$

得 $n = 11.90 \approx 12$ 年

2. 年金收付款期限问题

【例题2-14】 小王是位农村男青年，初中毕业后出去打工，一年后学徒期满，成为一名称职的木工，如一年在外打工，每年收入扣除生活费，可净得60 000元。小王家乡的婚嫁喜事办起来比较复杂。小王估算一下，一个男青年结婚，需要总共花费500 000元，如果小王打工，每年存入银行60 000元，银行年存款利率为2%，那么小王还要打工多少年，才能使他到期的存款满足结婚需要？

设要打工 n 年，则必有：

$(F/A\ 2\%\ n) = 500\ 000/60\ 000 = 8.333\ 3$

经查年金终值系数表：

$(F/A,\ 2\%, 8) = 8.583$

$(F/A, 2\%, 7) = 7.434\ 3$

因此在7年和8年之间，运用内插法公式：

$$\frac{n-7}{8-7} = \frac{8.333\ 3 - 7.434\ 3}{8.583\ 0 - 7 - 4\ 343}$$

得 $n = 7.78 \approx 8$（年）

所以小王要存8年，才能满足结婚需要。

（二）未知利率的确定

未知利率问题也是经济生活中经常出现的问题。例如：小张向小罗借款，本金10 000元，3年后偿还15 000元，则小张借款的实际利率为多少？又如，小孟向小王借款，本金100 000元但小王要求3年内每月归还4 000元，则小王要求的实际利率是多少？上述这些问题就是未知利率问题，它的基本特点是：在已知现金后附的规律、终值和现值的基础上，要求确定内含的利率。对于上述问题，可以利用终值或现值的计算公式，反推利率的数值。

1. 复利终值（或现值）利率的推算

对于一次性的收付款项，根据复利终值的计算公式：$F = P(1+i)^n$若已知 F、P、n，则可以采用内插法计算出利率。

【例题2-15】张先生要在一个街道十字路口开办一个餐馆，于是找到十字路口的一家小卖部，提出要求承租该小卖部3年。小卖部的业主徐先生因小卖部受附近超市的影响，生意清淡，也愿意将小卖部租给张先生开餐馆，但提出应一次性支付3年的使用费30 000元。张先生觉得现在一次性拿30 000元比较困难，因此请求能否缓期支付。徐先生同意三年后支付，但全额为50 000元。若银行的贷款利率为5%，则张先生是否应三年后付款？要解决这个问题，可以先算出张先生3年后付款和现在付款金额之间的利息率，再同银行贷款利率比较，若高于贷款利率，则应贷款现在支付，而若低于贷款利率，则应3年后支付。

如何计算内含利率呢？设内含利率为 i，则有：

$F = 30\ 000 \times (F/P, i, 3) = 50\ 000$（元）

$(F/P, i, 3) = 50\ 000/30\ 000 = 1.666\ 7$

查期限为3期的1元复利终值系数表，当 $i = 18\%$ 是对应的复利终值系数为1.643 0；当 $i = 19\%$ 时对应的复利终值系数为1.685 2。本例计算的终值系数为1.666 7，介于1.643 0和1.685 2之间，所以本例要求计算的利率 i 在18%年和19% 年之间，其准确数据可按内插法求得。

利率	复利终值系数
8%	1.643 0
i	1.666 7
19%	1.685 2

按上述对应关系可得下式：

$$\frac{i-18\%}{19\%-18\%}=\frac{1.667-1.6430}{1.6852-1.6430}=18.56\%$$

得 $i=18.56\%$

从以上计算可以看出，徐先生3年之间的隐含利率为18.56%，远比银行贷款利率高，因此张先生应该贷款现在支付这一笔使用费（租金）。

2. 永续年金利率的推算

永续年金利率的计算比较简单，若 P、A 为已知，则根据公式 $P=\frac{A}{i}$ 变换即得利率的计算公式：$i=\frac{A}{P}$

3. 普通年金利率的推算

普通年金折现率的推算比较复杂，无法直接套用公式，必须利用有关的系数表，要涉及内插法的运用。

根据普通年金终值与现值的计算公式：

$$F=A(F/A,\ i,\ n)$$
$$P=(P/A,\ i.\ n)$$

将以上两个公式转换为：

$$(F/A,i,n)=\frac{F}{A}$$

$$(P/A,i,n)=\frac{P}{A}$$

当已知 F，A，n 或 P，A，n，则可以通过查普通年金终值系数表或普通年金现值系数表，找出 i 的对应系数值。若系数表中找不到完全相同的系数值时，可运用内插法的原理计算其准确结果。

【例题 2-16】 某公司于第一年年初借款30 000元，每年年末还本付息额6 000元，连续6年还清。问借款利率为多少？

根据题意：

已知 $P=30\ 000$，$A=6\ 000$，$n=6$，则：$30\ 000=6\ 000\times(P/A,i,6)$

$(P/A,i,6)=30\ 000/6\ 000=5$

查期限为6期的1元普通年金现值系数表，当 $i=5\%$ 时，年金现值系数为5.075 7；当 $i=6\%$ 时，年金现值系数为4.917 3。其对应关系为：

利率	年金现值系数
5%	5.077
i	5
6%	4.917 3

得 $i=18.56\%$

$$\frac{\text{i}-5\%}{19\%-18\%}=\frac{5.0757-5}{5.0757-4.9173}$$

$i=5.48\%$

同理，按照以上方法，也可以计算出（F/A）的值，然后查年金终值系数表 i 求值。

（三）年内多次计息的问题

上面讨论的有关计算均假定利率为年利率，每年复利一次。但实际上，复利的计息期间不一定是一年，有可能是季度、月份或日。例如，债券利息一般每半年支付一次、股利有时每季度支付一次等。在复利计算中，如按年复利计息，一年就是一个计息期；如按季度复利计息，一季度就是一个计息期，一年就有四个计息期。计息期越短，一年中按复利计息的次数就越多，利息额就会越大。这就需要名义利率与实际利率的计算。

当利息在一年内要复利几次时，给出的年利率叫做名义利率，根据计息期计算出的利率是实际利率。

实际利率和名义利率之间的关系是：

$$1+i=\left(1+\frac{r}{M}\right)^{M}$$

式中，r 为名义利率；M 为每年利率次数；i 为实际利率。

【例题 2－17】本金 1 000 元，投资 5 年，年利率 8%，每季度复利一次，则：

每季度利率 $=8\% \div 4=2\%$

复利次数 $=5\times 4=20$

$F=1\ 000\times(1+2\%)^{20}=1\ 000\times 1.486=1\ 486$（元）

$I=1\ 468-1\ 000=486$（元）

一年内复利多次时，实际得到的利息要比按名义利率计算的利息高，本例的利息 486 元，要比按每年复利一次时的利息 469 元［$1\ 000\times(F/P,8\%,5)-1\ 000$］多 17 元。所以，本例的实际利率高于 8%，可用于下述方法计算：

$F=P\ (1+i)^{n}$

$1\ 486=1\ 000\times(1+i)^{5}$

$(1+i)^{5}=1.486$

$(F/P,i,5)=1.486$

查表得：

$(F/P,8\%,5)\approx 1.486$

$(F/P,9\%,5)\approx 1.486$

用内插法求得实际年利率为：

$$\frac{1.539-1.469}{9\%-8\%}=\frac{1.486-1.469}{i-8\%}$$

$i=8.24\%$

也可以利用实际利率和名义利率之间的关系，计算实际利率：

$$1+i=\left(1+\frac{8\%}{4}\right)^{4}$$

$$i=\left(1+\frac{8\%}{4}\right)^{4}-1=1.082\ 4-1=8.24\%$$

思考

假设有以下两种存款方案，你应选择哪种？为什么？第一种年利率12%，一年复利一次；第二种年利率12%，每季度复利一次。

第三节　风险价值指标的计算与应用

财务活动经常是在有风险的情况下进行的。冒风险，就要求得到额外的收益，否则就不值得去冒风险。投资者由于冒风险进行投资而获得的超过资金时间价值的额外收益，称为资金的风险价值，或风险收益。企业理财时，必须研究风险、计量风险，并设法控制风险，以求最大限度地扩大企业财富。

一般来说，风险是指在一定条件下和一定时期内可能发生的各种结果的变动程度。在风险存在的情况下，人们只能事先估计采取某种行动可能导致的结果，以及每种结果出现的可能性，而行动的真正结果究竟会怎样，不能事先确定。例如，我们预计一个投资项目的收益时，不可能十分精确，也没有百分之百的把握。因为有些事情的未来发展变化我们事先不能确知，例如价格、销量、成本等都可能发生我们预想不到并且无法控制的变化。

风险可能给投资人带来超出预期的收益，也可能带来超出预期的损失。一般来说，投资人对意外损失的关切程度，比对意外收益要强烈得多。因此，人们研究风险时侧重减少损失，主要从不利的方面考虑风险，经常把风险看成是不利事件发生的可能性。从财务的角度来说，风险主要指无法达到预期收益的可能性。

一、识别风险类别

（一）从个别理财主体的角度看

从个别理财主体的角度看，风险分为市场风险和公司特有风险两类。

1. 市场风险

市场风险是指那些对所有企业产生影响的因素引起的风险，如传染病疫情、战争、自然灾害、经济衰退、通货膨胀等。这类风险涉及所有企业，不能通过多角化投资来分散，因此又称不可分散风险或系统风险。

2. 公司特有风险

公司特有风险是指发生于个别企业的特有事项造成的风险，如工人罢工、诉讼失败、失去销售市场、新产品开发失败等。这类事件是随机发生的，因而可以通过多角化投资来分散，即发生于一家公司的不利事件可以被其他公司的有利事件所抵消。这类风险也称可分散风险或非系统风险。

（二）从企业本身来看

从企业本身来看，风险可分为经营风险和财务风险两大类。

1. 经营风险

经营风险是指因生产经营方面的原因给企业盈利带来的不确定性。经营风险是任何商业活动都有的，也称为商业风险。企业生产经营的许多方面都会受到来源于企业外部和内部诸多因素的影响，具有很大的不确定性。经营风险主要来自四个方面：（1）市场销售。市场需求、市场价格、企业可能生产的数量不确定，尤其是竞争使供产销不稳定，加大企业面临的经营风险。（2）生产成本。原料的供应和价格、工人和机器的生产率、工人的工资和奖金，都是不确定的因素，因而产生风险。（3）生产技术。设备事故、产品质量问题、新技术的出现等，不好预见产生风险。（4）其他。外部的环境变化，如天灾、经济不景气、通货膨胀、有协作关系的企业没有履行合同等，企业自己不能完全控制也会产生经营风险。

2. 财务风险

财务风险又称筹资风险，是指由于举债而给企业财务成果带来的不确定性。企业举债经营，全部资金中除自有资金外还有一部分借入资金，这会对自有资金的盈利能力造成影响；同时，借入资金需还本付息，一旦无力偿付到期债务，企业便会陷入财务困境甚至破产。当企业息税前资金利润率高于借入资金利息率时，使用借入资金获得的利润除了补偿利息外还有剩余，因而使自有资金利润率提高。但是，若企业息税前资金利润率低于借入资金利息率，这时使用借入资金获得的利润还不够支付利息，还需动用自有资金的一部分利润来支付利息，从而使自有资金利润率降低，使企业发生亏损。若企业亏损严重，财务状况恶化丧失支付能力就会出现无法还本付息甚至破产的危险。总之，由于许多因素的影响，企业息税前资金利润率和借入资金利息率之间差额具有不确定性，从而引起自有资金利润率的高低变化，这种风险即为筹资风险。这种风险程度的大小受借入资金与自有资金的比例的影响。在息税前利润一定的条件下，借入资金比例大，风险程度就会随之增大；借入资金比例小，风险程度也随之减少。对财务风险的管理，关键是在现有息税前利润的水平下，要保证有一个合理的资金结构，即维持适当的负债水平，防止过度举债而引起的财务风险加大，避免陷入财务困境，又要充分利用举债经营这一手段获取财务杠杆收益，提高自有资金盈利能力。

思考

1. 如何理解风险价值？
2. 风险可以分为哪些类型？

二、分析风险收益

任何投资者宁愿要肯定的某一收益率，而不愿意要不肯定的相同收益率，这种现象称为风险反感或风险厌恶。在风险反感普遍存在的情况下，诱使投资者进行风险投资的，是超过时间价值的那部分额外收益，即风险收益。

风险收益的表现形式是风险收益率，就是指投资者因冒着风险进行投资而要求的，超过资金时间价值的那部分额外收益率。

如果不考虑通货膨胀，投资者进行风险投资所要求或期望的投资收益率便是无风险收益率与风险收益率之和（见图2－9）。即：

$$期望投资收益率 = 无风险收益率 + 风险收益率$$

无风险收益率，如购买国库券的利率。这个无风险收益率，可以吸引公众储蓄，是最低的社会平均收益率。

风险收益率与风险大小有关。风险越大，则要求的收益率越高，它是风险的函数。

$$风险收益率 = \beta(风险程度)$$

如图 2－9 所示，风险程度和风险收益率成正比，则：

$$风险收益率 = 风险收益斜率 \times 风险程度$$

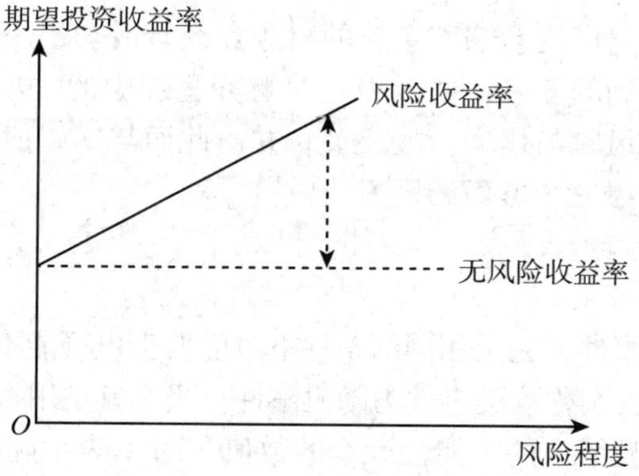

图 2－9 期望投资收益率示意

风险程度用标准差或变异系数等计量。风险收益斜率取决于全体投资者的风险回避态度，可以用统计方法来测定。如果大家都愿意冒风险，风险收益斜率就小，风险溢价不大；如果大家都不愿意冒风险，风险收益斜率就大，风险附加率就比较大（见图 2－10）。

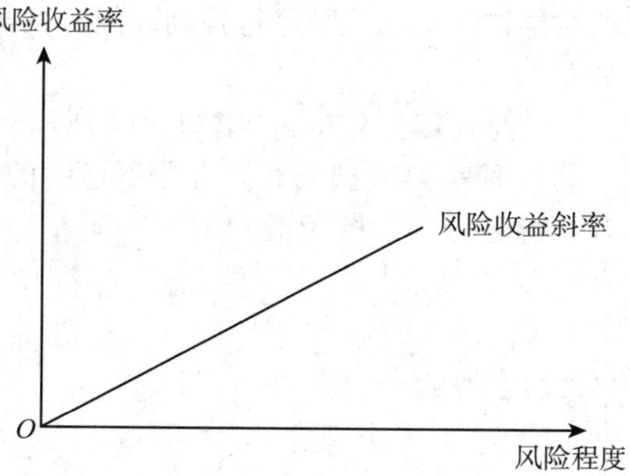

图 2－10 风险收益率示意

风险控制的主要方法是多角经营和多角筹资。

近代企业大多采用多角经营的方针，主要原因是它能分散经营风险。多经营几个品种，它们的景气程度不同，盈利和亏损可以相互抵消，降低风险。从统计学上可以证明，如果几种商品的利润率和风险是独立的或是不完全相关的，在这种情况下，企业总利润率的风险能够因多元经营而降低。

思考

1. 如何确定风险报酬的大小？
2. 风险控制的主要方法有哪些？

三、风险衡量

风险是客观存在的，它广泛影响着企业的财务和经营活动，因此，正视风险并将风险程度予以量化，进行较为准确的衡量，便成为企业财务管理中的一项重要工作。风险的衡量，需要用概率和统计方法。风险与概率直接相关，并由此而与期望值、离散程度等相联系，对风险进行衡量时应着重考虑三个方面的因素。

（一）概率分布

在现实生活中，某一事件在完全相同的条件下可能发生也可能不发生，既可能出现这种结果又可能出现那种结果，我们称这类事件为随机事件。概率就是用百分数或小数来表示随机事件发生的可能性及出现某种结果的可能性大小的数值。用 X_i 表示随机事件，用 X 表示随机事件的第 i 种结果，P 为出现该种结果的相应概率。若 X_i 出现，则 $P=1$；若不出现，则 $P=0$。同时，所有可能出现的结果概率之和必定为1。因此，概率必须符合下列两项要求：

$$0 \leqslant P \leqslant 1$$

$$\sum_{i=1}^{n} P_i = 1$$

将随机事件各种可能的结果按一定的规则进行排列，同时列出各结果出现的相应概率，这一完整的描述称为概率分布。

概率分布有两种类型：一种是连续型分布，如图2－11所示。其特点是概率分布在连续图像的两点之间的区间上；另一种是离散型分布，也称不连续的概率分布，如图2－11所示，其特点是概率分布在各个特定的点（指 X 值）上。

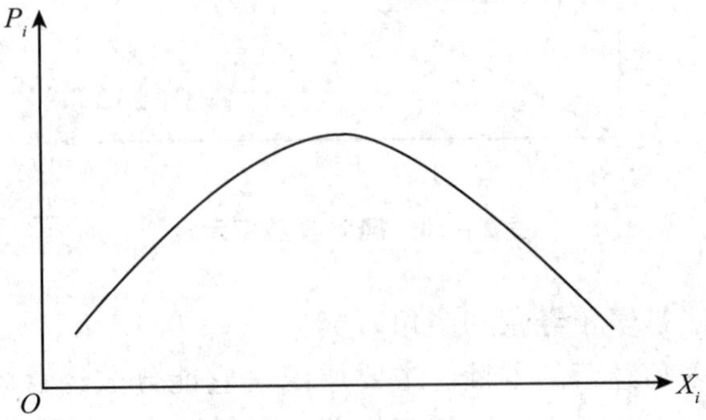

图2－11　概率分布

【例题 2 – 18】某企业甲产品投产后预计收益情况和市场销量有关，可用表 2 – 1 描述各种可能的收益概率分布。

表 2 – 1　　市场预测与预期收益概率分布

市场情况	年收益（X_i）	概率（P_i）
销量很好	5	0. 1
销量较好	4	0. 2
销量一般	3	0. 4
销量较差	2	0. 2
销量很差	1	0. 1

该企业市场预测与预期收益的概率分布如图 2 – 12 所示。

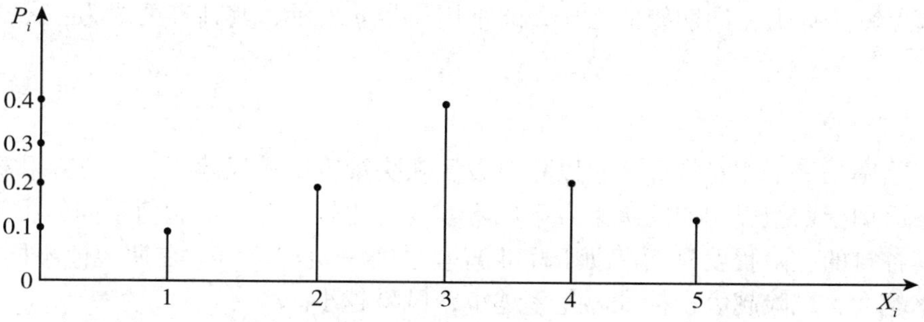

图 2 – 12　甲产品市场预测与预期收益概率分布（不连续的概率分布）

（二）期望值

期望值是一个概率分布中的所有可能结果，以各自相应的概率为权数计算的加权平均值，是加权平均的中心值，通常用符号 $\overline{E}$ 表示，其计算公式如下：

$$\overline{E}\sum_{i=1}^{n} X_i P_i$$

期望收益反映预计收益的平均化，在各种不确定性因素的影响下，它代表着投资者的合理预期。

【例题 2 – 19】以【例题 2 – 18】中有关数据为依据计算甲产品投产后预计收益的期望值，即期望值收益为：

$\overline{E} = 5 \times 0.1 + 4 \times 0.2 + 3 \times 0.4 + 2 \times 0.2 + 1 \times 0.1 = 0.5 + 0.8 + 1.2 + 0.4 + 0.1 = 3$

（三）离散程度

离散程度是用以衡量风险大小的统计指标。一般来说，离散程度越大，风险越大；离散程度越小，风险越小。反映随机变量离散程度的常用指标主要包括方差、标准差、标准离差率三项指标。

1. 方差

方差是用来表示随机变量与期望值之间的离散程度的一个数值。其计算公式为：

$$\sigma^2 = \sum_{i=1}^{n}(X_i - \overline{E})^2 \times P_i$$

2. 标准差

标准差也叫标准离差或均方差，是方差的平方根，其计算公式为：

$$\sigma = \sqrt{\sum_{i=1}^{n}(X_i - \overline{E})^2 \times P_i}$$

标准差以绝对数衡量决策方案的风险。在期望值相同的情况下，标准差越大，风险越大；标准差越小，则风险越小。

3. 标准离差率

标准离差率是标准差同期望值之比，通常用符号 q 表示，其计算公式为：

$$q = \frac{\sigma}{E}$$

标准离差率是一个相对指标，它以相对数反映决策方案的风险程度。方差和标准差作为绝对数，只适用于期望值相同的决策方案风险程度的比较。对于期望值不同的决策方案，评价和比较其各自的风险程度只能借助于标准离差率这一相对数值。在期望值不同的情况下，标准离差率越大，风险越大；标准离差率越小，风险越小。

对于多方案择优，决策者的行动准则应是选择低风险高收益的方案，即选择标准离差最低、期望收益最高的方案。然而高收益往往伴有高风险，低收益方案其风险程度往往也较低，究竟选择何种方案，就要权衡期望收益与风险，而且还要视决策者对风险的态度而定。对风险比较反感的人可能会选择期望收益较低同时风险也较低的方案，喜欢冒风险的人则可能选择风险虽高但同时收益也高的方案。

【例题 2－20】以【例题 2－18】中的数据为例，计算甲产品预计年收益与期望年收益的方差为：

$$\sigma^2 = \sqrt{(5-3)^2 \times 0.1 + (4-3)^2 \times 0.2 + (3-3)^2 \times 0.4 + (2-3)^2 \times 0.2 + (1-3)^2 \times 0.1}$$
$$= 1.2$$

【例题 2－21】以【例题 2－18】中的数据为例，计算甲产品预计年收益与期望年收益的标准差为：

$$\sigma = \sqrt{(5-3)^2 \times 0.1 + (4-3)^2 \times 0.2 + (3-3)^2 \times 0.4 + x(2-3)^2 \times 0.2 + (1-3)^2 \times 0.1}$$
$$\times \sqrt{0.4} + 0.2 + 0 + 0.2 + 0.4$$
$$\approx 1.095$$

【例题 2－22】以【例题 2－18】中的有关数据为例，计算甲产品预计年收益的标准离差。

$$q = \frac{\sigma}{E} = \frac{1.095}{3} = 0.365$$

通过上述方法将决策方案的风险加以量化后，决策者便可据此做出决策。对于单个方案，决策者可根据其标准离差（率）的大小，并将其同设定的可接受的此项指标最高限值进行对比，看前者是否低于后者，然后做出取舍。

本章小结

资金的时间价值是资金在不同时点上价值量的差额，它有其产生的前提条件和源泉，资金的时间价值一般用利率来表示。计算资金的时间价值涉及终值和现值两个概念，它们是不同时点上的价值，现值也称本金，一般是指现在的价值，终值也称本金和，一般是指将来的价值。根据收付款项的情况不同，分为一次性收付款项的现值与终值和年金的现值与终值，年金具体有普通年金、预付年金、永续年金和递延年金四种形式，值得注意的是现值与终值一般按复利计算。风险是某项行动结果的不确定性，但风险与不确定性又不同，财务活动经常是在有风险的条件下进行。企业面临的主要风险有市场风险和特有风险两种，对风险可用期望值和统计的方法标准差（系数）来衡量。风险和收益之间存在密切关系，风险越大，所希望的收益越高，投资收益由风险收益和无风险收益构成。

本章互动环节

（一）互动环节分析资料

苹果公司与租赁公司洽谈租赁事宜，租赁期 8 年。租赁商要求每年年初支付租金，而苹果公司则希望每年年末支付租金。最后商定，如果市场利率 10%，那么，若年初支付，则每年支付 1 万元；若年末支付，则每年支付 1.1 万元。

（二）互动环节分析问题

提问（1）为什么苹果公司与租赁商同时考虑年初与年末支付租金的问题？

提问（2）如果不考虑资金时间价值，那么，年初与年末支付的年金有没有区别？

音频：互动环节分析提示

本章习题

一、理论知识强化训练题

（一）单项选择题

1. 在利率和计算期相同的条件下，下列表述中错误的是（　　）。

A. 复利终值系数和复利现值系数互为倒数

B. 普通年金终值系数和普通年金现值系数互为倒数

C. 普通年金终值系数和偿债基金系数互为倒数

D. 普通年金现值系数和资本回收系数互为倒数

2. 某人有一项投资，预计前3年没有现金流入，后5年每年年初流入1 000元，年利率为8%，则其现值为（　　）元。

A. 3 992.7　　B. 3 422.94　　C. 3 696.84　　D. 3 169.41

3. 一项存款本金为10 000元，每季度支付一次利息50元，则其实际年利率是（　　）。

A. 1%　　B. 2%　　C. 2.02%　　D. 2.05%

4. 已知（F/A,10%,9）=13.579，（F/A,10%,11）=18.531。则10年、10%的即付年金终值系数为（　　）。

A. 17.531　　B. 15.937　　C. 14.579　　D. 12.579

5. 若希望在3年后取得500元，利率为10%，则单利情况下现在应存入银行（　　）元。

A. 384.6　　B. 650　　C. 375.6　　D. 665.5

6. 一定时期内每期期初等额收付的系列款项称为（　　）。

A. 永续年金　　B. 预付年金　　C. 普通年金　　D. 递延年金

7. 某项永久性奖学金，每年计划颁发50 000元，若年利率为8%，采用复利方式计息，该奖学金的本金应为（　　）元。

A. 625 000　　B. 605 000　　C. 700 000　　D. 725 000

8. 某企业从银行取得50 000元贷款，10年期，年利率12%每年末等额偿还。已知年金现值系数（P/A,12%,10）=5.6502，则每年应付金额为（　　）元。

A. 8 849　　B. 5 000　　C. 6 000　　D. 2 825

9. 在普通年金终值系数的基础上，期数加1、系数减1所得的结果，在数值上等于（　　）。

A. 普通年金现值系数　　B. 即付年金现值系数

C. 普通年金终值系数　　D. 即付年金终值系数

10. 大华公司于2010年初向银行存入5万元资金，年利率为8%，每半年复利一次，则第10年末大华公司可得到本利和为（　　）万元。

A. 10　　B. 8.96　　C. 9　　D. 10.96

11. 下列说法正确的是（　　）。

A. 一个项目的风险越大，投资者受到的损失也就越大

B. 一个项目的风险越大，投资者要求的收益率就越高

C. 一个项目的风险越大，投资者获得的收益率就越高

D. 项目的风险与收益不存在必然的联系

12. 一项资产组合的必要收益率为18%，如果无风险收益率为8%，市场风险溢酬为10%，那么这项资产组合的β系数为（　　）。

A. 1　　B. 1.5　　C. 4　　D. 0.8

13. 证券市场线反映了个别资产或投资组合的（　　）与其所承担的系统风险β系数之间的线性关系。

A. 风险收益率　　B. 无风险收益率

C. 通货膨胀率　　D. 预期收益率

14. 某企业投资于A、B两项资产，投资比重各占50%，A、B资产的标准离差分别为12%和20%，相关系数为1，则两种资产组合的标准离差为（　　）。

A. 0　　B. 14%　　C. 1.96%　　D. 16%

15. 某项目的风险价值系数为 0.6，标准离差率为 16%，无风险收益率为 15%，在不考虑通货膨胀因素的情况下，该项目的投资收益率为（　　）。

A. 31%　　B. 24.6%　　C. 27.8%　　D. 1%

（二）多项选择题

1. 在利率和现值相同时，若计息期为一期，下列关于该期复利终值和单利终值说法错误的有（　　）。

A. 前者大于后者　　B. 不相等　　C. 后者大于前者　　D. 相等

2. 下列各项中，（　　）表示资金时间价值。

A. 纯利率

B. 社会平均资金利润率

C. 通货膨胀率极低情况下的国库券利率

D. 不考虑通货膨胀率下的无风险收益率

3. 有一项银行存款 100 元，年利率是 10%，每季复利一次，期限是 2 年，那么期终值有（　　）。

A. 100(F/P,10%,2)　　B. 100(F/P,2.5%,8)

C. 100(F/P,10.38%,2)　　D. 100(F/P,5%,4)

4. 对递延年金的说法中正确的有（　　）。

A. 递延年金的现值与递延期有关　　B. 递延年金的终值与递延期无关

C. 递延年金的第一次支付发生在若干期以后　　D. 递延只有现值没有终值

5. 下列公式不正确的有（　　）。

A. 即付年金现值系数 $=(1+i)\times$ 普通年金现值系数

B. 即付年金终值系数 $=(1+i)\times$ 普通年金终值系数

C. 偿债基金系数 $=(1+i)\times$ 普通年金终值系数

D. 资本回收系数 $=(1+i)\times$ 普通年金现值系数

6. 现在有两个项目 A 和 B，其收益率的期望值分别为 25% 和 33%，而标准差分别为 40% 和 45%，以下说法中不正确的有（　　）。

A. A 的风险大于 B 的风险

B. B 的风险大于 A 的风险

C. 二者的风险程度相同

D. 由于二者的期望值和标准差都不相同，所以不能进行比较

7. 下列因素引起的风险，投资者不能通过组合投资予以分散的有（　　）。

A. 发生金融危机　　B. 社会经济衰退

C. 公司新产品研发失败　　D. 通货膨胀

8. 下列关于投资组合风险的说法中，正确的有（　　）。

A. 当投资充分组合时，那么可以分散掉所有的风险

B. 充分投资组合的风险只包括市场风险

C. 公司特有风险是可分散风险

D. 市场风险是不可分散风险

二、技能知识强化训练题

（一）案例分析题

1. 案例资料

住房待遇方式选择

张教授是中国科学院院士，一日接到一家上市公司的邀请函，邀请他作为公司的技术顾问，指导开发新产品。邀请函的具体条件如下：

（1）每个月来公司指导工作一天。

（2）每年聘金 10 万元。

（3）公司提供在 A 市住房一套，价值 80 万元。

（4）在公司至少工作 5 年。

张教授对以上工作待遇很感兴趣，对公司开发的新产品也很有研究，决定应聘。但他不想接受住房，因为每月工作一天，只需要住公司招待所就可以了，这样住房没有专人照顾，因此他向公司提出，能否将住房改为住房补贴。公司研究了张教授的请求，决定可以在今后 5 年里每年年初给张教授支付 20 万元住房补贴。收到公司通知后，张教授又犹豫起来，因为如果向公司要住房，可以将其出售，扣除售价 5% 的契税和手续费后，他可以获得 76 万元，而若接受住房补贴，则每年年初可获得 20 万元，假设每年存款利率为 2%，则张教授应该如何选择？

2. 案例分析要求

（1）为什么公司给张教授的住房补贴要分期付款？

（2）你认为张教授应该如何选择？

资料来源：陈玉菁．财务管理实务与案例．中国人民大学出版社，2015.

（二）实务计算题

1. 某人现在将 5 000 元存入银行，银行利率为 5%。计算第一年和第二年的本利和。

2. 某人希望 5 年后获得 10 000 元资金，银行利率为 5%。计算某人现在应存入银行多少资金？

3. 某人连续 5 年每年年末存入银行 10 000 元，利率为 5%。计算第 5 年年末的本利和是多少？

4. 某人希望每年年末取得 10 000 元，连续取 5 年，银行利率为 5%。为了每年年末取得 10 000 元。第一年年初应一次存入多少？

5. 某人购入一套商品房，须向银行按揭贷款 100 万元，准备 20 年内于每年年末等额偿还，银行贷款利率为 5%。计算每年应归还多少元？

6. 某公司决定连续 5 年每年年初存入 200 万元作为住房基金，银行存款利率为 10%。则该公司在第 5 年末一次取出本利和为多少？

7. 某企业租用一台设备，在 10 年中每年年初要支付租金 5 000 元，假设年利率为 8%，则这些租金的现值是多少？

8. 王某拟购一套房子，按销售协议，如果购买时一次性支付，需要支付 40 万元，分期付款 5 年内每年支付 10 万元。假设利率为 10%，复利计息。

计算分析：王某应采用哪种付款方式？

9. 某公司拟购置一条生产线，供货方提出两种付款方案：

甲方案：从现在起，每年年初支付 20 万元，连续支付 10 次，共 200 万元；

乙方案：从第 3 年开始，每年年初支付 25 万元，连续支付 10 次，共支付 250 万元。假设该公司的资金成本率（即最低收益率）为 10%，你认为该公司应选择哪个方案？

10. 某人现存入银行 10 000 元，年利率 5%，每季度复利一次。要求：计算 2 年后能取得多少本利和。

11. 某企业有 A、B 两个投资项目，计划投资额均为 1 000 万元，其收益额概率分布见表 2－2。

表 2－2　　投资项目收益概率分布

平均状况	概率	A 项目收益额/万元	B 项目收益额/万元
好	0.2	200	300
一般	0.6	100	100
差	0.2	50	－50

要求：(1) 分别计算 A、B 两个投资项目收益额的期望值。

(2) 分别计算 A、B 两个投资项目期望值的标准离差。

文本：挑战中级

文本：本章实训题

第三章

筹资管理

PPT：筹资管理

学习目标

* 掌握资金需要量的预测
* 理解各种筹资方式的优缺点
* 了解企业筹资的渠道、方式及类型

【引入知识】

曾经听过这样一个故事：一位美国妇人和一位中国妇人在一起聊天，美国妇人说："我今年终于把买房的贷款还完了。"中国妇人说："今年我终于攒够了买房的钱。"虽然结果是一样的，但过程却大相径庭，为了买房子，美国妇人一开始就想方设法向银行贷款，提前享受了生活，实现了自己的梦想。中国妇人则相反，她从年轻时就努力工作，努力赚钱攒钱，实现了自己的梦想，但她大半生没能好好享受生活。

这个经典故事的含义是很丰富的，人们可以从多个角度来思考。从企业理财角度来看，这个故事当然也具有启发意义。任何一个投资者想开办企业从事生产经营都需要资金。那么资金从何而来呢？是等到投资者自己攒够钱，还是积极想办法向外筹资，上面的故事显然已经给出答案。当然，企业筹资是一个十分复杂而又重要的问题，需要综合考虑多方面的因素作出决策。

本章将教你这类问题。全章运用科学的计算方法，推导计算公司资金需要量的公式，让你学会如何确定资金需要量，并且让你了解公司的资金来源、资金取得方式和资金取得渠道及各种来源资金的优缺点的比较。想要成为一名合格的财务管理人员，必须掌握资金需要量的预测方法，各种筹资的相关知识，帮助公司筹资管理。

【案例导入】

（一）案例资料

田大妈筹资难

位于成都市近郊的新津县，拥有 2 亿多元资产，占全国泡菜市场 60% 份额的新蓉新公司，近年来却被流动资金的"失血"折磨得困苦不堪。企业创始人总经理田玉文（人称"田大妈"）目前在由成都市委宣传部、统战部和市工商联联合召开的一次座谈会上"大倒苦水"。这位宣称"除了田玉文认不到几个字"的企业家当场发问："我始终弄不懂，像我们这样的企业，一年上交税收三四百万元，解决了附近十几个县的蔬菜出路，安排了六七千农民就业，从来没有烂账，为啥就贷不到款呢?"

新蓉新公司最近的流动资金状况的确很成问题。4～5 月正是蔬菜收购和泡菜出厂的旺季，该公司这段时间每天从农民手中购进价值 70 余万元的大蒜、萝卜等蔬菜，但田大妈坦言，她已经向农民打了 400 多万元的"白条"。

这种状况让田大妈非常苦恼。据她自己说，她能有今天，全靠她"一诺千金"。在她看来，"白条"所带来的信誉损失是难以接受的。新蓉新公司从零开始做到如今 2 亿多元的市场份额，当初只有工商银行的少量贷款，大部分资金是“向朋友借的”。也正是为了维护这种民间信用关系，田大妈近日偿还了“朋友”的借款共 2 000 多万元。据说，现在新蓉新公司的民间借款大部分已经偿清。

这也正是新蓉新公司目前面临流动资金困境的主要原因之一。此外，为了引进设备建设一个无菌车间，田大妈花 100 多万元，购进土地 110 亩（1 亩≈6 666 平方米）。近日田大妈同她的长子，新蓉新公司董事长陈卫东为此发愁：如果借不到 800 万元贷款，下一步就没法收购四季豆了。

田大妈说，一周前，公司已向工商银行提出 800 万元贷款申请，但目前还没有动静。新蓉新公司现有资产 2.63 亿元，资产负债率 10% 左右。另据新津县委办公室负责人介绍，该公司目前已签订 3 亿多元供货合同，在国内增加了几百个网点，预计年内市场份额能达到 80%。

（二）阅读分析

像这样的企业，银行为何惜贷呢？田大妈如何才能筹措到所需的资金？

资料来源：李其银，徐然，齐明霞. 财务管理实务. 哈尔滨工业大学出版社，2018.

文本：案例导入分析提示

第一节　筹资管理概述

一、企业筹资的含义与动机

（一）企业筹资的含义

企业筹资是指企业由于生产经营、对外投资和调整资本结构等活动对资金的需要，采取适当的方式，通过一定的筹资渠道，筹措和获取所需资金的一种财务行为。企业筹资最基本的目的是维持和发展企业经营，为企业的经营活动提供资金保障，是企业生存和发展的必要条件。筹集资金既是保证企业正常生产经营的前提，又是谋求企业发展的基础。筹资工作做得好，不仅能降低资本成本给经营或投资创造较大的可行或有利的空间，而且能降低财务风险，增大企业经济效益。

（二）企业筹资动机

企业具体的筹资动机，归纳起来表现为四类。

1. 创立性筹资动机

创立性筹资动机，是指企业设立时，为取得资本金并形成开展经营活动的基本条件而产生的筹资动机。

2. 支付性筹资动机

支付性筹资动机，是指为了满足经营业务活动的正常波动所形成的支付需要而产生的筹资动机。

3. 扩张性筹资动机

扩张性筹资动机，是指企业因扩大经营规模或对外投资需要而产生的筹资动机。企业维持简单再生产所需要的资金是稳定的，通常不需要或很少追加筹资。一旦企业扩大再生产，经营规模扩张或开展对外投资，就需要大量追加筹资。

4. 调整性筹资动机

调整性筹资动机，是指企业因调整资本结构而产生的筹资动机。资本结构调整的目的在于降低资本成本、控制财务风险、提升企业价值。

企业产生调整性筹资动机的具体原因大致有两个：一是优化资本结构，合理利用财务杠杆效应；二是偿还到期债务，债务结构内部调整。

思考

企业筹集资金的动机有哪些？最主要的是哪个动机？为什么？

二、企业筹资管理内容

筹资活动是企业资金流转运动的起点，筹资管理要求解决企业为什么要筹资、需要筹集多少资金、从什么渠道以什么方式筹集以及如何协调财务风险和资本成本、合理安排资本结构等问题，主要包括三方面内容。

（一）科学预计资金需要量

在正常情况下，企业资金的需求来源于两个基本目的：满足经营运转的资金需要和满足投资发展的资金需要。企业创业时，要按照规划的生产经营规模，核定长期资本需要量和流动资金需要量；企业正常营运时，要根据年度经营计划和资金周转水平，核定维持营业活动的日常资金需求量；企业扩张发展时，要根据扩张规模或对外投资对大额资金的需求，安排专项的资金。

（二）合理安排筹资渠道、选择筹资方式

筹资渠道，是指企业筹集资金的来源方向与通道，体现着资金的源泉和流量。一般来说，企业最基本的筹资渠道有两条：直接筹资和间接筹资。直接筹资，是企业与投资者协议或通过发行股票、发行债券等方式直接从社会取得资金；间接筹资，是企业通过银行等金融机构以信贷关系间接从社会取得资金。

筹资方式是企业筹集资金所采取的具体方式，体现着资金的属性。企业筹资总体来说是从企业外部和内部取得的，外部筹资是指从企业外部筹措资金，内部筹资主要依靠企业的利润留存积累。外部筹资主要有两种方式：股权筹资和债务筹资。股权筹资，是企业通过吸收直接投资，发行股票等方式从股东投资者那里取得资金；债务筹资，是企业是通过向银行借款、发行债券、利用商业信用、融资租赁等方式从债权人那里取得资金。

需要说明的是，筹资渠道与筹资方式两者既有区别又有联系。筹资渠道讲的是资金来源

问题，筹资方式则解决通过何种方式取得资金的问题。一定的筹资方式可能只适用于某一特定的资金来源渠道，但是同一渠道的资金大多可以不同的方式取得。因此，企业筹集资金时，必须实现两者的合理配合。它们的对应关系见表3－1。

表3－1　　　　筹资方式与筹资渠道的对应关系

筹资方式 筹资渠道	吸收直接投资	发行股票	银行借款	发行债券	商业信用	融资租赁
国家财政资金	√	√				
银行信贷资金			√			
非银行金融机构资金	√	√	√	√		√
其他企业资金	√	√		√	√	√
居民个人资金	√	√		√		
企业自留资金	√	√				
外商资金	√	√				√

（三）降低资本成本、控制财务风险

资本成本是企业筹集和使用资金所付出的代价，包括资金筹集费用和使用费用。在资金筹集过程中，要发生股票发行费、借款手续费、证券印刷费、公证费、律师费等费用，这些属于资金筹集费用。在企业生产经营和对外投资活动中，要发生利息支出、股票支出、融资租赁的资金利息等费用，这些属于资金使用费用。

财务风险，是指企业无法足额偿付到期债务的本金和利息、支付股东股利的风险，主要表现为偿债风险。由于无力清偿债权人的债务，可能会导致企业的破产。企业筹集资金在降低资本成本的同时，要充分考虑财务风险，防范企业破产。

思考

如何理解筹资方式与筹资渠道的对应关系？

三、企业筹资的分类

（一）股权筹资、债务筹资及混合筹资

按企业所取得资金的权益特性不同，企业筹资分为股权筹资、债务筹资及混合筹资三类。

股权资本，是股东投入的、企业依法长期拥有、能够自主调配运用的资本。股权资本，包括实收资本（股本）、资本公积、盈余公积和未分配利润。其中：实收资本（股本）和其溢价部分形成的资本公积，是外部投资者原始投入的；盈余公积、未分配利润和部分资本公

积，是原始投入资本在企业持续经营中形成的经营积累。通常，盈余公积、未分配利润共称为留存收益。股权资本在经济意义上形成了企业的所有者权益。所有者权益是指投资者在企业资产中享有的经济利益，其金额等于企业资产总额减去负债后的余额。

债务资本，是企业按合同向债权人取得的，在规定期限内需要清偿的债务。企业通过债务筹资形成债务资本。债务资金通过向金融机构借款、发行债券、融资租赁等方式取得。

混合筹资，兼具股权与债务筹资性质。我国上市公司目前最常见的混合筹资方式是发行可转换债券和发行认股权证。

（二）直接筹资与间接筹资

按是否借助于金融机构为媒介来获取社会资金，企业筹资分为直接筹资和间接筹资两种。

直接筹资，是企业直接与资金供应者协商融通资金的筹资活动。直接筹资不需要通过金融机构来筹措资金，是企业直接从社会取得资金的方式。直接筹资方式主要有发行股票、发行债券、吸收直接投资等。

间接筹资，是企业借助于银行和非银行金融机构而筹集资金。在间接筹资方式下，银行等金融机构发挥中介作用，预先集聚资金，然后提供给企业。间接筹资的基本方式是银行借款，此外还有融资租赁等方式。

（三）内部筹资与外部筹资

按资金的来源范围不同，企业筹资分为内部筹资和外部筹资两种类型。

内部筹资是指企业通过利润留存而形成的筹资来源。

外部筹资是指企业向外部筹措资金而形成的筹资来源。

（四）长期筹资与短期筹资

按所筹集资金的使用期限不同，企业筹资分为长期筹资和短期筹资两种类型。

长期筹资，是指企业筹集使用期限在 1 年以上的资金。长期筹资的目的主要在于形成和更新企业的生产和经营能力，或扩大企业生产经营规模，或为对外投资筹集资金。

短期筹资，是指企业筹集使用期限在 1 年以内的资金。短期资金主要用于企业的流动资产和资金日常周转，一般在短期内需要偿还。

思考

企业所有者权益包括哪些？它们是如何形成的？

四、筹资管理的原则

企业筹资管理的基本要求是在严格遵守国家法律法规的基础上分析影响筹资的各种因素，权衡资金的性质、数量、成本及风险，合理选择筹资方式提高筹集效果。

（一）遵循国家法律法规，合法筹措资金

不论是直接筹资还是间接筹资，企业最终都通过筹资行为向社会获取资金。企业的筹资活动不仅为自身的生产经营提供资金来源，而且也会影响投资者的经济利益，影响社会经济秩序。企业的筹资行为和筹资活动必须遵循国家的相关法律法规，依法履行法律法规和投资合同约定的责任，合法合规地筹资，并依法进行信息披露，维护各方的合法权益。

（二）分析生产经营情况，正确预测资金需要量

企业筹集资金，首先要合理预测资金的需要量。筹资规模与资金需要量应匹配一致，既要避免因筹资不足影响生产经营的正常进行，又要防止筹资过多造成资金闲置。

（三）合理安排筹资时间，适时取得资金

企业筹集资金还需要合理预测确定资金需要的时间。要根据资金需求的具体情况，合理安排资金的筹集时间适时获取所需资金。使筹资与用资在时间上相衔接，既要避免过早筹集资金形成的资金投放前闲置，又要防止取得资金的时间滞后，错过资金投放的最佳时间。

（四）了解各种筹资渠道，选择资金来源

企业所筹集的资金都要付出资本成本的代价。不同的筹资渠道和筹资方式所取得的资金，其资本成本各有差异。企业应在考虑筹资难易程度的基础上，针对不同来源资金的成本进行分析，尽可能选择经济可行的筹资渠道与方式，力求降低筹资成本。

（五）研究各种筹资方式，优化资本结构

企业筹资要综合考虑股权资金与债务资金的关系，长期资金与短期资金的关系，内部筹资与外部筹资的关系，合理安排资本结构，保持适当偿债能力，防范企业财务危机，提高筹资效益。

思考

假如你准备开一个餐饮店，计划总投资40万元，其中20万元来自你的银行存款账户，另外20万元是亲戚朋友借给你的。那么餐饮开业后，该会计主体的权益资金和借入资金各是多少？

第二节　企业资金需要量预测

资金需要量预测，是采用一定方法，合理预计未来的资金数量，既保证生产需要，又不至于闲置资金。企业在筹资之前，应当采用一定的方法，预测资金需要数量，只有这样，才能使筹集来的资金既能保证满足生产经营的需要，又不会有太多的闲置资金。企业资金需要

量的预测可以采用定性预测和定量预测。

定性预测法是指利用直观的资料，依靠个人的经验和主观分析判断能力，对未来资金需要量做出预测的方法。通常采用召开专业技术人员或专家讨论会的形式进行，这种方法比较简单，但准确性和可行性较差，一般用于不太重要，或缺乏历史资料时预测的一种方法。定量预测法是根据以往比较完整的历史统计资料，运用各种数学模型对市场未来发展趋势做出定量的计算，求得预测结果。这类方法有助于在定性分析的基础上，掌握事物量的界限，帮助企业更正确地进行决策。本教材主要介绍因素法分析法、销售百分比法、资金习性预测法等定量预测法。

一、因素分析法

（一）因素分析法的概念

因素分析法又称分析调整法，是以有关项目基期年度的平均资金需要量为基础，根据预测年度的生产经营任务和资金周转加速的要求，进行分析调整，来预测资金需要量的一种方法。这种方法计算简便，容易掌握，但预测结果不太精确。它通常用于品种繁多、规格复杂、资金用量较小的项目。

（二）因素分析法的公式

资金需要量 =（基期资金平均占用额 − 不合理资金占用额）×（1 ± 预测期销售增减率）
×（1 − 预测期资金周转速度增长率）

思考

在经济活动中因素分析法很少使用，为什么？

二、销售百分比法

（一）销售百分比法的含义

销售百分比法是指以未来销售收入变动的百分比为主要参数，考虑随销售变动的资产负债项目及其他因素对资金需求的影响，从而预测未来需要追加资金量的一种定量预测方法。该方法的基本原理是假设某些资产和负债与销售款存在稳定的百分比关系，以此来预计企业的外部筹资需要量。销售百分比法的优点是能为筹资管理提供短期预计的财务报表，以适应外部筹资的需要，且易于使用。但在有关因素发生变动的情况下，必须相应地调整原有的销售百分比，所以计算比较复杂。

（二）销售百分比法的假设前提

运用销售百分比法预测资金需要量时，是以下列假设为前提的：

（1）企业的部分资产和负债与销售额同比例变化。

（2）企业各项资产、负债与所有者权益结构已达到最优。

（3）随销售额同比例变化的资产成为变动资产；随销售额同比例变化的负债成为变动负债。

（三）基本步骤

1. 确定随销售额而变动的资产（敏感性资产）和负债项目（敏感性负债）

将资产负债表上的全部项目划分为敏感性项目和非敏感性项目。敏感性项目是指其金额随销售收入自动成正比例增减变动的项目。非敏感性项目是指其金额不随销售收入自动成正比例增减变动的项目。敏感性资产项目一般包括现金、应收账款、预付费用、存货等。同时，随着经营性资产的增加，相应的经营性短期债务也会增加，如存货增加，会导致应付账款增加，此类债务称为“敏感性负债”，可以为企业提供暂时性资金需要。敏感性负债项目一般包括应付账款、应付票据、应交税金等。由于长短期借款都是人为可以安排的，不随销售收入自动成比例变动，所以是非敏感性项目。在编制预计资产负债表时不考虑其他因素可假定这些项目不发生变化。

注意 只有当固定资产利用率已经达到最优状态，产销量的增加将导致机器设备、厂房等固定资产的增加，此时固定资产净值才应列为敏感性资产；如果目前固定资产的利用率并不完全，则在现有产能范围内的产量增加就不需要增加固定资产的投入，此时固定资产净值不应列为敏感性项目。

2. 计算基期（上期）资产负债表中各敏感性项目的销售百分比并填表

$$\text{某项目销售百分比} = \frac{\text{某项目金额}}{\text{销售额}} \times 100\%$$

3. 确定预测年度需要增加的资金量

$$\text{预测年度需要增加的资金量} = \text{增加的销售额} \times (\text{敏感资产占销售额的比率} - \text{敏感负债占销售额的比率})$$

4. 计算预测年度留存收益

$$\text{可增加的留存收益} = \text{预计(下期)净利润} \times \text{留存比例}$$

5. 确定对外筹资量

$$\text{对外筹资需要量} = \text{预计增量销售额} \times (\text{敏感性资产百分比} - \text{敏感性负债百分比}) - \text{计划年度留存收益额}$$

$$\text{对外筹资需要量} = \frac{A}{S_1}\Delta S - \frac{B}{S_2}\Delta S - EPS_2 = \Delta S\left(\frac{A}{S_1} + \frac{B}{S_2}\right) + EPS_2$$

式中，A 为随销售而变化的敏感性资产；B 为随销售而变化的敏感性负债；S_1 为基期销售额；S_2 为预测期销售额；ΔS 为销售变动额；P 为销售净利率；E 为利润留存率；$\frac{A}{S_1}$ 为敏感资产与销售额的关系百分；$\frac{B}{S_1}$ 为敏感负债与销售额的关系百分比。

6. 根据计算结果，编制预测年度资产负债表

需要说明的是，如果非敏感性资产增加，则外部筹资需要量也应相应增加。

【例题3－1】 光华公司2×17年销售额800万元，销售净利率为8%，利润留存率为40%，所得税率为25%。2×18年销售额1 000万元，销售利润率、所得税率、留存收益率不变，公司有足够的生产能力，无需追加固定资产投资。该公司2×17年的资产负债表（简单）见表3－2。

表3－2　　光华公司资产负债表（2×17年12月31日）　　单位：万元

资产	金额	负债与所有者权益	金额
现金	12	应付票据	24
应收账款	120	应付账款	100
存货	200	应付费用	16
预付费用	8	长期负债	128
固定资产	260	实收资本	300
		留存收益	32
合计	600	合计	600

要求：按销售百分比法预测2×18年的资金需要量、追加筹资额及外部筹资量。

解：（1）确定敏感项目：本例中属于敏感性资产的是现金、应收账款、存货、预付费用，属于敏感性负债的是应付票据、应付账款、应付费用。

（2）计算2×17年资产负债表中各项敏感性项目占销售额百分比，填入表3－3中。

表3－3　　光华公司资产负债及相关信息表（2×17年12月31日）　　单位：万元

资产	金额	与销售关系（%）	负债与所有者权益	金额	与销售关系（%）
现金	12	1.5	应付票据	24	3
应收账款	120	15	应付账款	100	12.5
存货	200	25	应付费用	16	2
预付费用	8	1	长期负债	128	N
固定资产	260	N	实收资本	300	N
			留存收益	32	N
合计	600	42.5	合计	600	17.5

（3）计算2×18年度需要增加的资金量。

2×18年度需要增加的资金量＝（1 000－800）×（42.5%－17.5%）＝50（万元）

（4）2×18年可增加的留存收益。

2×18预计年利润总额＝1 000×8%＝80（万元）

2×18年的预计税后利润＝80－80×25%＝60（万元）

2×18 年预计可增加的留存收益 = 60×40% = 24（万元）

（5）计算需要对外追加的筹资额 = 50 - 24 = 26（万元）

注意 内部留存收益解决了 24 万元的资金需求。

此题也可以直接计算如下：

对外筹资 = 增量销售额×（敏感性资产百分比 - 敏感性负债百分比）- 计划年增加留存收益

= (1 000 - 800)×(42.5% - 17.5%) - 1 000×8%×(1 - 25%)×40%

= 50 - 24 = 26（万元）

（6）假设该公司发行债券方式筹集外部资金，编制 2×18 年预计资产负债表，如表 3 - 4 所示。

表 3 - 4　　2×18 年预计资产负债表（简表）　　单位：万元

项目	金额	占销售百分比（%）	2018 年预计数
	（1）	（2）=（1）/800	（3）=（2）×1 000
资产			
现金	12	1.5	15
应收账款	120	15	150
存货	200	25	250
预付费用	8	1	10
固定资产	260	N	260（不变）
资产总额	600	42.5	685
负债及所有者权益			
应付票据	24	3	30
应付账款	100	12.5	125
应付费用	16	2	20
长期负债	128	N	128（不变）
实收资本	300	N	300（不变）
长期债券		N	26
留存收益	32		56（36 + 24）
负债及所有者权益总额	600	17.5	
追加筹资额后的负债及所有者权益总额	—	—	685

思考

在资产负债表内的哪些项目属于变动资产？哪些项目属于变动负债？

三、资金习性预测法

资金习性预测法，是指根据资金习性预测未来资金需要量的一种方法。所谓资金习性，是指资金的变动同产销量变动之间的依存关系。按照资金同产销量之间的依存关系，可以把资金区分为不变资金、变动资金和半变动资金。

不变资金是指在一定的产销量范围内，不受产销量变动的影响而保持固定不变的那部分资金。也就是说，产销量在一定范围内变动，这部分资金保持不变。这部分资金包括：为维持营业而占用的最低数额的现金，原材料的保险储备，必要的成品储备，厂房、机器设备等固定资产占用的资金。

变动资金是指随产销量的变动而同比例变动的那部分资金。它一般包括直接构成产品实体的原材料、外购件等占用的资金。另外，在最低储备以外的现金、存货、应收账款等也具有变动资金的性质。

半变动资金是指虽然受产销量变化的影响，但不成同比例变动的资金，如一些辅助材料上占用的资金。半变动资金可采用一定的方法划分为不变资金和变动资金两部分。

资金习性预测法有两种形式：第一种是根据资金占用总额同产销量的关系来预测资金需要量；第二种是逐项分析法预测资金需要量。本教材主要介绍第一种预测法。

根据资金占用总额同产销量的关系预测的方法：设产销量为自变量 x，资金占用量为因变量 y，它们之间的关系可表示为：

$$y = a + bx$$

式中，a 为不变资金；b 为单位产销量所需变动资金，其数值可采用高低点法或回归直线法求出。

（一）高低点法

高低点法是指根据企业一定期间资金占用的历史资料，按照资金习性原理和 $y = a + bx$ 线性方程式，选用最高收入期和最低收入期的资金占用量之差，同这两个收入期的销售额之差进行对比，先求 b 的值，然后再代入原直线方程，求出 a 的值，从而估计推测资金发展趋势。其计算公式为：

$$b = \frac{\text{最高收入期资金占用量} - \text{最低收入期资金占用量}}{\text{最高销售收入} - \text{最低销售收入}}$$

$$a = \text{最高收入期资金占用量} - b \times \text{最高销售收入}$$

$$= \text{最低收入期资金占用量} - b \times \text{最低销售收入}$$

【例题 3 - 2】 某公司历年现金占用与销售额之间的关系如表 3 - 5 所示。

表 3－5　　现金与销售额变化情况　　单位：元

年份	销售收入（X）	资金占用（y）
2014	220 000	13 000
2015	210 000	12 200
2016	215 000	12 500
2017	200 000	12 000
2018	260 000	13 500
2019	300 000	15 000

$$b=\frac{\text{最高收入期资金占用量}-\text{最低收入期资金占用量}}{\text{最高销售收入}-\text{最低销售收入}}$$

$$=\frac{15\ 000-12\ 000}{300\ 000-200\ 000}=0.03$$

将 $b=0.03$ 代入 2017 年 $y=a+bx$ 公式，得：

$a=15\ 000-0.03\times300\ 000=6\ 000$（元）

得出资金预测模型为 $y=6\ 000+0.03x$

假设 2020 年的预计销售额为 380 000 元，则：

2020 年的资金需要量 $=6\ 000+0.03\times380\ 000=17\ 400$（元）

（二）回归直线法

回归直线法是根据若干期业务量和资金占用的历史资料，依据回归方程 $y=a+bx$，运用最小二乘法原理计算不变资金和只有单位销售额变动资金的一种资金习性分析法。其计算公式为：

$$a=\frac{\sum X^2\sum Y-\sum X\sum XY}{n\sum X^2-(\sum X)^2}$$

$$b=\frac{n\sum XY-\sum X\sum Y}{n\sum X^2-(\sum X)^2}$$

【例题 3－3】某企业 2014～2019 年历年产销量和资金变化情况如表 3－6 所示，根据表 3－6 整理出表 3－7。要求：假设 2020 年预计销售量为 150 万件，请预计 2018 年的资金需要量。

表 3－6　　产销量与资金变化情况

年份	产销量 X（万件）	资金占用 Y（万元）
2014	120	100
2015	110	95

续表

年份	产销量 X（万件）	资金占用 Y（万元）
2016	100	90
2017	120	100
2018	130	105
2019	140	110

表 3－7　　资金需要量预测表（按总额预测）

年份	产销量 X_i（万件）	资金占用 Y_i（万元）	X_iY_i	X_i^2
2014	120	100	12 000	14 400
2015	110	95	10 450	12 100
2016	100	90	9 000	10 000
2017	120	100	12 000	14 400
2018	130	105	13 650	16 900
2019	140	110	15 400	19 600
合计 $n=6$	$\sum X=720$	$\sum Y=600$	$\sum XY=72\ 500$	$\sum X^2=87\ 400$

$$a=\frac{\sum X^2\sum Y-\sum X\sum XY}{n\sum X^2-(\sum X)^2}=\frac{87\ 400\times600-720\times72\ 500}{6\times87\ 400-720\times720}=40$$

$$b=\frac{n\sum XY-\sum X\sum Y}{n\sum X^2-(\sum X)^2}=\frac{6\times72\ 500-720\times600}{6\times87\ 400-720\times720}=0.5$$

解得：$Y=40+0.5X$

把 2020 年预计销售量 150 万件代入上式，得出 2020 年资金需要量为：

$40+0.5\times150=115$（万元）

思考

销售百分法和资金习性预测法有什么区别？

文本：实务演练1

第三节　债务筹资

债务筹资形成企业的债务资金，债务资金是企业通过银行借款，向社会发行公司债券，以融资租赁的方式筹集和取得的资金。商业信用、银行借款、发行债券和融资租赁筹资是债务筹资的四种基本形式。

一、商业信用

商业信用是指在商品交易中由于延期付款或预收货款所形成的企业间的借贷关系。商业信用在短期负债筹资中占有相当大的比重。商业信用的具体形式有应付账款、应付票据、预收账款等。

（一）应付账款

1. 应付账款的概念

应付账款是企业购买货物暂未付款而欠对方的账项，即卖方容许买方在购货后一定时期内支付货款的一种形式。卖方利用这种方式促销，而对买方来说延期付款则等于向卖方借用资金购进商品，可以满足短期的资金需要。应付账款由购销商品形成，是最典型、最常见的一种商业信用形式。买卖双方发生商品交易，买方收到商品后不立即支付货款，也不出具借据，而是形成“欠账”，延迟一定时期后才付款。这种关系完全由买方的信用来维持。

2. 应付账款信用条件

在采用应付账款形式销售产品时，为鼓励购买单位尽早付款，销货单位往往都规定一些信用条件，主要包括现金折扣、折扣期和信用期三个部分内容，通常用“2/10，N/30”的形式表示，它说明现金折扣是2%，折扣期是10天，信用期是30天。

3. 应付账款信用形式

按购买方是否付出代价分为免费信用、有代价信用和展期信用。

免费信用是指购买方在折扣期内付款，享受现金折扣而获得的信用，这种情况下没有信用成本；有代价信用是指购买方放弃现金折扣需要付出代价而取得的信用；展期信用是指购买方在规定的信用期满后推迟付款而强制取得的信用，这是违反商业道德的做法，同时影响自身的商业信用，进而影响再融资的成本。

放弃现金折扣，必然产生信用成本。放弃现金折扣是一种机会成本，机会成本可按下式计算：

$$放弃现金折扣成本率=\frac{折扣百分比}{(1-折扣百分比)}\times\frac{360}{(信用期-折扣期)}$$

注意　如果卖方没有提供现金折扣，也不发生信用成本。

【例题3－4】 天翔公司以“2/10、N/30”的信用条件购进一批原料，价值10万元。如果银行短期借款利率为10%，天翔公司应于何时付款划算？

解：这一信用条件意味着企业如在 10 天之内付款，可享受 2% 的现金折扣：若不享受现金折扣，货款应在 30 天内付清。

$$放弃现金折扣成本率 = \frac{2\%}{1-2\%} \times \frac{360}{30-10} \times 100 = 36.73\%$$

由于天翔公司放弃现金折扣的成本为 36.73%，远远大于银行短期借款利率的 10%，应当在 10 天内付款。

公式表明，放弃现金折扣的信用成本率与折扣百分比大小、折扣期长短和付款期长短有关系，与贷款额度没有关系。如果企业在放弃折扣的情况下，推迟付款的时间越长，其信用成本便会越小，但展期信用的结果是企业信誉恶化导致信用度的严重下降，日后可能招致更加苛刻的信用条件。

4. 放弃现金折扣的信用决策

企业放弃应付账款现金折扣的原因，可能是企业资金暂时的缺乏，也可能是基于将应付的账款用于临时性短期投资，以获得更高的投资收益。如果企业将应付账款额用于短期投资，所获得的投资报酬率高于放弃折扣的信用成本率，则应当放弃现金折扣。

【例题 3－5】 企业采购一批材料，供应商报价为 10 000 元，付款条件为“3/10，2.5/30，1.8/50，N/90”。目前企业用于支付账款的资金需要在 90 天时才能周转回来，若在 90 天内付款，只能通过银行借款解决。如果银行利率为 12%，确定企业材料采购款的付款时间和价格。

根据折扣的信用成本率计算公式，10 天付款方案，放弃折扣的信用成本率为 13.92%；30 天付款方案，放弃折扣的信用成本率为 15.38%；50 天付款方案，放弃折扣信用成本率为 16.50%。由于各种方案放弃折扣的信用成本率均高于借款利息率，因此初步决策，先要取得（享受）现金折扣，借入银行借款以偿还货款。

分析：

（1）10 天付款方案，得折扣 300 元，用资 9 700 元，借款 80 天，利息 258.67 元，净收益 41.33 元。

（2）30 天付款方案，得折扣 250 元，用资 9 750 元，借款 60 天，利息 195 元，净收益 55 元。

（3）50 天付款方案，得折扣 180 元，用资 9 820 元，借款 40 天，利息 10.93 元，净收益 49.07 元。

决策：第 30 天付款是最佳方案，其净收益最大。

（二）应付票据

应付票据是企业在对外经济往来中，对应付债务所开出的票据。应付票据主要是商业汇票。商业汇票根据承兑人的不同可分为商业承兑汇票和银行承兑汇票。商业承兑汇票是由收款人开出，经付款人承兑，或由付款人开出并承兑的汇票。银行承兑汇票是由收款人或承兑申请人开出，由银行审查同意承兑的汇票。商业承兑汇票由付款人承兑，若到期时付款人银行存款账户余额不足支付票款，银行不承担付款责任，只负责将汇票退还收款人，由收款人与付款人自行协商处理。银行承兑汇票由承兑银行承兑，若到期时承兑申请人存款余额不足支付票款，承兑银行应向收款人或贴现银行无条件支付票款，同时对承兑申请人执行扣款，并对未扣回的承兑金额按每天万分之五计收罚息。商业汇票是一种期票，最长期限6个月，对于买方（即付款人）来说，它是一种短期融资方式。对于卖方（即收款人）来说，也可能产生一种融资行为，就是票据贴现。票据贴现是指持票人把未到期的商业票据转让给银行，贴付一定的利息以取得银行资金的一种借贷行为。它是一种以票据为担保的贷款，是一种银行信用。票据贴现涉及贴现利息和银行实付贴现金额，有关计算公式为：

贴现利息 = 票据到期金额 × 贴现率 × 贴现期

银行实际贴现金额 = 票据到期金额 − 贴现利息

其中，贴现期是指自贴现日至票据到期前一日的实际天数。

【例题3-6】 某企业2018年7月10日将一张出票日为4月10日、期限为6个月、票面价值1 000万元、票面利率月息5‰的商业汇票向银行贴现，贴现率为月息6‰。

要求：计算贴现利息及银行实付贴现金额。

解：该汇票到期日为10月10日，贴现期为91天。

汇票到期金额 = 1 000 ×（1 + 5‰ × 6）= 1 030（万元）

贴现利息 = 1 030 × 6‰ ÷ 30 × 91 = 18.746（万元）

银行实付贴现金额 = 1 030 − 18.746 = 1 011.254（万元）

如果办理贴现的是商业承兑汇票，而该票据到期时债务人未能付款，那么贴现银行因收不到款项而向贴现企业行使追索权。贴现企业办理贴现后对于这种或有负债应当在资产负债表附注中予以披露。

（三）预收账款

预收账款是卖方企业在交付货物之前向买方预先收取部分或全部贷款的信用形式。对于卖方来讲，预收账款相当于向买方借用资金后用货物抵偿。预收账款一般用于生产周期较长、资金需要量较大的货物销售。

此外，企业往往还存在一些在非商品交易中产生、但亦为自发性筹资的应付费用，如应付职工薪酬、应交税费、其他应付款等。应付费用使企业受益在前、费用支付在后，相当于享受了收款方的借款，一定程度上缓解了企业的资金需要。应付费用的期限具有强制性，其不能由企业自主使用，但通常不需花费代价。

（四）商业信用筹资的优缺点

商业信用筹资最大的优点在于容易取得。首先，对于多数企业来说，商业信用是一种持续性的信用形式，且无须正式办理筹资手续。其次，如果没有现金折扣使用或使用不带息票据，商业信用筹资不负担成本。缺点在于期限较短，在放弃现金折扣时所付出的成本较高。

文本：实务演练2

二、银行借款

银行借款是指企业向银行或其他非银行金融机构借入的，需要还本付息的款项，包括偿还期限超过 1 年的长期借款和不足 1 年的短期借款，主要用于企业购建固定资产和满足流动资金周转的需要。

(一) 银行借款的种类

1. 按提供贷款的机构，分为政策性银行贷款、商业银行贷款和其他金融机构贷款

政策性银行贷款是指执行国家政策性贷款业务的银行向企业发放的贷款，通常为长期贷款。商业性银行贷款是指各商业银行，如中国工商银行、中国建设银行、中国农业银行、中国银行等。向工商企业提供的贷款，用以满足生产经营的资金需要，包括短期贷款和长期贷款及其他金融机构贷款，如从信托投资公司取得实物或货币形式的信托投资贷款，从财务公司取得的各种中长期贷款，从保险公司取得的贷款等。

2. 按机构对贷款有无担保要求，分为信用贷款和担保贷款

信用贷款是指以借款人的信誉或保证人的信用为依据而获得的贷款。企业取得这种贷款，无须以财产作抵押。对于这种贷款，由于风险较高，银行通常要收取较高的利息，往往还附加一定的限制条件。担保贷款是指由借款人或第三方依法提供担保而获得的贷款。担保包括保证责任、财产抵押、财产质押、由此，担保贷款包括保证贷款、抵押贷款和质押贷款三种基本类型。保证贷款是指按《担保法》规定的保证方式，以第三方作为保证人承诺在借款人不能偿还借款时，按约定承担一定保证责任或连带责任而取得的贷款。抵押贷款是指按《担保法》规定的抵押方式，以借款人或第三方的财产作为抵押物而取得的贷款。抵押，是指债务人或第三方，并不转移对财产的占有，只将该财产作为对债权人的担保。质押贷款是指按《担保法》规定的质押方式，以借款人或第三方的动产或财产权利作为质押物而取得的贷款。质押，是指债务人或第三方将其动产或财产权利移交给债权人占有，将该动产或财产权利作为债权的担保。

3. 按企业取得贷款的用途，分为基本建设贷款、专项贷款和流动资金贷款

基本建设贷款是指企业因从事新建、改建、扩建等基本建设项目需要资金而向银行申请借入的款项。专项贷款是指企业因为专门用途而向银行申请借入的款项，包括更新改造技改贷款、大修理贷款、研发和新产品研制贷款、小型技术措施贷款、出口专项贷款、引进技术转让费周转金贷款、进口设备外汇贷款、进口设备人民币贷款及国内配套设备贷款等。流动资金贷款是指企业为满足流动资金的需求而向银行申请借人的款项，包括流动资金借款、生产周转借款、临时借款、结算借款和卖方信贷。

(二) 短期借款

1. 短期借款的含义

短期借款指企业向银行和其他非银行金融机构借入的，期限在 1 年以内的借款。我国目前的短期借款按照目的和用途可分为若干种，主要有生产周转借款、临时借款、结算借款等。按照国际通行做法，短期借款依偿还方式的不同，可分为一次性偿还借款和分期偿还借款；依利息支付方法不同，可分为收款法借款、贴现法借款和加息法借款；依有无担保，可分为抵押借款和信用借款等。

2. 短期借款的信用条件

按照国际通行做法，银行发放短期借款往往涉及以下信用条件：

（1）信贷额度。信贷额度是银行对借款人规定的无担保借款的最高额。信贷限额的有效期限通常为1年，但根据情况也可延期1年。一般来讲，企业在批准的信贷限额内，可随时使用银行借款。但是，银行并不承担必须提供全部信贷限额的义务。如果企业信誉恶化，即使银行曾同意过按信贷限额提供贷款，企业也可能得不到贷款，这时，银行不会承担法律责任。

（2）周转信贷协定。周转信贷协定是银行具有法律义务地承诺提供不超过最高限额的信贷协定。在协定的有效期内，只要企业的借款总额未超过最高限额，银行必须满足企业任何时候提出的借贷要求。周转信贷协定通常要求企业就贷款限额的未使用部分付承诺费用。

【例题3-7】某企业与银行商定周转信贷额为2 000万元，承诺费率为0.5%，借款企业年度内使用了1 500万元，余额500万元，则借款企业该年度要向银行支付多少承诺费？

$500\times0.5\%=2.5$（万元）

【例题3-8】某企业2018年取得为期一年的周转信贷额为（协议额度）1 000万元，承诺费为0.4%。该企业2018年1月1日企业从银行借入500万元，8月1日又借入300万元，假设年利率为8%，则企业2018年度末向银行支付的利息和承诺费共为多少万元？

利息 $=500\times8\%+300\times8\%\times5/12=50$（万元）

未使用的信贷额 $=1\,000-(500+300\times5/12)=1\,000-625=375$（万元）

承诺费 $=375\times0.4\%=1.5$（万元）

（3）补偿性余额。补偿性余额是银行要求借款企业在银行中保持按贷款限额或实际借用额的一定百分比（一般为10%～20%）的最低存款余额。从银行的角度讲，补偿性余额可降低贷款风险，补偿遭受的贷款损失。对于借款企业来讲，补偿性余额提高了借款的实际利率。实际利率的计算公式为：

$$\text{实际利率}=\frac{\text{名义借款金额}\times\text{名义利率}}{\text{名义借款金额}\times(1-\text{补偿性余额比率})}=\frac{\text{名义利率}}{(1-\text{补偿性余额比率})}$$

【例题3-9】某企业按年利率8%向银行借款20万元，银行要求维持贷款限额20%的补偿性余额，那么企业实际可用的借款只有16万元，该项借款的实际利率为：

$$\text{实际利率}=\frac{20\times8\%}{20\times(1-20\%)}\times100\%\ \text{或实际利率}=\frac{8\%}{(1-20\%)}=10\%$$

（4）借款抵押。银行向财务风险较大的企业或其信誉不是很有把握的企业发放贷款时，有时要求抵押品担保，以减少风险。短期借款的抵押品经常是借款企业的应收账款、存货、股票、债券等。银行接受抵押品后，根据抵押品的面值决定贷款金额，一般为抵押品面值的30%～90%。这一比例的高低，取决于抵押品的变现能力和银行的风险偏好。抵押借款的成本通常高于非抵押借款。

（5）偿还条件。贷款的偿还，有到期一次性偿还和贷款期内定期（每月·季）等额偿还两种方式。一般来讲，企业不希望采用后一种偿还方式，因为这会提高借款的实际利率；而银行不希望采取前一种偿还方式，因为这会加重企业的财务负担，增加企业的拒付风险，同时会降低实际贷款利率。

（6）其他承诺。银行有时要求企业为取得贷款而做出其他承诺，如及时提供财务报表、保持适当的财务水平（如特定的流出比率）等。如企业违背所做出的承诺，银行可要求企业立即偿还全部贷款。

3. 短期借款利息的支付方式

一般来讲，借款企业可以用以下三种方式支付银行贷款利息。

（1）收款法，也叫利随本清法，是在借款到期时向银行支付利息的方法。采用这种方法，借款的名义利率等于实际利率。银行向工商企业发放的贷款大部分采用这种方式收利息。

（2）贴现法，是银行向企业发放贷款时，先从本金中扣除利息部分，而到期时借款企业则要偿还全部本金的一种计息方法。采用这种方式，其可利用的贷款额度只有本金减去利息部分后的差额，因而贷款的实际利率高于名义利率。贴现法的实际利率计算公式为：

$$\text{贴现贷款实际利率}=\frac{\text{利息}}{\text{贷款金额}-\text{利息}}\times 100\%=\frac{\text{名义利率}}{1-\text{名义利率}}\times 100\%$$

【例题3-10】某企业从银行取得借款10 000元，期限1年，年利率（名义利率）为9%，利息额900元（10 000×9%）。该项贷款的实际利率为：

$$\text{贴现贷款实际利率}=\frac{10\ 000\times 9\%}{10\ 000-10\ 000\times 9\%}\times 100\%=9.9\%$$

（3）加息法，是银行发放分期等额偿还贷款时采用的利息收取方式。在分期等额偿还贷款的情况下，银行要将根据名义利率计算的利息加到贷款本金上，计算出贷款的本息和，要求企业在贷款期内分期偿还本息之和的金额，由于贷款分期均衡偿还，借款企业实际上平均使用了贷款本金的半数，却支付全额利息。这样，企业所负担的实际利率便高于名义利率大约一倍。

【例题3-11】某企业借入年利率（名义）为12%的贷款20 000元，分12月等额偿还本息。该项借款的实际利率为：

$$\text{实际利率}=\frac{20\ 000\times 12\%}{20\ 000\div 2}\times 100\%=24\%$$

4. 短期借款的优缺点

短期借款优点主要可以随企业的需要安排，便于灵活使用，且取得较简便。短期借款筹资的缺点主要有：筹资风险大、资金成本较高，尤其是存在补偿性余额和附加利率时，实际利率通常高于名义利率。

（三）长期借款

1. 借款程序

（1）提出申请，银行审批。企业根据筹资需求向银行提出书面申请，按银行要求的条件和内容填报借款申请书。银行按照有关政策和贷款条件，对借款企业进行信用审查，核准公司申请的借款金额和用款计划。银行审查的主要内容包括：公司的财务状况、信用情况、盈利的稳定性、发展前景、借款投资项目的可行性、抵押品和担保情况。

（2）签订合同，取得借款。借款申请获批准后，银行与企业进一步协商贷款的具体条件，签订正式的借款合同，规定贷款的数额、利率、期限和一些约束性条款。借款合同签订后，企业在核定的贷款指标范围内根据用款计划和实际需要，一次或分次将贷款转入公司的存款结算户，以便使用。

2. 长期借款的保护性条款一般有三类

（1）例行性保护条款。这类条款作为例行常规，在大多数借款合同中都会出现。主要包括：①定期向提供贷款的金融机构提交公司财务报表，以使债权人随时掌握公司的财务状况和经营成果；②保持存货储备量，不准在正常情况下出售较多的非产成品存货，以保持企业正常生产经营能力；③及时清偿债务，包括到期清偿应缴纳税金和其他债务，以防被罚款而造成不必要的现金流失；④不准以资产作其他承诺的担保或抵押；⑤不准贴现应收票据或出售应收账款，以避免或有负债等。

（2）一般性保护条款。一般性保护条款是对企业资产的流动性及偿债能力等方面的要求条款，这类条款应用于大多数借款合同主要包括：①保持企业的资产流动性。要求企业须持有一定额度的货币资金及其他流动资产，以保持企业资产的流动性和偿债能力，一般规定了企业必须保持的最低营运金数额和最低流动比率数值；②限制企业非经营性支出。如限制支付现金股利、购入股票和职工加薪的数额规模，以减少企业现金的过度外流；③限制企业资本支出的规模。控制企业资产结构中的长期性资产的比例，以减少公司日后不得不变卖固定资产以偿还贷款的可能性；④限制公司的举债规模，目的是防止其他债权人取得对公司资产的有限索赔权；⑤限制公司的长期投资。

（3）特殊性保护条款。这类条款是针对某些特殊情况而出现在部分借款合同中条款，只有在特殊情况下才能生效。主要包括：要求公司的主要领导人购买人身保险；借款的用途不得改变；违约惩罚条款等。

3. 银行借款的筹资特点

（1）筹资速度快。与发行公司债券、融资租赁等债务筹资其他方式相比，银行借款的程序相对简单，所花时间较短，公司可以迅速获得所需资金。

（2）资本成本较低。利用银行借款筹资，一般都比发行债券和融资租赁的利息负担要低。而且无须支付证券发行费用、租赁手续费等筹资费用。

（3）筹资弹性较大。在借款之前，公司根据当时的资本需求与银行等贷款机构直接商定贷款的时间、数量和条件。在借款期间，若公司的财务状况发生某些变化，也可与债权人再协商，变更借款数量、时间和条件，或提前偿还本息。因此，借款筹资对公司具有较大的灵活性，特别是短期借款更是如此。

（4）限制条款多。与发行公司债券相比较，银行借款合同对借款用途有明确规定，通过借款的保护性条款，对公司资本支出额度，再筹资股利支付等行为有严格的约束，以后公司的生产经营活动和财务必将受到一定程度的影响。

（5）筹资数额有限。银行借款的数额往往受到贷款机构资本实力的制约，难以像发行公司债券、股票那样一次筹集到大笔资金，无法满足公司大规模筹资的需要。

思考

银行借款筹资的优缺点是什么？

三、发行公司债券

（一）公司债券的概念

公司债券又称企业债券，是企业依照法定程序发行的，约定在一定期限内还本付息的有价证券。

（二）发行债券的条件

在我国，根据《公司法》的规定，股份有限公司和有限责任公司具有发行债券的资格。根据《证券法》规定，公开发行公司债券，应当符合下列条件：（1）股份有限公司的净资产不低于人民币3 000万元，有限责任公司的净资产不低于人民币6 000万元；（2）累计债券余额不超过公司净资产的40%；（3）最近3年平均可分配利润足以支付公司债券1年的利息；（4）筹集的资金投向符合国家产业政策；（5）债券的利率不超过国务院限定的利率水平；（6）国务院规定的其他条件。

公开发行公司债券筹集的资金，必须用于核准的用途，不得用于弥补亏损和非生产性支出。根据《证券法》规定，公司债券要上市交易，应当进一步符合下列条件：（1）公司债券的期限为1年以上；（2）公司债券实际发行额不少于人民币5 000万元；（3）公司申请债券上市时仍符合法定的公司债券发行条件。

（三）公司债券的种类

1. 按是否记名，分为记名债券和无记名债券

记名公司债券，应当在公司债券存根簿上载明债券持有人的姓名及住所，债券持有人取得债券的日期及债券的编号等信息。记名公司债券，由债券持有人以背书方式或者法律、行政法规规定的其他方式转让；转让后由公司将受让人的姓名或者名称及住所记载于公司债券存根簿。无记名公司债券，应当在公司债券存根簿上载明债券总额、利率、偿还期限和方式、发行日期及债券的编号等。无记名公司债券的转让，由债券持有人将该债券交付给受让人后即发生转让的效力。

2. 按能否转换成公司股权，分为可转换债券与不可转换债券

可转换债券，是指债券持有者可以在规定的时间内按规定的价格转换为发债公司股票的一种债券。这种债券在发行时，对债券转换为股票的价格和比率等都做了详细规定。《公司法》规定，可转换债券的发行主体是股份有限公司中的上市公司。不可转换债券，是指不能转换为发债公司股票的债券，大多数公司债券属于这种类型。

3. 按有无特定财产担保，分为担保债券和信用债券

担保债券是指以抵押方式担保发行人按期还本付息的债券，主要是指抵押债券。抵押债券按其抵押品的不同，又分为不动产抵押债券、动产抵押债券和证券信托抵押债券。信用债券是无担保债券，是仅凭公司自身的信用发行的。没有抵押品作抵押担保的债券在公司清算时，信用债券的持有人因无特定的资产作担保品，只能作为一般债权人参与剩余财产的分配。

（四）公司债券发行的程序

1. 做出发行债券的决议

股份有限公司、有限责任公司发行债券，由董事会制定方案，股东会做出决议；国有独资公司发行公司债券，由国家授权投资的机构或国家授权的部门作出决定。

2. 提出发行债券的申请

公司在做出发行公司债券的决议或决定后，必须依照《公司法》规定的条件，向国务院授权的部门提交规定的申请文件报请批准，所提交的申请文件必须真实、准确、完整。向国务院授权的部门提交的申请文件包括：公司登记证明、公司章程、公司债券募集方法、资产评估报告和验资报告。

3. 发行公司债券的批准

国务院授权的部门依照法定条件负责批准公司债券的发行，该部门应当自受理公司债券发行申请文件之日起3个月内作出决定；不予审批的，应当作出说明。

4. 明确公告募集方法

发行公司债券申请经批准后，应当公告债券募集方法。在募集办法中应当载明下列事项：公司名称、债权总额和债券的票面金额、债券的利率、还本付息的期限和方式、债券发行的起止日期、公司净资产额、已发行的尚未到期的公司债券总额、公司债券的承销机构等。

5. 确定公司债券的载明事项

公司发行公司债券，必须在债券上载明公司名称、债券票面金额、利率、偿还期限等事项，并由董事长签名，公司盖章。

6. 备置公司债券存根簿

公司发行公司债券应当备置公司债券存根簿。发行记名公司债券的，应当在公司债券存根簿上载明下列事项：债券持有人的姓名或者名称及住所，债券持有人取得债券的日期及债券的编号，债权总额、债券的票面金额、债券的利率、债券还本付息的期限和方式、债券的发行日期等。

7. 纠正发行中的不正当行为

国务院授权的部门对已做出的审批公司债券发行的决定，发现不符合法律、行政法规规定的，应当予以撤销；尚未发行的，停止发行；已经发行公司债券的，发行公司应当向认购人退还所缴款项并加算银行同期存款利息。

（五）公司债券的偿还方式

1. 债券本金的偿还

债券的偿还按实际发生时间与规定的到期日之间的关系，分为到期偿还、提前偿还与滞后偿还三类。

（1）到期偿还，是指债券到期时履行债券所载明的义务，又包括分批偿还和一次偿还两种。

（2）提前偿还，又称提前赎回或收回，是指在债券尚未到期之前就予以偿还。只有在企业发行债券的契约中明确规定了有关允许提前偿还的条款时，企业才可以进行此项操作。

提前偿还所支付的价格通常要高于债券的面值，并随到期日的临近而逐渐下降，使企业的融资有较大的弹性。当企业资金有结余时，可提前赎回债券；当预测利率下降时，也可提前赎回债券，而后以较低的利率来发行新债券。赎回有三种形式：强制性赎回、选择性赎回和通知赎回。

（3）滞后偿还，是指债券在到期日之后偿还。这种偿还条款一般在发行时便订立，主要是给予持有人以延长持有债券的选择权。滞后偿还包括转期和转换两种形式。转期，指将较早到期的债券换成到期日较晚的债券，实际上是将债务的期限延长。常用的方法有两种：直接以新债券兑换旧债券；用发行新债券得到的资金来赎回旧债券。转换，通常指股份有限公司发行的债券可以按一定的条件转换成本公司的股票。

2. 债券的付息

债券的付息主要包括利息率的确定、付息频率和付息方式三个方面。利息率有固定利率和浮动利率两种形式。债券付息频率主要有按年付息、按半年付息、按季付息、按月付息和一次性付息五种。付息方式有两种：一种是现金支票或汇款的方式；另一种是息票债券方式。

（六）公司债券的发行价格的确定

债券的发行价格是债券发行时使用的价格，亦即投资者购买债券是所付的价格。公司债券的发行价格通常有三种：平价、溢价和折价。

平价指以债券的票面金额为发行价格；溢价指以高出债券票面金额的价格为发行价格；折价指以低于债券票面金额的价格为发行价格。债券发行价格的形成受诸多因素的影响，其中主要是票面利率与市场利率的一致程度。债券的票面金额、票面利率在债券发行前即以参照市场利率和发行公司的具体情况确定下来，一并载明于债券之上。但在发行债券时已确定的票面利率不一定与当时的市场利率一致。为了协调债券购销双方在债券利息上的利益，一般要调整发行价格。即当票面利率高于市场利率时，以溢价发行债券；当票面利率低于市场利率时，以折价发行债券；当票面利率与市场利率一致时，则以平价发行债券。

债券发行价格的计算公式为：

$$债券发行价格=\frac{票面金额}{(1+市场利率)^n}+\sum_{t=1}^{n}\frac{票面金额\times利率}{(1+市场利率)^t}$$

式中，n 为债券期限；t 为付息期数。

市场利率指债券发行时的市场利率。

【例题 3－12】 某企业发行 5 年期的公司债券，债券面值为 1 000 元，票面利率为 6%，利息每年支付一次。

要求：

试确定以下三种情况下的债券发行价格：

（1）债券发行时的市场利率为 8%；

（2）债券发行时的市场利率为 6%；

（3）债券发行时的市场利率为 4%。

解：三种市场利率下的债券发行价格分别为：

（1）当利率为8%时的债券发行价格：

$=1\,000\times(P/E,8\%,5)+1\,000\times6\%\times(P/A,8\%,5)$

$=920.16$（元）

（2）当利率为6%时的债券发行价格：

$=1\,000\times(P/E,6\%,5)+1\,000\times6\%\times(P/A,6\%,5)$

$=1\,000$（元）

（3）当利率为4%时的债券发行价格：

$=1\,000\times(P/E,4\%,5)+1\,000\times6\%\times(P/A,4\%,5)$

$=1\,089$（元）

（七）债券筹资的优缺点

债券筹资的优点主要有：（1）资金成本较低。债券发行费用比股票低，而且债券的利息费用可在税前支付，起到了抵减税款的作用，使得债券实际筹资成本较低。（2）保障股东的控制权。债券持有人并非公司股东，无权参与公司的经营管理，只能从公司获取固定的利息，因而发行债券不会影响股东对公司的控制权。（3）可利用财务杠杆的作用。由于债券的利息是固定的，且在所得税前支付，公司如能保证发行债券所筹集的资金投资收益高于债券利息率，就可以将更多的收益分配给股东，或留归企业以扩大经营。

债券筹资的缺点主要有：（1）筹资风险高。债券筹资除了要支付固定的利息外，还要在到期日前偿还全部本金。债券的还本付息增加了公司的财务压力。如果公司经营状况不佳，特别是投资收益率低于债券利息率时，公司就会背上沉重的负担，此种状况持续一段时间后，公司就会出现无力偿还债务的局面，最终可能导致破产。（2）限制条件多。债券筹资的限制条件比长期借款、租赁筹资的限制条件多，这种限制可能影响企业的投资收益以及将来的筹资能力。（3）筹资额有限。利用债券筹资有一定限度，当公司的负债比率超过一定程度后，债券筹资的成本会迅速上升，风险增大，会导致债券难以发行。

思考

市场利率与债券的发行价格有什么关系？

四、租赁筹资

（一）租赁的概念

租赁，是指通过签订资产出让合同的方式，使用资产的一方（承租方）通过支付租金，向出让资产的一方（出租方）取得资产使用权的一种交易行为。租赁有所有权与使用权相分离、融资和融物相结合、租金的分期支付等特征。

（二）租赁的分类

租赁分为经营租赁和融资租赁。

1. 经营租赁

经营租赁是由租赁公司向承租单位在短期内提供设备，并提供维修、保养、人员培训等各种服务性业务，又称服务性租赁。

经营租赁的特点主要包括：(1) 出租的设备一般由租赁公司根据市场需要选定，然后再寻找承租企业；(2) 租赁期较短，短于设备的有效使用期，在合理的限制条件内承租企业可以中途解约；(3) 租赁设备的维修、保养由租赁公司负责；(4) 租赁期满或合同中止以后，出租资产由租赁公司收回。经营租赁比较适用于租用技术过时较快的生产设备。

2. 融资租赁

融资租赁是由租赁公司按承租单位要求出资购买设备，在较长的合同期内提供给承租单位使用的融资信用业务，它是以融通资金为主要目的的租赁。

融资租赁的主要特点包括：(1) 出租的设备根据承租企业提出的要求购买，或者由承租企业直接从制造商或销售商那里选定；(2) 租赁期较长，接近于资产的有效使用期，在租赁期间双方无权取消合同；(3) 承租企业负责设备的维修、保养；(4) 租赁期满，按事先约定的方法处理设备，包括退还租赁公司，或继续租赁，或企业留购。

(三) 基本程序与形式

1. 融资租赁的基本程序

(1) 选择租赁公司，提出委托申请；(2) 签订购货协议；(3) 签订租赁合同；(4) 交货验收；(5) 按期交付租金；(6) 合同期满处理设备。

2. 融资租赁的基本形式

(1) 直接租赁，是融资租赁的主要形式，承租方提出租赁申请时，出租方按照承租方的要求选购设备，然后再出租给承租方。(2) 售后回租，是指承租方由于急需资金等各种原因，将自己资产售给出租方然后以租赁的形式从出租方原封不动地租回资产的使用权。在这种租赁合同中，除资产所有者的名义改变之外，其余情况均无变化。(3) 杠杆租赁，是指涉及承租人、出租人和资金出借人三方的融资租赁业务。一般来说，当涉及的资产价值高昂时，出租方自己只投入部分资金，通常为资金价值的20% ~40%，其余资金则通过将该资产以抵押担保的方式向第三方（通常为银行）申请贷款解决。租赁公司然后将购进的设备出租给承租方，用收取的租金偿还贷款，该资产的所有权属于出租方。出租人既是债权人也是债务人，如果出租人到期不能按期偿还借款资产所有权则转移给资金的出借者。

(四) 租金的计算

1. 租金的构成

融资租赁每期租金的多少，取决于以下几项因素：(1) 设备原价及预计残值。包括设备买价、运输费、安装调试费、保险费以及设备租赁期满后出售可得的收入。(2) 利息。指租赁公司为承租企业购置设备垫付资金所应支付的利息。(3) 租赁手续费。指租赁公司承办租赁设备所发生的业务费用和必要的利润。

2. 租金的支付方式

租金的支付，有以下几种分类方式：(1) 按支付间隔期长短，分为年付、半年付、季付和月付等方式。(2) 按在期初和期末支付，分为先付和后付。

按每次支付额，分为等额支付和不等额支付。实务中，承租企业与租赁公司商定的租金支付方式，大多为后付等额年金。

3. 租金的计算方法

租金可以采用平均分摊法与等额年金法来确定。在中国，一般采用等额年金法来确定。等额年金法下，通常要根据利率和租赁手续费率确定一个租费率，作为折现率。

(1) 平均分摊法。它是指按事先确定的利息和手续费率计算出租赁期间的利息和手续费总额，然后连同设备成本按支付次数进行平均。这种方法不考虑资金时间价值因素，计算较为简单。其计算公式为：

$$每次支付租金=\frac{(设备成本-预计残值)+租期内利息+租赁手续费}{租期}$$

【例题 3-13】 某企业 2018 年 1 月向租赁公司租入一套设备，价值为 150 万元，租期为 5 年，预计残值为 3.35 万元（归出租方所有），租期年利率为 8%，租赁手续费为设备价值的 2%，租金为每年年末支付一次。计算该企业每年支付的租金。

租期内利息 $=150\times(1+8\%)^5-150=70.40$（万元）

租赁手续费 $=150\times2\%=3$（万元）

每年支付租金 $=(150-3.35+70.40+3)\div5=44.01$（万元）

(2) 等额年金法。它是将利息率预收续费率综合成贴现率，运用年金现值方法计算确定每年的应付租金的一种方法。

【例题 3-14】 某企业采用融资租赁方式于 2018 年 1 月 1 日从某租赁公司租入一台设备，设备价款为 40 000 元，租期为 8 年，到期后，设备归企业所有。为了保证租赁公司完全弥补融资成本相关的手续费并有一定的盈利，双方商定采用 18% 的折现率。计算该企业每年年末应支付的等额租金（计算原理与前面学过的计算投资回收额相同）。

$$每年支付租金=\frac{等额租金现值总额}{等额租金的现值系数}$$

$$A=\frac{40\ 000}{(P/A,18\%,8)}=9\ 809.69$$

从上述两种计算方法看，平均分摊法没有考虑资金时间价值因素，因此它每年支付的租金较低。

(五) 融资租赁筹资的特点

视频：融资租赁

1. 无须大量资金就能迅速获得资产

在资金缺乏的情况下，融资租赁能迅速获得所需资产。融资租赁集“融资”与“融物”于一身，融资租赁使企业在资金短缺的情况下引进设备成为可能。特别是针对中小企业、新创业企业而言，融资租赁是一条重要的融资途径。大型企业的大型设备、工具等固定资产，也经常通过融资租赁的方式解决巨额资金的需要，如商业航空公司的飞机，大多是通过融资租赁取得的。

2. 财务风险小，财务优势明显

融资租赁与购买的一次性支出相比，能够避免一次性支付的负担，而且租金支出是未来分期的，企业无须一次筹集大量资金偿还。还款时，租金可以通过项目本身产生的收益来支付，是一种基于未来的“借鸡生蛋，卖蛋还钱”的筹资方式。

3. 筹资的限制条件较少

企业运用股票、债券长期借款等筹资方式，都受到相当多的资格条件的限制，如足够的抵押品、银行贷款的信用标准、发行债券的政府管制等。相比之下，融资租赁筹资的限制条件很少。

4. 能延长资金融通的期限

通常为购置设备而贷款的借款期限比该资产的物理寿命要短得多，而融资租赁的融资期限却可接近其全部使用寿命期限，并且其金额随设备价款金额而定，无融资额度的限制。

5. 资本成本负担较高

融资租赁的租金通常比银行借款或发行债券所负担的利息高得多，租金总额通常比设备价值高出30%。尽管与借款方式比，融资租赁能够避免到期一次性集中偿还的财务压力，但高额的固定租金也给各期的经营带来负担。

思考

融资筹资中的租金包括哪些？

五、债务筹资的优缺点

（一）优点

1. 筹资速度快

与股权筹资比，债务筹资不需要经过复杂的审批手续和证券发行程序，如银行借款、融资租赁等，可以迅速地获得资金。

2. 筹资弹性大

发行股票等股权筹资，一方面需要经过严格的政府审批；另一方面，从企业的角度出发，由于股权不能退还，股权资本在未来永久性地给企业带来资本的负担。利用债务筹资，可以根据企业的经营情况和财务状况，灵活地商定债务条件，控制筹资数量安排取得资金的时间。

3. 资本成本负担较轻

一般来说，债务筹资的资本成本要低于股权筹资。其一，取得资金的手续费用等筹资费用较低；其二，利息、租金等用资费用比股权资本要低；其三，利息筹资本成本可以在税前支付。

4. 可以利用财务杠杆

债务筹资不改变公司的控制权，因而股东不会出于控制权稀释的原因而反对公司举债。债权人从企业那里只能获得固定的利息或租金，不能参加公司剩余收益的分配。当企业的资本报酬率（息税前利润率）高于债务利率时，增加债务规模会增加普通股股东的每股收益，提高净资产报酬率，提升企业价值。

5. 稳定公司的控制权

债权人无权参加企业的经营管理，利用债务筹资不会改变和分散股东对公司的控制权。在信息沟通与披露等公司治理方面，债务筹资的代理成本也较低。

（二）缺点

1. 不能形成企业稳定的资本基础

债务资本有固定的到期日，到期需要偿还，只能作为企业的补充性资金来源，再加上取得债务往往需要进行信用评级，没有信用基础的企业和新创企业往往难以取得足额的债务资本，现有债务资本在企业的资本结构中达到一定比例后，往往由于财务风险而不容易再取得新的债务资金。

2. 财务风险较大

债务资本有固定的到期日，有固定的利息负担，抵押、质押等担保方式取得的债务，资本使用上可能还会有特别的限制。这些都要求企业必须要保证有一定的偿债能力，要保持资产流动性及其资产报酬水平，作为债务清偿的保障，还对企业的财务状况提出了更高的要求，否则会带来企业的财务危机，甚至导致企业的破产。

3. 筹资数额有限

债务筹资的数额往往受到贷款机构资本实力的制约，除发行债券方式外，一般难以像发行股票那样一次筹集到大笔资金，无法满足公司大规模筹资的需要。

第四节　权益筹资

权益是企业资金的最主要来源，是企业筹集债务资金的前提与基础。所有者权益是指投资人对企业净资产的所有权，包括投资者投入企业的资本金及企业在经营过程中形成的积累，如盈余公积金、资本公积金和未分配利润等。资本金是企业在工商行政管理部门登记的注册资金，是企业设立时的启动资金，资本金的数额不能低于国家规定的开办此类企业的最低资本数额（法定资本金）。企业通过吸收直接投资、发行股票、内部积累等方式筹集的资金都称为权益资金，权益资金不用还本，因而也称为自有资金或主权资金。

一、吸收直接投资

吸收直接投资是指非股份制企业按照“共同投资、共同经营、共担风险、共享利润”的原则直接吸收国家、法人、个人、外商投入资金的一种筹资方式。吸收直接投资不以股票为媒介，无需公开发行证券。吸收直接投资中的出资者都是企业的所有者，他们对企业拥有经营管理权，并按出资比例分享利润、承担损失。

（一）吸收直接投资的渠道

企业通过吸收直接投资方式筹集资金有以下四种渠道：

第一，吸收国家投资，是指有权代表国家投资的政府部门或者机构以国有资产投入企业，由此形成国家资本金。

第二，法人投资是指其他企业、事业单位以其可支配的资产投入企业，由此形成法人资本金。

第三，个人投资是指城乡居民或本企业内部职工以其个人合法财产投入企业，形成个人资本金。

第四，外商投资是指外国投资者或我国港澳台地区投资者的资金投入企业，形成外商资本金。

（二）吸收直接投资的出资方式

吸收直接投资中的投资者可采用现金、实物、无形资产等多种形式出资。主要出资方式有：

现金投资，是吸收直接投资中最重要的出资形式。企业有了现金，就可获取所需物资，就可支付各种费用，具有最大的灵活性。因此，企业要争取投资者尽可能采用现金方式出资。

实物投资，是指以房屋、建筑物、设备等固定资产和原材料、商品等流动资产所进行的投资。实物投资应符合以下条件：（1）适合企业生产经营、科研开发等的需要；（2）技术性能良好；（3）作价公平合理；（4）实物不能涉及抵押、担保、诉讼冻结。投资实物的作价，除由出资各方协商确定外，也可聘请各方都同意的专业资产评估机构评估确定。

无形资产投资，是指以商标权、专利权、非专利技术、知识产权、土地使用权等所进行的投资。企业在吸收无形资产投资时应持谨慎态度，避免吸收短期内会贬值的无形资产，避免吸收对本企业利益不大及不适宜的无形资产，还应注意符合法定比例，即吸收无形资产的出资额一般不能超过注册资本的20%（不包括土地使用权），对于高新技术等特殊行业，经有关部门审批最高放宽至30%。

（三）吸收直接投资的程序

企业吸收直接投资，一般要遵循如下程序：

1. 确定吸收直接投资所需的资金数量

企业新建或扩大经营规模时，应先确定资金的总需要量及理想的资本结构，然后据以确定吸收直接投资所需的资金数量。

2. 寻求投资单位，商定投资数额和出资方式

吸收直接投资中的双方是双向选择的结果。受资单位要选择相宜的投资者，投资单位要选择收益理想或对自身发展有利的受资者。为此，要做好信息交流工作，企业既要广泛了解有关投资者的财力和意向，又要主动传递自身的经营状况和盈利能力，以利于在较多的投资者中寻求最好的合作者。投资单位确定后，双方便可进行具体的协商，确定投资数额和出资方式。落实现金出资计划及实物、无形资产的评估作价。

3. 签署投资协议

企业与投资者商定投资意向和具体条件后，便可签署投资协议，明确双方的权利和责任。

4. 执行投资协议

企业与投资者按协议约定，做好投资交接及有关手续，并在以后确保投资者参与经营管理的权利及盈利分配权利。

（四）吸收直接投资的优缺点

1. 吸收直接投资的优点

（1）筹资方式简便、筹资速度快。吸收直接投资的双方直接接触磋商，没有中间环节。只要双方协商一致，筹资即可成功。

（2）有利用增强企业信誉。吸收直接投资所筹集的资金属于自有资金，与借入资金比较，能提高企业的信誉和借款能力。

（3）有利于尽快形成生产能力。吸收直接投资可直接获得现金、先进设备和先进技术，与通过有价证券间接筹资比较，能尽快地形成生产能力，尽快开拓市场。

（4）利于降低财务风险。吸收直接投资可以根据企业的经营状况向投资者支付报酬，没有固定的财务负担，比较灵活，所以财务风险较小。

2. 吸收直接投资的缺点

（1）资金成本较高。企业向投资者支付的报酬是根据企业实现的净利润和投资者的出资额计算的，不能减免企业所得税，当企业盈利丰厚时，企业向投资者支付的报酬很大。

（2）企业控制权分散。吸收直接投资的新投资者享有企业经营管理权，这会造成原有投资者控制权的分散与减弱。

思考

现实经济活动中哪些是直接筹资？举例说明。

二、发行股票筹资

股票是股份公司为筹集主权资金而发行的有价证券，是持股人拥有公司股份的凭证，它表示持股人在股份公司中拥有的权利和应承担的义务。本章仅介绍股票与筹资有关的内容，有关股票的其他内容将在证券投资部分介绍。股票按股东权利和义务的不同，有普通股和优先股之分。

（一）普通股筹资

普通股是股份公司发行的具有管理权而股利不固定的股票，是股份制企业筹集权益资金的最主要方式。

1. 普通股的特点

（1）普通股股东对公司有经营管理权。（2）普通股股东对公司有盈利分享权。（3）普通股股东有优先认股权。（4）普通股股东有剩余财产要求权。（5）普通股股东有股票转让权。

2. 普通股的发行价格

普通股的发行价格可以按照不同情况采取两种办法：一是按票面金额等价发行；二是按高于票面金额的价格发行，即溢价发行。

公司始发股的发行价格与票面金额通常是一致的，增发新股的发行价格则需根据公司盈利能力和资产增值水平加以确定，主要有以下三种：

（1）以未来股利计算：

$$每股价格=\frac{预期股利}{利息率}=\frac{票面价值\times股利率}{利息率}$$

公式中的利息率最好使用金融市场平均利率，也可用投资者的期望报酬率。

（2）以市盈率计算：

$$每股价格=每股收益\times合适的市盈率$$

（3）以资产净值计算：

$$每股价格=\frac{资产总额-负债总额}{普通股总股数}=\frac{所有者权益总额}{普通股总股数}$$

3. 普通股筹资的优缺点

（1）普通股筹资的优点。首先能增加股份公司的信誉。普通股筹资能增加股份公司主权资金的比重，较多的主权资金为债务人提供了较大的偿债保障，这有助于增加公司的信誉，有助于增加公司的举债能力。其次能减少股份公司的风险。普通股既无到期日，又无固定的股利负担，因此不存在不能偿付的风险。再次能增强公司经营灵活性。普通股筹资比发行优先股或债券限制少，它的价值较少因通货膨胀而贬值，普通股资金的筹集和使用都较灵活。

（2）普通股筹资的缺点。首先资金成本较高。发行普通股的资金成本一般高于债务资金，因为普通股股东期望报酬高，又因为股利要从税后净利润中支付，且发行费用也高于其他证券。其次新股东的增加，导致分散和削弱原股东对公司控股权。再次有可能降低原股东的收益水平。

（二）优先股筹资

优先股是股份公司发行的具有一定优先权的股票。它既具有普通股的某些特征，又与债券有相似之处。从法律上讲，企业对优先股不承担还本义务，因此它是企业自有资金的一部分。

1. 优先股的特点

优先股的特点是较普通股有某些优先的权利同时也有一定限制，其“优先”表现在：（1）优先分配股利权。优先股股利的分配在普通股之前，其股利率是固定的。（2）优先分配剩余财产权。当企业清算时，优先股的剩余财产请求权位于债权人之后，但位于普通股之前。

2. 优先股筹资的优缺点

（1）优先股筹资的优点。首先没有固定的到期日，不用偿还本金。其次股利支付率虽然固定，但无约定性。当公司财务状况不佳时，也可暂不支付，不像债券到期无力偿还本息有破产风险。再次优先股属于自有资金，能增强公司信誉及借款能力，又能保持原普通股股东的控制权。

（2）优先股筹资的缺点。首先资金成本高，优先股股利要从税后利润中支付，股利支付虽无约定性且可以延时，但终究是一种较重的财务负担。再次优先股较普通股限制条款多。

思考

普通股票筹资与优先股票筹资有什么联系与区别？

三、留存收益筹资

（一）留存收益筹资的概念

留存收益也是权益资金的一种形式，是指企业的盈余公积、未分配利润等。与其他权益资金相比，取得更为主动简便，它不需作筹资活动，又无筹资费用。因此，这种筹资方式既节约了成本，又增强了企业的信誉。留存收益的实质是投资者对企业的再投资。

（二）留存收益的筹资途径

1. 提取盈余公积金

盈余公积金是指有指定用途的留存净利润。盈余公积金是从当期企业净利润中提取的积累资金，其提取基数是本年度的净利润。盈余公积金主要用于企业未来的经营发展，经投资者审议后也可用于转增股本（实收资本）和弥补以前年度经营亏损，但不得用于以后年度的对外利润分配。

2. 未分配利润

未分配利润是指未限定用途的留存净利润。

未分配利润有两层含义：（1）这部分净利润本年没有分配给公司的股东投资者；（2）这部分净利润未指定用途，可用于企业未来的经营发展、转增资本（实收资本）、弥补以前年度的经营亏损及以后年度的利润分配。

（三）留存收益的筹资特点

1. 不用发生筹资费用

企业从外界筹集长期资本，与普通股筹资相比较，留存收益筹资不需要发生筹资费用，资本成本较低。

2. 维持公司的控制权

利用留存收益筹资，不用对外发行新股或吸收新投资者，由此增加的权益资本不会改变公司的股权结构，不会稀释原有股东的控制权。

3. 筹资数额有限

留存收益的最大数额是企业当期的净利润和以前年度未分配利润之和，不像外部筹资一次性可以筹集大量资金。如果企业发生亏损，那么当年就没有利润留存。另外，股东和投资者从自身期望出发，往往希望企业每年发放一定的利润，保持一定的利润分配比例。

> **思考**
>
> 为什么留存收益也存在筹资成本？

本章小结

企业筹集资金是资金运动的起点，它会影响乃至决定企业资金运动的规模及效果；企业资金可用不同方式筹措，但适时适量是共同的要求，可用销售百分比法预测企业资金需要量；总的来说，企业资金有两种来源：一种是投资者提供的，称为权益资金；另一种是债权人提供的，称为负债资金。权益资金包括吸收直接投资、发行股票和内部积累等。

本章互动环节

（一）互动环节分析资料

某公司向银行借入短期借款10 000元，支付银行贷款利息的方式同银行协商后的结果是：

方案一：采用收款法付息，利息率为14%；

方案二：采用贴现法付息，利息率为13%；

方案三：利息率为12%，银行要求的补偿性余额比例为20%。

（二）互动环节分析问题

如果你是该公司财务经理，你选择哪种还款方式，并说明理由。

音频：互动环节分析提示

本章习题

一、理论知识强化训练题

（一）单项选择题

1. 如果企业与银行商定的周转信贷额为200万元，承诺费率为0.5%，该企业于1月1日借入100万元，于11月1日借入40万元，则借款企业向银行支付承诺费（　　）元。

A. 3 000　　B. 5 000　　C. 4 666.67　　D. 3 333.33

2. 和发行债券与利用银行借款购买设备相比，通过融资租赁方式取得设备的主要缺点是（　　）。

A. 限制条款多　　B. 筹资速度慢　　C. 资本成本高　　D. 财务风险大

3. 运用定性预测法预测企业资金需要量的不足之处是（　　）。

A. 所需资料不易取得

B. 不能揭示资金需要量与有关因素之间的数量关系

C. 依靠个人的经验和主观判断

D. 定性预测十分有用

4. 某公司发行面值为 1 000 元的债券，票面利率 10%，偿还期限为 3 年，发行费率 5%，若该公司的所得税税率为 25%，该债券的发行价为 1 100 元，则债券资金成本为（　　）。

A. 9.57%　　B. 8.1%　　C. 7.18%　　D. 6.82%

5. 不属于我国短期融资券的特征的是（　　）。

A. 发行人为金融企业

B. 期限不超过 365 天

C. 实行余额管理

D. 待偿还融资券余额不超过企业净资产的 40%

6. 在平稳型组合策略中，临时性流动资产可以使用（　　）来满足。

A. 权益资金　　B. 长期债券筹集的资金

C. 长期借款筹集的资金　　D. 商业信用筹集的资金

7. 下列筹资方式就一般情况而言，企业所承担的财务风险由大到小排列为（　　）。

A. 融资租赁、发行股票、发行债券　　B. 融资租赁、发行债券、发行股票

C. 发行债券、融资租赁、发行股票　　D. 发行债券、发行股票、融资租赁

8. 在稳健型融资政策下，下列结论成立的是（　　）。

A. 长期负债、自发负债和权益资本三者之和大于永久性资产

B. 短期负债、自发负债和权益资本三者之和小于永久性资产

C. 临时负债大于临时性流动资产

D. 临时负债等于临时性流动资产

9. 下列筹资方式中，筹集资金属于企业负债的是（　　）。

A. 银行借款　　B. 发行债券　　C. 融资租赁　　D. 商业信用

（二）多项选择题

1. 在企业借款利息的支付方式中，企业所负担的实际利率大于名义利率的利息支付方式有（　　）。

A. 贴现法　　B. 补偿性余额　　C. 收款法　　D. 加息法

2. 债券提前偿还又称提前赎回或收回，是指在债券尚未到期之前应予以偿还，包括（　　）。

A. 强制性赎回　　B. 通知赎回　　C. 定期赎回　　D. 选择性赎回

3. 下列属于留存收益筹资优点的包括（　　）。

A. 资金成本较普通股低　　B. 可以使普通股东的控制权不受影响

C. 可以增强公司的信誉　　D. 资金的使用受制约

4. 认股权证筹资的缺点包括（　　）。

A. 可以筹集额外的资金　　B. 稀释普通股收益

C. 促进其他筹资方式的运用　　D. 可以分散企业的控制权

5. 可转换债券的缺点包括（　　）。

A. 股价上扬时会减少筹资数量　　B. 不能增强筹资灵活性

C. 增强了对管理层的压力　　D. 存在回售风险

6. 股票上市对企业的有利影响有（　　）。

A. 限制经理人操作的自由度　　B. 利用股票市场客观评价企业

C. 提高公司的知名度　　D. 有助于改善财务状况

7. 下列属于临时性流动资产的有（　　）。

A. 企业处于经营低谷时要保留的流动资产

B. 季节性存货

C. 保险储备存货量

D. 销售旺季的应收账款

8. 发行债券筹资的优点包括（　　）。

A. 筹资风险高　　B. 保证控制权

C. 限制条件较多　　D. 发挥财务杠杆作用

9. 以下属于银行与企业签订的借款合同特殊性限制条款的有（　　）。

A. 贷款专款专用　　B. 对企业借入其他长期债务的限制

C. 不准在正常情况下出售大量资产　　D. 企业主要领导人购买人身保险

10. 下列各项中，属于融资租赁租金构成项目的有（　　）。

A. 租赁设备维护费　　B. 租赁期间利息

C. 租赁手续费　　D. 租赁设备的价款

11. 普通股筹资成本高的原因有（　　）。

A. 股利要从税后净利中支付　　B. 发行新股分散公司控制权

C. 发行费用较高　　D. 发行新股导致每股收益降低

12. 以下说法不正确的有（　　）。

A. 丧失现金折扣的机会成本的大小与折扣期的长短成反方向变化

B. 丧失现金折扣的机会成本的大小与信用期的长短成同向变化

C. 丧失现金折扣的机会成本的大小与折扣百分比的大小成反向变化

D. 丧失现金折扣的机会成本的大小与折扣期的长短成同方向变化

二、技能知识强化训练题

（一）案例分析题

1. 案例资料

短期筹资决策

曙光公司经常性地向四有公司购买原材料，四有公司开出的付款条件为“2/10，N/35”。某天，该公司的财务经理王××查阅公司关于此项业务的会计账目，惊讶地发现，会计人员对此项交易的处理方式是，一般在收到货物后15天支付款项。

当财务经理王××询问记账的会计人员为什么不取得（享受）现金折扣时，负责该项交易的会计不假思索地回答道，这一交易的资金成本仅为2%，而银行贷款成本却为12%。

因此，根本没有接受现金折扣。

2. 案例分析要求

（1）会计人员错在哪里？

（2）放弃现金折扣的实际成本多大？

（3）如果曙光公司无法获得银行贷款，而被迫使用商业信用资本，为降低年利息成本，你应向财务经理提出何种建议？

（二）实务计算题

1. 某公司 2019 年实现销售额 30 万元，销售净利率为 10%，并按净利润的 40% 发放股利，假定该公司的固定资产利用能力已经饱和，2019 年底的资产负债表如表 3－8 所示。

表 3－8 **资产负债表** 单位：万元

资产		负债及所有者权益		
1. 货币资金	10	负债	1. 应付账款	25
2. 应收账款	20		2. 应交税金	5
3. 存货	30		3. 长期负债	10
4. 固定资产	55	所有者权益	1. 实收资本	60
5. 无形资产	5		2. 留存收益	20
合计	120		合计	120

若该公司计划在 2020 年把销售额提高到 36 万元，销售净利率、股利发放率仍保持 2019 年水平。

要求：用销售百分比法预测该公司 2020 年需向外界融资额。

2. 某企业发行债券筹资，面值 500 元，期限 5 年，发行时票面利率 10%，每年末付息，到期还本。

要求：请计算市场利率 8%、10%、12% 三种情况下的发行价格。

3. 某企业于 2020 年 1 月 1 日从租赁公司租入一套设备，价款为 300 万元，租期 5 年，租赁期满时预计残值 10 万元归租赁公司。年利率 8.5%，租赁手续费率每年 1.5%，合同约定租金每年年末支付一次。

要求：计算每年应支付的租金。

文本：挑战中级

文本：本章实训题

第四章

资金成本与资金结构

PPT：资金成本与资金结构

学习目标

* 熟练掌握各种资金来源的资金成本的计算
* 掌握各种杠杆系数的计算
* 掌握资金结构的决策方法
* 理解各种资金成本的相关概念及内容
* 理解经营杠杆、财务杠杆和复合杠杆效应
* 了解资本结构的基本理论

【引入知识】

精明的小老板常常打着小算盘，“这件事情收益是多少，成本是多少，这件事情能不能干?”你在公司的经营中是否也有自己的小算盘呢？筹资决策是公司经理人员做出的最重要和最困难的决策之一。做出适当的筹资决策需要考虑多方面的因素。你知道怎样考虑筹资决策吗？那么你会考虑通过发行债券筹资，还是发行股票筹资？考虑筹资而付出的代价的高低是多少？如何合理地安排资本结构等决策问题。

本章将讨论这类问题。全章运用科学的计算方法，推导计算资金成本的公式，让你学会如何计算资金成本，并且了解不同的筹资方式其资金成本的计算，资金成本的高低不同，筹资风险的大小也不同，就必然存在一个资金结构的优化问题。那么，良好的资本结构是为企业未来资本运营奠定良好的基础，不合理的资本结构就像先天不足的婴儿会影响后天发育成长一样，对企业今后的资本运作埋下隐患。想要成为一名合格的财务管理人员，必须学会计算资金成本，帮助企业选择最佳的资本结构。

【案例导入】

（一）案例资料

某公司属于传统的饲料行业，控股股东拥有90%的股份，且股东年龄较大，其他小股东去监督管理公司的动力很弱。该集团公司总部位于新加坡，下属各子公司数量较多（20多家），地域上较为分散，在东南亚和南亚包括中国大陆各地都有子公司，大股东每年都难以去亲自管理和监督，且该公司并没有上市，为了节省成本，下属各子公司没有设置董事会，所有的经营管理活动都由子公司的总经理全权负责。目前为了扩大业务，打算在东莞设立一家子公司，经过研究，东莞子公司总投资需要1 000万元，其中长期资产（主要为建筑物和机器设备）800万元，营运资金200万元。为了能够对子公司经理进行控制，集团公司财务部设计了两种方案：

方案一：所需1 000万元的资金全部由集团公司出资，也就是股权融资，其中大股东出资900万元，其他股东出资100万元；

方案二：大股东出资150万元，以集团公司信用担保的方式，东莞子公司取得了香港汇丰银行总额850万元的长期贷款；

方案三：大股东出资150万元，以集团公司信用担保的方式，东莞子公司取得了香港汇丰银行总额850万元的贷款，包括650万元的10年期长期借款和200万元的1年期滚动短期流动资金借款。

同时，集团公司为了激励深圳子公司经理，在考虑将子公司经理的奖金与公司业绩挂钩，初步考虑的业绩指标是：(1) 净利润；(2) 息税前利润。

(二) 阅读分析

(1) 对集团公司设计的三个融资方案进行评价，并选择你认为既能达到控制子公司总经理目的，又能使公司利用资金成本最低的方案；

(2) 假定作为集团公司财务总监，你要对下属子公司设计股利分配方案，从控制子公司总经理的角度出发，你会做出何种建议？

资料来源：陈玉菁．财务管理实务与案例．中国人民大学出版社，2015.

文本：案例导入分析提示

第一节　资金成本

一、资金成本的概念及其作用

(一) 资金成本的概念

资本成本是指企业为筹集和使用资本而付出的代价，包括筹资费用和占用费用。资本成本是资本所有权与资本使用权分离的结果。对出资者而言，由于让渡了资本使用权，必须要求取得一定的补偿，资本成本表现为让渡资本使用权所带来的投资报酬。对筹资者而言，由于取得了资本使用权，必须支付一定代价，资本成本表现为取得资本使用权所付出的代价。资本成本可以用绝对数表示，也可以用相对数表示。用绝对数表示的资本成本，主要由以下两个部分构成。

1. 筹资费用

筹资费用是指企业在资本筹措过程中为获取资本而付出的代价，如向银行支付的借款手续费，因发行股票、公司债券而支付的发行费等。筹资费用通常在资本筹集时一次性发生，在资本使用过程中不再发生，因此，视为筹资数额的一项扣除。

2. 占用费

占用费也称为资金使用费，是指企业在资本使用过程中因占用资本而付出的代价，如向银行等债权人支付的利息，向股东支付的股利等。占用费用是因为占用了他人资金而必须支付的，通常以年为计算周期，是资金成本的主要内容。

(二) 资本成本的作用

1. 资本成本是比较筹资方式，选择筹资方案的依据

各种资本的资本成本率，是比较、评价各种筹资方式的依据。在评价各种筹资方式时，一般会考虑的因素包括对企业控制权的影响、对投资者吸引力的大小、融资的难易和风险、资本成本的高低等，而资本成本是其中的重要因素。在其条件相同时，企业筹资应选择资本成本率最低的方式。

2. 平均资本成本是衡量资本结构是否合理的重要依据

企业财务管理目标是企业价值最大化，企业价值是企业资产带来的未来现金流量的贴现值。计算企业价值时，经常采用企业的平均资本成本作为贴现率，当平均资本成本最小时，企业价值最大，此时的资本结构是企业理想的资本结构。

3. 资本成本是评价投资项目可行性的主要标准

任何投资项目，如果它预期的投资报酬率超过该项目使用资金的资本成本率，则该项目在经济上就是可行的。因此，资本成本率是企业用以确定项目要求达到的投资报酬率的最低标准。

4. 资本成本是评价企业整体业绩的重要依据

一定时期企业资本成本率的高低，不仅反映企业筹资管理的水平，还可作为评价企业整体经营业绩的标准。企业的生产经营活动，实际上就是所筹集资本经过投放后形成的资产营运，企业的总资产税后报酬率应高于其平均资本成本率，这样才能带来剩余收益。

（三）影响资本成本的因素

1. 总体经济环境

一个国家或地区的总体经济环境状况，表现在国民经济发展水平、预期的通货膨胀等方面，这些都会对企业筹资的资本成本产生影响。如果国民经济保持健康稳定、持续增长，整个社会经济的资金供给和需求相对均衡且通货膨胀水平低，资金所有者投资的风险小，预期报酬率低，筹资的资本成本率相应就比较低。相反，如果经济过热，通货膨胀持续居高不下，投资者投资的风险大，预期报酬率高，筹资的资本成本率就高。

2. 资本市场条件

资本市场条件包括资本市场的效率和风险。如果资本市场缺乏效率，证券的市场流动性低，投资者投资风险大，要求的预期报酬率高，那么通过资本市场融通的资本其成本水平就比较高。

3. 企业经营状况和融资状况

企业的经营风险和财务风险共同构成企业总体风险，如果企业经营风险高，财务风险大，则企业总体风险水平高，若投资者要求的预期报酬率高，企业筹资的资金成本相应就大。

4. 企业对筹资规模和时限的要求

在一定时期内，国民经济体系中资金供给总量是一定的，资本是一种稀缺资源。因此企业一次性需要筹集的资金规模大，占用资金时限长，资金成本就高。当然融资规模、时限与资本成本的正向相关性并非线性关系，一般来说，在一定限度内筹资，并不引起资金成本的明显变化，当融资规模突破一定限度时才引起资金成本的明显变化。

思考

资金时间价值和资金成本有什么联系与区别？

二、资金成本计算

（一）个别资本成本的计算

个别资本成本是指单一筹资方式本身的资本成本，包括长期借款成本、债券成本、优先股成本、普通股成本、留存收益成本。前两类是债务资金成本，后三类是权益资本成本。一般情况下，如果不特别说明，资金成本即是相对数表示的成本率。资金成本率的计算有两种模式：一种是基本模式，另一种是贴现模式。本教材介绍基本模式。用公式表示：

$$资金成本率=\frac{年资金占用费}{筹资总额-筹资费用}\times 100\%$$

或：

$$=\frac{年资金占用费}{筹资总额\times(1-筹资费用率)}\times 100\%$$

（二）银行长期借款资金成本率

企业长期借款的资金成本是由借款利息和筹资费用构成的，借款利息计入税前成本费用可以起到抵税的作用，一般计算税后资金成本率，以便于权益资金成本具有可比性。银行借款的资金成本率按基本模式计算的公式：

$$K_L=\frac{I(1-T)}{L(1-f)}$$

式中，K_L为长期借款资金成本率；I为长期借款年利息额；L为长期借款筹资总额；f为长期借款筹资费用率；T为所得税税率。上式也可以改为：

$$K_L=\frac{i(1-T)}{1-f}$$

式中，i为长期借款的利率。

若长期借款的筹措费用（主要是借款的手续费）很少时，也可以忽略不计。忽略手续费时，长期借款的资金成本率：

$$K_L=i(1-T)$$

【例题 4-1】某公司向银行借入一笔长期资金，计 1 000 万元，银行借款的年利率为 12%，每年结息一次，到期一次还本。同时需支付借款额 1‰的手续费。公司所得税税率为 25%，计算银行借款的成本。

$$K_L=\frac{1\ 000\times 12\%\times(1-25\%)}{1\ 000\times(1-1‰)}=9.09\%$$

发行债券的资金成本主要指债券利息和筹资费用。债券利息的处理与长期借款利息的处理相同，应以税后的债务成本计算为依据。债券的筹资费用一般比较高，不可在计算资金成本时省略。按照一次还本、分期付息的方式，债券资金成本的计算公式为：

$$K_B=\frac{I(1-T)}{B(1-f)}\quad 或：K_B=\frac{i(1-T)}{1-f}$$

式中，K_B 为债券资金成本；I 为债券年利息；T 为所得税税率；B 为债券筹资额；f 为债券筹资费用率；i 为债券利率。

【例题4-2】某公司以面值发行总额为1 000万元的10年期债券，票面利率为6%，发行费用4%，公司所得税税率为25%。该债券的成本为：

解：$K_B = \frac{I(1-T)}{B(1-f)} = \frac{1\,000 \times 6\% \times (1-25\%)}{1\,000 \times (1-4\%)} = 4.67\%$

或：$K_B = \frac{i(1-T)}{1-f} = \frac{6\% \times (1-25\%)}{1-4\%} = 4.67\%$

若债券溢价或折价发行，为更精确地计算资金成本，应以实际发行价格作为债券筹资额。

【例题4-3】假定某公司发行总面额为500万元的10年期债券，票面利率为6%，发行费用为4%，发行价格为600万元，公司所得税税率为25%。该债券的成本为：

$K_B = \frac{I(1-T)}{B(1-f)} = \frac{500 \times 6\% \times (1-25\%)}{600 \times (1-4\%)} = 3.9\%$

1. 优先股资金成本

企业优先股股票同发行债券和长期借款一样，需要支付筹措费，如注册费、代销费等。其股息也要定期支付，但由于股息是税后支付的，没有享受所得税优惠，所以其资金成本率的计算与债券和长期借款不同，公式如下：

$$K_P = \frac{D}{P_0(1-f)} \times 100\%$$

式中，K_P 为优先股资金成本率；D 为优先股每股年股利；P_0 为优先股发行价格；f 为优先股筹费率。

【例题4-4】某公司发行每股面值为10元，每股市价为12元。发行100万股，发行费用率为3%，年股息率为10%。则优先股的资金成本率为多少？

解：$K_P = \frac{D}{P(1-f)} \times 100\% = \frac{10 \times 100 \times 10\%}{12 \times 100 \times (1-3\%)} = 8.59\%$

当企业资金抵债时，优先股股东的索偿权仅次于长期贷款的债权人和长期债券的持有人，所以优先股的投资风险比长期贷款和长期债券的投资风险高，因而优先股的股息率一般高于借款和债券的利率。同时优先股股票不仅筹资费用较高，而且支付的优先股股息不会减少企业应缴的所得税，所以优先股的资金成本率明显高于债券的资金成本率。但是，发行优先股筹集资金是自有资金，可以被长期占用，且不分散经营控制权，因此在一定条件下企业仍乐于采用这种筹资方式。

2. 普通股资金成本

由于普通股没有期限，在未来的存在期里每年普通股的每股收益不确定，所以要精确计算普通股的资金成本实际上是不可能的，只能采取估算的方法。普通股筹资成本的估算方法有三种：股利固定增长模型法、资产定价模型法、无风险利率加风险溢价法。

（1）股利固定增长模型法。如果股份制企业的收益每年按一个固定的比率增长，并采用固定股利政策，则股利也会每年按一个固定的比率增长，此时的则普通股资金成本率的计算公式为：

$$K_C = \frac{D_1}{P_c(1-f)} + g$$

式中，K_C为普通股资金成本；D_1为预期第1年股利额：P_C为普通股市价；f为普通股筹资费用率；g为普通股利年增长率。

【例题4-5】某公司普通股目前市价为40元，估计年增长率为5%，本年发放股利2元。若企业新发普通股，筹资费用率为股票市价的5%，则普通股资金成本率为多少？

解：$K_C = \frac{D_1}{P_c(1-f)} + g = \frac{2 \times (1+5\%)}{40 \times (1-5\%)} + 5\% = 10.5\%$

（2）资产定价模型法。资产定价模型法给出了普通股筹资成本与它的市场风险β之间的关系：

$$K_C = R_f + \beta(R_m - R_f)$$

式中，K_C为普通股资金成本；R_f为无风险报酬率；R_m为市场平均必要报酬率；β为股票的贝他系数。

【例题4-6】某公司的普通股β值为1.6，国债利率为5%，股票市场平均必要报酬率为10%。该公司的普通股股票的资金成本率为：

$K_C = 5\% + 1.6 \times (10\% - 5\%) = 13\%$

（3）无风险利率加风险溢价法。由于普通股股东对企业的投资风险要大于债券投资者，根据“风险越大，要求的报酬率越高”的原理，其会在债券投资者要求的收益上再要求一定的风险溢价，以作为对企业投资的风险补偿。按照这一理论，普通股的筹资成本公式为：

$$K_C = R_f + R_P$$

式中，R_P为股东比债权人承担更大风险所要求的风险溢价；R_f无风险报酬率风险溢价可以凭借经验估计。一般认为，某企业普通股风险溢价对其自己发行债券来讲，在1.5%～4.5%，当市场利率达到历史性高点时，风险溢价通常较低，约为3%；而通常情况下，是4%的平均风险溢价。

【例题4-7】某股份有限普通股的估计风险率9%，而无风险率为6%，其普通股资金成本率为：

$K_C = R_f + R_p = 6\% + 9\% = 15\%$

3. 留存收益资金成本

留存收益是历年滚存下来的未分配税后利润，是企业资金的一项重要来源，其所有权归属于股东。股东将这部分利润留存于企业，实质上是对企业的追加投资，与之前投入企业的股本一样，股东对这部分追加投资要求有一定的报酬。因此，企业使用这部分资金同样需要对投资者支付红利，从而产生资金成本。这部分资金成本的计算，可视同普通股筹资成本来计算，有所不同的是留存收益无筹资费用。

若采用股利增长模型法进行筹资成本估算，留存收益资金成本计算公式则为：

$$Ke = \frac{D_1}{P_0} + g$$

式中，Ke 为留用利润的资金成本；P_0 为留用利润筹资额的市价；D_1 为预期第 1 年股利额。

【例题 4－8】沿用【例题 4－5】的资料，若企业留用利润筹资，则成本为：

$$Ke = \frac{D_1}{P_0} + g = \frac{2 \times (1+5\%)}{40} + 5\% = 10.25\%$$

计算结果为 10.25%，小于发行普通股的成本 10.5%，可见，在其他条件相同时，留用利润的成本比发行普通股的资金成本低。

企业在选择融资方式时，要考虑不同筹资方式的资金成本水平。一般地，按资金成本率从低到高的顺序排列，以上五种筹资方式的资金成本依次为：

长期借款＜长期债券＜优先股＜留存收益＜普通股

（三）平均资金成本的计算

平均资金成本（综合资金成本），是指多元化融资方式下的综合资金成本，反映企业资本成本整体水平的高低。在衡量和评价单一融资方案时，需要计算个别资本成本；在衡量和评价企业筹资总体的经济性时，需要计算企业的平均资本成本。平均资本成本用于衡量企业资本成本水平，确立企业理想的资本结构。

企业平均资本成本，是以各项个别资本在企业总资本中的比重为权数，对各项个别资本成本率进行加权平均而得到的总资本成本率。计算公式为：

$$K_W = \sum_{j=1}^{n} K_j W_j$$

式中，K_W 为平均资本成本；K_j 为第 j 种个别资金成本率；W_j 为第 j 种个别资本在全部资本中的比重。

平均资本成本率的计算，存在着权数价值的选择问题，即各项个别资本按什么权数来确定资本比重。通常，可供选择的价值形式有账面价值、市场价值、目标价值等。

1. 账面价值权数

即以个别资本的会计报表账面价值为基础来计算资本权数，确定各类资本占总资本的比重。其优点是资料容易取得，可以直接从资产负债表中得到，而且计算结果比较稳定。其缺点是，当债券和股票的市价与账面价值差距较大时，导致按账面价值计算出来的资本成本不能反映目前从资本市场上筹集资本的现时机会成本，不适合评价现时的资本结构。

2. 市场价值权数

即以各项个别资本的现行市价为基础来计算资本权数，确定各类资本占总资本的比重。其优点是能够反映现时的资本成本水平，有利于进行资本结构决策。但现行市价处于经常变动之中不容易取得，而且现行市价反映的只是现时的资本结构，不适用未来的筹资决策。

3. 目标价值权数

即以各项个别资本预计的未来价值为基础来确定资本权数，确定各类资本占总资本的比重。目标价值是目标资本结构要求下的产物，是公司筹措和使用资金对资本结构的一种要求。对于公司筹措新资金，需要反映期望的资本结构来说目标价值是有益的，适用于未来的筹资决策，但目标价值的确定难免具有主观性。

以目标价值为基础计算资本权重，能体现决策的相关性。目标价值权数的确定，可以选择未来的市场价值，也可以选择未来的账面价值。选择未来的市场价值，与资本市场现状联系比较紧密，能够与现时的资本市场环境状况结合起来，目标价值权数的确定一般以现时市场价值为依据。但市场价值波动频繁，可行方案是选用市场价值的历史平均值，如 30 日、60 日、120 日均价等。总之目标价值权数是主观愿望和预期的表现，依赖于财务经理的价值判断和职业经验。

【例题 4－9】 万达公司本年年末长期资本账面总额为 1 000 万元，其中：银行长期借款 400 万元，占 40%；长期债券 150 万元，占 15%；股东权益 450 万元（共 200 万股，每股面值 1 元，市价 8 元），占 45%。个别资本成本分别为：5%、6%、9%。则该公司的平均资本成本为：

按账面价值计算：

$$K_W = 5\% \times 40\% + 6\% \times 15\% + 9\% \times 45\% = 6.95\%$$

按市场价值计算：

$$K_W = \frac{5\% \times 400 + 6\% \times 150 + 9\% \times 1\,600}{400 + 150 + 1\,600} = 8.05\%$$

思考

权益资金成本率高于债务资金成本率，为什么？

文本：实务演练 1

第二节　杠杆原理

一、杠杆效应的含义

杠杆原理是物理学中的概念，财务管理中的杠杆效应是指由于固定费用的存在而导致的，当某一个财务变量以较小幅度变动时，另一相关变量会以较大幅度变动的现象。包括经营杠杆、财务杠杆、复合杠杆三种形式。

二、成本习性分类

成本习性是指成本总额与业务量之间在数量上的依存关系。成本按习性可划分为固定成本、变动成本和混合成本三类。

（一）固定成本

固定成本是指在一定时期和一定业务量范围内，总额不受业务量变动的影响而保持不变的成本。固定成本一般包括固定性制造费用，如按直线法计提的固定资产折旧费、劳动保护费、办公费等；固定性销售费用，如销售人员工资、广告费等；固定性管理费用，如租赁费、管理人员的工资、财产保险费等。固定成本总额不受业务量变动的影响而保持不变，单位固定成本随着业务量的变动而发生反方向变动。在平面直角坐标系上，固定成本总额是一条平线于横轴的直线，单位变动成本是一条反比例曲线（见图 4－1）。

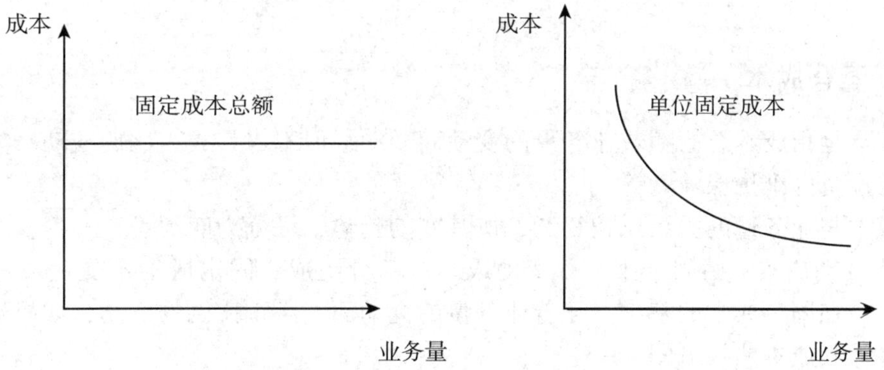

图 4－1　固定成本与业务量关系

固定成本按其支出的数额是否受管理当局短期决策的影响，可进一步分为约束性固定成本和酌量性固定成本。

（1）约束性固定成本，是指固定成本的数额支出短期内不受管理当局的决策行动影响。其特点是在短时间内不能轻易改变，具有较大程度的约束性，可在较长时间内存在和发挥作用，如固定资产折旧、保险费、管理人员工资、财产税等。约束性固定成本是企业经营活动中必须负担的最低成本。

（2）酌量性固定成本，是指固定成本的数额支出，通过管理机构的决策行动能够改变。其特点是支出数额可以改变（一般随某一会计期间生产经营的实际需要与财务负担能力的变化而变化），只在某一会计期间内存在和发挥作用，如企业的开发研究费、广告费、职工培训费等。

（二）变动成本

变动成本是指在一定时期和一定业务量范围内，总额随着业务量的变动而发生正比例变动的成本。变动成本一般包括企业生产过程中发生的直接材料、直接人工，制造费用中的产品包装费、燃料费、动力费等，按销售量多少支付的推销佣金、装运费等。单位变动成本不受业务量变动的影响而保持不变，总的变动成本随着业务量的变动而发生正比例变动。在平面直角坐标系上，单位变动成本是一条平线于横轴的直线，变动成本总额是一条通过原点的直线（见图 4－2）。

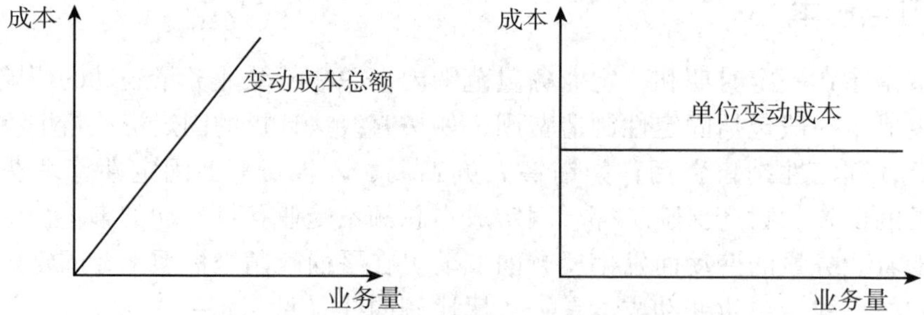

图4－2　变动成本与业务量关系

（三）混合成本

混合成本是指成本总额随着业务量的变动而变动，但不与其成正比例变动。如企业的电话费、机器设备的维护保养费等。

混合成本与业务量的关系比较复杂，按其变动趋势，可分为四类：

（1）半变动成本：由固定成本和变动成本两部分组成。固定成本不受业务量变动的影响，变动成本在固定成本的基础上随着业务量的变动而发生正比例的变动，如机器设备的维护保养费等。其成本曲线见图4－3。

（2）延期变动成本：在一定的业务量范围内成本总额保持不变，超过该业务量，成本总额会随着业务量的变动而发生正比例变动，如销售人员的工资。其成本曲线（见图4－4）。

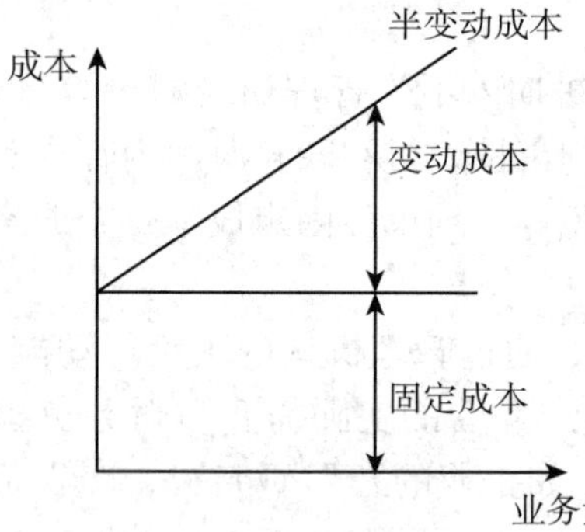

图4－3　半变动成本与业务量

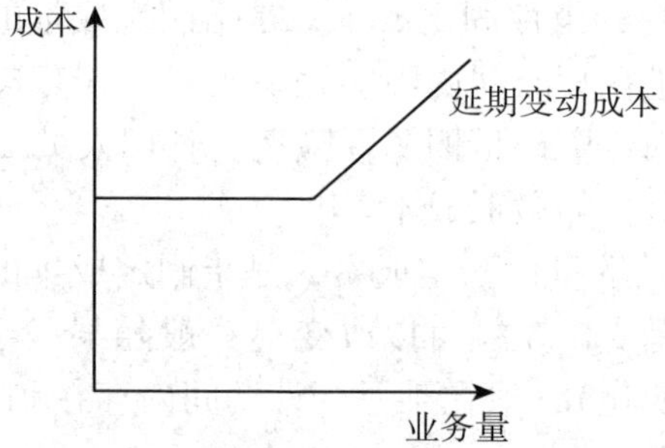

图4－4　延期变动成本与业务量

（3）半固定成本：成本总额随着业务量的变动呈阶梯式的变化。即在一定的业务量范围内成本总额不随着业务量的变动而变动，当业务量超过这一范围，成本总额会跳跃上升，在新的业务量范围内又不变，直到业务量再次突破，成本再次跳跃，如此不断循环重复，如企业的检验员、化验员、货运员的工资。其成本曲线见图4－5。

（4）曲线式混合成本：成本总额在初始量的基础上，随着业务量的增加而呈现曲线增长，但成本与业务量之间不存在线性关系，其特点是都有一个初始量，并在一定条件下不变，相当于固定成本。这类成本根据曲线斜率的不同变化趋势，又分递减型混合成本和递增型混合成本。

递减型混合成本：业务量增长，成本也增长，但成本增长的速度比业务量的增长的速度慢，其成本曲线是一条凸型曲线（见图4－6）。

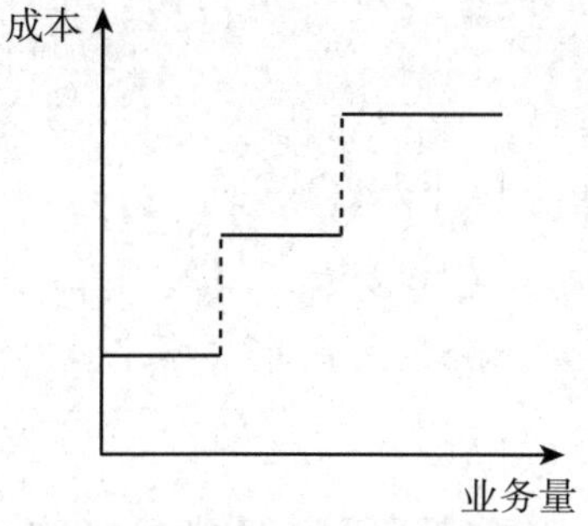

图4－5　半固定成本与业务量

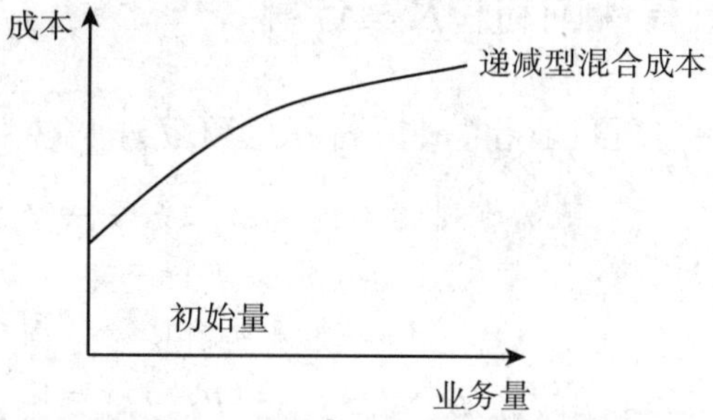

图4－6　递减型混合成本与业务量

递增型混合成本：业务量增长，成本也增长，但成本增长的速度比业务量增长的速度快，其成本曲线是一条凹型曲线（见图4－7）。

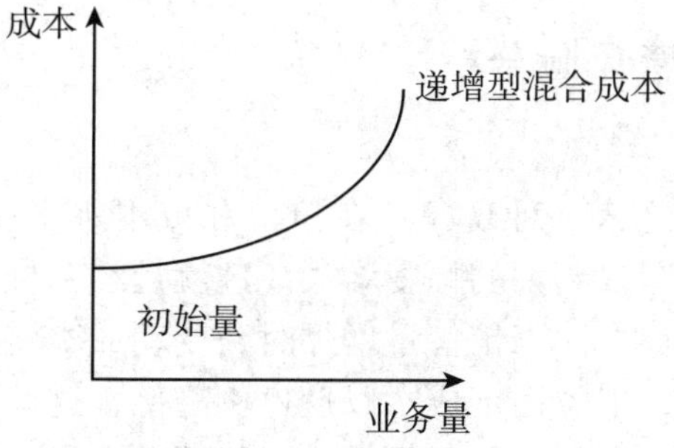

图4－7　递增型混合成本与业务量

成本按性态分类，无论哪一种形式，都可以用线形方程 $y=a+bx$ 来表示。其中，y 为成本总额；a 为固定成本总额；b 表示单位变动成本，x 表示业务量。

思考

财务管理中的固定成本的内容与财务会计中的固定成本内容是相同的吗？

三、边际贡献及其计算

边际贡献是指销售收入减去变动成本的差额。其计算公式为：

边际贡献＝销售收入－变动成本

＝(销售单价－单位变动成本)×产销量

＝单位边际贡献×产销量

$$M=px-bx=(p-b)x=mx$$

式中，M 为边际贡献；p 为销售单价；b 为单位变动成本；x 为产销量；m 为单位边际贡献。

四、息税前利润及其计算

息税前利润是指企业支付利息和缴纳所得税前的利润。其计算公式为：

息税前利润 = 销售收入总额 − 变动成本总额 − 固定成本
= (销售单价 − 单位变动成本) × 产销量 − 固定成本
= 边际贡献总额 − 固定成本

$$EBIT = px - bx - a = (p - b)x = M - a$$

式中，a 为固定成本；$EBIT$ 为息税前利润。

上式的固定成本和变动成本中不应包括利息费用。

五、企业杠杆及其风险分析

视频：经营杠杆系数的计算

（一）经营杠杆及经营风险分析

1. 经营杠杆效应的含义

企业在生产经营中会有这么一种现象：在单价和成本水平不变的条件下，销售量的增长会引起息税前利润以更大的幅度增长。这就是经营杠杆效应。经营杠杆效应产生的原因是经营性固定成本的存在，当销售量增加时，变动成本将同比增加，销售收入也同比增加，但固定成本总额不变，单位固定成本以反比例降低，这就导致单位产品成本降低，单位产品利润增加，于是利润比销量增加得更快。考察光明集团连续 3 年的销量、利润资料，见表 4－1。

表 4－1　光明集团盈利情况资料　单位：元

项目	第一年	第二年	第三年
单价	150	150	150
单位变动成本	100	100	100
单位边际贡献	50	50	50
销售量	10 000	20 000	30 000
边际贡献	500 000	1 000 000	1 500 000
固定成本	200 000	200 000	200 000
息税前利润（*EBIT*）	300 000	800 000	1 300 000

由表 4－1 可见，从第一年到第二年，销售量增加了 100% ［(20 000 − 10 000) ÷ 10 000］，

息税前利润比上年增加了166.67%［（800 000－300 000）÷300 000］；从第二年到第三年，销售量增加了50%［（30 000－20 000）÷20 000］，息税前利润比上年增加了62.5%［（1 300 000－800 000）÷800 000］。利用经营杠杆效应，企业在可能的情况下，适当增加产销量会取得更多的盈利，这就是经营杠杆利益。但我们也必须认识到，当企业遇上销售量下降时，息税前利润会以更大的幅度下降，即经营杠杆效应也会带来经营风险。

2. 经营杠杆系数及其计算

经营杠杆系数，也称经营杠杆率（DOL），是指息税前利润的变动率相对于销售量变动率的倍数，是衡量经营杠杆效应的指标。其定义公式为：

$$DOL=\frac{\text{息税前利润变动率}}{\text{销售量变动率}}=\frac{\Delta EBIT/EBIT_0}{\Delta x/x_0}$$

按照表4－1的资料，可以算得第二年经营杠杆系数为1.6667，第三年经营杠杆系数为1.25。利用DOL的定义公式计算经营杠杆系数必须掌握利润变动率与销售量变动率，但这是事后反映，不便于利用DOL进行预测。为此，根据定义公式推导出一个只需用基期数据计算经营杠杆系数的简化公式：

$$DOL=\frac{M_0}{EBIT_0}=\frac{\text{基期边际贡献}}{\text{基期息税前利润}}$$

注意，公式中的0代表基期。

用以上计算公式不仅可以算出第二、第三年的经营杠杆系数，而且第四年的经营杠杆系数也可以算出，根据表4－1的资料，第四年的经营杠杆系数：

$$DOL=\frac{1\ 500\ 000}{1\ 300\ 000}=1.1538$$

【例题4－10】某企业生产A产品，固定成本为60万元，变动成本率为40%，当企业销售额分别为400万元、200万元时，经营杠杆系数分别为：

$$DOL_{(1)}=\frac{400-400\times40\%}{400-400\times40\%-60}=1.33$$

$$DOL_{(2)}=\frac{200-200\times40\%}{200-200\times40\%-60}=2$$

以上计算结果说明以下问题：

第一，在固定成本不变的情况下，经营杠杆系数说明了销售额增长（减少）所引起利润增长（减少）的幅度。比如，$DOL_{(1)}$说明销售额在400万元时，销售额的增长会引起利润1.33倍的增长。

第二，在固定成本不变的情况下，销售额越大，经营杠杆系数越小，经营风险也就越小；反之，经营杠杆系数越大，经营风险也就越大。例如，当销售额为400万元时，$DOL_{(1)}$为1.33；当销售额为200万元时，$DOL_{(2)}$为2。显然后者利润不稳定性大于前者，故而后者的经营风险大于前者。

【例题4－11】某公司的有关资料见表4－2。

表 4－2　　　　某公司收益情况　　　　单位：万元

项目	2018 年	2019 年	变动额	变动率（%）
销售额	1 000	1 200	200	20
变动成本	600	720	120	20
边际贡献	400	480	80	20
固定成本	200	200	0	0
息税前利润	200	280	80	40

要求：（1）采用定义公式计算该公司 2019 年的 *DOL*。

（2）采用简化公式计算该公司 2019 年和 2020 年的 *DOL*。

计算如下：

（1）根据定义公式可得：

2019 年的 $DOL = 40\% / 20\% = 2$

（2）根据 2018 年的资料可求得 2019 年的经验杠杆系数：

2019 年的 $DOL = 400/200 = 2$

结果表明，两种方法计算得出的 2019 年的经验杠杆系数相同。

同理，可按 2019 年的资料求得 2020 年的经营杠杆系数：

2020 年的 $DOL = 480/280 = 1.71$

3. 经营风险分析

经营风险是指企业由于生产经营上的原因而导致的资产报酬率波动的风险。引起企业经营风险的主要原因是市场需求和成本等因素的不确定性，经营杠杆本身并不是利润不稳定的根源，但是经营杠杆扩大了市场和生产等不确定因素对利润变动的影响。经营杠杆系数越高，利润变动越激烈，企业的经营风险越大。影响经营杠杆系数的因素包括产品销售数量、产品销售单价、单位变动成本和固定成本等因素。经营杠杆系数、固定成本和经营风险三者呈同方向变化，即在其他因素一定的情况下，固定成本越高，经营杠杆系数越大，企业经营风险也就越大。固定成本为 0，经营杠杆系数为 1，无经营杠杆效应。控制经营风险的方法有：增加销售额、降低产品单位变动成本、降低固定成本比。

（二）财务杠杆及财务风险的分析

1. 财务杠杆效应

企业在核算普通股每股利润时会有这么一种现象：在存在固定性资金成本且资金构成不变的情况下，息税前利润的增长会引起普通股每股利润以更大的幅度增长。这就是财务杠杆效应。财务杠杆效应产生的原因是当息税前利润增长时，债务利息不变，优先股股利，即固定性资金成本不变。这就导致普通股每股利润比息税前利润增加得更快。假设光明集团年债务利息 100 000 元，所得税税率 30%，普通股 100 000 股，连续 3 年普通股每股利润资料，见表 4－3。

表 4-3　　光明集团普通股每股利润资料　　单位：元

项目	第一年	第二年	第三年
息税前利润（*EBIT*）	300 000	800 000	1 300 000
债务利息	100 000	100 000	100 000
税前利润	200 000	700 000	120 000
所得税	60 000	210 000	360 000
税后利润	140 000	490 000	840 000
普通股每股利润（*EPS*）	1.4	4.9	8.4

由表4-3可见，从第一年到第二年，*EBIT* 增加了166.67%［(800 000-300 000)÷300 000］，*EPS* 增加了250%［(4.9-1.4)÷1.4］；从第二年到第三年，*EBIT* 增加了62.5%［(1 300 000-800 000)÷800 000］，*EPS* 增加了71.43%［(8.4-4.9)÷4.9］。利用财务杠杆效应，企业适度负债经营，在盈利条件下可能给普通股股东带来更多的收益，这就是财务杠杆效应。但我们也必须认识到，当企业遇上不利情况而盈利下降时，普通股股东的收益会以更大幅度减少，即财务杠杆效应也会带来财务风险。

2. 财务杠杆系数及其计算

财务杠杆系数，也称财务杠杆率（*DFL*），是指普通股每股利润的变动率相对于息税前利润变动率的倍数，是衡量财务杠杆效应的指标。其定义公式为：

$$DFL=\frac{\text{普通股每股利润变动率}}{\text{息税前利润变动率}}=\frac{\Delta EPS/EPS_0}{\Delta EBIT/EBIT_0}$$

注意，公式中的0代表基期。

按表4-3资料，可以算得第二年财务杠杆系数为1.5，第三年财务杠杆系数为1.1429。利用上述 *DFL* 的定义公式计算财务杠杆系数必须掌握普通股每股利润变动率与息税前利润变动率，这是事后反映，不便于利用 *DFL* 进行预测。为此，根据定义公式推导出一个只需用基期数据计算财务杠杆系数的简化公式：

$$DFL=\frac{EBIT_0}{EBIT_0-I-\frac{E}{1-T}}=\frac{\text{基期息税前利润}}{\text{基期息税前利润}-\text{债务利息}-\frac{\text{优先股股利}}{1-\text{所得税税率}}}$$

式中，I 为债务利息；T 为所得税税率；E 为优先股股利。

对于无优先股的股份制企业或非股份制企业，上述财务杠杆系数的计算公式可简化为：

$$DFL=\frac{EBIT_0}{EBIT_0-I}=\frac{\text{基期息税前利润}}{\text{基期税前利润}}$$

用 *DFL* 计算公式不仅可以算出光明集团第二、第三年的财务杠杆系数，而且第四年的财务杠杆系数也可算出。根据表4-3的资料，第四年的财务杠杆系数为：

$$DFL=\frac{1\ 300\ 000}{1\ 300\ 000-100\ 000}=1.0833$$

【例题4-12】某公司全部资本为5 000万元，其中债务资本占40%，利率为12%，所得税税率为25%。当息税前利润为600万元时，税后利润为270万元。其财务杠杆系数为：

$$DFL=\frac{600}{600-5\ 000\times40\%\times12\%}=1.67$$

由本题计算结果可知，当息税前利润增长1倍时，普通股每股利润增长1.67倍。

【例题4-13】A、B、C为三家经营业务相同的公司，它们的情况见表4-4。

表4-4　　A、B、C公司经营业务财务数据情况　　单位：元

项目	A公司	B公司	C公司
普通股本	2 000 000	150 000	1 000 000
发行股数	20 000	15 000	10 000
债务（利息率8%）	0	500 000	1 000 000
资本总额	2 000 000	2 000 000	2 000 000
息税前利润	200 000	200 000	200 000
债务利息	0	40 000	80 000
税前利润	200 000	160 000	120 000
所得税（税率25%）	50 000	40 000	30 000
税后利润	150 000	120 000	90 000
财务杠杆系数	1	1.25	1.67
每股普通股收益	7.5	8	9
息税前利润	400 000	400 000	400 000
债务利息	0	40 000	80 000
税前利润	400 000	360 000	320 000
所得税（税率25%）	100 000	90 000	80 000
税后利润	300 000	270 000	240 000
每股普通股收益	15	18	24

表4-4说明，第一，财务杠杆系数表明的是息税前利润增长所引起的每股收益的增长幅度。比如，A公司的息税前利润增长1倍时，其每股收益也增长1倍［(15-7.5)÷7.5］；B公司的息税前盈余增长1倍时，其每股收益增长1.25倍（18÷8-1）；C公司的息税前盈余增长1倍时，其每股收益增长1.67倍［(24-9)÷9］。第二，在资本总额，息税前利润相同的情况下，负债比率越高，财务杠杆系数越大，财务风险越大，但预期每股收益也会相应较高。比如，B公司比起A公司来，负债比率高（B公司资本负债率为500 000/

2 000 000×100% =25%，A 公司资本负债率为0)，财务杠杆系数大（B 公司为1.25，A 公司为1)，财务风险大，但每股收益也高（B 公司为8 元，A 公司为7.5 元)，C 公司比起 B 公司来，负债比率高（C 公司资本负债率为1 000 000/2 000 000×100% =50%)，财务杠杆系数大（C 公司为1.67)，财务风险大，但每股收益也高（C 公司为9 元)。

3. 财务风险分析

负债比率是可以控制的。企业可以通过合理安排资金结构，适度负债，使财务杠杆利益抵消风险增加所带来的不利影响，影响企业财务杠杆系数的因素包括息税前利润、企业资金规模、企业资本结构、固定财务费用水平等。财务杆杠系数随固定财务费用的变化同方向变化，即在其他因素一定的情况下，固定财务费用越高，财务杠杆系数越大，企业财务风险也越大，如果固定财务费用为零，则财务杠杆系数为1。

（三）综合杠杆

1. 综合杠杆效应的含义

由于存在固定的生产经营成本，会产生经营杠杆效应，即销售量的增长会引起息税前利润以更大的幅度增长。由于存在固定的财务成本（债务利息和优先股股利），会产生财务杠杆效应，即息税前利润的增长会引起普通股每股利润以更大的幅度增长。一个企业会同时存在固定的生产经营成本和固定的财务成本，那么两种杠杆效应会共同发生，会有连锁作用，形成销售量的变动使普通股每股利润以更大幅度变动。综合杠杆效应就是经营杠杆和财务杠杆的综合效应。

2. 综合杠杆系数及其计算

综合杠杆系数，也称复合杠杆系数，又称总杠杆系数（DTL)，是指普通股每股利润的变动率相对于销售量变动率的倍数，衡量综合杠杆效应的指标。其定义公式为：

$$
\begin{aligned}
DTL &= \frac{\text{普通每股利润变动率}}{\text{销售量变动率}} \\
&= \frac{\text{息税前利润变动率}}{\text{销售量变动率}} \times \frac{\text{普通股每股利润变动率}}{\text{息税前利润变动率}} \\
&= DOL \times DFL
\end{aligned}
$$

根据定义公式推导出一个只需用基期数据计算财务杠杆系数的简化公式：

$$DTL = \frac{\text{基期边际贡献}}{\text{基期息税前利润} - \text{债务利息} - \dfrac{\text{优先股利}}{1 - \text{所得税税率}}}$$

$$DTL = \frac{M_0}{EBIT_0 - I - \dfrac{E}{1 - T}}$$

可见，综合杠杆系数可以由经营杠杆系数与财务杠杆系数相乘得到，也可以由基期数据直接计算得到。考察光明集团的财务数据（见表4－1、表4－3)，计算各年 DTL 如下：

第二年：$DTL = 1.6667 \times 1.5 = 2.5$

或：$DTL = \dfrac{500\ 000}{300\ 000 - 100\ 000} = 2.5$

第三年：$DTL = 1.25 \times 1.1429 = 1.4286$

或：$DTL = \dfrac{1\,000\,000}{800\,000 - 100\,000} = 1.4286$

第四年：$DTL = 1.1538 \times 1.0833 = 1.25$

或：$DTL = \dfrac{1\,500\,000}{1\,300\,000 - 100\,000} = 1.25$

3. 复合风险分析

企业的风险包括企业的经营风险和财务风险，反映了企业的整体风险。复合杠杆系数反映了经营杠杆和财务杠杆之间的关系，用以评价企业的整体风险水平。在复合杠杆系数一定的情况下，经营杠杆系数与财务杠杆系数此消彼长。复合杠杆效应意义在于：第一，能够说明产销业务量变动对普通股收益的影响，据以预测未来的每股收益水平；第二，揭示了财务管理的风险管理策略，即要保持一定的风险状况水平，需要维持一定的复合杠杆系数、经营杠杆和财务杠杆可以有不同的组合。

一般来说，固定资产比重较大的资本密集型企业，经营杠杆系数高，经营风险大，企业筹资主要依靠权益资本，以保持较小的财务杠杆系数和财务风险；变动成本比重较大的劳动密集型企业，经营杠杆系数低，经营风险小，企业资金来源主要依靠债务资金，保持较大的财务杠杆系数和财务风险。

在企业初创阶段，产品市场占有率低，产销业务量小，经营杠杆系数大，此时企业筹资主要依靠权益资本，在较低程度上使用财务杠杆；在企业扩张成熟期，产品市场占有率高，产销业务量大，经营杠杆系数小，此时，企业资本结构中可扩大债务资本比重，在较高程度上使用财务杠杆。

思考

一架飞机能够在空中沿着预定航线飞行主要靠两个杠杆，一个调整飞行高度、一个控制飞行速度。同样企业在经营过程中也有两个杠杆，一个用于调整经营风险、一个用于控制财务风险。如果使企业的整体风险程度保持在一定水平不变，请问如何调整经营杠杆和财务杠杆水平？

文本：实务演练2

第三节　资本结构

资本结构及其管理是企业筹资管理的核心问题。如果企业现有资本结构不合理，应通过筹资活动优化调整资本结构，使其趋于科学合理。

一、资本结构的含义及影响因素

（一）资本结构的含义

筹资管理中，资本结构有广义和狭义之分。广义资本结构是指全部债务与股东权益的构成比例；狭义的资本结构则是指长期负债与股东权益的构成比例。狭义资本结构下，短期债务作为营运资金来管理。本书所指的资本结构，是指狭义的资本结构。

资本结构是在企业多种筹资方式下筹集资金形成的，各种筹资方式采用不同的组合可以决定着企业资本结构及其变化方向。企业筹资方式虽然很多，但总的来看分为债务资本和权益资本两大类。权益资本是企业必备的基础资本，因此资本结构问题实际上也就是债务资本的比例问题，即债务资金在企业全部资本中所占的比重。

不同的资本结构会给企业带来不同的后果。企业利用债务资本进行举债经营具有双重作用，既可以发挥财务杠杆效应，也可能带来财务风险。因此企业必须权衡财务风险和资本成本的关系，确定最佳的资本结构。评价企业资本结构最佳状态的标准应该是能够提高股权收益或降低资本成本，最终目的是提升企业价值。

所谓最佳资本结构，是指在一定条件下使企业平均资本成本率最低、企业价值最大的资本结构。资本结构优化的目标，是降低平均资金成本率或提高普通股每股收益。

从理论上讲，最佳资本结构是存在的，但由于企业内部条件和外部环境的经常性变化，动态地保持最佳资本结构十分困难。因此在实践中，目标资本结构通常是企业结合自身实际进行适度负债经营所确立的资本结构，是根据满意化原则确定的资本结构。

（二）影响资本结构的因素

资本结构，是一个产权结构问题，是社会资本在企业经济组织形式中的资源配置结果。资本结构的变化，将直接影响社会资本所有者的利益。

1. 企业经营状况的稳定性和成长率

企业产销业务量的稳定程度对资本结构有重要影响：如果产销业务稳定，企业可较多地负担固定的财务费用；如果产销业务量和盈余有周期性，则要负担固定的财务费用将承担较大的财务风险。经营发展能力表现为未来产销业务量的增长率，如果产销业务量能够以较高的水平增长，企业可以采用高负债的资本结构，以提升权益资本的报酬。

2. 企业的财务状况和信用等级

企业财务状况良好信用等级越高，债权人就更愿意向企业提供商业信用，企业容易获得债务资金。相反，如果企业财务状况欠佳，信用等级不高，债权人投资风险大，这样会降低企业获得商业信用的能力，增加债务资金筹资的资本成本。

3. 企业的资产结构

资产结构是企业筹集资本后进行资源配置和使用后的资金占用结构，包括长短期资产构成和比例，以及长短期资产内部的构成和比例。企业的资产结构对企业资本结构的影响主要包括：拥有大量固定资产的企业主要通过长期负债和发行股票融通资金；拥有较多流动资产的企业更多地依赖流动负债融通资金，资产适用于抵押贷款的企业负债较多，以技术研发为主的企业则负债较少。

4. 企业投资人和管理当局的态度

从企业所有者的角度看，如果企业股权分散，企业可能更多地采用权益资本筹资降低财务风险。如果企业为少数股东控制，股东通常重视企业控股权问题，为防止控股权稀释，企业一般尽量避免普通股筹资，而是采用优先股或债务资金筹资。从企业管理当局的角度看，高负债资本结构的财务风险高，一旦经营失败或出现财务危机，管理当局将面临市场接管的威胁或者被董事会解聘。因此，稳健的管理当局偏好于选择低负债比例的资本结构。

5. 行业特征和企业发展周期

不同行业资本结构差异很大。产品市场稳定的成熟产业经营风险低，因此可提高债务资金比重，发挥财务杠杆作用。高新技术企业产品、技术、市场尚不成熟，经营风险高，因此可降低债务资金比重，控制财务杠杆风险。同一企业不同发展阶段上，资本结构安排不同。企业初创阶段，经营风险高，在资本结构安排上应控制负债比例；企业发展成熟阶段，产品产销业务量稳定和持续增长，经营风险低，可适度增加债务资金比重，发挥财务杠杆效应；企业收缩阶段上，产品市场占有率下降，经营风险逐步加大，应逐步降低债务资金比重，保证经营现金流量能够偿付到期债务，保持企业持续经营能力，减少破产风险。

6. 经济环境的税务政策和货币政策

资本结构决策必然要研究理财环境因素，特别是宏观经济状况。政府调控经济的手段包括财政税收政策和货币金融政策，当所得税税率较高时，债务资金的抵税作用大，企业充分利用这种作用以提高企业价值。货币金融政策影响资本供给，从而影响利率水平的变动，当国家执行了紧缩的货币政策时，市场利率较高，企业债务资金成本增大。

思考

影响资本结构的因素有哪些？

二、资本结构决策

资本结构决策就是确定资本的最佳结构，即在财务风险适度的条件下，使预期的综合资金成本最低，企业预期价值最大的结构。资本结构的安排中最主要的是权益资本与负债资本的比例关系，其次是各资本间的比例关系。进行最佳资本结构决策的主要步骤是：第一，确定需要增加的融资数量；第二，根据企业现状及金融形势，确定是负债融资，还是以权益融资；第三，确定融资的具体方式；第四，对各种筹资方案进行风险和收益的评价，并确定最佳资本结构方案。

最佳资本结构决策的方法有三种：一是比较资金成本法；二是无差别点法；三是比较公司价值法。

（一）比较资金成本法

比较资金成本法，是通过计算各方案的加权平均资金成本，并根据加权平均资金的高低来确定最佳资本结构的方法。最佳资本结构亦即加权平均资金成本最低的结构。

该方法通俗易懂，是确定资本结构的一种常用方法。但因所拟定的方案数量有限，故有最优方案被漏掉的可能。

加权平均资金成本率的公式：

$$K_W = \sum_{j=1}^{n} K_j W_j$$

【例题 4－14】 某企业有总资本 10 000 万元，其中权益资本普通股 6 000 万股，每股面值 1 元，发行价 10 元，目前市场价格也为 10 元，今年预计股利 1 元/股，以后每年增加股利 5%。负债资本长期借款 4 000 万元，年利率为 10%。目前企业为了扩大经营规模，拟增资 5 000 万元，现有 A、B、C 三个备选方案。为方便计算，假设发行的各种证券无筹资费。有关资料如下：

A 方案：按面值发行长期债券 5 000 万元，票面利率为 10%。由于风险加大，预计普通股市价将至 8 元/股。

B 方案：发行优先股 3 000 万元，每股利率为 14%。向银行借入长期贷款 2 000 万元，年利率为 12%。

C 方案：增发普通股 5 000 万股，每股市价 10 元，预计股利不变。假定企业适用的所得税税率为 25%。

要求：分别计算其加权平均资金成本，并确定最佳筹资方案。

解析：

（1）企业现有加权平均资金成本。

各种资金的比重：

普通股比重 =（6 000/10 000）×100% =60%

长期借款比重 =（4 000/10 000）×100% =40%

各种资金成本：

普通股资金成本 =1/10 +5% =15%

长期借款资金成本 10% ×（1 －25%）=7.5%

企业现有加权资金成本 =15% ×60% +7.5% ×40% =12%

（2）A 方案加权平均资金成本。

各种资金的比重：

普通股比重 =（6 000/15 000）×100% =40%

长期借款比重 =（4 000/15 000）×100% =26.67%

长期债券比重 =（5 000/15 000）×100% =33.33%

各种资金成本：

普通股资金成本 =1/8 +5% =17.5%

长期借款资金成本 =10% ×（1 －25%）=7.5%

长期债券资金成本 =10% ×（1 －25%）=7.5 %

企业 A 方案的加权平均资金成本 =17.5 ×40% +7.5% ×26.67% +7.5 % ×33.33%
=11.49%

（3）B 方案加权平均资金成本。

各种资金的比重：

普通股比重 =（6 000/15 000）×100% =40%

原长期借款比重 =（4 000/15 000）×100% =26.67%

新增加的长期借款比重 =（2 000/15 000）×100% =13.33%

优先股比重 =（3 000/15 000）×100% =20%

各种资金成本：

普通股资金成本 =1/10 +5% =15%

原长期借款资金成本 = 10% ×（1 −25%）=7.5%

新增加的长期借款资金成本 =12% ×（1 −25%）=8.4%

优先股资金成本 =14%

企业 B 方案的加权平均资金成本 =15% ×40% +7.5% ×26.67% +8.4% ×13.33% +14% ×20% =11.92%

（4）C 方案加权平均资金成本。

各种资金的比重：

原普通股比重 =（6 000/15 000）×100% =40%

新增加的普通股比重 =（1 000/15 000）×100% =33.33%

长期借款比重 =（4 000/15 000）×100% =26.67%

原普通股资金成本 =1/8 +5% =17.5%

新普通股资金成本率 =1/10 +5 =15%

长期借款资金成本 =10% ×（1 −25%）=7.5%

企业 C 方案的加权平均资金成本 =17.5 ×40 +15% ×33.33% +7.5 ×26.67 =13%

从计算结果可以看出，A 方案的加权平均资金成本最低，所以 A 方案形成的资本结构为最佳筹资结构。但也要看到，如果采用 A 方案，企业的资本结构中原来权益资本与负债资本由 6∶4 变为 4∶6。因此需要企业综合考虑各因素后决策。

（二）无差别点法

可以用每股收益的变化来判断资本结构是否合理，即能够提高普通股每股收益的资本结构，就是合理的资本结构。在资本结构管理中，利用债务资本筹资的目的之一，就在于债务资本能够带来财务杠杆效应，利用负债筹资的财务杠杆作用来增加股东财富。每股收益受到经营利润水平、债务资本成本水平等因素的影响，分析每股收益与资本结构的关系，可以找到每股收益无差别点。所谓每股收益无差别点，是指不同筹资方式下每股收益都相等时的息税前利润或业务量水平。根据每股收益无差点，可以分析判断在什么样的息税前利润水平或产销业务量水平前提下，适合采用何种筹资组合方式，进而确定企业的资本结构安排。

在每股收益无差别点上，无论是采用债务或股权筹资方案，每股收益都是相等的。当预期息税前利润或业务量水平大于每股收益无差别点时，应当选择债务方案，反之选择股权筹资方案。在每股收益无差别点时，不同筹资方案的每股收益（*EPS*）是相等的，筹资方案无差异。用公式表示为：

$$\frac{(\overline{EBIT}-I_1)(1-T)}{N_1}=\frac{(\overline{EBIT}-I_2)(1-T)}{N_2}$$

式中，$\overline{EBIT}$为息税前利润平衡点，即每股收益无差别点；I_1、I_2为两种筹资方式下的债务利息；N_1、N_2为两种方式下的普通股股数；T所得税税率。

【例题4-15】某企业原有资本7 000万元，其中债务资本2 000万元（每年负担利息240万元），普通股资本5 000万元（发行普通股100万股，每股市价50元）。由于业务扩大的需要，需追加筹资3 000万元，经测算有两种追加筹资方案：甲方案是增加主权资本，发行普通股60万股，每股市价50元；乙方案是增加负债，筹借长期债务3 000万元，利率为12%，则利息为360万元。所得税税率为30%。则企业：

$$EPS_1=\frac{(\overline{EBIT}-240)\times(1-30\%)}{160}$$

$$EPS_2=\frac{(\overline{EBIT}-240-360)\times(1-30\%)}{100}$$

令：$EPS_1=EPS_2$

$EBIT=1\ 200$万元

此时：$EPS_1=EPS_2=4.02$元

这里，$\overline{EBIT}$为1 200万元是两个筹资方案的每股收益无差别点。在此点上，两个方案的每股收益相等，均为4.02元。假设企业财务人员预测该企业追加筹资后，预期息税前利润为1 000万元，低于无差别点1 200万元，应当采用甲方案，即增发普通股方案。在1 000万元的息税前利润的水平上，甲方案的EPS为3.325元，乙方案的EPS为2.8元。假设企业财务人员预测该企业追加筹资后，预期息税前利润为1 400万元，高于无差别点1 200万元，应当采用乙方案，即增加负债筹资方案。在1 400万元的息税前利润的水平上，甲方案的EPS为5.025元，乙方案的EPS为5.6元。$\overline{EBIT}$为1 200万元的意义为：当预期息税前利润大于1 200万元时，增加债务筹资比增发普通股较为有利；当息预期税前利润小于1 200万元时，则不应再增加债务筹资，而应增发股票才对企业有利；当息税前利润等于1 200万元时，两种方案都可以选择。

当企业需要的资金额较大时，可能会采用多种筹资方式组合融资。这时需要详细比较分析各种组合筹资方式下的资金成本及其对每股收益的影响，选择每股收益最高的筹资方式。

【例题4-16】某公司目前资金结构为总资金1 000万元，其中债务资金400万元（年利息40万元）；普通股资金600万元（600万股，面值1元，市价5元）。企业由于扩大经营规模，需要追加筹资800万元，所得税税率25%，不考虑筹资费用因素。有三种筹资方案：

A方案：增发普通股200万股，每股发行价3元；同时向银行借款200万元，利率保持原来的10%。

B方案：增发普通股100万股，每股发行价3元；同时溢价发行500万元面值为300万元的公司债券，票面利率15%。

C方案：不增发普通股，溢价发行600万元，面值为400万元的公司债券，票面利率15%，由于受债券发行数额的限制，需要补充向银行借款200万元，利率10%。

三种方案各有优劣。增发普通股能够减轻资金成本的固定性支出，但股数增加会摊薄每股收益；采用债务筹资方式能够提高每股收益，但增加了固定性资金成本负担，受到的限制较多。基于上述原因，筹资方案需要两两比较。

A、B 方案的比较：

$$\frac{(\overline{EBIT}-40-20)\times(1-25\%)}{600+200}=\frac{(\overline{EBIT}-40-45)\times(1-25\%)}{600+100}$$

解得$\overline{EBIT}=260$（万元）

B、C 方案的比较：

$$\frac{(\overline{EBIT}-40-45)\times(1-25\%)}{600+100}=\frac{(\overline{EBIT}-40-80)\times(1-25\%)}{600}$$

解得 $EBIT=330$（万元）

A、C 方案的比较：

$$\frac{(\overline{EBIT}-40-20)\times(1-25\%)}{600+200}=\frac{(\overline{EBIT}-40-80)\times(1-25\%)}{600}$$

解得 $\overline{EBIT}=300$（万元）

筹资方案两两比较，产生三个筹资分界点，上述分析结果可用图 4－8 表示。从图 4－8 可以看出，企业 $\overline{EBIT}$预期为 260 万元以下时，应当采用 A 筹资方案；$\overline{EBIT}$预期为 260 万～330 万元时，应当采用 B 筹资方案；$\overline{EBIT}$预期为 330 万元以上时，应当采用 C 方案。

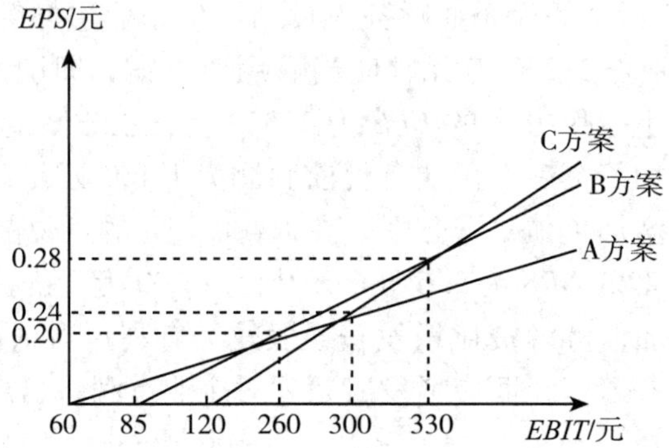

图 4－8　每股收益无差别点分析

（三）比较公司价值法

以上两种方法都是从账面价值的角度进行资本结构优化分析，没有考虑市场反应，也没有考虑风险因素。公司价值分析法是在考虑市场风险基础上，以公司市场价值为标准，进行资本结构优化，即能够提升公司价值的资本结构，就是合理的资本结构。这种方法主要用于对现有资本结构进行调整，适用于资本规模较大的上市公司资本结构优化分析。同时，在公司价值最大的资本结构下，公司的平均资本成本率也是最低的。企业的总价值公式为：

$$V=S+B$$

式中，V 为企业总价值；S 为股票总价值；B 为债务价值。

为简化分析，假设公司各期的 $EBIT$ 保持不变，债务资金的市场价值等于其面值，权益资本的市场价值可通过下式计算：

$$S=\frac{(EBIT-I)(1-T)}{K_S}$$

式中，K_S 为主权资金成本率，可采用资本资产定价模型计算：

$$Ks = R_f + \beta(R_m - R_f)$$

式中，K_S 为普通股资金成本率；R_f为无风险报酬率；R_m 为市场平均必要报酬率；β 为股票的贝塔系数。

公司的加权平均资金成本 K_W 可以按照下式计算：

$$K_W = K_B\left(\frac{B}{V}\right)(1-T) + K_S\left(\frac{S}{V}\right)$$

式中，K_B 为债券的税前资金成本。

【例题 4－17】某公司目前资金总额全部由普通股构成，普通股账面价值 10 000 万元，所得税税率 30%，预计年息税前利润为 3 000 万元。该公司拟改变目前的资金结构，准备通过发行债券赎回部分股票的方法调整资金结构。有关资料如表 4－5 所示。

表 4－5　　**负债资金与股票资金成本计算**

债券的市价（B）万元	税前债务成本（K_B）（%）	股票 β 值	无风险报酬率（R_f）（%）	股票市场平均必要报酬率（R_m）（%）	主权资金成本率（K_S）
0	—	1.10	6	12	6% +1.1×(12% −6%) =12.6%
1 000	3	1.20	6	12	6% +1.2×(12% −6%) =13.2%
2 000	4	1.25	6	12	6% +1.25×(12% −6%) =13.5%
3 000	5	1.30	6	12	6% +1.3×(12% −6%) =13.8%
4 000	6	1.50	6	12	6% +1.5×(12% −6%) =15%

表 4－5 中，当负债资金为 3 000 万元时，负债资金的税前资金成本为 5%，税后资金成本为 5%×(1−30%)=3.5%；股票资金成本为 6%+1.3×(12%−6%)=13.8%；负债资金的市场价值与账面价值相等为 3 000 万元；股权资金的市场价值为：

$$S = \frac{(3\ 000 - 3\ 000 \times 5\%) \times (1 - 30\%)}{13.8\%} = 14\ 456.52\text{（万元）}$$

公司总价值（V）= 3 000 + 14 456.52 = 17 456.52（万元）

负债比重（B/V）$= \frac{3\ 000}{17\ 456.52} \times 100\% = 17.19\%$

权益资金比重（S/V）$= \frac{14\ 456.52}{17\ 456.52} \times 100\% = 82.81\%$

加权平均资金成本（K_W）= 3.5%×17.19% + 13.8%×82.81% = 12.03%

其他不同负债资金条件下的企业价值、加权平均资金成本的计算方法同上。不同负债资金条件下的该企业的价值和加权平均资金成本的计算如表 4－6 所示。

表 4-6　　企业价值与加权平均资金成本计算

债券市价(B)(万元)	股票市场价格(S)(万元)	公司价值(V)(万元)	税前债务成本 K_B(%)	税后债务成本 K_B(%)	债务比重(B/V)(%)	股票资金成本率(%)	权益资金比重(S/V)(%)	加权平均资金成本率(K_W)(%)
0	16 667	16 667	—	—	0	12.60	100	12.60
1 000	15 750	16 750	3	2.10	5.97	13.20	94.02	12.54
2 000	15 140.74	17 140.74	4	2.80	11.67	13.50	88.33	12.25
3 000	14 456.52	17 456.52	5	3.50	17.19	13.80	82.81	12.03
4 000	128 809	16 880	6	4.20	23.70	15	76.30	12.44

从表 4-6 可以看出，在公司没有债务的情况下，公司股票价值就是公司的总价值，权益资金成本就是公司的加权平均资金成本。当公司以负债资金逐渐替换股权资金时，公司总价值开始上升，加权平均资金成本开始下降。当负债资金为 3 000 万元时，企业价值最高，为 17 456.52 万元；加权平均资金成本最低，为 12.03%。当负债资金超过 3 000 万元以后，由于企业风险进一步加大，加权平均资金成本提高，公司价值下降。因此，负债资金 3 000 万元时的资金结构为最优资金结构。

本章小结

资本成本是企业筹资和用资的代价，是企业选择资金来源，拟定筹资方案的依据，也是企业用资效益的最低尺度。资本成本的计算包括个别资本及综合资本成本的计算。财务管理中由于特定费用的存在而导致的，当某一财务变量以较小幅度变动时，另一相关财务变量会以较大幅度变动的原理，称为杠杆原理，其效应称为杠杆效应，包括经营杠杆、财务杠杆和复合杠杆效应。合理运用杠杆效应，有助于企业合理规避风险，提高资金营运效率。资本结构是指企业各种资本的价值构成及其比例关系。影响资本结构的因素有资金成本、财务风险、企业销售的增长情况、企业所有者和管理机构的态度、贷款人和信用评级机构的影响、行业差别、企业的财务情况、企业的资产结构、所得税税率的高低和利率水平的变动趋势等。确定最佳资本结构的方法有每股收益无差别点法、比较资金成本法和公司价值分析法，能够使筹资后的综合资金成本最低和公司价值最大化的筹资方案为最优方案。

本章互动环节

（一）互动环节案例资料

天硕公司只生产和销售甲产品，其总成本习性模型为 $y = 1\ 000\ 000 + 4X$。假定该公司 2018 年度产品销售量为 100 万件，每件售价 6 元，每股收益为 1.2 元。按市场预测 2019 年产品的销售数量将增长 10%，固定生产经营成本和单位边际贡献不变，不增发新股，所得税税率不变。

（二）互动环节分析问题

提问（1）计算2018年的边际贡献总额；

提问（2）计算2019年预计的边际贡献总额；

提问（3）计算2019年的经营杠杆系数；

提问（4）计算2019年息税前利润增长率；

提问（5）假定该公司2018年的利息费用为20万元，预计2019年不变，计算2019年的财务杠杆系数和复合杠杆系数及每股收益。

音频：互动环节分析提示

本章习题

一、理论知识强化训练题

（一）单项选择题

1. 在计算资本成本时，与所得税有关的资金来源是下述情况中的（　　）。

A. 普通股　　B. 优先股　　C. 银行借款　　D. 留存收益

2. 经营杠杆效应产生的原因是（　　）。

A. 不变的固定成本　　B. 不变的产销量

C. 不变的债务利息　　D. 不变的销售单价

3. 债券的资本成本率一般低于股票的资本成本率，其主要原因是（　　）。

A. 债券的筹资费用较少　　B. 债券的发行量少

C. 债券的利息率固定　　D. 债券利息在税前支付

4. 息税前利润变动率一般比产销量变动率（　　）。

A. 小　　B. 大　　C. 相等　　D. 不一定

5. 当经营杠杆系数是5，财务杠杆系数是1.1，则综合杠杆系数是（　　）。

A. 5.5　　B. 6.5　　C. 3.9　　D. 7.2

6. 边际贡献超过固定成本，下列措施有利于降低复合杠杆系数，从而降低企业复合风险的是（　　）。

A. 减少产品销售量　　B. 降低产品销售单价

C. 节约固定成本支出　　D. 提高资产负债率

7. 有关资金结构理论的说法中不正确的是（　　）。

A. 净营业收益理论认为企业不存在最佳资金结构

B. 代理理论认为边际负债税额庇护利益等于边际财务危机成本时，资金结构最优

C. 净收益理论认为利用债务可以降低企业的综合资本成本

D. 等级筹资理论认为不存在明显的目标资本结构

8. 更适用于企业筹措新资金的综合资金成本按（　　）计算。

A. 账面价值　　B. 市场价值　　C. 目标价值　　D. B或C

9. 如果经营杠杆系数为2，财务杠杆系数为3，则下列说法不正确的是（　　）。

A. 如果销售量增加10%，息税前利润将增加20%

B. 如果息税前利润增加20%，每股利润将增加60%

C. 如果销售量增加10%，每股利润将增加60%

D. 如果每股利润增加30%，销售量需要增加6%

10. 以下说法不正确的是（　　）。

A. 复合杠杆能够起到财务杠杆和经营杠杆的综合作用

B. 当不存在优先股、融资租赁租金时，复合杠杆能够表达企业边际贡献与税前利润的比率

C. 复合杠杆能够估计出销售额变动对每股利润的影响

D. 复合杠杆系数越大企业经营风险越大

11. 下列项目中，属于酌量性固定成本的是（　　）。

A. 质检人员工资　　B. 广告费　　C. 长期租赁费　　D. 机器设备折旧费

12. 财务杠杆系数一定不等于（　　）。

A. 普通股每股利润变动率/息税前利润变动率

B. 息税前利润变动率/普通股每股利润变动率

C. 基期息税前利润/（基期息税前利润 − 基期利息 − 基期融资租赁租金）

D. 基期息税前利润/（基期息税前利润 − 基期利息）

13. 如果企业长期借款、长期债券和普通股的比例为2∶4∶4，企业发行债券在5 000万元以内时债券资金成本即维持在12%，超过5 000万元资金债券资金成本变为15%。则筹资突破点为（　　）万元。

A. 30 000　　B. 20 000　　C. 12 500　　D. 60 000

14. 某公司全部资本为1 000万元，所有者权益总额为400万元，负债利率为10%，当销售额为2 000万元时，息税前利润为200万元。该公司所得税税率为25%。则该公司的财务杠杆系数为（　　）。

A. 1　　B. 1.5　　C. 1.43　　D. 1.8

15. 某公司经营杠杆系数1.5，财务杠杆系数1.2，每股收益1.5元。该公司预计销售额明年增长1倍，则明年每股收益为（　　）元。

A. 3　　B. 2.7　　C. 1.8　　D. 4.2

（二）多项选择题

1. 影响财务杠杆系数的因素有（　　）。

A. 息税前利润　　B. 固定成本　　C. 优先股股利　　D. 所得税税率

2. 财务杠杆效应产生的原因有（　　）。

A. 不变的债务利息　　B. 不变的固定成本

C. 不变的优先股股利　　D. 不变的销售单价

3. 计算综合资本成本时的权数，可选择（　　）。

A. 账面价值　　B. 票面价值　　C. 市场价值　　D. 目标价值

4. 资金筹集费是指企业为筹集资金付出的代价，下列属于资金筹集费的有（　　）。

A. 发行广告费　　B. 股票、债券印刷费

C. 利息费用　　　　　　　　　　　　D. 股票发行费

5. 下列各项中，影响经营杠杆系数的因素有（　　）。

A. 息税前利润　　B. 企业资金规模　　C. 企业资本结构　　D. 固定财务费用

6. 某企业经营杠杆系数为1.5，财务杠杆系数为2，则下列说法正确的有（　　）。

A. 如果销售量增加20%，息税前利润将增加30%

B. 如果息税前利润增加20%，每股利润将增加30%

C. 如果销售量增加10%，每股利润将增加30%

D. 如果每股利润增加60%，需要销售量增加20%

7. 影响资本结构的因素包括（　　）。

A. 贷款人和信用评级机构的影响　　　　B. 投资者和管理人员的态度

C. 所得税税率的高低　　　　　　　　　D. 企业产品销售情况

8. 下列说法正确的有（　　）。

A. 比较资金成本法考虑了风险的影响

B. 每股利润无差别点考虑了风险的影响

C. 比较资金成本法有把最优方案漏掉的可能

D. 比较资金成本法根据加权平均资金成本的高低确定最佳资本结构

9. 关于筹资突破点，下列说法正确的有（　　）。

A. 是在保持某资金成本条件下可以筹集到的某种资本的金额

B. 是在保持某资金成本条件下可以筹集到的资金总限度

C. 受资金结构的影响

D. 受所需资金总额的影响

10. 最佳资本结构的判断标准有（　　）。

A. 企业价值最大　　　　　　　　　　B. 加权平均资本成本最低

C. 资本规模最大　　　　　　　　　　D. 筹资风险最小

二、技能知识强化训练题

（一）案例分析题

1. 案例资料

乐奇奇公司筹资方式选择

乐奇奇公司是一家集玩具的研发、生产、销售为一体的制造业企业，由于玩具制造行业是一个竞争激烈的行业，有大量企业跻身在这个行业中，其中许多企业既缺乏资金又缺乏管理能力。但由于这一行业对资金的需求相对较少，对技术的要求也相对较低，新的竞争者很容易加入进来。该行业的另一个特点就是一个公司可以通过设计和生产某种新奇的流行玩具暂时在行业竞争中处于领先地位，也能产生高额的利润，直到竞争者也能提供类似的产品。

据调查，随着中国经济的发展，中国城乡居民的消费支出中，玩具类支出将越来越大。中国16岁以下儿童有3.6亿左右，约占总人口的20%。目前中国儿童消费已占到家庭总支出的30%左右，全国0～12岁的孩子每月消费总额超过35亿元。但中国14岁以下的儿童和青少年的人均年玩具消费仅20～30元人民币（2.4～3.6美元），远低于亚洲儿童人均年玩具消费13美元和全世界儿童人均年玩具消费34美元的水平。如果中国玩具消费达到亚洲平均水平，市场规模预计将突破300亿元人民币。内地玩具市场未来将以每年40%的速度增长，到2020年，销售额将超过1 000亿元人民币。

通过一系列的调研以后，乐奇奇公司决定在2013年度研发并生产新产品一种新型玩具——××，据统计公司需筹集资金1 000万元，为此，乐奇奇公司李董于2013年初主持召开由管理部经理王总、技术部经理赵总和财务部经理张总组成的内部研讨会，商讨本公司的筹资问题，事实证明公司目前的资本结构和财务风险等是比较合理的，因此李董的要求是新的筹资计划尽量不要对公司的资本结构和财务方面所面临的风险产生影响。已知，乐奇奇公司目前的资本结构见表4－7。

表4－7　　乐奇奇公司资本结构

资本种类	资金（万元）	所占比重（%）
长期借款	750	15
债券	1 750	35
普通股	2 500	50

长期借款年利率为9%，手续费忽略不计；债券年利率为10%，筹资费率为2%，适用的所得税税率为25%；股票每股面值1元，发行价为25元，共100万股，今年期望股利为1元/股。本年的息税前利润*EBIT*为485万元，预计2014年的息税前利润目标为648万元，假设此处利息只考虑因长期借款和发行债券所产生的利息。

经过讨论，大家一致认为单纯地运用某种筹资方式是不可行的。单一的筹资方式易致“猝死”企业很容易出现资金链断裂问题。因此，应该多种筹资方式综合运用。对此，各位分别提出了各自的具体方案。

王总认为：应该以普通股筹资为主要方式，因为普通股不需要还本，股息也不需要像借款和债券一样需要定期定额支付，此外，普通股还能增强公司的信誉和知名度，为公司即将推出的新产品奠定良好的基础。因此，王总的方案见表4－8。

表4－8　　筹资结构

资本种类	金额（万元）
长期借款	150
债券	350
普通股	500

由于新增发行债券，企业负债增加，投资人风险加大，新发行债券利率增至12%才发行，预计普通股股利不变，但由于风险加大，普通股市价降至20元/股。

赵总认为：应该以债务性筹资为主要方式，因为在玩具制造业中取胜的关键在于创新，凭借这一点企业可以在行业中暂时处于领先地位，直至其他企业的类似产品出现，这就意味着抓住机遇对于从事玩具制造的企业来说是至关重要的，如果因为筹资出现问题而被别的企业抢了先机，后果可想而知。而债务性筹资较权益性筹资快，且具有抵税作用。因此，赵总的方案见表4－9。

表4－9　筹资结构

资本种类	新增资本（万元）
长期借款	200
债券	500
普通股	300

此处发行债券的利率提至12.7%，股票的发行价格为20元。

张总认为各种筹资方式各有利弊，且公司目前各方面状况都基本趋于平衡，因此各种筹资方式的筹资规模应是相对均衡的。

此处，债券利率提至14%，股票发行价格为20元。

2. 案例分析要求

（1）筹资的分类有哪些？

（2）什么是资本结构？

资料来源：宋海涛，王静．财务管理基础知识训练与案例分析教程．哈尔滨工业大学出版社，2014.

（二）实务计算题

1. 某企业发行债券1 000万元，筹资费率2%，债券利息率10%，所得税税率25%。要求：计算该债券资本成本率。

2. 某企业发行债券1 000万元，面额1 000元，按溢价1 050元发行，票面利率10%，所得税税率25%，发行筹资费率1%。要求：计算该债券资本成本率。

3. 某公司发行优先股，每股10元，年支付股利1元，发行费率3%。要求：计算该优先股资本成本率。

4. 某公司发行普通股，每股面值1元，溢价12元发行，筹资费率4%，第一年末预计股利率10%，以后每年增长2%。要求：计算该普通股资本成本率。

解：普通股资本成本率 $=\dfrac{1\times10\%}{12\times(1-4\%)}+2\%\approx10.68\%$

5. 某公司留用利润50万元，发行普通股，每股面值10元，溢价12元发行，筹资费率4%，第一年末预计股利率10%，以后每年增长2%。要求：计算该留存收益资本成本率。

6. 某企业共有资金1 000万元，其中银行存款50万元，长期债券250万元，普通股500万元，优先股150万元，留存收益50万元；各种来源资金的资本成本率分别为7%，8%，11%，9%，10%。要求：计算综合资本成本率。

7. 某企业年初的资本结构如表4－10所示。

表4－10

资金来源	金额（万元）
长期债券年利率10%（筹资费率2%）	400
长期借款年利率9%（无筹资费用）	200
普通股6万股（筹资费率2%）	600
合计	1 200

普通股每股价格100元，今年期望股息为10元，预计以后每年股利率将增加3%。该企业所得税税率为40%。

该企业现拟增资300万元，有以下两个方案可供选择：

甲方案：发行长期债券300万元，年利率11%，筹资费率2%。普通股每股股息增加到12元，以后每年需增加4%。

乙方案：发行长期债券150万元，年利率11%，筹资费率2%，另以每股150元发行股票150万元，筹资费率2%，普通股每股股息增加到12元，以后每年仍增加3%。

要求：(1）计算年初综合资本成本。

(2）试做出增资决策。

8. 某企业现有权益资金500万元（普通股50万股，每股面值10元）。企业拟再筹资500万元，现有三个方案可供选择：A方案：发行年利率为9%的长期债券；B方案：发行年股息率为8%的优先股；C方案：增发普通股50万股。预计当年可实现息税前盈利100万元，所得税税率30%。

要求：选择最优资本结构。

9. 某企业现有资本结构全部为普通股100万元，每股10元，折合10万股。现拟增资20万元，有甲、乙两种筹资方案可供选择。甲方案：发行普通股2万股，每股10元。乙方案：发行普通股1万股，每股10元；另发行债券10万元，债券年利率10%。该企业所得税税率为40%。

要求：作$\overline{EBIT}$—EPS分析。

10. 某企业生产甲产品，销售量在30 000件时售价为200元，单位产品变动成本为150元，固定成本为500 000元，利息支出为300 000元，普通股每股利润为0.75元。

要求：计算复合杠杆系数并分析计算结果。

11. 某企业2019年资产总额是1 000万元，资产负债率是40%，负债的平均利息率是5%，实现的销售收入是1 000万元，变动成本率是30%，固定成本和财务费用总共是220万元。预计2020年销售收入会提高10%，其他条件不变。

要求：(1）计算2020年的财务杠杆系数、经营杠杆系数和复合杠杆系数。

(2）预计2020年每股收益增长率。

12. 华夏公司只生产和销售甲产品，其总成本习性模型为$y=10\ 000+4x$。假定该公司2019年产品销售量为100万件，每件售价为6元；按市场情况预测2020年产品的销量增长10%，固定生产经营成本和单位边际贡献不变，不增发新股，所得税税率不变。

要求：(1）计算2019年的边际贡献总额。

(2）计算2020年预计的边际贡献总额。

(3）计算2020年的经营杠杆系数。

文本：挑战中级

文本：本章实训题

第五章

证券投资管理

PPT：证券投资管理

学习目标

* 掌握股票和债券的价值及收益率的计算
* 理解证券投资的种类、特点与原因
* 了解证券投资组合的意义、风险与收益率

【引入知识】

证券投资已成为当今世界经济发展的主流手段，也逐渐成为一种理财的趋势，越来越多的人参与其中，作为现代社会新生代的我们，更应该去主动掌握证券投资学的知识。证券投资在如今的中国乃至全世界各个国家都占有巨大的经济地位，并且仍旧不断地扩大着它的影响力，作为中国现代主流人群的我们，要想能够跟得上国家的经济的趋势，增强自己的证券投资知识和能力是必不可少的，也就是说，证券投资学已经成为我们人生的“必修课”。

本章将教你债券和股票等证券投资的含义、内容及有关指标的计算。企业的财务人员应当不断地学习证券投资的有关知识，准确地分析市场变化情况，帮助企业进行证券投资，为企业获取更多的收益。

【案例导入】

（一）案例资料

李欣是某咨询公司的一名财务分析师，应邀对真真公司新建超市项目对公司股票价值的影响进行评估。李欣根据该公司的情况进行了如下估计：

该公司本年净收益为 3 000 万元，每股支付现金股利 2 元，新建超市开业后，估计该公司净收益第 1 年和第 2 年年均增长 15%，第 3 年增长 8%，第 4 年及以后将按第 3 年股利支付水平，并保持固定不变。

（1）该公司一直采用固定股利支付率政策，并打算今后继续实行该政策。

（2）该公司的 β 系数为 1，如果将新建项目考虑进去，该系数将提高到 1.5。

（3）无风险收益率（国库券）为 4%，市场要求的收益率为 8%。

（4）公司股票目前市价为 25.6 元。

李欣打算利用股利贴现模型，同时考虑风险因素进行股票价值的评估。该公司的一位董事提出，如果采用股利贴现模型，则股利越高，股价越高，所以公司应改变原来的股利政策，提高股利支付率。

（二）阅读分析

（1）根据固定股利增长贴现模型，对该董事的观点进行分析，判断其是否正确？

（2）如果股利增加，对可持续增长率和股票的账面价值的影响如何？

（3）评估新建超市项目对公司股票价值的影响？

资料来源：宋海涛，王静．财务管理基础知识训练与案例分析教程．哈尔滨工业大学出版社，2014.

文本：案例导入分析提示

第一节　证券投资概述

企业除了直接将资金投入生产经营活动，进行直接投资外，常常还将资金投放于有价证券，进行证券投资。证券投资相对于项目投资而言，变现能力强，少量资金也能参与投资，便于随时调用和转移资金，这为企业有效利用资金，充分挖掘资金的潜力提供了十分理想的途径，所以证券投资已经成为企业投资的重要组成部分。

一、证券投资的概念和目的

（一）证券的概念及特点

证券是商品经济和社会化大生产发展的产物，其含义非常广泛。从法律意义上说，证券是各类记载并代表一定权利的法律凭证的统称，用以证明持券人有权依其所持证券记载的内容而取得应有的权益。从一般的意义上来说，证券是指用以证明或设定权利的书面凭证，它代表证券持有人或第三者有权取得该证券拥有的特定权益。证券必须具备两个最基本的特征：一是法律特征，即它反映的是某种法律行为的结果，本身必须具有合法性。同时，它所包含的特定内容具有法律效力。二是书面特征，即必须采取书面形式或与书面形式有同等效力的形式，并且必须按照特定的格式进行书写或制作，载明有关法律规定的全部必要事项，凡同时具备上述两个特征的书面凭证才可称为证券。证券是指具有一定票面金额，代表财产所有权和债权，可以有偿转让的凭证，如股票、债券等。证券具有流动性、收益性和风险性三个特点。

一是流动性，又称变现性，是指证券可以随时抛售取得现金。

二是收益性，是指证券持有者凭借证券可以获得相应的报酬。证券收益一般由当前收益和资本利得构成。以股息、红利或利息所表示的收益称为当前收益。由证券价格上升（或下降）而产生的收益（或亏损），称为资本利得或差价收益。

三是风险性，是指证券投资者达不到预期的收益或遭受各种损失的可能性。证券投资既有可能获得收益，也有可能带来损失，具有很强的不确定性。流动性与收益性往往成反比，而风险性则一般与收益性成正比。

（二）证券投资的概念和目的

证券投资是指企业为获取投资收益或特定经营目的而买卖有价证券的一种投资行为。不同企业进行证券投资的目的各有不同，但总的来说有以下几个方面：

1. 充分利用闲置资金，获取投资收益

企业正常经营过程中有时会有一些暂时多余的资金闲置，为了充分有效地利用这些资金，可购入一些有价证券，在价位较高时抛售，以获取较高的投资收益。

2. 为了控制相关企业，增强企业竞争能力

企业有时从经营战略上考虑需要控制某些相关企业，可通过购买该企业大量股票，从而取得对被投资企业的控制权，以增强企业的竞争能力。

3. 为了积累发展基金或偿债基金，满足未来的财务需求

企业如欲在将来扩建厂房或归还到期债务，可按期拨出一定数额的资金投入一些风险较小的证券，以便到时售出，满足所需的整笔资金的需求。

4. 满足季节性经营对现金的需求

季节性经营的公司在某些月份资金有余，而有些月份则会出现短缺，可在资金剩余时购入有价证券，短缺时则售出，提高资金利用的效率。

思考

证券有哪些特点？

二、证券投资的种类及程序

要了解证券投资的种类，首先要了解证券的种类。

（一）证券的种类

1. 按证券体现的权益关系分类

可分为所有权证券、信托投资证券和债权证券。所有权证券是一种既不定期支付利息，也无固定偿还期的证券，它代表着投资者在被投资企业所占权益的份额，在被投资企业盈利并且宣布发放股利的情况下，才可能分享被投资企业的部分净收益，股票是典型的所有权证券。信托投资证券是由公众投资者共同筹集、委托专门的证券投资机构投资于各种证券，以获取收益的股份或收益凭证，如投资基金。债权证券是一种必须定期支付利息，并要按期偿还本金的有价证券，各种债券如国库券、企业债券、金融债券都是债权性证券。所有权证券的投资风险要大于债权性证券。投资基金的风险低于股票投资而高于债券投资。

2. 按证券的收益状况分类

按证券收益状况分类，可分为固定收益证券和变动收益证券。固定收益证券是指在证券票面上规定有固定收益率，投资者可定期获得稳定收益的证券，如优先股股票、债券等。变动收益证券是指证券票面无固定收益率，其收益情况随企业经营状况而变动的证券。变动收益证券风险大，投资报酬也相对较高；固定收益证券风险低，投资报酬也相对较低。

3. 按证券发行主体分类

按证券发行主体可分为政府证券、金融证券和公司证券三种。政府证券是指中央或地方政府为筹集资金而发行的证券，如国库券等；金融证券是指银行或其他金融机构为筹集资金而发行的证券；公司证券又称企业证券，是工商企业发行的证券。

4. 按证券到期日的长短分类

按证券到期日的长短分类，可分为短期证券和长期证券。短期证券是指一年内到期的有价证券，如银行承兑汇票、商业本票、短期融资券等。长期证券是指到期日在一年以上的有价证券，如股票、债券等。

（二）证券投资的分类

1. 债券投资

债券投资是指企业将资金投入各种债券，如国债、公司债和短期融资券等，相对于股票投资，债券投资一般风险较小，能获得稳定收益，但要注意投资对象的信用等级。

2. 股票投资

股票投资是指企业购买其他企业发行的股票作为投资，如普通股、优先股股票。股票投资风险较大，收益也相对较高。

3. 组合投资

组合投资是指企业将资金同时投放于债券、股票等多种证券，这样可分散证券投资风险，组合投资是企业证券投资的常用投资方式。

4. 基金投资

基金就是投资者的钱和其他许多人的钱合在一起，然后由基金公司的专家负责管理，用来投资于多家公司的股票或者债券。基金按受益凭证可否赎回分为“封闭式基金”与“开放式基金”。“封闭式基金”在信托契约期限未满时，不得向发行人要求赎回；而“开放式”就是说投资者可以随时要求基金公司收购所买基金（即“赎回”），当然目标应该是卖出价高于买入价，同时在“赎回”的时候，要承担一定的手续费。而投资者的收益主要来自基金分红。与封闭式基金普遍采取的年终分红所不同，根据行情和基金收益状况的“不定期分红”是开放式基金的主流分红方式。基金投资由于由专家经营管理，风险相对较小，正越来越受广大投资者的青睐。本章将主要介绍债券投资、股票投资及组合投资。

（三）证券投资的一般程序

1. 合理选择投资对象

合理选择投资对象是证券投资成败的关键，企业应根据一定的投资原则，认真分析投资对象的收益水平和风险程度，以便合理选择投资对象，将风险降低到最低限度，取得较好的投资收益。

2. 委托买卖

由于投资者无法直接进场交易，买卖证券业务需委托证券商代理。企业可通过电话委托、电脑终端委托、递单委托等方式委托券商代为买卖有关证券。

3. 成交

证券买卖双方通过中介券商的场内交易员分别出价委托，若买卖双方的价位与数量合适，交易即可达成，这个过程叫成交。

4. 清算与交割

企业委托券商买入某种证券成功后，即应解交款项，收取证券。清算即指证券买卖双方结清价款的过程。

5. 办理证券过户

证券过户只限于记名证券的买卖业务。当企业委托买卖某种记名证券成功后，必须办理证券持有人的姓名变更手续。

> **思考**
>
> 什么叫组合投资？

第二节　证券投资的收益评价

企业要进行证券投资，首先必须进行证券投资的收益评价，评价证券收益水平主要有两个指标，即证券的价值和收益率。

一、债券投资的收益评价

视频：债券的价值

（一）债券的价值

债券的价值，又称债券的内在价值。根据资产的收入资本化定价理论，任何资产的内在价值都是在投资者预期的资产可获得的现金收入的基础上进行贴现决定的。运用到债券上，债券的价值是指进行债券投资时投资者预期可获得的现金流入的现值。债券的现金流入主要包括利息和到期收回的本金或出售时获得的现金两部分。当债券的购买价格低于债券价值时，才值得购买。

1. 债券价值计算的基本模型

债券价值的基本模型主要是指按复利方式计算的每年定期付息、到期一次还本情况下的债券的估价模型。

$$\text{债券发行价格} = \sum_{t=1}^{n} \frac{\text{票面金额} \times \text{票面利率}}{(1+\text{市场利率})^t} + \frac{\text{票面金额}}{(1+\text{市场利率})^n}$$

$$V = \sum_{t=1}^{n} \frac{i \times F}{(1+K)^t} + \frac{F}{(1+K)^n}$$

$$V = i \cdot F(P/A,K,n) + F \cdot (P/F,K,n) = I \cdot (P/A,K,n) + F \cdot (P/F,K,n)$$

式中，V 为债券发行价值；i 为债券票面利息率；I 为债券利息；F 为债券面值；K 为市场利率或投资人要求的必要收益率；n 为付息总期数。

【例题 5－1】凯利公司债券面值为 1 000 元，票面利率为 6%，期限为 3 年，某企业要对这种债券进行投资，当前的市场利率为 8%，问债券价格为多少时才能进行投资？

解：$V = 1\,000 \times 6\% \times (P/A, 8\%, 3) + 1\,000 \times (P/F, 8\%, 3)$

$= 60 \times 2.5771 + 1\,000 \times 0.7938$

$= 948.43$（元）

该债券的价格必须低于948.43元时才能进行投资。

2. 一次还本付息的单利债券价值模型

我国很多债券属于一次还本付息、单利计算的存单式债券，其价值模型为：

$$V=F(1+i\cdot n)/(1+K)^n=F(1+i\cdot n)\cdot(P/F,K,n)$$

公式中符号含义同前式。

【例题5-2】凯利公司拟购买另一家公司的企业债券作为投资，该债券面值1 000元，期限3年，票面利率5%，单利计息，当前市场利率为6%，该债券发行价格为多少时才能购买？

解：$V=1\ 000\times(1+5\%\times3)\times(P/F,6\%,3)$

$=1\ 000\times1.15\times0.8396$

$=965.54$（元）

该债券的价格必须低于965.54元时才适宜购买。

3. 零息债券的价值模型

零息债券的价值模型是指到期只能按面值收回，期内不计息债券的估价模型。

$$P=F/(1+K)^n=F\times(P/F,K,n)$$

公式中的符号含义同前式。

【例题5-3】某债券面值1 000元，期限3年，期内不计息，到期按面值偿还，市场利率6%，价格为多少时，企业才能购买？

解：$V=1\ 000\times(P/F,6\%,3)=1\ 000\times0.8396=839.6$（元）

该债券的价格只有低于839.6元时，企业才能购买。

（二）债券的收益率

1. 短期债券收益率的计算

短期债券由于期限较短，一般不用考虑货币时间价值因素，只需考虑债券价差及利息，将其与投资额相比，即可求出短期债券收益率。其基本计算公式为：

$$K=\frac{S_1-S_0+I}{S_0}$$

式中，S_0为债券购买价格；S_1为债券出售价格；I为债券利息；K为债券投资收益率。

【例题5-4】某企业于2017年5月8日以920元购进一张面值1 000元，票面利率5%，每年付息一次的债券，并于2018年5月8日以970元的市价出售，问该债券的投资收益率是多少？

解：$K=(970-920+50)/920\times100\%=10.87\%$

该债券的投资收益率为10.87%。

2. 长期债券收益率的计算

对于长期债券，由于涉及时间较长，需要考虑货币时间价值，其投资收益率一般是指购进债券后一直持有至到期日可获得的收益率，它是使债券利息的年金现值和债券到期收回本金的复利现值之和等于债券购买价格时的贴现率。

（1）一般债券收益率的计算。一般债券的价值模型为：

$$V = I \cdot (P/A, K, n) + F \cdot (P/F, K, n)$$

式中，V 为债券的购买价格；I 为每年获得的固定利息；F 为债券到期收回的本金或中途出售收回的资金；K 为债券的投资收益率；n 为投资期限。

由于无法直接计算收益率，必须采用逐步测试法及内插法来计算，即先设定一个贴现率代入上式，如计算出的 V 正好等于债券买价，该贴现率即为收益率；如计算出的 V 与债券买价不等，则须继续测试，再用内插法求出收益率。

【例题 5－5】 某公司2013年1月1日用平价购买一张面值为1 000元的债券，其票面利率为8%，每年1月1日计算并支付一次利息，该债券于2018年1月1日到期，按面值收回本金，计算其到期收益率。

解：$I = 1\ 000 \times 8\% = 80$（元）　$F = 1\ 000$ 元

设收益率 $i = 8\%$

则 $V = 80 \times (P/A, 8\%, 5) + 1\ 000 \times (P/F, 8\%, 5) = 1\ 000$（元）

用8%计算出来的债券价值正好等于债券买价，所以该债券的收益率为8%。可见，平价发行的每年复利计息一次的债券，其到期收益率等于票面利率。

如该公司购买该债券的价格为1 100元，即高于面值，则该债券收益率应为多少？

要求计算收益率，必须使下式成立：

$1\ 100 = 80 \times (P/A, i, 5) + 1\ 000 \times (P/F, i, 5)$

通过前面计算已知，$i = 8\%$ 时，上式等式右边为1 000元。由于利率与现值呈反向变化，即现值越大，利率越小。而债券买价为1 100元，收益率一定低于8%，降低贴现率进一步试算。

用 $i_1 = 6\%$ 试算：

$$\begin{aligned} V_1 &= 80 \times (P/A, 6\%, 5) + 1\ 000 \times (P/F, 6\%, 5) \\ &= 80 \times 4.2124 + 1\ 000 \times 0.7473 \\ &= 1\ 084.29\ (\text{元}) \end{aligned}$$

由于贴现结果仍小于1 100元，还应进一步降低贴现率试算。

用 $i_2 = 5\%$ 试算：

$$\begin{aligned} V_2 &= 80 \times (P/A, 5\%, 5) + 1\ 000 \times (P/F, 5\%, 5) \\ &= 80 \times 4.3295 + 1\ 000 \times 0.7835 \\ &= 1\ 129.86\ (\text{元}) \end{aligned}$$

用内插法计算：

$$i = 5\% + \frac{1\ 129.86 - 1\ 100}{1\ 129.86 - 1\ 084.29} \times (6\% - 5\%) = 5.66\%$$

所以如果债券的购买价格为1 100元时，债券的收益率为5.66%。

（2）一次还本付息的单利债券收益率的计算。

【例题 5－6】 某公司2018年1月1日以1 020元购买一张面值为1 000元，票面利率为10%，单利计息的债券，该债券期限5年，到期一次还本付息，计算其到期收益率。

解：一次还本付息的单利债券价值模型为：

$V = F(1 + i \cdot n) \cdot (P/F, K, n)$

$1\ 020 = 1\ 000 \times (1 + 5 \times 10\%) \times (P/F, K, 5)(P/F, K, 5) = 1\ 020 \div 1\ 500 = 0.68$

查复利现值表，5 年期的复利现值系数等于 0.68 时，$K = 8\%$。如此时查表无法直接求得收益率，则可用内插法计算。

债券的收益率是进行债券投资时选购债券的重要标准，它可以反映债券投资按复利计算的实际收益率。如果债券的收益率高于投资人要求的必要报酬率，则可购进债券，否则就应放弃此项投资。

（三）债券投资的优缺点

1. 债券投资的优点

（1）投资收益稳定。进行债券投资一般可按时获得固定的利息收入，收益稳定。

（2）投资风险较低。相对于股票投资而言，债券投资风险较低。政府债券有国家财力作后盾，通常被视为无风险证券。而企业破产时企业债券的持有人对企业的剩余财产有优先求偿权，因而风险较低。

（3）流动性强。大企业及政府债券很容易在金融市场上迅速出售，流动性较强。

2. 债券投资的缺点

（1）无经营管理权。债券投资者只能定期取得利息，无权影响或控制被投资企业。

（2）购买力风险较大。由于债券面值和利率是固定的，如投资期间通货膨胀率较高，债券面值和利息的实际购买力就会降低。

思考

债券投资有风险吗？

二、股票投资的收益评价

（一）股票的价值

股票的价值又称股票的内在价值，是进行股票投资所获得的现金流入的现值。股票带给投资者的现金流入包括两部分：股利收入和股票出售时的资本利得。因此股票的内在价值由一系列的股利和将来出售股票时售价的现值所构成，通常当股票的市场价格低于股票内在价值才适宜投资。

1. 股票价值的基本模型

$$V = \sum_{t=1}^{n} \frac{d_t}{(1+K)^t} + \frac{V_n}{(1+K)^n}$$

式中，V 为股票内在价值；d_t 为第 t 期的预期股利；K 为投资人要求的必要资金收益率；V_n 为未来出售时预计的股票价格；n 为预计持有股票的期数。

股票价值的基本模型要求无限期的预计历年的股利，如果持有期是个未知数的话，上述模型实际上很难计算。因此应用的模型都是假设股利零增长或固定比例增长时的价值模型。

2. 股利零增长、长期持有的股票价值模型（永续年金的现值计算相同）

$$V=d/K$$

式中，V 为股票内在价值；d 为每年固定股利；K 为投资人要求的资金收益率。

【例题 5-7】 凯利公司拟投资购买并长期持有某公司股票，该股票每年分配股利 2 元，必要收益率为 10%，该股票价格为多少时适合购买？

解：$V=d\div K=2\div 10\%=20$（元）

股票价格低于 20 元时才适合购买。

3. 长期持有股票，股利固定增长的股票价值模型

设上年股利为 d_0，本年股利为 d_1，每年股利增长率为 g，则股票价值模型为：

$$V=d_0(1+g)/(K-g)=d_1/(K-g)$$

【例题 5-8】 凯利公司拟投资某公司股票，该股票上年每股股利为 2 元，预计年增长率为 2%，必要投资报酬率为 7%，该股票价格为多少可以投资？

$V=d_0(1+g)/(K-g)=2\times(1+2\%)/(7\%-2\%)=40.8$（元）

该股票价格低于 40.8 元时才可以投资。

4. 非固定成长股票的价值

有些公司的股票股利在一段时间里高速成长，在另一段时间里又正常固定增长或固定不变，这样我们就要分段计算，才能确定股票的价值。

【例题 5-9】 某企业持有 A 公司股票，其必要报酬率为 12%，预计 A 公司未来三年股利高速增长，成长率为 20%，此后转为正常增长，增长率为 8%。公司最近支付的股利是 2 元，计算该公司的股票价值。

首先，计算非正常增长期的股利现值见表 5-1。

表 5-1　　非正常增长期的股利现值

年数	股利	现值因素	现值
1	2×1.2=2.4	0.8929	2.1430
2	2.4×1.2=2.88	0.7972	2.2959
3	2.88×1.2=3.456	0.7118	2.4600
合计（3 年股利现值）			6.8989

其次，按固定股利成长模型计算固定增长部分的股票价值：

$$V_3=\frac{d_3(1+g)}{K-g}=\frac{3.456\times 1.08}{0.12-0.08}=93.312\text{（元）}$$

由于这部分股票价值是第 3 年年底以后的股利折算的内在价值，需将其折算为现值：

$V_3(P/F,12\%,3)=93.312\times 0.7118=66.419$（元）

最后，计算股票目前的内在价值：

$V=6.8989+66.419=73.32$（元）

（二）股票投资的收益率

1. 短期股票收益率的计算

如果企业购买的股票在一年内出售，其投资收益主要包括股票投资价差及股利两部分，不需考虑货币时间价值，其收益率计算公式如下：

$$K=(S_1-S_0+d)/S_0\times100\%=(S_1-S_0)/S_0+d/S_0$$
$$=\text{预期资本利得收益率}+\text{股利收益率}$$

式中，K 为短期股票收益率；S_1为股票出售价格；S_0为股票购买价格；d 为股利。

【例题 5-10】2017 年 3 月 10 日，凯利公司购买某公司每股市价为 20 元的股票，2018 年 1 月，凯利公司每股获现金股利 1 元。2018 年 3 月 10 日，凯利公司将该股票以每股 22 元的价格出售，问投资收益率应为多少？

解：$K=(22-20+1)/20\times100\%=15\%$

该股票的收益率为 15%。

2. 股票长期持有，股利固定增长的收益率的计算

由固定增长股利价值模型，我们知道：$V=d_1/(K-g)$，将公式移项整理，求 K，可得到股利固定增长收益率的计算模型：

$$K=d_1/V+g$$

【例题 5-11】有一只股票的价格为 40 元，预计下一期的股利是 2 元，该股利将以约 10% 的速度持续增长，该股票的预期收益率为多少？

解：$K=2/40+10\%=15\%$

该股票的收益率为 15%。

3. 一般情况下股票投资收益率的计算

一般情况下，企业进行股票投资可以取得股利，股票出售时也可收回一定资金，只是股利不同于债券利息，股利是经常变动的，股票投资的收益率是使各期股利及股票售价的复利现值等于股票买价时的贴现率。即：

$$V=\sum_{t=1}^{n}\frac{d_t}{(1+K)^t}+\frac{V_n}{(1+K)^n}$$

式中：V 为股票的买价；d_t为第 t 期的股利；K 为投资收益率；V_n为股票出售价格；n 为持有股票的期数。

【例题 5-12】凯利公司于 2015 年 6 月 1 日投资 600 万元购买某种股票 100 万股，在 2016 年、2017 年和 2018 年的 5 月 30 日分得每股现金股利分别为 0.6 元、0.8 元和 0.9 元，并于 2018 年 5 月 30 日以每股 8 元的价格将股票全部出售，试计算该项投资的收益率。

解：用逐步测试法计算，先用 20% 的收益率进行测算：

$V=60/(1+20\%)+80/(1+20\%)^2+890/(1+20\%)^3$

$=60\times0.8333+80\times0.6944+890\times0.5787$

$=620.59$（万元）

由于620.59万元比600万元大，再用24%测试：

$$V=60/(1+24\%)+80/(1+24\%)^2+890/(1+24\%)^3$$
$$=60\times0.8065+80\times0.6504+890\times0.5245$$
$$=567.23\text{（万元）}$$

然后用内插法计算如下：

$$K=20\%+(620.59-600)/(620.59-567.23)\times4\%$$
$$=21.54\%$$

（三）股票投资的优缺点

1. 股票投资的优点

（1）投资收益高。股票投资风险大，收益也高，只要选择得当，就能取得优厚的投资收益。

（2）购买力风险低。与固定收益的债券相比，股票投资能有效地降低购买力风险。因为通货膨胀率较高时，物价普遍上涨，股份公司盈利增加，股利也会随之增加。

（3）拥有经营控制权。普通股股票的投资者是被投资企业的股东，拥有一定的经营控制权。

2. 股票投资的缺点

（1）收入不稳定。普通股股利的有无或多少，须视被投资企业经营状况而定，很不稳定。

（2）价格不稳定。股票价格受众多因素影响，极不稳定。

（3）求偿权居后。企业破产时，普通股投资者对被投资企业的资产求偿权居于最后，其投资有可能得不到全额补偿。

> **思考**
>
> 股票的内在价值与股票的市场价值有何区别？

文本：实务演练1

第三节　证券投资的风险与组合

一、证券投资风险

风险性是证券投资的基本特征之一。在证券投资活动中，投资者买卖证券是希望获取预期的收益。在投资者持有证券期间，各种因素的影响可能使预期收益减少甚至使本金遭受损失；持有期间越长，各种因素产生影响的可能性越大。与证券投资活动相关的所有风险统称为总风险。总风险按是否可以通过投资组合加以回避及消除，可分为系统性风险与非系统性风险。

（一）系统性风险

系统性风险，是指由于政治、经济及社会环境的变动而影响证券市场上所有证券的风险。这类风险的共同特点是：其影响不是作用于某一种证券，而是对整个证券市场发生作用，导致证券市场上所有证券出现风险。由于系统性风险对所有证券的投资总是存在的，并且无法通过投资多样化的方法加以分散、回避与消除，故称不可分散风险。它包括市场风险、利率风险、购买力风险等。

1. 市场风险

市场风险是指由有价证券的“空头”和“多头”等市场因素所引起的证券投资收益变动的可能性。空头市场即熊市，是证券市场价格指数从某个较高点（波峰）下降开始，一直呈下降趋势至某一较低点（波谷）结束。多头市场即牛市，是证券市场价格指数从某一个较低点开始上升，一直呈上升趋势至某个较高点并开始下降时结束。从这一点开始，证券市场又进入空头市场。多头市场和空头市场的这种交替，导致市场证券投资收益发生变动，进而引起市场风险。多头市场的上升和空头市场的下跌都是就市场的总趋势而言，显然市场风险是无法回避的。

2. 利率风险

利率风险是指由于市场利率变动引起证券投资收益变动的可能性。因为市场利率与证券价格具有负相关性，即当利率下降时，证券价格上升；当利率上升时，证券价格下降。由于市场利率变动引起证券价格变动，进而引起证券投资收益变动，这就是利率风险。市场利率的波动是基于市场资金供求状况与基准利率水平的波动。不同经济发展阶段市场资金供求状况不同，中央银行根据宏观金融调控的要求调节基准利率水平，当中央银行调整利率时，各种金融资产的利率和价格必然做出灵敏的市场反应，所以利率风险是无法回避的。

3. 购买力风险

购买力风险又称通货膨胀风险，是指由于通货膨胀所引起的投资者实际收益水平下降的风险。由于通货膨胀必然引起企业制造成本、管理成本、融资成本的提高，当企业无法通过涨价或内部消化加以弥补时，就会导致企业经营状况与财务状况的恶化，投资者因此会丧失对股票投资的信心，股市价格随之跌落。一旦投资者对通货膨胀的未来态势产生持久的不良预期时，股价暴跌风潮也就无法制止。世界证券市场发展的历史经验表明，恶性通货膨胀是引发证券市场混乱的祸根。

此外，通货膨胀还会引起投资者本金与收益的贬值，使投资者货币收入增加却并不一定真的获利。通货膨胀是一种常见的经济现象，它的存在必然使投资者承担购买力风险，而且这种风险不会因为投资者退出证券市场就可以避免。

（二）非系统性风险

非系统性风险是指由于市场、行业以及企业本身等因素影响个别企业证券的风险。它是由单一因素造成的只影响某一证券收益的风险，属个别风险，能够通过投资多样化来抵消，又称可分散风险或公司特别风险。它包括行业风险、企业经营风险、企业违约风险等。

1. 行业风险

行业风险是指由证券发行企业所处的行业特征所引起的该证券投资收益变动的可能性。有些行业本身包含较多的不确定因素，如高新技术行业，而有些行业则包含较少的不确定因素，如电力、煤气等公用事业。

2. 企业经营风险

企业经营风险是指由于经营不善竞争失败，企业业绩下降而使投资者无法获取预期收益或者亏损的可能性。

3. 企业违约风险

企业违约风险是指企业不能按照证券发行契约或发行承诺支付投资者债息、股息、红利及偿还债券本金而使投资者遭受损失的风险。

文本：实务演练2

二、单一证券投资风险的衡量

衡量单一证券的投资风险对于证券投资者具有极为重要的意义，它是投资者选择合适投资对象的基本出发点。投资者在选择投资对象时，如果各种证券具有相同的期望收益率，显然会倾向于风险低的证券。单一证券投资风险的衡量一般包括算术平均法与概率测定法两种。

（一）算术平均法

算术平均法是最早产生的单一证券投资风险的测定方法。其计算公式为：

$$\text{平均差价率} = \frac{\sum_{i=1}^{n} \text{各期价差率}}{n}$$

式中，各期价差率 =（该时期最高价 − 最低价）÷（该时期最高价 + 最低价）/2，n 为计算时期数。

如果将风险理解为证券价格可能的波动，平均价差率则是一个衡量证券投资风险的较好指标。证券投资决策可以根据平均价差率的大小来判断该证券的风险大小，平均价差率大的证券风险也大；平均价差率小的证券风险则较小。

利用算术平均法对证券投资风险的测定，其优点是简单明了，但其测定范围有限，着重于过去的证券价格波动，风险所包含的内容过于狭窄。因此，不能准确地反映该证券投资未来风险的可能趋势。

（二）概率测定法

概率测定法是衡量单一证券投资风险的主要方法，它依据概率分析原理，计算各种可能收益的标准差与标准离差率，以反映相应证券投资的风险程度。

1. 标准差

判断实际可能的收益率与期望收益率的偏离程度，一般可采用标准差指标。其计算公式为：

$$\sigma = \sqrt{\sum_{i=1}^{n}(K_i - \overline{K})^2 P_i}$$

式中，$\overline{K}$ 为期望收益率（$\sum_{i=1}^{n} K_i P_I$）；K_i为第 i 种可能结果的收益率；P_i为第 i 种可能结果的概率；n 为可能结果的个数；σ 为标准差。

一般来说，标准差越大，说明实际可能的结果与期望收益率偏离越大，实际收益率不稳定，因而该证券投资的风险大；标准差越小，说明实际可能的结果与期望收益率偏离越小，实际收益率比较稳定，因而该证券投资的风险较小。但标准差只能用来比较期望收益率相同的证券投资风险程度，而不能用来比较期望收益率不同的证券投资的风险程度。

2. 标准离差率

标准离差率又称标准差系数，可用来比较不同期望收益率的证券投资风险程度。其计算公式为：

$$q = \frac{\sigma}{\overline{K}} \times 100\%$$

标准差系数是通过标准差与期望收益率的对比，以消除期望收益率水平高低的影响，可比较不同收益率水平的证券投资风险程度的大小。一般来说，标准差系数越小，说明该证券投资风险程度相对较低；否则反之。

【例题 5－13】 某企业拟对两种证券进行投资，每种证券均可能遭遇繁荣、衰退两种行情，各自的预期收益率及概率如表 5－2 所示，试比较 A、B 两种证券投资的风险程度。

表 5－2　　两种证券投资的风险比较　　单位：%

经济趋势	发生概率（P_i）	收益率（K_i）	
		A	B
衰退	50	－20	10
繁荣	50	70	30

解：（1）分别计算 A、B 证券的期望收益率。

$\overline{K_A} = (-20\%) \times 0.5 + 70\% \times 0.5 = 25\%$

$\overline{K_B} = 10\% \times 0.5 + 30\% \times 0.5 = 20\%$

（2）分别计算 A、B 证券的标准差。

$\sigma_A = \sqrt{(-20\% - 25\%)^2 \times 0.5 + (70\% - 25\%)^2 \times 0.5} = 45\%$

$\sigma_B = \sqrt{(10\% - 20\%)^2 \times 0.5 + (30\% - 20\%)^2 \times 0.5} = 10\%$

（3）分别计算 A、B 证券的标准离差率。

$q_A = 45\% / 25\% = 180\%$

$q_B = 10\% / 20\% = 50\%$

由此可以判定：尽管证券A的期望收益率高于证券B，但其风险程度也高于证券B。

三、证券投资组合

前已述及，证券投资充满了各种各样的风险，为了规避风险，可采用证券投资组合的方式，即投资者在进行证券投资时，不是将所有的资金都投向单一的某种证券，而是有选择地投向多种证券，这种做法就叫证券的投资组合或者投资的多样化。

（一）证券投资组合的策略与方法

1. 证券投资组合的策略

（1）冒险型策略。这种策略认为，只要投资组合科学而有效，就能取得远远高于平均收益水平的收益，这种组合主要选择高风险高收益的成长性股票，对于低风险低收益的股票不屑一顾。

（2）保守型策略。这种策略是指购买尽可能多的证券，以便分散掉全部可分散风险，得到市场的平均收益。这种投资组合的优点：一是能分散掉全部可分散风险；二是不需要高深的证券投资专业知识；三是证券投资管理费较低。这种策略收益不高，风险也不大，故称之为保守型策略。

（3）适中型策略。这种策略介于保守型与冒险型策略之间，采用这种策略的投资者一般都善于对证券进行分析。通过分析，选择高质量的股票或债券组成投资组合。他们认为，股票价格是由企业经营业绩决定的，市场上价格一时的沉浮并不重要。这种投资策略风险不太大，收益却比较高，但进行这种组合的人必须具备丰富的投资经验及进行证券投资的各种专业知识。

2. 证券投资组合的方法

（1）选择足够数量的证券进行组合。当证券数量增加时，可分散风险会逐步减少，当数量足够时，大部分可分散风险都能分散掉。

（2）把不同风险程度的证券组合在一起。即1/3资金投资于风险大的证券，1/3资金投资于风险中等的证券，1/3资金投资于风险小的证券。这种组合法虽不会获得太高的收益，但也不会承担太大的风险。

（3）把投资收益呈负相关的证券放在一起组合。负相关股票是指一种股票的收益上升而另一种股票的收益下降的两种股票，把收益呈负相关的股票组合在一起，能有效分散风险。

（二）证券组合投资的期望收益率

$$\overline{K_b} = \sum_{i=1}^{n} \overline{k_i} W_i$$

式中，$\overline{K_b}$为证券组合投资的期望收益率；$\overline{k_i}$为第i种证券的期望收益率；W_i为第i种证券价值占证券组合投资总价值的比重；n为证券组合中的证券数。

【例题 5-14】仍沿用【例题 5-13】中的资料，如该企业各投资 50% 于 A、B 证券，则组合投资的期望收益率为：

$$\overline{K}_b = \sum_{i=1}^{n} \overline{k}_i W_i = 25\% \times 0.5 + 20\% \times 0.5 = 22.5\%$$

（三）证券组合投资的风险

证券组合投资的期望收益率可由各个证券期望收益率的加权平均而得，但证券组合投资的风险并不是各个证券标准差的加权平均数。证券投资组合理论研究表明，理想的证券组合投资的风险一般要小于单独投资某一证券的风险，通过证券投资组合可以规避各证券本身的非系统性风险。现举例说明如下：

【例题 5-15】某企业投资于由 W、M 两种证券组成的投资组合，投资比重各为 50%，2015~2019 年各年的收益率及标准差资料如表 5-3 所示。

表 5-3　　完全负相关的两种证券组合

年份	证券 W 收益率 K_W（%）	证券 M 收益率 K_M（%）	W、M 投资组合收益率 K_p
2015	40	-10	15
2016	-10	40	15
2017	35	-5	15
2018	-5	35	15
2019	15	15	15
平均收益率	15	15	15
标准差	22.6	22.6	0.0

由此可见，如果只投资 W 或 M，它们的风险都很高；但如将两种证券进行组合投资，则其风险为零（标准差为零）。这种组合之所以会风险为零，是因为这两种证券的投资收益率的变动方向正好相反：当 W 的投资收益率上升时，M 的投资收益率下降；反之，当 W 的投资收益率下降时，M 的投资收益率上升。这种收益率的反向变动趋势统计学上称为完全负相关，相关系数 $r=-1.0$。如果两种证券的收益率变动方向完全一致，统计学上称为完全正相关（$r=+1.0$），这样的两种证券进行投资组合，不能抵消风险。对于大多数证券，一般表现为正相关，但又不是完全正相关，所以投资组合可在一定程度上降低投资风险，但不能完全消除投资风险。一个证券组合的风险，不仅取决于组合中各构成证券个别的风险，也决定于它们之间的相关程度。

（四）系统性风险的衡量

前已述及，系统性风险是由于政治、经济及社会环境的变动影响整个证券市场上所有证券价格变动的风险。它使证券市场平均收益水平发生变化，但是，每一种具体证券受系统性风险的影响程度并不相同。β 值就是用来测定一种证券的收益随整个证券市场平均收益水平变化程度的指标，它反映了一种证券收益相对于整个市场平均收益水平的变动性或波动性。

如果某种股票的β系数为1，说明这种股票的风险情况与整个证券市场的风险情况一致，即如果市场行情上涨了10%，该股票也会上涨10%；如果市场行情下跌10%，该股票也会下跌10%。如果某种股票的β系数大于1，说明其风险大于整个市场的风险；如果某种股票的β系数小于1，说明其风险小于整个市场的风险。

单一证券的β值通常会由一些投资服务机构定期计算并公布，证券投资组合的β值则可由证券组合投资中各组成证券β值加权计算而得，其计算公式如下：

$$\beta_p = \sum_{i=1}^{n} w_i \beta_i$$

式中，β_p为证券组合的β系数；w_i为证券组合中第i种股票所占的比重；β_i为第i种股票的β系数；n为证券组合中股票的数量。

【例题5-16】某公司持有共100万元的3种股票，该组合中A股票20万元，B股票40万元，β系数均为1.5；C股票40万元，β系数为0.8，则该投资组合的β系数为：$\beta_p = 20\% \times 1.5 + 40\% \times 1.5 + 40\% \times 0.8 = 1.22$。

（五）证券投资组合的风险与收益

1. 证券投资组合的风险收益

投资者进行证券投资，就要求对承担的风险进行补偿，股票的风险越大，要求的收益率就越高。由于证券投资的非系统性风险可通过投资组合来抵消，投资者要求补偿的风险主要是系统性风险。因此证券投资组合的风险收益是投资者因承担系统性风险而要求的，超过资金时间价值的那部分额外收益。其计算公式为：

$$R_p = \beta_p (K_m - R_f)$$

式中：R_p为证券组合的风险收益率；β_p为证券组合的β系数；K_m为市场收益率，证券市场上所有股票的平均收益率；R_f为无风险收益率，一般用政府公债的利率来衡量。

【例题5-17】根据【例题5-16】资料，如股票的市场收益率为10%，无风险收益率为6%，试确定该证券投资组合的风险收益率。

解：$R_p = 1.22 \times (10\% - 6\%) = 4.88\%$

在其他因素不变的情况下，风险收益取决于证券投资组合的β系数，β系数越大，风险收益越大；β系数越小，风险收益越小。

2. 证券投资的必要收益率

证券投资的必要收益率等于无风险收益率加上风险收益率，即：

$$K_i = R_f + \beta (K_m - R_f)$$

这就是资本资产计价模型（CAPM）。

式中，K_i为第i种股票或证券组合的必要收益率；β为第i种股票或证券组合的β系数；K_m为市场收益率，证券市场上所有股票的平均收益率；R_f为无风险收益率。

【例题5-18】华为公司股票的β系数为1.5，无风险利率为4%，市场平均收益率为8%，则该股票的必要收益率为多少时，投资者才会购买？

解：$K_i = R_f + \beta (K_m - R_f) = 4\% + 1.5 \times (8\% - 4\%) = 10\%$

华为公司的股票收益率达到或超过10%时，投资者才会购买。

思考

为什么说β系数的大小只能说明股票的系统风险的高低，而不能说明股票投资的全部风险的高低？

文本：实务演练3

本章小结

证券是指具有一定票面金额，代表财产所有权和债权，可以有偿转让的凭证，证券具有流动性、收益性和风险性三个特点。证券投资可分为债券投资、股票投资、基金投资及组合投资等。企业要进行证券投资，必须进行证券投资的收益评价，评价证券收益水平主要有两个指标，即证券的价值和收益率。债券的价值是指进行债券投资时投资者预期可获得的现金流入的现值。短期债券收益率的计算只需考虑债券价差及利息，将其与投资额相比，即可求出短期债券收益率。对于长期债券，其投资收益率一般是指购进债券后一直持有至到期日可获得的收益率，它是使债券利息的年金现值和债券到期收回本金的复利现值之和等于债券购买价格时的贴现率。股票的内在价值由一系列的股利和将来出售股票时售价的现值所构成，通常当股票的市场价格低于股票内在价值才适宜投资。短期股票收益率＝预期资本利得收益率＋股利收益率。一般股票投资的收益率是使各期股利及股票售价的复利现值等于股票买价时的贴现率。风险性是证券投资的基本特征之一。风险按是否可以通过投资组合加以回避及消除，可分为系统性风险与非系统性风险。系统性风险，包括市场风险、利率风险、购买力风险以及自然因素导致的社会风险等。非系统性风险属个别风险，能够通过投资多样化来抵消，又称可分散风险或公司特别风险。它包括行业风险、企业经营风险、企业违约风险等。单一证券投资风险的衡量一般包括算术平均法与概率测定法两种。为了规避风险，可采用证券投资组合的方式，证券投资组合的策略有三种：冒险型策略、保守型策略和适中型策略。β值是用来测定一种证券的收益随整个证券市场平均收益水平变化程度的指标。证券投资组合的风险收益是投资者因承担系统性风险而要求的，超过货币时间价值的那部分额外收益。其计算公式为：$R_p = \beta_p \cdot (K_m - R_f)$ 证券投资的必要收益率等于无风险收益率加上风险收益率，即：$K_i = R_f + \beta(K_m - R_f)$，这就是资本资产计价模型（*CAPM*）。

本章互动环节

（一）互动环节分析资料

ABC公司在2018年1月1日发行了一系列新债券，债券以面值出售（1 000元），利率是12%，30年到期，利息每半年支付一次（6月30日和12月31日）。

（二）互动环节分析问题

提问（1）ABC 公司在 1988 年 1 月 1 日发行的债券，它的到期收益率是多少？

提问（2）在 2013 年 1 月 1 日，债券的价格是多少？假设利率下降到了 10%。

提问（3）已知上一题中的债券价格，计算债券在 2013 年 1 月 1 日的当前收益和资本利得。

提问（4）在 2001 年 7 月 1 日，ABC 公司的债券以 916.42 元的价格出售，那么，当天到期收益率是多少？

提问（5）2001 年 7 月 1 日的当前收益和资本利得各是多少？

音频：互动环节分析提示

本章习题

一、理论知识强化训练题

（一）单项选择题

1. 投资组合能分散（　　）。

A. 自然灾害　　B. 系统性风险　　C. 非系统风险　　D. 市场风险

2. 当投资必要收益率等于无风险收益率时，风险系数应（　　）。

A. 大于 1　　B. 等于 1　　C. 小于 1　　D. 等于 0

3. 假定某项投资风险系数为 1，无风险收益率为 10%，市场平均收益率为 20%，其必要收益率为（　　）。

A. 15%　　B. 25%　　C. 30%　　D. 20%

4. 当两种证券完全正相关时，由此所形成的证券组合（　　）。

A. 能适当地分散风险　　B. 不能分散风险

C. 风险等于单项证券风险的加权平均　　D. 可分散掉全部风险

5. 在证券投资中，因通货膨胀带来的风险是（　　）。

A. 违约风险　　B. 利息率风险　　C. 购买力风险　　D. 经营风险

6. 一项资产组合的必要收益率为 18%，如果无风险收益率为 8%，市场风险溢酬为 10%，那么这项资产组合的 β 系数为（　　）。

A. 1　　B. 1.5　　C. 4　　D. 0.8

7. 证券市场线反映了个别资产或投资组合的（　　）与其所承担的系统风险 β 系数之间的线性关系。

A. 风险收益率　　B. 无风险收益率

C. 通货膨胀率　　D. 预期收益率

8. 某公司当前的普通股市价为 38 元，公司将以配股的形式进行筹资，规定配股的销售价为每股 8 元，配股比例为 10 配 4 股，则股权登记日前股权优先认股权的价值为（　　）元。

A. 11.77　　B. 8.57　　C. 10　　D. 15.2

9. 关于股票投资的技术分析法，错误的是（　　）。

A. K 线法是进行各种技术分析的最重要的图表

B. 指标法中的指标可以从股市行情报表中直接获得

C. 形态法是根据价格图表中过去一段时间价格轨迹的形态来预测股份的未来

D. 股票的价格遵循波浪起伏的规律，这是波浪法的看法

10. 股票投资的技术分析的假设不包括（　　）。

A. 市场行为包含一切信息　　B. 价格沿趋势运动

C. 历史会重演　　D. 投资者分析方法一致

（二）多项选择题

1. 非系统性风险又可称为（　　）。

A. 可分散风险　　B. 不可分散风险　　C. 公司特有风险　　D. 市场风险

2. 证券投资的风险主要有（　　）。

A. 违约风险　　B. 利息率风险　　C. 购买力风险　　D. 经营风险

3. 证券投资组合的策略主要有（　　）。

A. 保守型策略　　B. 冒险型策略　　C. 适中型策略　　D. 稳健型策略

4. β 系数是衡量风险大小的重要指标，下列表述正确的有（　　）。

A. β 系数越大，说明风险越大

B. 某股票 β 系数等于 0，说明此证券无风险

C. 某股票 β 系数等于 1，说明其风险等于市场的平均风险

D. 某股票 β 系数大于 1，说明其风险大于市场的平均风险

5. 由影响所有公司的因素所引起的风险，可以称为（　　）。

A. 公司特有风险　　B. 可分散风险

C. 系统风险　　D. 不可分散风险

6. 按照资本资产定价模式，影响特定股票预期收益率的因素有（　　）。

A. 无风险收益率　　B. 市场平均收益率

C. 特定股票的 β 系数　　D. 市场所有股票的 β 系数

7. 债券投资的优点主要有（　　）。

A. 本金安全性高　　B. 收入稳定性强

C. 投资收益高　　D. 市场流动性好

8. 评价债券收益水平的指标有（　　）。

A. 债券票面利率　　B. 债券价值

C. 债券到期前年数　　D. 债券收益率

9. 证券短期投资的收益包括（　　）。

A. 现价与原价的价差　　B. 股利收益

C. 债券利息收益　　D. 出售收入

10. 股票投资的缺点有（　　）。

A. 购买力风险高　　B. 求偿权居后

C. 价格不稳定　　D. 收入稳定性强

二、技能知识强化训练题

（一）案例分析

1. 案例资料

汤姆是美国某公司的经理，获得 10 000 股公司股票作为其退休补偿金的一部分，股票现价 40 美元/股。汤姆想在下一纳税年度出售该股票。但是他需要在 1 月份将其所持股票全部售出以支付其新居费用。汤姆担心继续持有这些股票会有价格风险。按现价，他可以获得 400 000 美元，如果股票价格跌至 35 美元以下，他会面临无法支付住宅款项的困境；但如果股价升至 45 美元，他就可以在付清房款后还结余一小笔现金。汤姆考虑以下三种投资策略。

（1）策略 A：按执行价格 45 美元卖出股票 1 月份的看涨期权。这类看涨期权现售价为每份 3 美元。

（2）策略 B：按执行价格 35 美元买入股票 1 月份的看跌期权。这类看跌期权现售价为每份 3 美元。

（3）策略 C：构建一个零成本的双限期权收益策略，按执行价格 45 美元卖出 1 月份看涨期权，按执行价格 35 美元买入 1 月份看跌期权。

2. 案例分析要求

（1）根据汤姆的投资目标，分别评价三种策略各自的利弊是什么？

（2）投资者会建议选哪一种？

资料来源：陈玉菁．财务管理实务与案例．中国人民大学出版社，2015.

（二）实务计算题

1. A 公司于 2018 年 7 月 1 日购买了 1 000 张 B 公司 2018 年 1 月 1 日发行的面值 1 000 元，票面利率为 10%，期限 5 年，每半年付息一次债券。如果市场利率为 8%，债券此时的市价为 1 050 元。

要求：（1）请问 A 公司是否应该购买该债券？

（2）如果按 1 050 元购入该债券，此时购买债券的到期收益率为多少？（系数保留至小数点后四位，结果保留至小数点后两位）

2. B 公司于 2018 年 1 月 1 日购入同日发行的某公司债券，该公司债券的面值为 5 000 元，期限为 5 年，票面利率为 10%，每年 6 月 30 日和 12 月 31 日支付两次利息，到期一次偿还本金。

要求：（1）当市场利率为 8% 时，计算该债券的发行价格。

（2）当市场利率为 12% 时，计算该债券的发行价格。

（3）假定该债券当时的市场价格为 4 800 元，试计算该债券的到期收益率，并考虑是否值得购买。（系数保留至小数点后四位，结果保留至整数）

3. 东方公司于 2018 年 1 月 1 日平价买入一张面值为 10 000 元，票面利率为 12%，每年付息一次，6 年后到期。该公司将持有该债券至到期日。

要求：计算该债券的收益率。

4. 甲企业计划利用一笔长期资金投资购买股票。现有 M 公司股票和 N 公司股票可观选择，甲企业只准备投资一家公司的股票。已知 M 公司股票现行市价为每股 9 元，上年每股股利为 0.15 元，预计以后每年以 6% 的增长率增长。N 公司股票现行市价为每股 7 元，上年每股股利为 0.60 元，股利分配将一贯坚持固定股利政策。甲企业所要求的投资必要报酬率为 8%。

要求：（1）利用股票估价模型，分别计算 M 公司、N 公司股票价值。

（2）代甲企业做出股票投资决策。

5. 兴旺公司持有 A、B、C 三种股票构成的证券组合，其 β 系数分别是 1.8、1.5 和 0.7，在证券组合中所占的比重分别为 50%、30% 和 20%，股票的市场收益率为 15%，无风险收益率为 12%。

要求：计算该证券组合的风险收益率。

文本：挑战中级

文本：本章实训题

第六章 项目投资管理

PPT：项目投资管理

学习目标

* 掌握现金流量的估算和现金净流量的计算方法
* 掌握项目投资决策评价指标的计算方法以及在项目投资决策中的具体应用
* 理解项目投资的相关概念、类型及特点
* 理解现金流量的概念及内容

【引入知识】

固特异轮胎公司经过长期细致的研发工作，于近期研制出一种新轮胎——超级胎面，现需要对生产和销售超级胎面的投资必要性进行决策，这种新型轮胎除了能用于一般的快车道外，行驶于湿滑路面和野地也非常合适，到目前为止，该公司为研制超级胎面已花费1 000万美元的研发成本，此后，又花费500万美元的市场调研费用，得出这样一个结论：超级胎面牌轮胎有相当大的市场。固特异轮胎公司需要马上投资12 000万美元购买生产设备以制造超级胎面。假设你是固特异公司的财务分析师，如何对超级胎面项目进行评估并提供一份是否进行投资的建议书？要想完成这项工作，必须掌握项目投资管理知识。

本章教你学会企业项目投资决策问题。项目投资决策评价的指标很多，按照是否考虑资金时间价值，可以分为静态评价指标和动态评价指标两大类。贴现指标，即考虑时间价值因素的指标，主要包括净现值、净现值率、现值指数、内部收益率等。项目投资管理是企业财务管理人员的基本工作之一，想要成为一名合格的财务管理人员，必须掌握投资项目现金流量分析与计算的基本技能，为实施具体的项目投资管理工作打下基础。

【案例导入】

地处江西省南昌市的福瑞制表有限责任公司是以生产高中档石英表为主的大型企业，固定资产总额7 960万元（原值），石英手表的年产量达2 000万只，产品销售收入突破5.6亿元，其产品一直畅销不衰。

随着高中档石英手表市场竞争日趋激烈，公司决策层确立了产品结构石英化，质量高档化、款式多样化，不断推出新款产品并逐步占领欧美市场的战略目标。为了实现这一目标，公司先后派出专业技术人员多次到德国、日本、瑞士和中国香港等地进行技术与市场方面的考察，准备引进一条具有国际先进水平的生产线，以提高公司产品的技术含量及竞争能力。当时可供选择的生产线有三条：一条是日本的，一条是德国的，还有一条是瑞士的。由于瑞士的生产线价格比较昂贵，故只能在日本和德国的两条生产线中选择其中一条。两条生产线在报价、形成的生产能力及年度维修费等方面各有优势。到底引进哪一条更适合，公司刘总经理决定在召开领导层会议进行可行性研究和论证后再做出决策。

领导层会议上，先由高士俊总工程师代表考察组人员介绍了两条生产线的技术水平、生产能力及出口商的设备报价等情况，随后大家展开激烈的讨论。在大家充分发表意见的基础上，主管此次生产线引进工作的王达诚副总经理谈了自己的倾向性意见。

王达诚副总经理来公司后，先后担任过财务处主任、设备处主任及公司副总经理等职务，有丰富的财务和业务管理经验，对公司的情况非常熟悉。他利用考察组提供的有关数据资料，结合财务管理理论进行了两条生产线成本——效益的测算与对比分析，并结合个人的倾向性看法在会前向刘总经理做了详细汇报。刘总经理在会上一边听大家的讨论发言，一边反复思索。最后，他终于拿定了主意，还是按王达诚副总经理的意见办。

王达诚副总经理提供的两条生产线数据资料见表 6－1。

表 6－1　　两条生产线数据资料　　单位：万元

项目	方案		注释
	从日本引进	从德国引进	
生产线投资额	5 000	4 000	生产线使用年限 10 年，直线法计提折旧，净残值率 5%，公司资金成本率 10%
流动资金垫支	800	600	
年度净利润	1 400	1 200	

请分析以下问题：

（1）王达诚副总经理的分析数据中哪些属于现金流入？哪些属于现金流出？

（2）如果你是企业财务管理人员，将如何进行分析？

资料来源：孔德兰. 财务管理实务. 中国人民大学出版社，2010.

文本：案例导入分析提示

第一节　项目投资管理概述

一、项目投资的含义与类型

（一）项目投资的含义

投资，广义的说是指企业为了在未来取得收益而发生的投入财力的行为。它包括用于机器、设备、厂房的购建与更新改造等生产性资产的投资，简称项目投资；也包括购买债券、股票等有价证券的投资和其他类型的投资。本章所介绍的项目投资是一种以特定项目为对象，直接与新建项目或更新改造项目有关的长期投资行为。项目投资有以下特点：

1. 项目投资金额大

项目投资，特别是战略性的扩大生产能力投资一般都需要较多的资金，其投资额往往是企业及其投资人多年的资金积累，在企业总资产中占有相当大的比重。因此项目投资对企业未来的现金流量和财务状况都将产生深远的影响。

2. 投资影响时间长

作为长期投资的项目投资发挥作用的时间较长，几年、十几年甚至几十年才能收回投资。因此，项目投资对企业未来的生产经营活动和长期经济效益将产生重大影响，其投资决策的成败，将对企业未来的命运产生决定性作用。

3. 变现能力差

项目投资一般不准备在一年或一个营业周期内变现，而且即使在短期内变现，其变现能力也较差。因此，项目投资一旦完成，要想变现是相当困难的，即使可以实现，要付出的代价也很大。

4. 投资风险大

影响项目投资未来收益的因素很多，再加上投资金额大，影响时间长和变现能力差，因此投资风险也大。

（二）项目投资的类型

项目投资主要分为新建项目和更新改造项目。

1. 新建项目

新建项目是以新建生产能力为目的的外延式扩大再生产。新建项目按其涉及内容又可细分为单纯固定资产投资项目和完整工业投资项目。

（1）单纯固定资产投资项目是指只涉及固定资产投资而不涉及无形资产投资、其他资产投资和流动资金投资的建设项目。它以新增生产能力，提高生产效率为特征。

（2）完整工业投资项目，是以新增工业生产能力为主的投资项目，其投资内容不仅包括固定资产投资，而且还包括流动资金投资的建设项目。

2. 更新改造项目

更新改造项目是以恢复或改善生产能力为目的的内含式扩大再生产。因此，不能将项目投资简单地等同于固定资产投资。

项目投资对企业的生存和发展具有重要意义，是企业开展正常生产经营活动的必要前提，是推动企业生产和发展的重要基础，是提高产品质量，降低产品成本不可缺少的条件，是增加企业市场竞争能力的重要手段。

思考

项目投资的特点有哪些？

二、项目投资的程序

（一）投资项目的设计

投资规模较大，所需资金较多的战略性项目，应由董事会提议，由各部门专家组成专家小组提出方案并进行可行性研究。投资规模较小，投资金额不大的战术性项目由主管部门提议，并由有关部门组织人员提出方案并进行可行性研究。

（二）项目投资的决策

（1）估算出投资方案的预期现金流量；

（2）预计未来现金流量的风险，并确定预期现金流量的概率分布和期望值；
（3）确定资本成本的一般水平即贴现率；
（4）计算投资方案现金流入量和流出量的总现值；
（5）通过项目投资决策评价指标的计算，做出投资方案是否可行的决策。

（三）项目投资的执行

对已做出可行决策的投资项目，企业管理部门要编制资金预算，并筹措所需要的资金，在投资项目实施过程中，要进行控制和监督，使之按期按质完工，投入生产，为企业创造经济效益。

三、项目投资计算期

项目投资计算期又称为项目有效期，是指投资项目从投资建设开始到最终清理结束整个过程所需的全部时间，通常以年为单位。由于项目投资的规模较大，需要较长的建设时间，因此通常将项目投资的整个持续时间分为建设期和生产经营期。其中建设期（记作 S）是指从项目资金正式投入到项目建成投产为止所需的时间，建设期的第一年初称为建设起点、最后一年末为投产日。生产经营期（记作 P）是指投产日到清理结束日之间的时间间隔，又包括试产期和达产期（完全达到设计生产能力期）两个阶段。试产期是指项目投入生产，但生产能力尚未完全达到设计能力时的过渡阶段。达产期是指生产运营达到设计预期水平后的时间。项目投资计算期如图 6－1 所示。

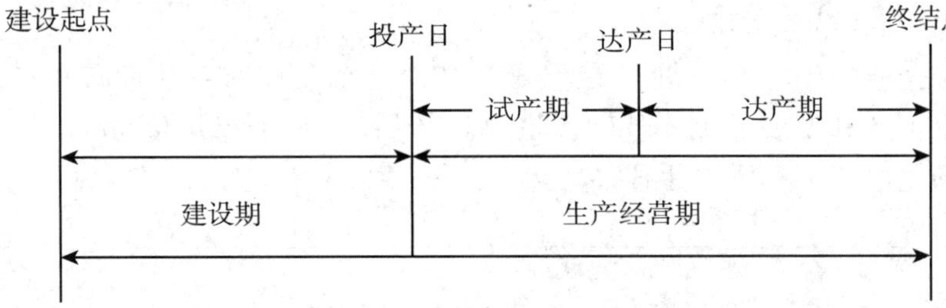

图 6－1　项目投资计算期

如果用 n 表示项目投资计算期，则有以下的关系式：

$$项目计算期(n) = 建设期(S) + 生产经营期(P)$$

【例题 6－1】 某公司拟购建一条生产线，项目使用寿命为 10 年。
（1）在建设起点投资投产，则其项目计算期为：
项目计算期 = 0 + 10 = 10（年）
（2）建设期为两年，则其项目计算期为：
项目计算期 = 2 + 10 = 12（年）

四、项目投资成本

项目投资成本从投资的不同时期来看，有初始投资成本和经营期投资成本两种。

（一）初始投资成本

1. 原始投资

原始投资又称初始投资，是指企业为使该项目完全达到设计生产能力或开展正常经营而投入的全部现实资金。原始投资反映了项目所需现实资金水平的价值指标，包括建设投资和流动资金投资两项内容。

建设投资是指在建设期内按一定生产经营规模和建设内容进行的投资。一般包括固定资产投资、无形资产投资和其他资产投资。固定资产投资是指项目用于购置或安装固定资产应当发生的投资。固定资产原值与固定资产投资之间的关系为：

$$固定资产原值 = 固定资产投资 + 建设期资本化借款利息$$

流动资金投资是指项目投产前后分次或一次投放于营运资金项目的投资增加额，又称垫支流动资金或营运资金投资。对于垫支的流动资金投资通常在项目终结日可以全部收回。

2. 投资总额

投资总额是反映项目投资总体规模的价值指标，等于原始投资与建设期资本化利息之和，其计算公式为：

$$投资总额 = 原始投资 + 建设期资本化利息$$

【例题 6－2】某企业拟新建一条生产线项目，建设期为 2 年，经营期为 20 年。固定资产投资分别安排在建设起点、建设期第二年年初分两次投入，投资额分别为 200 万元和 100 万元；无形资产投资于建设期末投入，投资额为 78 万元；全部流动资金投资安排在建设期末投入，投资额为 20 万元。根据项目筹资方案的安排，建设期资本化借款利息为 32 万元。根据上述资料，可估算该项目的各项指标为：

固定资产投资 = 200 + 100 = 300（万元）

固定资产原值 = 300 + 32 = 332（万元）

建设投资 = 300 + 78 = 378（万元）

流动资金投资 = 20（万元）

原始投资 = 378 + 20 = 398（万元）

项目总投资 = 398 + 32 = 430（万元）

它们之间的关系如图 6－2 所示。

- 投资总额：430 万元
  - 原始投资：398 万元
    - 建设投资：378 万元
      - 固定资产投资：300 万元
      - 无形资产投资：78 万元
      - 其他资产投资
    - 流动资金投资：20 万元
  - 建设期资本化利息：32 万元

图 6－2　项目各项指标之间的关系

（二）经营期投资成本

经营期投资成本由经营期发生的经营成本、税金及附加和企业所得税三个方面构成。

经营成本又称付现的营运成本（简称“付现成本”），是指在运营期内为满足正常生产经营而动用货币资金支付的成本费用。从企业投资者的角度看，税金及附加和企业所得税都属于成本费用的范畴，因此在投资决策中需要考虑这些因素。

思考

为什么经营成本也叫付现成本？举例说明。

第二节　项目投资的现金流量估算

一、项目投资的现金流量估算中的相关内容

（一）项目投资的现金流量的定义

项目投资的现金流量是指在一个项目投资计算期内该投资项目引起的各项现金流入和流出的统称。现金流量的计算以收付实现制为基础。现金流量中的“现金”是广义的现金，包括各种货币资金和与投资项目有关的非货币资产的变现价值。如一个项目需要投入的企业原有厂房、设备、材料等非货币性资产，相关的现金流量是指他们的变现价值而不是账面价值。现金流量包括现金流出量、现金流入量和现金净流量三个具体概念。

1. 现金流出量

一个项目的现金流出量，是指该项目引起的企业现金支出的增加额。如企业购置一条生产线，通常会引起以下现金流出：购置生产线的价款、垫支流动资金等。

2. 现金流入量

一个项目的现金流入量，是指该项目所引起的企业现金收入的增加额。如购置生产线扩大了企业的生产能力，使企业销售收入增加，扣除有关的付现成本增加量后的余额，是该生产线引起的一项现金流入，另外还有该生产线出售时的残值收入、回收的垫支流动资金等。

3. 现金净流量（NCF_t）

一个项目的现金净流量，是指该项目一定期间企业现金流入量与现金流出量的差额。即项目计算期内由每年现金流入量与同年现金流出量之间的差额所形成的序列指标。如果现金流入量大于现金流出量，现金净流量大于零，用正号“+”表示现金净流量为流入量；如果现金流入量小于现金流出量，现金净流量小于零，用负号“-”表示现金净流量为流出量；一定期间有时是指1年内，有时是指项目持续的整个年限。其理论计算公式为：

$$NCF_t = \text{该年现金流入量} - \text{该年现金流出量} = CI_t - CO_t \quad (t = 0, 1, 2\cdots)$$

现金净流量具有两个特征：第一，无论是在经营期内还是在建设期内都存在现金净流量这个范畴；第二，由于项目计算期不同阶段上的现金流入和现金流出发生的可能性不同，使得各阶段上的现金净流量在数值上表现出不同的特点，如建设期内的现金净流量一般小于或等于零；在经营期内的现金净流量则多为正值。

现金净流量又包括所得税前现金净流量和所得税后现金净流量两种形式。其中，所得税前现金净流量不受融资方案和所得税政策变化的影响，是全面反映投资项目方案本身财务获利能力的基础数据。计算时，现金流出量的内容中不包括调整所得税因素；所得税后现金净流量则将所得税视为现金流出，可用于评价在考虑融资条件下项目投资对企业价值所作的贡献。可以在所得税前现金净流量的基础上，直接扣除调整所得税求得。

为了简化计算，本书假定只有完整工业投资项目和单纯固定资产投资项目考虑所得税前后现金净流量的两种形式；更新改造项目只考虑所得税后现金净流量一种形式。

（二）现金流量中的相关假设

1. 投资项目的类型假设

假设投资项目只包括单纯固定资产投资项目、完整工业投资项目和更新改造投资项目三种类型（本教材仅介绍单纯固定资产投资项目、完整工业投资项目）。

2. 全投资假设

假设在确定投资项目的现金流量时，只考虑全部投资的运动情况，而不区分自有资金和借入资金等具体形式的现金流量。即使实际存在借入资金也将其作为自有资金对待（借入不作为流入，归还本金利息不作为流出）。

3. 建设期投入全部投资假设

该假设认定无论投资是一次投入还是分次投入，除特殊说明外，所有投资均在建设期内投入。

4. 经营期与折旧年限一致的假设

假设项目主要固定资产的折旧年限或使用年限与项目经营期相同。

5. 时点指标假设

在实际工作中，有些现金流量是在某一时点完成的，如购置一台汽车、支付应交税金等，而有些现金流量则表现为某一期间的结果，如收入、成本、利润等均属于时期值，为便于利用时间价值形式，不论现金流量具体内容所涉及的价值指标实际上是时点指标还是时期指标，均假设按照年初和年末的时点指标处理。其中建设投资在建设期内有关的年初或年末发生；流动资金投资在经营期初（年初）发生；经营期内各年的收入、成本、折旧、摊销、利润和税金等项目的确认均在年末发生；项目最终报废或清理均发生在终结点（更新改造项目除外）。

6. 确定性假设

假设与项目现金流量有关的价格、产销量、成本水平、企业所得税税率等因素均为已知常数。

7. 项目计算期假设

投资项目从开始建设到最后报废清理结束的全部时间称为项目计算期或项目有效期。项目计算期分为建设期和生产经营期两个阶段。项目计算期的第一年年初记为0年，称为建设起点，项目计算期的最后一年年末称为终结点。假定项目最终报废清理均发生在终结点。

【例题6-3】某公司原有一块土地，成本1 000万元，未使用，今有一项投资计划，利用该土地建造厂房，估计厂房建造费800万元，购置机器设备需要300万元。该投资项目投产后每年的净利润为200万元。计算该项目的现金流出和流入。

解：该项目投资的现金出量为：

(1) 厂房建造费800万元；

(2) 购置机器设备需要300万元。

该项目投资的现金入量为：每年的净利润为200万元。

思考

1. 如何理解项目投资的现金流量？它与财务报表中的现金流量有哪些不同点？

2. 假设你是某公司普通职员，请你做出自己一个月的现金流入和现金流出计划？

二、单纯固定资产投资项目现金流量估算

(一) 现金流出量的估算

1. 建设投资的估算

建设投资主要是固定资产投资，固定资产投资在建设期必然会发生现金流出量，应按项目规模和投资计划所确定的各项建筑工程费用、设备购置费用、安装工程费用和其他费用来估算。

在估算构成固定资产原值的资本化利息时，可根据长期借款本金、建设期年数和借款利息率按复利计算，且假定建设期资本化利息只计入固定资产的原值。

固定资产投资与固定资产原值的关系如下：

$$固定资产原值 = 固定资产投资 + 建设期资本化借款利息$$

2. 新增经营成本估算

经营成本是固定资产投入使用后每年增加的经营成本。与项目有关的某年经营成本等于当年的总成本费用（含期间费用）扣除该年折旧后的差额。即该年与项目有关的付现成本。

$$付现成本 = 总成本费用 - 折旧额$$

这是因为总成本中包含了一部分非现金流出的内容，这些项目大多与固定资产折旧价值转移有关，不需要现实货币资金。项目每年总成本费用可在经营期内一个标准年份的正常产销量和预计消耗水平的基础上进行测算。年折旧额可根据本项目的固定资产原值以及本项目的折旧年限进行估算。

3. 增加的各种税款

各种税款，是指该固定资产投入使用后，因收入的增加而增加的营业税、因应纳税所得额增加而增加的所得税等。在进行单纯固定资产投资决策是，通常只估算所得税。为了简化计算，调整所得税等于息税前利润与适用的企业所得税税率的乘积。

(二) 现金流入量的估算

1. 增加营业收入的估算

增加营业收入的估算是指固定资产投入使用后每年增加的全部销售收入。营业收入应按

项目在经营期内有关产品的各年预计单价和预测销售量进行估算。

2. 收回固定资产余值的估算

由于我们已经假设主要固定资产的折旧年限等于生产经营期，因此对于建设项目来说，只要按主要固定资产的原值乘以其法定净残值率即可估算出在终结点发生的回收固定资产余值。

（三）净流量（NCF）的确定

又称现金净流量，是指在项目计算期内由每年现金流入量与同年现金流出量之间的差额所形成的序列指标。其计算公式为：

某年现金净流量＝该年现金流入量－该年现金流出量

1. 建设期现金净流量的简化公式

若单纯固定资产投资项目固定资产投资均在建设期内投入，则建设期现金净流量可按以下简化公式计算：

建设期某年的现金净流量＝－该年发生的固定资产投资额

2. 经营期现金净流量的简化计算公式

经营期某年现金净流量＝该年因使用该固定资产新增利润＋该年因使用该固定资产新增的折旧＋该年收回的固定资产净残值

【例题6－4】某企业进行一项固定资产投资，在建设期起点一次投入2 000万元，无建设期，该项目的生产经营期为10年，该固定资产报废时预计残值为200万元，生产经营期每年预计净利润500万元。固定资产按直线法计提折旧。则该项目投资在项目计算期内各年的现金净流量为：

固定资产年折旧$=\dfrac{2\ 000-200}{10}=180$（万元）

项目计算期＝建设期＋经营期$=0+10=10$（年）

$NCF_0=-2\ 000$（万元）

$NCF_{1\sim9}=500+180=680$（万元）

$NCF_{10}=500+180+200=880$（万元）

【例题6－5】某企业拟建设一项生产设备。预计建设期为1年，所需原始投资200万元于建设起点一次投入。该设备预计使用寿命为5年，使用期满报废清理时无残值。该设备折旧方法采用直线法。该设备投产后每年增加净利润60万元。

要求：计算项目计算期内各年现金净流量。

项目计算期$N=1+5=6$（年）

折旧费$=\dfrac{\text{固定资产原值}-\text{净残值}}{\text{固定资产使用年限}}=\dfrac{200-0}{5}=40$（万元）

现金净流量：

建设期现金净流量$NCF_0=-$原始投资额$=-200$（万元）

建设期期末现金净流量$NCF_1=0$（万元）

经营期现金净流量＝税后利润＋折旧$NCF_{2\sim6}=60+40=100$（万元）

文本：实务演练1

三、完整工业投资项目现金流量估算

由于项目投资的投入、回收及收益的形成均以现金流量的形式表现，因此，在整个项目计算期的各个阶段上，都有可能发生现金流量。必须逐年估算每一时点上的现金流入量和现金流出量。

（一）现金流入的估算

1. 营业收入的估算

营业收入是运营期最主要的现金流入量，应按项目在经营期内有关产品的各年预计单价和预测销售量（假定经营期每期均可以自动实现产销平衡）进行估算。

2. 补贴收入的估算

补贴收入是与经营期收益有关的政府补贴，可根据按政策退还的增值税、按销量或工作量分期计算的定额补贴和财政补贴等予以估算。

3. 回收额的估算

回收流动资金和回收固定资产余值统称为回收额。由于我们已经假设主要固定资产的折旧年限等于生产经营期，因此对于建设项目来说，只要按主要固定资产的原值乘以其法定净残值率即可估算出在终结点发生的回收固定资产余值（不考虑税收影响）；假定在经营期不发生提前回收流动资金，则在终结点上一次回收的流动资金等于各年垫支的流动资金投资额的合计数。

（二）现金流出的估算

1. 建设期投资的估算

主要是固定资产投资，固定资产投资是所有类型的项目投资在建设期必然会发生的现金流出量，应按项目规模和投资计划所确定的各项建筑工程费用、设备购置费用、安装工程费用和其他费用来估算。对于无形资产和开办费，应根据需要和可能，逐项按有关的资产评估和计价标准进行估算。

在估算构成固定资产原值的资本化利息时，可根据长期借款本金、建设期年数和借款利息率按复利计算，且假定建设期资本化利息只计入固定资产的原值。固定资产投资与固定资产原值的关系如下：

固定资产原值 = 固定资产投资 + 建设期资本化借款利息

2. 流动资金投资的估算

在项目投资决策中，流动资金是指在经营期内长期占用并周转使用的营运资金。估算公式：

某年流动资金投资额(垫支数) = 本年流动资金需用额 + 截止上年的流动资金投资额

$$= 本年流动资金需用额 - 上年流动资金需用量$$

或：
$$本年流动资金需用额 = 该年流动资产需用额 - 该年流动负债可用额$$

上式中的流动资产只考虑存货、现实货币资金、应收账款和预付账款等项内容；流动负债只考虑应付账款和预收账款。

由于流动资金属于垫付周转金，因此在理论上，投产第一年所需的流动资金应在项目投产前安排，即最晚应发生在（为简化计算，我国有关建设项目评估制度假定流动资金投资可从投产第一年开始安排）建设期末。

【例题6-6】某企业完整工业企业投资项目，投产第一年预计流动资产需用额为30万元，流动负债可用额为15万元，假定该项投资发生在建设期末；投产第二年预计流动资产需用额为40万元，流动负债可用额为20万元。假定该项投资发生在投产后第一年末。则每次发生的流动资金投资额和终结点回收的流动资金为多少？

解：（1）投产第一年的流动资金需用额 = 30 - 15 = 15（万元）

第一次流动资金投资额 = 15 - 0 = 15（万元）

投产第二年的流动资金需用额 = 40 - 20 = 20（万元）

第二次流动资金投资额 = 20 - 15 = 5（万元）

（2）结点回收的流动资金 = 流动资金投资合计 = 15 + 5 = 20（万元）

3. 经营成本的估算

经营成本又称付现的营运成本（或简称付现成本），是指在运营期内为满足正常生产经营而动用现实货币资金支付的成本费用。经营成本是所有类型的项目投资在运营期都要发生的主要现金流出量，它与融资方案无关。其估算公式如下：

$$付现成本 = 变动成本 + 付现的固定成本 = 总成本 - 折旧额(及摊销额)$$

4. 营业税金及附加的估算

在项目投资决策中，应按在运营期内应交纳的营业税、消费税、土地增值税、资源税、城市维护建设税和教育费附加进行估算。

5. 维持运营投资的估算

本项投资是指为矿山、油田等行业为维持正常而需要在运营期投入的固定资产投资，应根据特定行业的实际需要进行估算。

6. 调整所得税的估算

为了简化计算，本章所称调整所得税等于息税前利润与适用的企业所得税税率的乘积。

（三）现金净流量的确定

为简化现金净流量的计算，可以根据项目计算期不同阶段上的现金流入量和现金流出量的具体内容，直接计算各阶段现金净流量。完整工业投资项目现金净流量的计算如下：

1. 建设期现金净流量的简化计算公式

若完整工业投资项目的全部原始投资均在建设期内投入，则建设期现金净流量可按以下简化公式计算：

$$建设期某年的现金净流量 = -该年发生的原始投资额$$

上式可见，当建设期不为零时，建设期现金净流量的数量取决于其投资方式是分次投入还是一次投入。

2. 经营期现金净流量的简化计算公式

如果项目在经营期内不追加投资，则完整工业投资项目的经营期现金净流量可以按以下简化公式计算：

$$经营期某年现金净流量 = 该年净利润 + 该年折旧 + 该年摊销 + 该年利息 + 该年回收额$$

显然，若所得税为经营期现金流出量项目，则上述简化公式中的利润应为净利润；若经营期现金流出项目中不包含所得税因素，则上述简化公式中的利润应当为营业利润。按我国现行制度规定，在财务可行性研究中，确定投资现金流时，应将所得税因素作为现金流出项目处理。因此，在一般情况下，计算经营现金净流量的简化公式中的利润为净利润。

当回收额为零时的经营期内现金净流量又称为经营现金净流量。按照有关回收额均发生在终结点上的假设，经营期内回收额不为零时的现金净流量亦称为终结点现金净流量；显然终结点现金净流量等于结点那一年的经营现金净流量与该期回收额之和。

【例题 6-7】已知某工业项目需要原始投资 125 万元，其中固定投资 100 万元，开办费投资 5 万元，流动资金投资 20 万元。建设期为 1 年，建设期资本化利息 10 万元。固定资产投资和开办费投资于建设起点投入，流动资金于完工时（即第 1 年末）投入。该项目寿命期 10 年，固定资产按直线法计提折旧，期满有 10 万元净残值；开办费于投产当年一次摊销完毕。从经营期第一年起连续 4 年每年归还借款利息 11 万元；流动资金于终结点一次回收。投产后每年利润分别为 1 万元、11 万元、16 万元、21 万元、26 万元、30 万元、35 万元、40 万元、45 万元和 50 万元。（没有考虑所得税）

要求：按简化方法计算项目各年所得税前现金净流量。

解：根据所给资料计算有关指示如下：

项目计算期 $n = 1 + 10 = 11$（年）

固定资产原值 $= 100 + 10 = 110$（万元）

固定资产年折旧 $= (110 - 10)/10 = 10$（万元）

终结点回收额 $= 10 + 20 = 30$（万元）

建设期现金净流量：

$NCF_0 = -(100 + 5) = -105$（万元）

$NCF_1 = -20$（万元）

经营期现金净流量：

$NCF_2 = 1 + 10 + 5 + 11 + 0 = 27$（万元）

$NCF_3 = 11 + 10 + 0 + 11 + 0 = 32$（万元）

$NCF_4 = 16 + 10 + 0 + 11 + 0 = 37$（万元）

$NCF_5 = 21 + 10 + 0 + 11 + 0 = 42$（万元）

$NCF_6 = 26 + 10 + 0 + 0 + 0 = 36$（万元）

$NCF_7 = 30 + 10 + 0 + 0 + 0 = 40$（万元）

$NCF_8 = 35 + 10 + 0 + 0 + 0 = 45$（万元）

$NCF_9=40+10+0+0+0=50$（万元）

$NCF_{10}=45+10+0+0+0=55$（万元）

$NCF_{11}=50+10+0+0+30=90$（万元）

【例题 6-8】 利用【例题 6-7】的计算结果，适用的企业所得税税率为 25%。

要求：计算项目各年所得税后现金净流量。

解：(1) 建设期现金净流量同【例题 6-7】（略）；

(2) 运营期所得税后现金净流量：

$NCF_2=1\times(1-25\%)+10+5+11+0=26.75$（万元）

$NCF_3=11\times(1-25\%)+10+0+11+0=29.25$（万元）

$NCF_4=16\times(1-25\%)+10+0+11+0=33$（万元）

$NCF_5=21\times(1-25\%)+10+0+11+0=36.75$（万元）

$NCF_6=26\times(1-25\%)+10+0+0+0=29.5$（万元）

$NCF_7=30\times(1-25\%)+10+0+0+0=32.5$（万元）

$NCF_8=35\times(1-25\%)+10+0+0+0=36.25$（万元）

$NCF_9=40\times(1-25\%)+10+0+0+0=40$（万元）

$NCF_{10}=45+10+0+0+0=43.75$（万元）

$NCF_{11}=50\times(1-25\%)+10+0+0+30=77.5$（万元）

思考

某企业完整工业投资项目的流动资金投资为 20 万元，终结点固定资产余值为 10 万元。终结点回收额是多少？

第三节　项目投资决策评价指标计算与评价

一、静态评价指标的计算与评价

所谓静态评价指标又称非贴现指标，即没有考虑时间价值因素的指标，主要包括投资回收期、投资利润率。

（一）投资回收期（*PP*）的计算与评价

1. 投资回收期指标的计算

投资回收期，是指投资项目收回原始总投资所需要的时间，即以投资项目经营现金净流量抵偿原始总投资所需要的全部时间。在计算投资项目的投资回收期时，根据投资项目的现金流量的特点，它的计算可以分为两种情况。

(1) 当投资项目生产经营期内每年的现金净流量相等时，投资回收期的计算公式是：

$$投资回收期=原投资额\div年现金净流量$$

【例题 6-9】兴商公司准备购建一项固定资产，需要投资 1 000 万元，按直线计提折旧，生产经营期为 5 年，期末无残值。预计投产后每年净利润为 200 万元。期望回收期为 3 年。该投资项目各年的现金净流量如表 6-2 所示。

表 6-2　　投资项目现金净流量　　单位：万元

年数	原始投资额	净利润	年折旧额	回收额	年现金净流量（NCF）
0	1 000				-2 000
1		200	200		400
2		200	200		400
3		200	200		400
4		200	200		400
5		200	200	0	400

该投资项目生产经营期内各年现金净流量为 200 万元，因此可用公式计算：

投资回收期（PP）= 原投资额 ÷ 年现金净流量 = 1 000 ÷ 400 = 2.5（年）

（2）当投资项目生产经营期内每年的现金净流量不相等时，用累计现金净流量的方法计算。首先逐年计算累计现金净流量，当累计现金净流量正好为零时，此年限即为投资回收期；当累计现金净流量无法直接找到零时，然后用插值法计算投资回收期。用公式表示：

$$\text{投资回收期} = \text{累计现金净流量最后一项正值对应年限} + \frac{\text{累计现金净流量最后一项负值的绝对值}}{\text{下年现金净流量}}$$

【例题 6-10】神州企业有 A、B 两个投资方案，它们的具体资料见表 6-3。该企业期望的投资回收期为 4~5 年。要求：计算 A、B 两个投资方案的投资回收期。

表 6-3　　投资项目现金净流量　　单位：万元

年数	A	B
0	-600	-700
1	0	180
2	100	230
3	200	240
4	300	300
5	460	420
6	320	350
7	290	310

根据列表计算 A、B 两个方案的累计现金净流量，见表 6－4。

表 6－4　**投资项目累计现金净流量**　单位：万元

年数	A		B	
	现金净流量（*NCF*）	累计现金净流量	现金净流量（*NCF*）	累计现金净流量
0	－600	－600	－700	－700
1	0	－600	180	－520
2	100	－500	230	－290
3	200	－300	240	－50
4	300	0	300	250
5	460	460	420	670
6	320	780	350	1 020
7	290	1 070	310	1 330

从表 6－4 中可知，A 方案的投资回收期（*PP*）为 4 年。而 B 方案在表中无法直接找到累计现金净流量为零，但累计现金净流量从第 3 年到第 4 年时负转正，可知投资回收期在第 3 年至第 4 年之间。可按下面的方法计算：

B 方案投资回收期（PP）$=3+50\div300=3.17$（年）

2. 投资回收期法的评价标准

采用投资回收期法对投资项目进行分析评价时，需要事先确定企业所希望达到的期望回收期，以便与项目的投资回收期进行比较，从而决定取舍。

对相互独立的备选方案进行决策时，如果投资回收期小于或等于期望回收期，则方案可行；如果投资回收期大于期望回收期，则方案不可行。【例题 6－9】中的投资方案投资回收期为 2.5 年小于企业期望回收期 3 年，所以该投资方案可行。

对相互排斥的备选方案进行决策时，如果有两个或两个以上方案的投资回收期都小于或等于期望，应选择投资回收期最短的方案。【例题 6－10】中的 A、B 两个方案的投资回收期分别为 4 年和 3.17 年，都小于该企业期望的投资回收期 4.5 年，因此两个方案都可行。但 B 方案的投资回收期较短，所以应选择 B 方案。

3. 投资回收期法的特点

投资回收期是一个静态的绝对量反指标，在实际工作中应用较为广泛。它的优点是计算简单，便于理解，在一定程度上反映备选方案的风险程度。它的缺点是没有考虑货币时间价值，没有考虑投资回收期满后的现金流量情况。

（二）投资收益率（*ARR*）的计算与评价

1. 投资收益率指标的计算

投资收益率，又称投资平均净利润率，是指投资项目的年平均净利润与原始投资额的百分比。计算公式为：

$$投资收益率=\frac{年平均净利润}{原始投资额}\times 100\%$$

【例题6-11】甲企业有一个投资方案，总投资150万元，投产当年开始盈利，生产经营期为5年。该企业期望投资收益率为8%。每年净利润见表6-5。

表6-5 **预测净利润** 单位：万元

	第1年	第2年	第3年	第4年	第5年	合计
金额	85 000	105 000	100 000	110 000	100 000	500 000

$$投资收益率=\frac{500\ 000\div 5}{1\ 000\ 000}\times 100\%=10\%$$

【例题6-12】某公司准备新投资一个项目，有A、B两个备选方案，A方案总投资120 000元，B方案总投资130 000元。该企业期望投资收益率为10%，投资利润及其他具体资料见表6-6。

表6-6 **A、B两个备选方案的投资额及利润** 单位：元

年份	A方案		B方案	
	固定资产投资	利润	固定资产投资	利润
0	-120 000		-130 000	
1		15 000		10 000
2		15 000		14 000
3		15 000		18 000
4		15 000		20 000
5		15 000		32 000
合计		75 000		84 000

要求：计算A、B两个方案的投资收益率。

$$A方案投资收益率=\frac{75\ 000\div 5}{120\ 000}\times 100\%=12.5\%$$

$$B方案投资收益率=\frac{84\ 000\div 5}{130\ 000}\times 100\%=12.92\%$$

2. 投资收益率法的评价标准

采用投资收益率法对投资项目进行评价分析时，需要事先确定企业所希望达到的期望报酬率，以便与项目的平均报酬率进行比较，从而决定如何取舍。

对相互独立的备选方案进行决策时，如果投资平均收益率大于或等于期望报酬率，则方

案可行；如果投资平均收益率小于期望报酬率，则方案不可行。【例题 6－11】中的甲企业投资方案的投资平均收益率 10% 大于期望报酬率 8%，所以该投资方案可行。

对相互排斥的备选方案进行决策时，如果有两个或两个以上方案的都投资平均收益率大于或等于期望报酬率，应选择投资报酬率最大的方案。【例题 6－12】中的 A、B 两个方案的投资收益率分别为 12.5% 和 12.92%，都大于该企业期望的投资收益率 10%，因此两个方案都可行。但 B 方案的投资收益率比较高，所以应选择 B 方案。

3. 投资收益率法的特点

投资收益率是一个静态的相对量正指标，它的优点是计算简单便于理解；其缺点是没有考虑货币的时间价值，对时间跨度大的投资方案，不能反映投资方案的风险程度，所以有时会做出错误的决策。在应用时一般只作为辅助指标。

二、动态评价指标的计算与评价

所谓动态评价指标又称贴现指标，即考虑时间价值因素的指标，主要包括：净现值、现值指数、净现值率、内部收益率等。

（一）净现值（*NPV*）的计算与评价

1. 净现值指标的计算

净现值是反映投资项目在建设和生产经营年限内获利能力的动态指标。是指在项目计算期内，按照设定折现率或基准收益率计算的各年现金净流量的代数和。或表述为投资项目经营期各年现金净流量的现值之和与原始投资额现值之和的差额。在确定折现率或基准收益率时，需要统筹考虑行业的特点、资金时间值和风险价值。其计算公式为：

$$NPV = \sum_{t=0}^{n}(\text{第 } t \text{ 年的现金净流量} \times \text{第 } t \text{ 年的复利现值系数})$$

或：
$$= \sum_{t=0}^{n} \frac{NCF_t}{(1+i)^t}$$

或：
$$= \text{经营期各年现金净流量的现值之和} - \text{原始投资额现值之和}$$

式中，n 为项目计算期（包括建设期与经营期）；NCF_t 为第 t 年的现金净流量。

（1）经营期内各年现金净流量相等，建设期为零时：

净现值的计算公式为：

$$\text{净现值} = \text{经营期每年相等的现金净流量} \times \text{年金现值系数} - \text{投资现值}$$

【例题 6－13】某企业购入设备一台，价值为 30 000 元，按直线法计提折旧，使用寿命 6 年，期末无残值。预计投产后每年可获得利润 4 000 元，假定贴现率为 12%。

要求：计算该项目的净现值。

解：每年的折旧额 $= \dfrac{30\ 000}{6} = 5\ 000$（元）

$NCF_0 = -30\ 000$（元）

$NCF_{1\sim6}=4\ 000+5\ 000=9\ 000$（元）

$NPV=9\ 000\times(P/A,12\%,6)-30\ 000=9\ 000\times4.1114-30\ 000=7\ 002.6$（元）

（2）经营期内各年现金净流量不相等

净现值的计算公式为：

$$净现值=\sum(经营期各年的现金净流量\times各年的现值系数)-投资现值(原值)$$

【例题 6-14】华星公司购入设备一台，价值 400 万元，按直线法计提折旧，项目计算期为 5 年，期末无残值。假定贴现率为 10%，预计投产后每年可获得税后利润分别为 200 万元、230 万元、300 万元、340 万元、400 万元。

要求：计算该方案的净现值。

解：固定资产年折旧额 $=400\div5=80$（万元）

原始投资额现值 $=400$（万元）

$NCF_1=200+80=280$（万元）

$NCF_2=230+80=310$（万元）

$NCF_3=300+80=380$（万元）

$NCF_4=340+80=420$（万元）

$NCF_5=400+80=480$（万元）

$$\begin{aligned}NPV&=280/(1+10\%)+310/(1+10\%)+380/(1+10\%)+420/(1+10\%)\\&\quad+480/(1+10\%)-400\\&=280\times0.9091+310\times0.8264+380\times0.7513+420\times0.6830+480\times0.6209-400\\&=254.55+256.18+285.49+286.86+298.03-400\\&=1\ 381.11-400\\&=981.11\ (万元)\end{aligned}$$

由于该方案的净现值为 981.11 万元大于零，因此该方案可行。

【例题 6-15】永兴企业进行一项固定资产投资，有 A、B、C 三个投资项目，假定贴现率为 10%，A、B、C 方案各年现金净流量见表 6-7。

要求：计算 A、B、C 方案的净现值。

表 6-7　投资项目现金净流量　　单位：万元

年数	A 方案现金净流量	B 方案现金净流量	C 方案现金净流量
0	-200	-200	-100
1	100	0	-100
2	100	100	80
3	100	120	100
4	100	140	110
5	100	150	130
6	100	110	140

由于A方案每年的现金净流量都相等，可以通过年金求现值：

$$NPV_A = 100 \times (P/A, 10\%, 6) - 200 = 100 \times 4.3553 - 200 = 435.53 - 200 = 235.53 \text{（万元）}$$

$$\begin{aligned}NPV_B &= 100/(1+10\%)^2 + 120/(1+10\%)^3 + 140/(1+10\%)^4 + 150/(1+10\%)^5 \\ &\quad + 110/(1+10\%)^6 - 200 \\ &= 100 \times 0.8264 + 120 \times 0.7513 + 140 \times 0.6830 + 150 \times 0.6209 + 110 \times 0.5645 - 200 \\ &= 423.66 - 200 \\ &= 223.66 \text{（万元）}\end{aligned}$$

$$\begin{aligned}NPV_C &= 80/(1+10\%)^2 + 100/(1+10\%)^3 + 110/(1+10\%)^4 + 130/(1+10\%)^5 \\ &\quad + 140/(1+10\%)^6 - [100 + 100/(1+10\%)] \\ &= 80 \times 0.8264 + 100 \times 0.7513 + 110 \times 0.6830 + 130 \times 0.6209 + 140 \times 0.5645 \\ &\quad - (100 + 100 \times 0.9091) \\ &= 66.11 + 75.13 + 75.13 + 80.72 + 79.03 - (100 + 90.91) \\ &= 376.12 - 190.91 \\ &= 185.21 \text{（万元）}\end{aligned}$$

2. 净现值法的决策标准

影响项目净现值大小的因素有两个：项目的现金流量和贴现率。前者与现值大小呈同向变化，后者呈反向变化。根据企业价值最大化的原则，利用净现值标准进行项目决策的原则是：如果项目的净现值大于零，表明该项目投资获得的收益大于资本成本或投资者要求的收益率，则项目是可行的。如【例题6-14】中该方案的净现值为981.11万元大于零，因此该方案可行。当一个投资项目有多种方案可供选择时，应选择净现值大的方案，或是按净现值大小进行项目排队，对净现值大的项目应优先考虑。【例题6-15】中，由于A、B、C三个方案的净现值分别为235.53万元、223.66万元、185.21万元，都大于零，方案都可行，又因为$NPV_A > NPV_B > NPV_C$，所以选择A方案。

净现值指标考虑了项目整个寿命期的各年现金流量的现时价值，反映了投资项目的可获收益，在理论上较为完善。这一标准在应用中的主要难点是如何确定贴现率。在项目评价中，正确地选择贴现率至关重要，它直接影响项目评价的结论。如果选择的贴现率过低，则会导致一些经济效益较差的项目得以通过，从而浪费了有限的社会资源；如果选择的贴现率过高，则会导致一些效益较好的项目不能通过，从而使有限的社会资源不能充分发挥作用。在实务中，一般有以下几种方法确定项目的贴现率：第一，以投资项目的资本成本作为贴现率。企业进行投资的目的是为了在未来获得一定的收益，这一收益至少应抵偿为筹措资金而花费的各项成本。第二，以资金的机会成本作为贴现率。所谓资金的机会成本是指资金如果不用于兴建这个项目，而用于其他项目可能获得的最高投资收益率。这个收益率是确定该项目是否可以接受的最低收益率，或称投资项目的“极限利率”。第三，根据不同阶段采用不同的贴现率。在计算项目建设期现金流量时，以贷款的实际利率作为贴现率；在计算生产期现金流量时，以全社会资金平均收益率作为贴现率。第四，以行业平均收益率作为贴现率。

3. 净现值法的特点

净现值法的特点是：第一，充分考虑了货币的时间价值：第二，能够利用项目计算期内的全部现金净流量信息。其缺点在于无法直接反映投资项目的实际收益率水平。

（二）现值指数（*PI*）的计算与评价

1. 现值指数指标的计算

现值指数又称获利指数。是指项目投产后按一定贴现率计算的在经营期内各年现金净流量的现值之和与原始投资额现值的比值。现值指数指标的计算公式为：

$$现值指数=\frac{经营期各年现金净流量的现值之和}{原始投资现值之和}$$

【例题6－16】 根据【例题6－15】的资料。要求：计算A、B、C三个方案的现值指数。

解：$PI_A=100\times4.3553/200=2.18$

$PI_B=(100\times0.8264+120\times0.7513+140\times0.6830+150\times0.6209+110\times0.5645)/200$
$=2.12$

$PI_C=(80\times0.8264+100\times0.7513+110\times0.6830+130\times0.6209+140\times0.5645)$
$/(100+100\times0.9091)$
$=1.97$

2. 现值指数法的决策标准

对相互独立投资规模不同的备选方案进行决策时采用现值指数法，如果现值指数大于或等于1，则方案可行；否则方案不可行。

对相互排斥的备选方案进行决策时，如果有两个或两个以上方案的现值指数都大于或等于1，应选择现值指数最大的方案。【例题6－16】中，由于A、B、C三方案的现值指数分别为2.18、2.12和1.97，都大于1，方案都可行，又因为$PI_A>PI_B>PI_C$，所以选择A方案。由于*NPV*与*PI*使用相同的信息评价投资项目，得出的结论应该是一致的，但在投资规模不同的互斥项目的选择中，则有可能得出不同的结论，这时应以*NPV*选项为准。

3. 现值指数法的特点

现值指数法的优点是考虑了货币的时间价值，能够真实地反映投资项目的盈亏程度，有利于在原始投资额不同的投资项目之间进行排序。其缺点是无法直接反映投资项目的实际收益率。

（三）净现值率（*NPVR*）的计算与评价

1. 净现值率指标的计算

净现值率，是指投资项目的净现值与原始投资额现值的比值。净现值率法的计算公式：

$$净现值率=\frac{净现值}{原投资额现值}$$

【例题6－17】 根据【例题6－15】的资料。要求：计算A、B、C三个方案的净现值率。

解：$NPVR_A=235.53\div200=1.18$

$NPVR_B=223.66\div200=1.12$

$NPVR_C=185.21\div(100+100\times0.9091)=0.97$

由【例题 6－16】和【例题 6－17】可知：

$PI_A = NPVR_A + 1 = 1.181 = 2.18$

$PI_B = NPVR_B + 1 = 1.12 + 1 = 2.12$

$PI_C = NPVR_C + 1 = 0.97 + 1 = 1.97$

净现值率与现值指数有如下关系：

$$现值指数 = 净现值率 + 1$$

2. 净现值率法的决策标准

对相互独立的备选方案进行决策时，如果净现值率大于或等于零，则方案可行；否则，方案不可行。对相互独立的备选方案进行决策时，如果两个或两个以上方案的净现值率都大于或等于零，应选择净现值率最大的方案。【例题 6－17】中由于 A、B、C 三个方案的净现值率分别为 1.18、1.12 和 0.97，都大于 0，方案可行。又因为 $NPVR_A > NPVR_B > NPVR_C$，所以选择 A 方案。

3. 净残值率指标的特点

该指标是可以从动态的角度反映投资项目的资金投入与净产出之间的关系，但是与净现值指标一样，无法直接反映投资项目的实际收益率。

（四）内部报酬率（*IRR*）计算与评价

视频：内含报酬率

1. 内部报酬率指标的计算

内部报酬率又称内含报酬率，是指投资项目可望达到的报酬率，即能使投资项目的净现值等于零时的贴现率。同净现值指标有密切关系的内部收益率也是一种现金流量的贴现方法。但它与投资贴现率的选择无关，而其目的是力图在项目内找出一个事先并不知道的贴现率（折现率），即项目净现值为零时的贴现率或现金流入量现值与现金流出量相等时的贴现率。

根据投资项目各年现金净流量的特点不同，内部报酬率的求解方法可以分为：

（1）若经营期内各年现金净流量相等，且全部投资均于建设起点一次投入，建设期为零。

$$经营期每年相等的现金净流量 \times 年金现值系数(P/A, IRR, n) - 投资总额 = 0$$

内部报酬率具体计算如下：

①计算年金现值系数。

$$年金现值系数 = \frac{投资总额}{经营期每年相等的现金净流量}$$

②根据计算出来的年金现值系数与已知的年限 n，查年金现值系数表，确定内部报酬率的范围。在系数表上找到同期略大及略小于该系数的两个临界值及所对应的两个折现率。

③用插值法求出内部报酬率。

【例题 6－18】宏达企业拟购建一项固定资产，需投资 1 000 万元，按直线法计提折旧，使用寿命 10 年。预计投产后每年可获得现金净流量为 200 万元。假定贴现率为 10%。

要求：计算该方案的内部报酬率。

解：年金现值系数 $=\frac{投资总额}{经营期每年相等的现金净流量}=1\ 000\div200=5$

查 $n=10$ 年的年金现值系数表可知：$(P/A,15\%,10)=5.0188(P/A,16\%,10)=4.8332$

贴现率　　　年金现值系数

15%　　　　5.0188

IRR　　　　5

16%　　　　4.8332

采用插入法计算内部报酬率：

$\frac{IRR-15\%}{16\%-15\%}=\frac{5.0188-5}{5.0188-4.8332}$　则：$IRR=15\%+\frac{5.0188-5}{5.0188-4.8332}\times(16\%-15\%)=15\%$

（2）若投资项目在经营期内各年现金净流量不相等，必须采用逐次测试的方法，计算能使净现值等于零的贴现率，即为内部报酬率。其计算程序如下：

①估计一个贴现率，用它来计算净现值。如果净现值为正数，说明方案的实际内部报酬率大于预计的贴现率，应提高贴现率再进一步测试；如果净现值为负数，说明方案本身的报酬率小于估计的贴现率，应降低贴现率再进行测算。如此反复测试，寻找出使净现值由正到负或由负到正且接近零的两个贴现率。如果假设 $NPV_1>0$，对应的贴现率为 i_1；$NPV=0$，对应的贴现率 IRR；$NPV_2<0$ 对应的贴现率为 i_2。

②根据上述相邻的两个贴现率用插入法求出该方案的内部报酬率，计算公式如下：

$$IRR=i_1+\frac{NPV_1}{NOV_1-NPV_2}(i_2-i_1)$$

【例题 6-19】荣兴集团进行一项固定资产投资，投入资金为 3 000 万元，贴现率为 12%，项目计算期为 5 年。各年现金净流量见表 6-8。

要求：计算该方案的内部报酬率，评价方案的可行性。

表 6-8　　**投资项目现金净流量**　　单位：万元

年数	现金净流量
0	-30 000
1	8 000
2	8 000
3	9 000
4	9 000
5	10 000
6	11 000

由于该方案的各年现金净流量不相等，因此，必须逐次进行测算，测算过程见表 6-9。

表 6-9　　投资项目内部报酬率测算　　单位：万元

年数	现金净流量	贴现率 = 16%		贴现率 = 18%		贴现率 = 20%	
		现值系数	现值	现值系数	现值	现值系数	现值
0	-30 000	1	-30 000	1	-30 000	1	-30 000
1	8 000	0.8621	6 896.8	0.8475	6 780	0.8333	6 666.4
2	8 000	0.7432	5 945.6	0.7182	5 745.6	0.6944	5 555.2
3	9 000	0.6407	5 766.3	0.6086	5 477.4	0.5787	5 208.3
4	9 000	0.5523	4 970.7	0.5158	4 642.2	0.4823	4 340.7
5	10 000	0.4762	4 762.0	0.4371	4 371.0	0.4019	4 019.0
6	11 000	0.4104	4 514.4	0.3704	4 074.4	0.3349	3 683.9
净现值			2 855.8				-526.5

贴现率	净现值
18%	1 090
IRR	0
20%	-526.5

$$\frac{RRI-18\%}{20\%-18\%}=\frac{1\ 090-0}{1\ 090-526.5}$$

$$RRI=18\%+\frac{1\ 090-0}{1\ 090-526.5}\times(20\%-18\%)=19.35\%$$

由于该方案的内部报酬率 $IRR=19.35\%>12\%$，所以方案可行。

2. 内部报酬率法的决策标准

利用 *IRR* 标准选择投资项目的基本原则是：对相互独立的备选方案进行决策时，如果内部报酬率大于或等于企业的资金成本率或期望报酬率，则方案可行；否则，方案不可行。【例题 6-18】中由于该方案的内部报酬率 $IRR=15.1\%>10\%$，所以方案可行。对相互排斥的备选方案进行决策时，如果有两个或两个以上方案的内部报酬率都大于或等于企业的资金成本率或期望报酬率，应选择内部报酬率最大的方案。内部收益率指标可直接根据投资项目本身参数（现金流量）计算其投资收益率，在一般情况下，能够正确反映项目本身的获利能力，但在互斥项目的选择中，利用这一标准有时会得出与净现值不同的结论，有关问题将在以后讨论。由于该方案的内部报酬率 $IRR=19.35\%>12\%$，所以方案可行。

3. 内部报酬率法的特点

内部报酬率法的优点是考虑了货币的时间价值，反映了投资项目的实际报酬率。其缺点是计算过程比较复杂，当在经营期间进行多次追加投资时，会出现多个 *IRR*，计算过程十分复杂。

（五）动态指标之间的关系

通过前面四个指标的介绍和计算可以得知，净现值率（*NPVR*）的计算需要在已知净现值（NPV）的基础上进行、内部报酬率（IRR）的计算也需要利用现值（NPV）。这些指标的数值均会受到建设期的长短、资金投资方式以及各年现金净流量的数量特征的影响。所不同的是净现值是绝对量指标、其余为相对量指标；计算净现值、净现值率、现值指数时，所使用的折现率是预先确定的，而内部报酬率的计算与折现率的高低无关。

净现值、现值指数、净现值率和内部报酬率之间的数量关系如下：

当 $NPV>0$ 时，$PI>1$，$NPVR>0$，$IRR>i$；

当 $NPV=0$ 时，$PI=1$，$NPVR=0$，$IRR=i$；

当 $NPV<0$ 时，$PI<1$，$NPVR<0$，$IRR<i$。

三、所得税与折旧对项目投资的影响

（一）考虑所得税与折旧因素的现金流量

在前面的论述中，所讨论的现金流量都没有考虑所得税因素。但实际上所得税对企业来说是一种现金流出，由利润和税率决定，而利润大小又受折旧的影响，因此，讨论所得税对现金流量的影响时，必然要考虑折旧问题。

1. 税后成本和税后收入

如果某企业本年度发生电费 20 000 元，因为电费是一项减免所得税费用，因此实际支付额并不是真实的成本，真实成本应是扣除了所得税影响以后的费用净额，即税后成本。税后成本的计算公式为：

$$税后成本=实际支付额\times(1-所得税税率)$$

如果企业的所得税税率为 25%，据此计算：

电费的税后成本 $=20\,000\times(1-25\%)=15\,000$（元）

与税后成本相对应的概念是税后收入，所得税也会影响企业营业收入，使营业收入金额的一部分流出企业，这样企业实际的现金流入是纳税以后的收入。税后收入的计算公式为：

$$税后收入=收入金额\times(1-所得税税率)$$

这里所说的应税收入是指根据税法需要纳税的收入，不包括项目结束时收回垫支流动资金等现金流入。

2. 折旧的抵税作用

固定资产随着使用，其实物形态不断磨损而变得越来越陈旧。为了补偿其实物损耗，维持再生产过程，必然按照一定的折旧率计量固定资产陈旧程度即价值损耗。将计入产品成本或有关费用的固定资产损耗价值称为固定资产折旧费。

企业计提折旧会引起成本增加，利润减少，从而使所得税减少。折旧是企业的成本，但不是付现成本，如果不计提折旧，企业所得税将会增加，所以折旧可以起到减少税负的作用，即会使企业实际少缴所得税，也就是减少了企业现金流出量，增加了现金净流量。折旧抵税额的计算公式为：

$$折旧抵税额(税负减少)=折旧额\times所得税税率$$

例如企业的折旧额增加了 5 000 元，其他各种因素均不变，所得税税率为 25%。

由于企业增加了折旧额 5 000 元，使税前利润减少了 5 000 元，减少所得税 5 000 ×33% = 1 250 元，即企业实际少缴了 1 250 元的所得税，现金净流量增加了 1 250 元。

（二）税后现金流量的确定

1. 建设期现金净流量

在考虑所得税因素之后，建设期的现金净流量的计算要根据投资项目的类型分别考虑。

如果是新建项目，所得税对现金净流量没有影响。

$$建设期现金净流量 = -该年投资额$$

如果是更新改造项目，固定资产的清理损益就应考虑所得税问题。

2. 经营期现金净流量

在考虑所得税因素之后，经营期的营业现金净流量可按下列方法计算：

（1）根据现金净流量的定义计算：

$$现金净流量 = 营业收入 - 付现成本 - 所得税$$

（2）根据年末经营成果计算：

$$现金净流量 = 税后利润 + 折旧额$$

（3）根据所得税对收入和折旧的影响计算：

$$\begin{aligned}现金净流量 &= 税后收入 - 税后成本 + 折旧抵税额\\&= 营业收入 \times (1 - 所得税税率) - 付现成本 \times\\&\quad (1 - 所得税税率) + 折旧额 \times 所得税税率\end{aligned}$$

经营期的终结现金净流量可根据营业现金净流量加上回收额就可得出。

【例题 6－20】某企业 5 年前购置设备，价值 78 万元，购置时预期使用寿命为 15 年，残值为 3 万元。折旧采用直线法，目前已提折旧 25 万元账面净值为 53 万元。利用这一设备，企业每年发生营业收入为 90 万元，付现成本为 60 万元。现在市场上推出一种新设备，价值 120 万元，购入后即可投入使用，使用寿命 10 年，预计 10 年后残值为 20 万元。该设备由于技术先进，效率较高，预期每年的净利润可达到 30 万元。如果现在将旧设备出售，估计售价为 10 万元。若该企业的资本成本为 10%，所得税税率为 40%。

要求：该企业是否应用新设备替换旧设备。

解：因为旧设备的账面净值 = 53（万元）

所以旧设备出售净损失 = 53 － 10 = 43（万元）［计入营业外出］

少缴所得税 = 43 × 40% = 17.2（万元）［属现金流入］

所以购买新设备增加的投资额 = 120 － 10 － 17.2 = 92.8（万元）

又因为旧设备还可使用 10 年，新设备的项目计算期也为 10 年（0 + 10），所以新旧设备项目计算期相同可采用差额法来进行评价。

新设备年折旧额 $= \frac{120-20}{10} = 10$（万元）

NCF 新$_{1\sim9}=30+10=40$（万元）

NCF 新$_{10}=40+20=60$（万元）

旧设备的年折旧额 $=\frac{53-3}{10}=5$（万元）

NCF 旧$_{1\sim9}=90\times(1-40\%)-60\times(1-40\%)+5\times40\%=20$（万元）

NCF 旧$_{10}=20+3=23$（万元）

$\Delta NCF_0=-120+10+(53-10)\times40\%=-92.8$（万元）

$\Delta NCF_{1\sim9}=40-20=20$（万元）

$\Delta NCF_{10}=60-23=37$（万元）

$\Delta NPV=20\times(P/A,10\%,9)+37\times(P/F,10\%,10)-92.8$

$=20\times5.759+37\times0.3855-92.8$

$=36.6435$（万元）>0

所以企业应该考虑设备更新。

【例题 6-21】某企业有一台设备，购于 4 年前，现在考虑是否需要更新。假定新、旧设备生产能力相同，其他有关资料如表 6-10 所示。

要求：若企业所得税税率为 40%，贴现率为 10%，设备是否更新。

表 6-10　某新、旧设备的其他有关资料　单位：元

项目	旧设备	新设备
原价	800 000	800 000
税法规定残值（10%）	80 000	80 000
税法规定使用年限（年）	10	8
已使用年限	4	0
尚可使用年限	6	8
建设期	0	0
每年付现成本	90 000	70 000
3 年后大修费用	100 000	0
最终报废残值	70 000	90 000
旧设备目前变现价值	150 000	0

解：因为新、旧设备生产能力相同，所以取得的营业收入也相同。又因为新、旧设备的项目计算期不相同：

旧设备的项目计算期 $=6$（年）

新设备项目计算期 $=0+8=8$（年）

所以应采用“年成本比较法”。

（1）分别计算新、旧设备经营期的现金净流量，如表 6-11 所示。

表 6-11 新、旧设备经营期的现金净流量 单位：元

经营期	$NCF_{新}$	$NCF_{旧}$
年折旧额	$\frac{800\ 000\times(1-10\%)}{8}=90\ 000$	$\frac{800\ 000\times(1-10\%)}{10}=72\ 000$
1	$-70\ 000\times(1-40\%)+90\ 000\times40\%=-6\ 000$	$-90\ 000\times(1-40\%)+72\ 000\times40\%=-25\ 200$
2	$-6\ 000$	$-25\ 200$
3	$-6\ 000$	$-25\ 200-100\ 000\times(1-40\%)=-85\ 200$
4	$-6\ 000$	$-25\ 200$
5	$-6\ 000$	$-25\ 200$
6	$-6\ 000$	$-25\ 200+70\ 000+(80\ 000-70\ 000)\times40\%=48\ 800$
7	$-6\ 000$	
8	$-6\ 000+90\ 000-(90\ 000-80\ 000)\times40\%=80\ 000$	

注：（1）经营期现金净流量是按照下列公式计算：NCF = 税后收入 - 税后成本 + 折旧 × 所得税税率。（2）第 3 年旧设备大修理费用 10 万元属现金流出，100 000 ×（1 - 40%）为税后大修理费用。（3）第 6 年旧设备有残值收入 70 000 元，第 8 年新设备有残值收入 90 000 元，属现金流入。

因为新、旧设备的最终实际残值与税法规定残值均不相同，这样就会存在多缴与少缴所得税的问题，新设备的实际残值大于税法规定残值，从而增加了企业利润需多缴所得税（90 000 - 80 000）×40% =4 000（元），属现金流出；旧设备的实际残值小于税法规定残值，从而减少了企业利润可少缴所得税（80 000 - 70 000）×40% =4 000（元），属现金流入。

（2）分别计算新、旧设备建设期现金净流量。

NCF 旧$_0$ = -150 000（元）［机会成本］

因为旧设备账面净值 = 800 000 - 4 × 72 000 = 512 000（元）

所以旧设备出售净损失 = 512 000 - 150 000 = 362 000（元）［计入营业外支出］

少缴所得税 = 362 000 × 40% = 144 800（元）［属现金流入］

所以 NCF 新$_0$ = -800 000 + 144 800 = -655 200（元）

（3）分别计算新、旧设备的成本现值。

$$
\begin{aligned}
新设备成本现值 &= 6\ 000\times(P/A,10\%,7)-80\ 000\times(P/F,10\%,8)+655\ 200\\
&=6\ 000\times4.8684-80\ 000\times0.4665+655\ 200=647\ 090.40（元）
\end{aligned}
$$

$$
\begin{aligned}
旧设备成本现值 &= 25\ 200\times(P/A,10\%,2)+85\ 200\times(P/F,10\%,3)\\
&\quad+25\ 200\times(P/F,10\%,4)+25\ 200\times(P/F,10\%,5)\\
&\quad-48\ 800\times(P/F,10\%,6)+150\ 000\\
&=25\ 200\times1.7355+85\ 200\times0.7513+25\ 200\times0.683\\
&\quad+25\ 200\times0.6209-48\ 800\times0.5645+150\ 000\\
&=263\ 056.04（元）
\end{aligned}
$$

（4）分别计算新、旧设备的年均成本。

$$\text{新设备的年均成本}=\frac{647\ 090.40}{(P/A,\ 10\%,\ 8)}=\frac{647\ 090.40}{5.3349}=121\ 293.82\ (\text{元})$$

$$\text{旧设备的年均成本}=\frac{263\ 056.04}{(P/A,\ 10\%,\ 6)}=\frac{263\ 056.04}{4.3553}=60\ 399.06\ (\text{元})$$

计算结果表明，新设备的年均成本高于旧设备的年均成本，所以企业不应考虑更新，而应继续使用旧设备。

【例题6-22】某企业拟投资新建一条流水线，现有两个方案可供选择：A方案的投资额为120万元，建设期为2年，经营期为8年，最终残值20万元，每年可获得销售收入40万元，发生总成本为15万元。B方案的投资额为110万元，无建设期，经营期为8年，最终残值10万元，每年的税后利润为8.8万元。折旧采用直线法。

要求：若企业期望的最低报酬率为10%，所得税税率为40%，应采用哪个方案。

解：因为A、B方案的项目计算期不同，原始投资额也不同。

A方案项目计算期=2+8=10（年）

B方案项目计算期=0+8=8（年）

所以应采用年回收额法来分析评价：

A方案计算如下：

$$\text{年折旧额}=\frac{120-20}{8}=12.5\ (\text{万元})$$

$NCF_0=-120$（万元）

$NCF_{1\sim2}=0$

$NCF_{3\sim9}=(40-15)\times(1-40\%)+12.5=27.5$（万元）

$NCF_{10}=27.5+20=47.50$（万元）

$$\begin{aligned}NPV&=27.5\times[(P/A,10\%,9)-(P/A,10\%,2)]+47.5\times(P/F,10\%,10)-120\\&=27.5\times(5.7590-1.7355)+47.5\times0.3855-120\\&=8.9575\ (\text{万元})\end{aligned}$$

$$\text{年回收额}=\frac{8.9575}{(P/A,10\%,10)}=\frac{8.9575}{6.1446}=1.4578\ (\text{万元})$$

B方案计算如下：

$$\text{年折旧额}=\frac{110-10}{8}=12.5\ (\text{万元})$$

$NCF_0=-110$（万元）

$NCF_{1\sim7}=8.8+12.5=21.3$（万元）

$NCF_8=21.3+10=31.3$（万元）

$$\begin{aligned}NPV&=21.3\times(P/A,10\%,7)+31.3\times(P/F,10\%,8)-110\\&=21.3\times4.8684+31.3\times0.4665-110\\&=8.29837\ (\text{万元})\end{aligned}$$

$$\text{年回收额}=\frac{8.29837}{(P/A,10\%,8)}=\frac{8.29837}{5.3349}=1.5555\ (\text{万元})$$

计算结果表明，虽然 A 方案的净现值大于 B 方案，但 A 方案的年回收额小于 B 方案，所以应采用 B 方案。

思考

如何理解所得税的抵税作用？

文本：实务演练2

第四节　项目投资决策方法的应用

一、独立方案投资决策方法的应用

（一）独立方案含义

独立方案是能够不接受其他项目的影响而进行选择的项目，是一组互相独立、互不排斥的方案。在独立方案中，选择某一方案并不排斥另一方案。如建生产车间，购置一辆运输车，新建一个办公楼等，这些投资方案中各个方案没有什么联系，相互独立，并不存在相互比较和选择的问题。企业既可以全部不接受，也可以接受其中一个，接受多个或全部接受。

（二）评价独立方案财务可行性的要点及具体应用

1. 判断方案是否完全具备财务可行性的条件

如果某一投资方案的所有评价指标均处于可行区间，即同时满足以下条件时，则可以断定该投资方案无论从哪个方面看都具备财务可行性，或完全具备可行性。这些条件是：

（1）净现值 $NPV \geqslant 0$；

（2）净现值率 $NPVR \geqslant 0$；

（3）获利指数 $PI \geqslant 1$；

（4）内部收益率 $IRR \geqslant$ 行业基准折现率 i_c；

（5）包括建设期的静态投资回收期 $PP \leqslant \frac{n}{2}$（即项目计算期的一半）；

（6）不包括建设期的静态投资回收期 $PP' \leqslant \frac{p}{2}$（即经营期的一半）；

（7）投资利润率 $ROI \geqslant$ 基准投资利润率 i（事先给定）。

2. 判断方案是否完全不具备财务可行性的条件

如果某一投资项目的评价指标均处于不可行区间，即同时满足以下条件时，则可以断定该投资项目无论从哪个方面看都不具备财务可行性，或完全不具备可行性，应当彻底放弃该投资方案。这些条件是：

（1）$NPV<0$；

（2）$NPVR<0$；

（3）$PI<1$；

（4）$IRR<i_c$；

（5）$PP>\frac{n}{2}$；

（6）$PP'>\frac{p}{2}$；

（7）$ROI<i$。

3. 判断方案是否基本具备财务可行性的条件

如果在评价过程中发现某项目的主要指标处于可行区间（如 $NPV\geqslant0$，$NPVR\geqslant0$，$PI\geqslant1$，$IRR\geqslant i_c$），但次要或辅助指示处于不可行区间（如 $PP>\frac{n}{2}$，$PP'>\frac{p}{2}$或 $ROI<i$），则可以断定该项目基本上具有财务可行性。

4. 判断方案是否基本不具备财务可行性的条件

如果在评价过程中发现某项目出现主要指标 $NPV<0$，$NPVR<0$，$PI<1$，$IRR<i_c$的情况，即使有 $PP\leqslant\frac{n}{2}$，$PP'\leqslant\frac{p}{2}$或 $ROI\geqslant i$ 发生，也可断定该项目基本上不具有财务可行性。

（三）对独立方案进行财务可行性评价时应注意的问题

（1）主要评价指标在评价财务可行性的过程中起主导作用。

（2）利用动态指标对同一个投资项目进行评价和决策，可能得出完全相同的结论。

【例题 6－23】某公司拟用自有资金购置设备一台，需一次性投资 100 万元。经测算，该设备使用寿命为 5 年，税法亦准许按 5 年计提折旧，设备投入运营后每年可新增利润 20 万元。假定，该设备按直线法折旧，预计的净残值率为 5%；已知 $(P/A,10\%,5)=3.7908$，$(P/F,10\%,5)=0.6209$。建设安装期一年，不考虑公司所得税。

要求：（1）计算使用期内各年现金净流量。

（2）计算该设备的静态投资回收期。

（3）计算该项目的会计收益率。

（4）如果以 10% 作为折现率，计算 NPV。

（5）判断该方案的财务可行性。

计算如下：

（1）$NCF_0=-100$（万元）

$NCF_{1\sim4}=20+(100-5)/5=39$（万元）

$NCF_5=20+(100-5)/5+5=44$（万元）

（2）$PP=100/39=2.56$（年）

（3）$ARR=20/100\times100\%=20\%$

（4）$NPV=39\times3.7908+100\times5\%\times0.6209-100=50.95$（万元）

（5）因为该方案的 $NPV \geqslant 0$，$PP \leqslant \frac{6}{2}$，$ARR \geqslant$ 基准投资利润率 10%，所以该方案完全具备财务可行性。

思考

在你周围经济生活中，哪些属于独立项目投资方案？

文本：实务演练 3

二、互斥方案投资决策方法的应用

（一）多个互斥方案

互斥方案是指相互排斥的方案。在一组方案中，采用某一方案则完全排斥采用其他方案。例如，一个企业正计划新建一个装配厂，它有三个可能的厂址方案和四个可能的工厂构造方案。但是企业只需要一个工厂，因此它只能选择一种构造和一个厂址，这样的选择是互斥。

（二）多个互斥方案的比较决策

项目投资决策中的互斥方案是指在决策时涉及的多个相互排斥、不能同时并存的投资方案。互斥方案决策过程就是在每一个入选方案已具备财务可行性的前提下，利用具体决策方法比较各个方案的优劣，利用评价指标从各个备选方案中最终选出一个最优方案的过程。

净现值法和净现值率法适用于原始投资相同且项目计算相等的多方案比较决策，即可以选择净现值或净现值率大的方案为最优方案。举例说明如下：

【例题 6-24】某个固定资产投资项目需要原始投资 100 万元，有 A、B、C、D 四个互相排斥的备选方案可供选择，各方案的净现值指标分别为 22.8914 万元、11.7194 万元、20.6020 万元和 16.2648 万元。按净现值法进行比较决策如下：

∵ A、B、C、D 每个备选方案的 NPV 均大于零。

∴ 这些方案均具有财务可行性。

又∵ $22.8914 > 20.6020 > 16.2648 > 11.7194$

∴ A 方案最优，其次为 C 方案，再次为 D 方案，最差为 B 方案。

注意：在投资额相同的互斥方案比较决策中，采用净现值率法会与净现值得到完全相同的结论，但投资额不相同时，情况就不同了。

【例题 6-25】A 项目与 B 项目为互斥方案，它们的项目计算期相同。A 项目原始投资的现值为 150 万元，净现值为 29.97 万元；B 项目原始投资的现值为 100 万元，净现值为 24 万元。

要求：（1）分别计算两个项目的净现值指标（结果保留两位小数）；

（2）A 项目和 B 项目之间做出比较决策。

解：（1）计算净现值率：

A 计算净现值率 $=\frac{29.97}{150}\approx0.20$

B 计算净现值率 $=\frac{24}{100}=0.24$

（2）决策：

在净现值法下：$\because 29.97>24\quad\therefore$ A 项目优于 B 项目

在净现值率法下：$\because 0.24>0.2\quad\therefore$ B 项目优于 A 项目

由于两个项目的原始投资额不相同，导致两种方法的决策结论相互矛盾时选择净现值大的更为准确。上述例题中，若需要对 A、B 两个项目进行评价的话，显然是 A 项目更优。

差额投资内部收益率法和年等额净回收额法适用于原始投资不相同的多方案比较，后者尤其适用于项目计算期不同的多方案比较决策。下面简要介绍这两种方法。

所谓差额投资内部收益率法，是指在两个原始投资额不同的方案的差量现金净流量（ΔNCF）的基础上，计算出差额内部收益率（ΔIRR），并据与行业基准折现率进行比较，进而判断方案孰优孰劣的方法。

在此法下，当差额内部收益率指标大于或等于基准收益率或设定折现率时，原始投资额较大的方案较优；反之，则投资额少的方案为优。ΔIRR 的计算过程同 IRR 一样，只是所依据的是 ΔNCF。

【例题 6－26】 仍按【例题 6－25】资料，A 项目原始投资的现值为 150 万元，1～10 年的现金净流量为 29.29 万元；B 项目的原始投资额为 100 万元，1～10 年的现金净流量为 20.18 万元。行业基准折现率为 10%。

要求：

（1）计算差量现金净流量 ΔNCF；

（2）计算差量内部收益率 ΔIRR；

（3）用差额投资内部收益率法做出比较投资决策。

解：（1）差量现金净流量 ΔNCF 为：

$\Delta NCF_0=-150-(-100)=-50$（万元）

$\Delta NCF_{1\sim10}=29.29-20.18=9.11$（万元）

（2）差量内部收益率 ΔIRR 为：

$(P/A,\Delta IRR,10)=\frac{50}{9.11}\approx5.4885$

$\because (P/A,12\%,10)=5.6502>5.4885$

$(P/A,14\%,10)=5.2161<5.4885$

$\therefore 12\%<\Delta IRR<14\%$，应用内插法：

$$\Delta IRR=12\%+\frac{5.6502-5.4885}{5.6502-5.2161}\times(14\%-12\%)\approx12.74\%$$

（3）用差额投资内部收益率法决策：

$\because \Delta IRR=12.747\%>i=10\%$

$\therefore$ 应当投资 A 项目

年等额净回收额法是根据所有投资的年等额净回收额法指标的大小来选择最优方案的决策方法。该方法适用于原投资额不相同，特别是项目计算期不相同的多个方案比较决策。在此方法下，年等额净回收额最大的方案为优。

某一方案年等额净回收额法等于该方案净现值相关的资本回收系数的乘积。

$$某方案年等额净回收额 = 该方案净现值 \times 回收系数$$

或：

$$= 该方案净现值 \times \frac{1}{年金现值系数}$$

【例题 6－27】 某企业拟投资新建一条生产线。现有三个方案可供选择：甲方案的原始投资为 125 万元，项目计算期为 11 年，净现值为 110.32 万元；乙方案的原始投资为 110 万元，项目计算期为 10 年，净现值为 105 万元；丙方案的原始投资为 100 万元，项目计算期为 9 年，净现值为 －1.25 万元。行业基准折现率为 10%。按年等额净回收额方法进行决策分析如下（计算结果保留两位小数）：

∵ 甲方案和乙方案的净现值均大于零

∵ 这两个方案具有财务可行性

∵ 丙方案的净现值小于零

∵ 该方案不具有财务可行性

$$甲方案的年等额净回收额 = 甲方案的净现值 \times [1/(P/A,10\%,11)]$$
$$= 110.32 \times [1/6.4951] \approx 16.99（万元）$$

$$乙方案的年等额净回收额 = 乙方案的净现值 \times [1/(P/A,10\%,10)]$$
$$= 105 \times [1/6.1446] \approx 17.09（万元）$$

∵ 17.09 > 16.99

∴ 乙方案优于甲方案

思考

互斥项目和独立项目之间有何区别？举例说明什么是互斥方案？

文本：实务演练 4

本章小结

项目投资是一种以特定项目为对象，直接与新建项目或更新改造项目有关的长期投资行为。项目投资主要分为：单纯固定资产投资、完整工业投资项目和更新改造项目。项目投资的程序包括：投资项目的设计、项目投资的决策、项目投资的执行等。现金流量是指投资项目在其计算期内因资金循环而引起的现金流入和现金流出增加的数量。包括现金流入量、现金流出量和现金净流量三个具体概念。现金流量的假设主要分为：全投资假设、建设期投入全部资金假设、项目投资的经营期与折旧年限一致假设、时点指标假设和确定性假设。

项目投资决策评价指标分为非贴现指标和贴现指标两大类。非贴现指标也称为静态指标，主要包括投资利润率、投资回收期等指标。贴现指标也称为动态指标，主要包括净现值、净现值率、现值指数，内含报酬率等指标。贴现评价指标之间的关系为：

当 $NPV>0$ 时，$NPVR>0$，$PI>1$，$IRR>i$；

当 $NPV=0$ 时，$NPVR=0$，$PI=1$，$IRR=i$；

当 $NPV<0$ 时，$NPVR<0$，$PI<1$，$IRR<i$。

这些指标的计算结果都受到建设期和经营期的长短、投资金额及方式，以及各年现金净流量的影响。所不同的是净现值（NPV）为绝对数指标，其余为相对数指标，计算净现值、净现值率和现值指数所依据的贴现率（i）都是事先已知的，而内含报酬率（IRR）的计算本身与贴现率（i）的高低无关，只是采用这一指标的决策标准是将所测算的内含报酬率与其贴现率进行对比，当 $IRR \geq i$ 时该方案是可行的。

项目投资决策评价指标的决策应用分为：独立方案的对比与选优、互斥方案的对比与选优和其他方案的对比与选优等。

本章互动环节

（一）互动环节分析材料

新竹电器股份有限公司是1992年7月1日成立的，公司的注册资本和股本总额人民币1亿元。专门从事的业务属家用电器制造业，主要产品包括空调器、空调压缩机、冰箱和洗衣机等。

该公司拟新建项目需要投入固定资金300万元，该项目建设期2年，建设期资本化利息50万元，经营期5年，固定资产期满残值收入30万元。该项目投产，预计年营业收入160万元，年经营成本60万元。经营期每年支付借款利息35万元，直到经营期结束时还本。该公司采用直线法计提折旧，所得税税率为25%，设定折现率为10%。

（二）互动环节分析问题

问题（1）计算该投资项目的现金净流量。

问题（2）计算该项目的静态投资回收期。

问题（3）计算该投资项目净现值率和获利指数。

问题（4）评价该投资项目是否可行。

音频：互动环节分析提示

本章习题

一、理论知识强化训练题

（一）单项选择题

1. 与投资项目建设期长短、现金流量的大小都无关的指标是（　　）。

A. 投资收益率　　B. 内部收益率　　C. 净现值率　　D. 投资回收期

2. 互斥方案比较决策中，原始投资额不同，项目计算期也不相同的多方案比较决策，适合采用的评价方法是（　　）。

A. 净现值法　　B. 净现值率法
C. 差额投资内部收益率法　　D. 年等额净回收额法

3. 如果一个投资项目的投资额为 5 000 万元，建设期为 1 年，投产后 1 ~ 5 年的每年现金净流量为 800 万元，第 6 ~ 10 年的每年现金净流量为 900 万元，则该项目包括建设期的静态投资回收期为（　　）年。

A. 6.11　　B. 7　　C. 8.11　　D. 7.11

4. 某投资项目于建设期初一次投入原始投资 400 万元，建设期为 0，获利指数为 1.35。则该项目净现值为（　　）万元。

A. 540　　B. 140　　C. 100　　D. 200

5. 某公司正在考虑处理一台闲置设备。该设备原购入价 100 000 元，税法规定的残值率为 5%，已提折旧 90 000 元；目前可以按 5 000 元的价格卖出。若该公司适用的所得税税率为 25%，则处置该设备产生的现金流量为（　　）元。

A. 5 000　　B. 3 750　　C. 6 250　　D. 10 000

6. 某投资项目建设期 1 年，经营期 5 年，经营期初垫付流动资金 150 万元，固定资产投资 1 000 万元，预计残值率 10%，年营业收入 2 000 万元，经营成本 1 500 万元，所得税税率 25%，采用直线法计提折旧，预计报废收入与残值相等。则该项目经营期第 5 年现金净流量为（　　）万元。

A. 240　　B. 420　　C. 520　　D. 670

7. 某公司在对一个项目进行研发时，2006 年已投资 1 000 万元用于研制，结果研制失败；2007 年再次投资 500 万元，但仍没成功，随后搁置。现经过论证，认为如果再继续投资 2 000 万元，应当有成功的把握，则研制成功后至少取得收入（　　）万元才能进行第三次投资。

A. 3 500　　B. 2 000　　C. 2 500　　D. 1 500

8. 某项目经营期为 10 年，预计投产第一年初流动资产需用额为 50 万元，预计投产第一年流动负债为 15 万元，投产第二年初流动资产需用额为 80 万元，预计第二年流动负债为 30 万元，预计以后各年的流动资产需用额均为 80 万元，流动负债均为 30 万元，则该项目终结点一次回收的流动资金为（　　）万元。

A. 35　　B. 15　　C. 95　　D. 50

9. 在下列评价指标中，属于静态反指标的是（　　）。

A. 内部收益率　　B. 净现值
C. 静态投资回收期　　D. 投资收益率

10. 企业为使项目完全达到设计生产能力、开展正常经营而投入的全部现实资金的是（　　）。

A. 建设投资　　B. 原始投资　　C. 项目总投资　　D. 现金流量

（二）多项选择题

1. 对于项目投资，下列表述正确的有（　　）。

A. 资金成本越高，净现值越高

B. 资金成本等于内部收益率时，净现值为零

C. 资金成本高于内部收益率时，净现值为负数

D. 资金成本越低，净现值越高

2. 对内部收益率有影响的有（　　）。

A. 资金成本　　B. 投资项目有效年限

C. 原始投资额　　D. 投资项目的现金量

3. 某企业拟按15%的期望投资报酬率进行一项固定资产投资决策，所计算的净现值指标为100万元，货币时间价值为8%。假定不考虑通货膨胀因素，同下列表述中不正确的有（　　）。

A. 该项目的现值指数小于1　　B. 该项目的内部收益率小于8%

C. 该项目的风险报酬率为7%　　D. 该企业不应进行此项投资

4. 关于项目投资，下列说法错误的有（　　）。

A. 经营成本中包括折旧但不包括利息费用

B. 估算经营税金及附加时需要考虑增加的增值税

C. 维持运营投资是指矿山、油田等行业为维持正常经营而需要在运营期投入的流动资产投资

D. 调整所得税等于税前利润与适用的所得税税率的乘积。

5. 独立方案存在的前提条件有（　　）。

A. 投资资金来源没有限制

B. 投资方案所需的人力、物力均能得到满足

C. 投资资金存在优先使用的排列

D. 每一方案是否可行，仅取决于本方案的经济效益，与其他方案无关

二、技能强化训练题

（一）案例分析题

某完整工业投资项目需要原始投资合计130万元，其中固定资产投资100万元（全部为贷款，年利率10%，贷款期限为5年），开办费投资10万元，流动资金投资20万元。建设期为2年，固定资产投资和开办费投资在建设期内均匀投入，流动资金于第2年末投入。该项目寿命期5年，固定资产按直线法计提折旧，期满有1万元净残值；开办费全部在投产第1年年末摊销，预计投产后每年获7.5万元净利润，所得税税率为25%，运营期每年维持运营投资为5万元，流动资金于终结点一次收回，项目的折现率为12%。

要求：计算下列指标，并判断该项目的财务可行性。

1. 项目的计算期；

2. 按照复利计算项目的建设期资本化利息；

3. 项目的投资总额；

4. 运营期内项目各年的息税前利润；

5. 项目的投资收益率；

6. 项目建设期各年的现金净流量；

7. 运营期内项目各年的自由现金流量；

8. 项目包括建设期的静态投资回收期；

9. 项目的获利指数和净现值率。

资料来源：陈玉菁．财务管理实务与案例．中国大学出版社，2015.

（二）实务计算题

1. 某项目投资总额为150万元，其中固定资产投资110万元，建设期为2年，于建设起点分2年平均投入。无形资产投资20万元，于建设起点投入。流动资金投资20万元，于投产开始垫付。该项目经营期10年，固定资产按直线法计提折旧，期满有10万元净残值；无形资产于投产开始分5年平均摊销；流动资金在项目终结时可一次全部收回，另外，预计项目投产后，前5年每年可获得40万元的营业收入，并发生38万元的总成本；后5年每年可获得60万元的营业收入，发生25万元的变动成本和15万元的付现固定成本。

要求：计算该项目投资在项目计算期内各年的现金净流量。

2. 某企业拟更新一套尚可使用5年的旧设备。旧设备原价170 000元，账面净值110 000元，期满残值10 000元，目前旧设备变价净收入60 000元。旧设备每年营业收入200 000元，付现成本164 000元。新设备投资总额300 000元，可用5年，使用新设备后每年可增加营业收入60 000元，并降低付现成本24 000元，期满残值30 000元。

要求：（1）计算新、旧方案的各年现金净流量。

（2）计算更新方案的各年差量现金净流量。

3. 某企业有甲、乙两个投资方案，投资总额均为10万元，全部用于购置新的设备，折旧采用直线法，使用期均为5年，无残值，其他有关资料如表6－12所示。

表6－12 单位：元

项目计算期	甲方案		乙方案	
	利润	现金净流量（*NCF*）	利润	现金净流量（*NCF*）
0		（100 000）		（100 000）
1	15 000	35 000	10 000	30 000
2	15 000	35 000	14 000	34 000
3	15 000	35 000	18 000	38 000
4	15 000	35 000	22 000	42 000
5	15 000	35 000	26 000	46 000
合计	75 000	75 000	90 000	90 000

要求：（1）计算甲、乙两个方案的投资利润率。

（2）计算甲、乙两个方案的投资回收期。

4. 某企业购入设备一台，价值为30 000元，按直线法计提折旧，使用寿命6年，期末无残值。预计投产后每年可获得利润4 000元，假定贴现率为12%。

要求：（1）计算该项目的净现值。

（2）假设投产后每年可获得利润分别为3 000元、3 000元、4 000元、4 000元、5 000元、6 000元，其他资料不变。

（3）计算净现值率和现值指数。

（4）计算内含报酬率。

5. 某企业拟引进一条流水线，投资额 110 万元，分两年投入。第一年初投入 70 万元，第二年初投入 40 万元，建设期为 2 年，净残值 10 万元，折旧采用直线法。在投产初期投入流动资金 20 万元，项目使用期满仍可全部回收。该项目可使用 10 年，每年销售收入为 60 万元，总成本 45 万元。假定企业期望的投资报酬率为 10%。

要求：计算该项目的净现值、内含报酬率，并判断该项目是否可行。

6. 某企业现有资金 100 万元可用于固定资产项目投资，有 A、B、C、D 四个互相排斥的备选方案可供选择，这四个方案投资总额均为 100 万元，项目计算期都为 6 年，贴现率为 10%，现经计算：

$NPV_A = 8.1253$ 万元　　$IRR_A = 13.3\%$

$NPV_B = 12.25$ 万元　　$IRR_B = 16.87\%$

$NPV_C = -2.12$ 万元　　$IRR_C = 8.96\%$

$NPV_D = 10.36$ 万元　　$IRR_D = 15.02\%$

要求：决策哪一个投资方案为最优。

文本：挑战中级

文本：本章实训题

第七章

营运资金管理

PPT：营运资金管理

学习目标

* 掌握最佳现金持有量决策的基本方法
* 掌握应收账款政策的制定
* 掌握最佳存货量的确定方法
* 理解营运资金管理的有关概念及其管理要求
* 理解现金的持有动机、现金管理的意义
* 理解应收账款的功能、成本及其管理目标
* 理解存货的功能与成本

【引入知识】

某富翁走过地下通道，碰到一个乞丐，看到乞丐衣衫单薄的样子，富翁一下动了恻隐之心，掏钱时才发现身上只带了100元，“把钱给了乞丐，自己午饭怎么解决?”富翁手里拿着100元犹豫了，乞丐见到这100元心里一阵狂喜，但突然富翁又把钱收起来了。富翁脱下自己的大衣对乞丐说“衣服给你吧，价值1 000多元呢。”富翁以为乞丐会很感激。乞丐接过大衣，但很快又还给他，盯着他的钱包说：“你还是给我现金吧，衣服不能拿去买饭吃!”这回富翁饿了一中午。

从这个故事中可以了解一些财务原理：名贵衣服虽然价值1 000多元，但只能用来穿，而100元现金可以让乞丐买到很多他需要的东西，对乞丐来说，100元现金比1 000多元的衣服更有诱惑力。对一个企业来说，是利润重要还是手里的现金重要？如果一个公司没有现金，流动性就不存在，结果就是破产。实际上，保证合理比例的流动资金在任何一个企业的理财中都十分关键，这即是财务管理中的营运资金问题。

本章讲解营运资金的管理问题。即如何合理持有现金、如何收应收账款、如何确定最合理的存货储存量等问题。

【案例导入】

（一）案例资料

B公司账龄分析表如表7－1所示。

表7－1 **B公司账龄分析表**

2019年12月31日

应收账款账龄	账户数量	金额（千元）	所占比例（%）
信用期内	50	160	44
超过信用期1～20天	20	80	22
超过信用期21～40天	10	40	11

续表

应收账款账龄	账户数量	金额（千元）	所占比例（%）
超过信用期 41～60 天	8	40	11
超过信用期 61～80 天	6	20	6
超过信用期 81～100 天	4	10	3
超过信用期 100 天以上	2	10	3
合计	100	360	100

资料来源：陈玉菁．财务管理实务与案例．中国人民大学出版社，2015.

（二）阅读分析

根据该表内容，可以得到什么信息？

文本：案例导入分析提示

第一节 营运资金管理概述

一、营运资金的含义及特点

营运资金是企业用以维持日常经营活动所需的资金，也称营运资本，营运资金有广义和狭义之分。广义的营运资本是指总营运资本，通常是指流动资产所占用的资金数额及其资金来源，具体包括现金、有价证券、应收账款、存货、预付费用等。狭义的营运资金又称为净营运资本，是指流动资产减去流动负债后的余额，即企业在生产经营中可运用的流动资产的净额。这里指的是狭义营运资金。营运资金的管理包括流动资产的管理，也包括流动负债的管理。流动资产是指可以在一年或超过一年的一个营业周期内变现或者耗用的资产，包括货币资金、短期投资、应收预付款项、存货等。流动负债是指必须在一年或超过一年的一个营业周期内偿还的债务，包括短期借款、应付预收款项、应交税金等。营运资金的存在表明企业的流动资产占用的资金除了以流动负债筹集外，还以长期负债或所有者权益筹集。

为了有效地管理企业的营运资金，必须研究营运资金的特点，以便有针对性地进行管理。营运资金一般具有如下特点：

1. 营运资金的来源具有多样性

企业筹集长期资金的方式一般比较少，只有吸收直接投资、股票发行、债券等方式。与筹集长期资金的方式相比，企业筹集营运资金的方式较为灵活多样，通常有银行短期借款、短期融资券、商业信用、应交税费、应付股利、应付职工薪酬等多种内部融资方式。

2. 营运资金的数量具有波动性

流动资产的数量会随企业内外条件的变化而变化，时高时低，波动很大。季节性企业如此，非季节性企业也如此，随着流动资产数量的变动，流动负债的数量会相应发生变动。

3. 营运资金的周转具有短期性

企业占用在流动资产上的资金，通常会在一年或超过一年的营业周期内收回，对企业影响的时间比较短。根据这一特点，营运资金可以用商业信用、银行短期借款等短期筹资方式来加以解决。

4. 营运资金的实物形态具有变动性和易变性

企业营运资金的占用形态是经常变化的，营运资金的每次循环都要经过采购、生产、销售等过程，一般按照现金、材料、在产品、产成品、应收账款、现金的顺序转化。为此，在进行流动资产管理时，必须在各项流动资产上合理配置资金数额，做到结构合理，以促进资金周转顺利进行。同时，交易性金融资产、应收账款、存货等流动资产一般具有比较强的变现能力，如果遇到意外情况，企业出现资金周转不灵，现金短缺时，便可迅速变卖这些资产，以获取现金，这对财务上应付临时性的资金需求具有重要意义。

二、营运资金管理原则

营运资金管理一般是指公司的流动资产管理和为了维持流动资产进行的短期融资活动管理。其管理活动内容包括四个方面：现金管理、应收账款管理、存货管理、融资管理。对营运资金进行管理，既要保证有足够的资金满足企业生产经营需要，又要保证企业能按时按量的偿还各种到期债务。进行营运资金管理，必须遵循以下原则。

（一）认真分析生产经营状况、合理确定营运资金的需要数量

企业营运资金的需要量取决于生产经营规模和营运资本的周转速度，同时也受到市场及产供销情况的影响。因此企业财务人员应认真分析生产经营状况，合理确定营运资金的需要量。

（二）在保证生产经营需要的前提下，节约使用资金

在营运资金管理中，必须正确处理保证生产经营需要和节约使用资金二者之间的关系。要在保证生产经营需要的前提下，遵守勤俭节约的原则，挖掘资金潜力，精打细算地使用资金。

（三）加速营运资金的周转，提高资金的利用效率

营运资金周转是指企业的营运资金从现金投入生产经营开始，到最终转化为现金的过程。在其他因素不变的情况下，加速营运资金的周转，也就相应地提高了资金的利用效果。因此，企业要加速存货、应收账款等流动资产的周转，以便用有限的资金，取得最优的经济效益。

（四）合理安排流动资产与流动负债的比例关系，保障企业有足够的短期偿债能力

企业的流动负债是在短期内需要偿还的债务，而企业的流动资产则是在短期内可以转换为现金的资产，即企业的流动负债主要是用流动资产来偿还。因此，如果一个企业的流动资

产比较多，流动负债相对较少，那么企业的短期偿债能力就较强；反之，则说明短期偿债能力较弱。但如果企业的流动资产太多，流动负债太少，也并不是正常现象，这可能是流动资产闲置或流动负债利用不足所致，因此，企业要安排好二者的比例关系，以便既节约使用资金，又保证企业有足够的偿债能力。

思考

营运资金和流动资金有区别吗？

第二节 现金管理

现金是企业中流动性最强的资产，是唯一能够随时转换为其他任何类型资产的资产，可以直接使用并且立即投入流通。拥有大量现金的企业具有较强的偿债能力和承担风险的能力，但是其收益性也是最弱的。现金管理的过程就是在现金的流动性和收益性之间进行权衡抉择，其目的是既要维护适度的流动性，又要尽可能地提高现金收益率。

一、现金的持有动机与成本

（一）现金的持有动机

企业持有现金，主要基于以下三个方面的动机。

1. 交易动机

在企业日常经营中，为了满足企业正常经营的需要，必须保持一定数额的现金余额，用于购买原材料、支付工资、缴纳税款等。由于企业在经营过程中不可能始终保持现金收入与支出相等，因此，必须保持一定的现金余额，才能使经营活动正常进行。

2. 预防动机

预防动机是指为了预防意外事件发生而需要保持的现金支付能力。由于市场情形瞬息万变和其他各种不确定因素的存在，企业很难对未来现金收支情况做出准确的预测，一旦预期与实际情况发生偏差，必然会对企业正常经营秩序产生不利的影响。为了应付现金收支的波动，保证正常经营的继续进行，企业持有一定的现金并追加一定数量的余额是非常必要的。这就是预防动机要求的现金持有。

3. 投机动机

投机动机是指企业在保证生产经营正常进行的前提下，为了抓住各种瞬间即逝的市场获利机会而保持的现金余额。

企业持有现金时，一般应综合考虑上述三个动机。但是，由于各种条件的变化，每一种动机需要的现金数量是很难确定的，而且现金可以在各种动机中调剂使用。所以企业必须综合考虑多方面因素，合理分析企业的现金状况。

（二）现金持有成本

企业持有现金资产，通常会发生以下成本。

1. 机会成本

机会成本是指企业因持有一定现金余额而增加的管理费用及丧失的投资收益。这种投资收益是企业不能同时用该现金进行有价证券投资所产生的收益，与现金持有量成正比例关系：

机会成本 = 现金持有量 × 有价证券利率

2. 管理成本

管理成本是指企业因持有一定数量的现金而发生的各项管理费用，如管理人员的工资福利费和安全措施费用等。管理成本是一种固定成本，与现金持有量之间无明显的比例关系。

3. 交易成本

交易成本是指企业用现金买卖有价证券时付出的交易费用，即现金同有价证券之间互相转换的成本，具体包括经纪人费用、捐税及其他管理成本，这种成本只与交易次数有关，而与现金持有量无关。

4. 短缺成本

短缺成本是指因现金持有量不足又无法及时通过有价证券变现加以补充而给企业造成的损失。现金的短缺成本随持有量的增加而下降，随持有量的减少而上升，现金持有量与短缺成本呈反方向变动关系。

> **思考**
>
> 企业为满足交易动机而持有现金，所考虑的主要因素有哪些？

二、最佳现金持有量

最佳现金持有量是指既能保证企业生产经营的需要，又能使企业获得最大收益的最低现金持有量，也称最佳现金余额。因此，确定最佳现金持有量是现金管理中的重要环节，为了满足企业各种动机的需求必须要确定最佳现金持有量。确定最佳现金持有量的模型有以下几种：

（一）成本分析模型

成本分析模型，是根据企业持有现金的有关成本来分析和预测其总成本最低时现金持有量的方法。在影响现金持有量的相关因素中，成本分析模型只考虑持有一定数量的现金而发生的机会成本、管理成本和短缺成本，而不考虑交易成本。计算公式：

总成本 = 机会成本 + 管理成本 + 短缺成本

式中管理成本具有固定成本的性质，与现金持有量不存在明显线性关系。机会成本与现金持有量成正比例变动。机会成本 = 现金持有量 × 有价证券利率。短缺成本同现金持有量呈负相关关系。这些成本与现金持有量的关系如图 7 -1 所示。

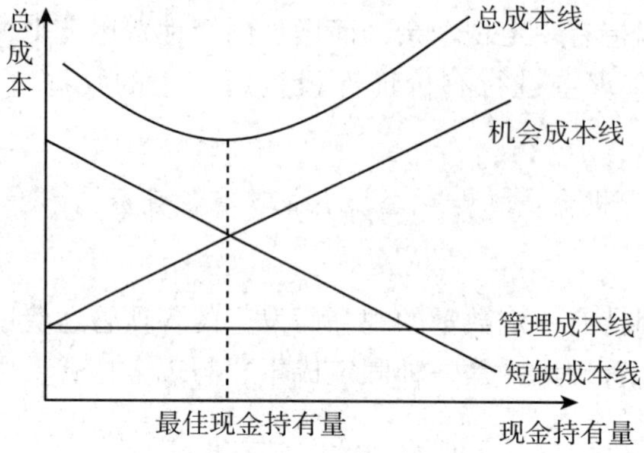

图 7 -1　成本分析模型

图 7 -1 对现金持有成本与持有量的关系进行了描述。总成本线呈一条抛物线，抛物线的最低点，即为成本最低点。该点所对应的现金持有量是最佳现金持有量，此时总成本最低。

成本分析模型是基于上述原理来确定现金最佳持有量的，计算步骤是：

（1）根据不同现金持有量测算各备选方案的有关成本数值；

（2）按照不同现金持有量及其有关成本资料编制最佳现金持有量测算表；

（3）在测算表中找出相关总成本最低的现金持有量，即最佳现金持有量。

【例题 7 -1】某公司为加强现金管理，提出 A、B、C、D 四种现金持有方案，有关现金持有量及成本资料如表 7 -2 所示。

表 7 -2　现金持有量备选方案

项　目	A	B	C	D
现金持有量（万元）	100	200	300	400
机会成本率（%）	12	12	12	12
短缺成本（万元）	50	30	10	0

根据表 7 -2 计算的现金最佳持有量测算表如表 7 -3 所示。

表 7 -3　最佳现金持有量测算　　单位：万元

方案及现金持有量	机会成本	短缺成本	总成本
A（100）	12	50	62
B（200）	24	30	54
C（300）	36	10	46
D（400）	48	0	48

通过比较表 7－2 中各方案的总成本可知，应该选择成本最低的 C 方案，因此，企业持有 300 万元的现金时，各方面的总成本最低，300 万元为现金最佳持有量。

（二）存货模型

存货模型又称鲍莫模型，它是由美国经济学家威廉 · J. 鲍莫（WilIiam J. BaumoI）于 1952 年首先提出的。他认为企业现金持有量在许多方面与存货相似，存货经济批量模型可用于确定最佳现金持有量，并因而确定了鲍莫模型。

存货模型的着眼点是现金相关成本之和最低。企业平时持有较多的现金，会降低现金的短缺成本，但也会增加现金占用的机会成本；平时持有较少的现金，则会增加现金的短缺成本，却能减少现金占用的机会成本。如果企业平时只有较少的现金，在有现金需要时（如手头的现金用尽），通过出售有价证券换回现金（或从银行借入现金），能满足现金的需要，避免短缺成本，又能减少机会成本。因此，适当的现金与有价证券之间的转换，是企业提高资金使用效率的有效途径，这与企业奉行的营运资金政策有关。采用宽松的投资政策，保留较多的现金则转换次数少，如果经常进行大量的有价证券与现金的转换，则会加大交易成本，因此，如何确定有价证券与现金的每次转换量是一个需要研究的问题，这可以应用现金持有量的存货模式解决。

有价证券转换回现金所付出的代价（如支付手续费用），被称为现金交易成本，现金交易成本与现金转换次数、每次的转换量有关。假定现金每次的交易成本是固定的，在企业一定时期现金使用量确定的前提下，每次以有价证券转换回现金的金额越大，企业平时持有的现金量便越高，转换的次数便越少，现金交易成本就越低；反之，每次转换回现金的金额越低，企业平时持有的现金量便越低，转换的次数会越多，现金交易成本就越高。可见，现金交易成本与持有量成反比。

运用存货模式确定最佳现金持有量时，是以下列假设为前提的：

（1）企业所需要的现金可以通过证券变现取得，且证券变现的不确定性很小；

（2）企业预算期内现金需要总量可以预测；

（3）现金的支出过程比较稳定、波动较小，而且每年现金余额降至零时，均通过证券变现得以补足。

（4）证券的利率或报酬率以及每次固定性交易成本可以获悉。

如果这些条件基本得到满足，企业便可以利用存货模式来确定最佳现金持有量。利用存货模式计算最佳现金持有量时，对短缺成本不予考虑，只对机会成本和固定性交易成本予以考虑，机会成本和固定性交易成本随着现金持有量的变动而呈现出相反的变动趋向，因而能够使现金管理的机会成本与固定性交易成本之和保持最低的现金持有量，即为最佳现金持有量。

设 T 为一个周期内现金总需求量，F 为每次转换有价证券的固定成本（交易成本），C^* 为最佳现金持有量（每次证券变现的数量），K 为有价证券利息率（机会成本率），TC 为现金管理相关总成本，则：

$$最小相关总成本 = 持有机会成本 + 固定性交易成本$$

$$TC = \frac{C}{2} \times K + \frac{T}{C} \times F$$

最小相关总成本与持有机会成本、固定性交易成本的关系如图 7－2 所示。

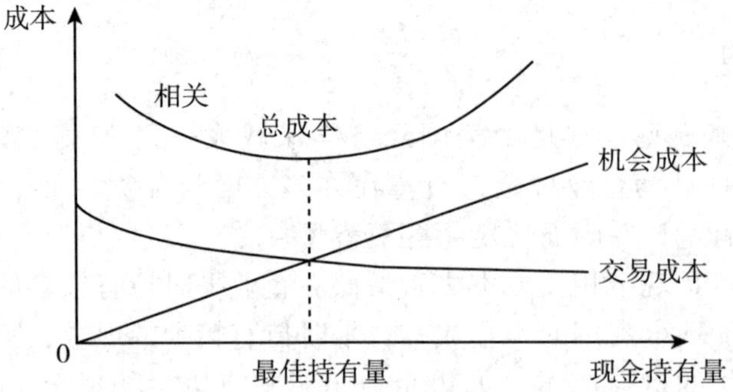

图 7－2　存货模式

从图 7－2 可以看出，持有机会成本和固定性交易成本随着现金持有量的变化而呈反方向变化，这种反方向变化的结果导致相关总成本线变为一个 U 形曲线，曲线的最低点即为总成本最低点。与这一点对应的现金持有量即为最佳现金持有量。

持有机会成本和固定性交易成本相等时，相关总成本最低，此时的持有量即为最佳现金持有量。因此，令持有机会成本等于固定性交易成本，就可得出最佳现金持有量的基本公式：

$$C^* = \sqrt{\frac{2TF}{K}}$$

$$\text{经推导:最小相关总成本}(TC) = \sqrt{2 \times T \times F \times K}$$

【例题 7－2】 某公司预计全年（按 360 天计算）需要现金 40 万元，现金与有价证券的交易成本为每次 200 元，有价证券的利息率为 10%。该企业现金收支状况比较稳定，则该公司的最佳现金余额为：

$$C^* = \sqrt{\frac{2 \times 400\ 000 \times 200}{10\%}}$$

可见，公司的最佳现金余额为 40 000 元，意味着公司从有价证券转换为现金的次数为 10 次，共需承担的机会成本和交易成本均为 2 000 元，总成本为 3 000 元。

（三）随机模型

随机模型（米勒—欧尔模型），是在企业现金流入与流出不稳定情况下确定现金余额的模型。该模型假定企业无法确切地预知每日的现金实际收支状况，现金流量接近正态分布，而且现金与有价证券之间可以自由兑换。

实际工作中，企业的现金需要量是很难准确预测的，不过企业可以通过历史经验和现实需要，测算出一个现金控制区域，定出上限和下限，将现金余额控制在上下限之内。当现金余额达到上限时将现金投资于有价证券，使现金余额下降；当现金余额降到控制下限时，则抛售有价证券换成现金，使现金余额上升。图 7－3 对现金余额的随机波动情况进行了描述。

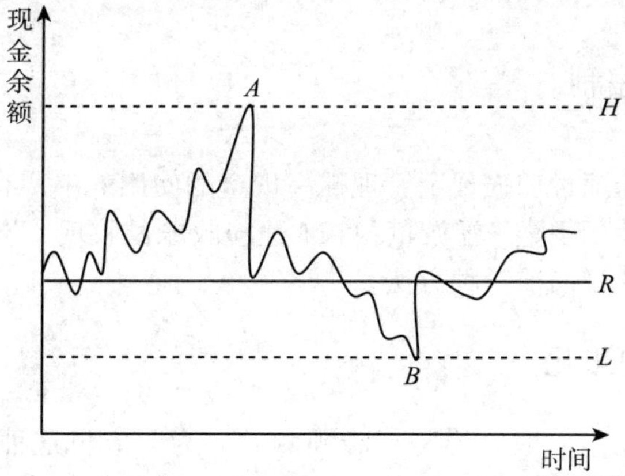

图 7－3 确定现金余额的随机模型

在图 7－3 中，虚线 H 为现金余额的上限，虚线 L 为现金余额的下限，实线 R 为最佳现金余额，也是现金余额随机波动的均衡点和目标水平。模型假设企业的现金余额在上限（H）与下限（L）之间随机波动，当其达到了现金控制的上限，企业应当适当购进有价证券，使现金余额回落到目标水平；当现金余额下降到下限水平，企业应当出售部分有价证券补充现金，使其现金余额回升至目标水平。根据米勒—欧尔模型，最佳现金余额的计算公式为：

$$R = L + \sqrt[3]{\frac{3b\sigma^2}{4i}}$$

式中，b 为证券交易成本；i 为有价证券的日收益率；σ 为预期每日现金余额变化的标准差。

下限 L 的确定要受到企业每日的最低现金需要、管理人员的风险承受倾向等因素的影响，上限的计算公式为：

$$H = 3R - 2L$$

【例题 7－3】 某公司有价证券的日利率为 0.06%，每次固定交易成本为 500 元，公司认为任何时候其现金余额均不低于 2 000 元，又根据以往经验测算出现金余额波动的标准差为 5 000 元，该公司的最佳现金余额和现金控制上限为多少？

最佳现金余额为：

$$R = L + \sqrt[3]{\frac{3b\sigma^2}{4i}} = 2\ 000 + \sqrt[3]{\frac{3 \times 500 \times 5\ 000^2}{4 \times 0.06\%}} = 27\ 000\text{（元）}$$

持有量上限为：

$$H = 3R - 2L = 3 \times 27\ 000 - 2 \times 2\ 000 = 77\ 000\text{（元）}$$

这样，当公司的现金余额为 77 000 元时，即应以 50 000 元的现金购入有价证券，使现金余额回落为 27 000 元；当公司的现金余额降至 2 000 元时，则应转让 25 000 元的有价证券，使现金余额回升至 27 000 元。

思考

存货模式与成本分析模式相比，其要点是什么？

三、现金的日常控制

现金管理的目的在于通过加强现金管理提高现金的使用效率，有效的现金管理方法包括现金流动同步化、合理使用现金“浮游量”、加速应收账款收现、推迟应收账款的支付、提高转账效率等，这里主要说明前三种方法。

（一）现金流动同步化

企业的现金流入与流出一般来说是很难预测的，为了应付这种不确定性可能带来的问题，企业要合理安排供货和其他现金支出，有效地组织销售和其他现金流入，使现金流入和现金流出的波动基本一致。企业财务人员要提高预测和管理能力，以保障现金流入与现金流出的同步，现金流动同步化的实现可以使企业的现金余额减少到最小，从而减少现金持有成本，提高企业的盈利水平。

（二）合理使用现金“浮游量”

所谓现金的“浮游量”是指企业账户上现金余额与银行账户上显示的存款余额之间的差额。由于企业支付、收款与银行转账业务之间存在时滞，这会使本应显示同一余额的企业账簿和银行记录出现差异。为了保证企业的安全运转，财务人员必须对这个差异有清楚的了解，如果能正确预测“浮游量”并加以利用，也可以节约现金。

（三）加速应收账款收现

加速应收账款收现主要是指企业采取各种措施，缩短应收账款的收回时间。当企业的销售实现时，并不意味着已经得到了可以自由支配的现金收入，因为一般来说企业的账款收回时间包括票据邮寄时间、票据在企业停留时间及票据结算的时间。前两个阶段所需时间的长短不但与客户、企业、银行之间的距离有关，而且会受到收款的效率的影响。这可以通过集中银行、锁箱系统的方法来加速收款。

（四）推迟应付账款的支付

企业在不影响自身信誉的前提下，应尽可能推迟应付款的支付期限，这样可以最大限度地使用债权人的资金进行经营。在享受现金折扣优惠政策时，可在折扣期的最后一天付款，如果急需现金而放弃折扣优惠，可选择在信用期限的最后一天付款。此外，企业还可以选择商业汇票等结算方式推迟款项的支付。

文本：实务演练1

第三节 应收账款管理

应收账款是指企业由于销售产品、提供劳务等活动所形成的债权性资产，是流动资产的重要组成部分。随着市场经济的发展、商业信用的扩展，应收账款占用的资金比重不断增加，因此加强对这部分资金占用的控制，在整个流动资产管理中占有重要地位。

一、应收账款的概述

应收账款是企业扩大销售、增强企业竞争力、减少存货、增加收入和利润的有力手段，但应收账款的增加，也会相应地增加应收账款的管理成本、坏账成本等，而且有可能给企业带来致命性的打击，因此，加强应收账款的管理对企业发展至关重要。通过应收账款的管理，不仅要发挥应收账款的功能，而且要降低相应的投资成本，这样才能使应收账款所带来的收益大于相关的成本费用。

（一）应收账款的功能

应收账款的功能是指它在生产经营中的作用。主要有以下两个方面：

1. 扩大销售的功能

市场经济条件下，企业面临着各种激烈的竞争。为了在竞争中获胜，企业通过赊销实际上是既向顾客提供了产品，又向顾客提供了资金，所以赊销就成了扩大销售的手段。

2. 减少存货的功能

企业扩大销售就会减少存货。存货的减少就会降低存货的储存费、管理费和保险费等。因此，当企业产成品存货较多时，一般都会采用较为优惠的信用条件进行赊销，把存货转化为应收账款，减少存货和各种费用。

（二）应收账款的成本

视频：应收账款成本的计算

应收账款成本是指企业持有应收账款而付出的代价。应收账款成本主要由机会成本、坏账成本和管理成本三部分组成。

1. 应收账款的机会成本

应收账款的机会成本是指企业因资金投放在应收账款上而丧失投资于其他方面而获得的收益。如投资有价证券便可以获得利息收益。这种成本一般按资金成本率或有价证券利率计算。

应收账款机会成本 = 维持赊销业务所需资金 × 资金成本率

维持赊销业务所需资金 = 应收账款平均余额 × 变动成本率

应收账款平均余额 = 日赊销额 × 平均收账天数 = 年赊销额/360 × 平均收账天数

【例题 7－4】 某公司预测的 2011 年度销售额为 6 000 万元，变动成本率为 60%，资金成本率为 10%，假设应收账款平均收账天数为 60 天，试计算应收账款的平均余额、维持赊销业务所需资金和应收账款机会成本。

$$应收账款的平均余额 = \frac{6\ 000}{360} \times 60 = 1\ 000\ （万元）$$

维持赊销业务所需资金 $= 1\ 000 \times 60\% = 600$（万元）

应收账款机会成本 $= 600 \times 10\% = 60$（万元）

注意，当客户在信用期限内付款时间不同或延期付款时，应按客户购货额占企业全部销货额的比重和付款时间计算平均收账天数，计算公式为：

$$平均收账天数 = \sum 客户购货比重 \times 付款期限$$

2. 应收账款的坏账成本

应收账款的坏账成本是指由于应收账款无法收回而给企业带来的损失。应收账款是因商业信用的存在而产生的，所以存在不能收回的可能性，由此而给应收账款持有者带来的损失，就是坏账成本。此项成本一般与应收账款的数量成正比。

3. 应收账款的管理成本

应收账款的管理成本是指对应收账款进行管理而发生的各项成本费用，主要包括收账费用、延期付款成本、调查顾客信用情况费用、收集各种信息费用、账簿记录费用和其他费用。

（三）应收账款的管理目标

应收账款管理的基本目标，就是要对其收益和成本进行权衡比较，发挥应收账款的强化竞争、扩大销售的作用，尽可能地降低其产生的机会成本、管理成本与坏账损失，最大限度地提高应收账款投资的收益。

> **思考**
>
> 如何理解应收账款在企业中“双刃剑”的作用？

二、应收账款政策的制定

应收账款政策又称信用政策，是指企业对应收账款进行规划与控制而确立的基本原则性行为规范，是企业财务政策的一个重要组成部分。所以企业首先应制定合理的信用政策，才能更好地管理应收账款。信用政策主要包括信用标准、信用条件和收账政策三部分内容。

（一）信用标准

信用标准是客户获得企业商业信用所应具备的最低条件，通常以预期的坏账损失率表示。如果企业的信用标准较严，只对信誉好、坏账损失率低的客户给予赊销，则会减少坏账损失，减少应收账款的机会成本，但这可能不利于企业市场竞争能力的提高和销售收入的扩大，甚至会使销售量减少。相反，如果企业的信用标准较宽，虽然有利于企业扩大销售，提高市场竞争力和占有率，但同时会增加坏账损失和应收账款的机会成本。

因此，企业确定信用标准的关键是衡量不同客户的信用状况，从而最终决定是否对该客户实行信用销售。

1. 调查客户信用

客户信用状况的评定是建立在可靠的资料基础之上的。所以，在评定客户信用状况之前，必须收集客户的有关信息资料，对客户进行信用调查。信用调查有两类：

（1）直接调查，是指调查人员直接与被调查单位接触，通过当面采访、询问、观看、记录等方式获取信用资料的一种方法。直接调查能保证搜集资料的准确性和及时性，但若不能得到被调查单位的合作，则会使调查资料不完整。

（2）间接调查，是以被调查单位以及其他单位保存的有关原始记录和核算资料为基础，通过加工整理获得被调查单位信用资料的一种方法。这些资料主要来自客户的财务报表、信用评估机构定期发布的有关企业的信用等级报告、客户开户行以及能提供客户信用情况的其他途径等。

2. 评定客户的信用状况

通过对收集来的信用资料加以整理、分析，然后对客户信用状况做出评定。分析客户的信用状况的方法有定性分析法和定量分析法。

（1）定性分析法。主要是采用5C评估法，5C评估法是指重点分析影响信用的五个方面的一种方法。五个方面是品德（character）、能力（capacity）、资本（capital）、抵押品（collateral）、经济环境（conditions）。其英文的首写字母都是C，故称为5C评估法。

①品德，指客户愿意履行其付款义务的可能性。顾客是否愿意尽自己最大努力来归还贷款，直接决定着账款的回收速度和数量。品德因素是决定客户信用的最重要的因素。

②能力，指客户按规定条件偿还债务的能力。客户偿还能力的高低，取决于资产特别是流动资产的数量、变现能力及其与流动负债结构的比例关系。

③资本，指客户的经济实力和财务状况，是客户偿还债务的最终保证。这主要根据有关财务比率进行判断。

④抵押品，指客户获得信用可能提供的资产。这对于不知底细或信用状况有争议的客户尤为重要，客户提供的抵押品越充足，信用安全保证就越高。

⑤经济环境，指可能影响顾客还款能力的经济环境。社会经济环境的变化往往会影响客户的经营状况和偿债能力。

通过以上五个方面的分析，基本上可以判断客户的信用状况，为最后决定是否向客户提供商业信用做好准备。

（2）定量分析法。主要是采用信用评分法。它是利用客户有关财务指标计算出客户的信用得分，根据客户的信用得分评价其信用质量。企业根据自身重点的不同对不同财务指标给予不同的权重，最终得出一个多元的信用评分公式。其具体步骤如下：

①收集与客户信用状况有关的财务指标。通常包括：流动比率、速动比率、资产负债率、销售利润率、应收账款周转率、信用评级等级、经营年限、对客户未来预计等。

②对客户的各项重要财务指标逐项评价打分。

③根据各项财务指标的重要程度确定其各自的比例，作为权重。

④计算客户的加权平均的综合信用分数。

3. 确定合理的信用标准（确定坏账损失率）

依据上述客户信用状况分析，结合企业自身特点和外部的竞争环境，确定客户的信用标准。

（二）信用条件

信用条件是指企业要求客户支付赊销款项的条件，包括信用期限、折扣期限和现金折扣。信用条件的基本表现方式如“2/10，n/30”，意思是：若客户能够在发票开出后的10日内付款，可享受2%的现金折扣；如果放弃折扣优惠，则全部款项必须在30日内付清。在此，30天为信用期限，10天为折扣期限，2%为现金折扣率。提供比较优惠的信用条件能增加销售量，但同时也会带来额外的负担，如增加应收账款机会成本、坏账成本、现金折扣成本等。

1. 信用期间

信用期间是指企业允许客户从购货日到付款日之间的时间间隔，或者说是企业给予客户信用的持续期间。通常延长信用期限可以在一定程度上扩大销售量，增加毛利。但不适当地延长信用期限，会给企业带来很大风险：一是延长平均收现期，会使占用在应收账款上的资金相应增加，引起机会成本增加；二是引起坏账损失和收账费用的增加。因此，企业是否给客户延长信用期限，应视延长信用期限增加的收入是否大于增加的成本而定。

【例题7-5】某公司现在采用信用期限为30天的信用政策，为促销拟将信用期限延长至60天，无现金折扣，该公司的资金成本率为12%，其他有关数据如表7-4所示。

表7-4　该公司信用期限备选方案

项目	30天	60天
销售量（件）	100 000	120 000
销售额（元）	1 000 000	1 200 000
变动成本（元）	600 000	720 000
固定成本（元）	200 000	200 000
毛利（元）	200 000	280 000
预计收账费用（元）	5 000	10 000
预计坏账损失（元）	10 000	15 000

要求：确定该企业应选择哪一个信用期限？

根据以上资料，按照下列步骤计算相应指标：

第一步：计算增加的收益。

增加的收益 = 增加的销售量 × 单位边际贡献

$= (120\,000 - 100\,000) \times (10 - 6) = 80\,000$（元）

第二步：计算增加的成本。

30天信用期限的机会成本 $= \frac{1\,000\,000}{360} \times 30 \times \frac{600\,000}{1\,000\,000} \times 12\% = 6\,000$（元）

$$60\text{天信用期限的机会成本}=\frac{1\ 200\ 000}{360}\times 60\times\frac{720\ 000}{1\ 200\ 000}\times 12\%=14\ 400\text{（元）}$$

增加的机会成本 = 14 400 − 6 000 = 8 400（元）

增加的收账费用 = 10 000 − 5 000 = 5 000（元）

增加的坏账损失 = 15 000 − 10 000 = 5 000（元）

增加的成本 = 8 400 − 5 000 + 5 000 = 18 400（元）

第三步：计算增加的净收益。

增加的净收益 = 80 000 − 18 400 = 61 600（元）

由于增加的收益 80 000 元大于增加的成本 18 400 元，因此该公司应将信用期限延长到 60 天。

应当注意的是，上述平均收账天数是假定客户均在信用期最后一天付款，所以平均收账天数按信用期限计算。

2. 折扣期限和现金折扣

折扣期限是为客户规定的可享受现金折扣的付款时间，现金折扣是在顾客提前付款时给予的优惠。企业为客户提供现金折扣，一方面是为了吸引一批想要获得折扣的客户，从而提高销售数量、增加销售总额：另一方面是为了让这些客户为取得折扣而提前付款，从而缩短平均应收账款占用期，减少资金成本。给予客户现金折扣能带来以上的利益，但也会丧失企业折扣本身的收益。

企业核定多长的现金折扣期限及给予客户多大程度的现金折扣率，必须与信用期限及加速收款所得到的收益与付出的现金折扣成本结合起来分析。如果实行现金折扣政策所带来的收益能够补偿现金折扣成本，企业就可以实行现金折扣政策；否则，就不易实行。

【例题 7 − 6】利用【例题 7 − 5】资料，如果企业为了加速应收账款的回收，决定在信用条件 N/60 的基础上改为 2/10、1/20、N/60，估计 50% 的客户会利用 2% 的折扣，20% 的客户会利用 1% 的折扣，其余客户在信用期内付款，预计收账费用降为 8 000 元，可能发生的坏账损失降为 12 000 元。根据以上资料，分析是否应该实行现金折扣政策（见表 7 − 5）。

表 7 − 5　　现金折扣政策分析评价　　单位：元

项目	N/60	2/20，1/10，N/60
年赊销额	1 200 000	1 200 000
减：现金折扣	—	14 400
年赊销净额	1 200 000	1 185 600
减：变动成本	720 000	720 000
信用成本前收益	480 000	465 600
减：机会成本	14 400	6 480
收账费用	10 000	8 000
坏账损失	15 000	12 000
小计	39 400	26 480
信用成本后收益	440 600	439 120

（1）现金折扣 $=1\ 200\ 000\times50\%\times2\%+1\ 200\ 000\times20\%\times1\%=14\ 400$（元）

（2）实行现金折扣后平均收账天数 $=50\%\times10+20\%\times20+30\%\times60=27$（天）

实行现金折扣后的机会成本 $=\dfrac{120\ 000\ 000}{360}\times27\times\dfrac{720\ 000}{120\ 000\ 000}\times12\%=6\ 480$（元）

因为提供现金折扣后企业收益下降，建议不实行现金折扣政策。

（三）收账政策

收账政策是指当客户违反信用条件，拖欠甚至拒付账款时企业所采取的收账策略与措施。企业如果采用积极的收账政策，可能会减少应收账款投资，减少坏账损失，但会增加收账成本。如果采用较消极的收账政策，则可能会增加应收账款投资，增加坏账损失，但会减少收账费用。在实际工作中，可参照测算信用标准、信用条件的方法来制定信用政策。

一般而言，收账费用支出越多，坏账损失越少，但这两者并不一定存在线性关系。通常情况是：（1）增加一些收账费用，应收账款和坏账损失有小部分降低；（2）收账费用继续增加，应收账款和坏账损失明显减少；（3）收账费用达到某一限度后，应收账款和坏账损失的减少就不明显了，这个限度称为饱和点（如图 7－4 所示 B 点）企业在制定信用政策时，应权衡收账增加的费用与减少应收账款机会成本和坏账损失之间的得失。

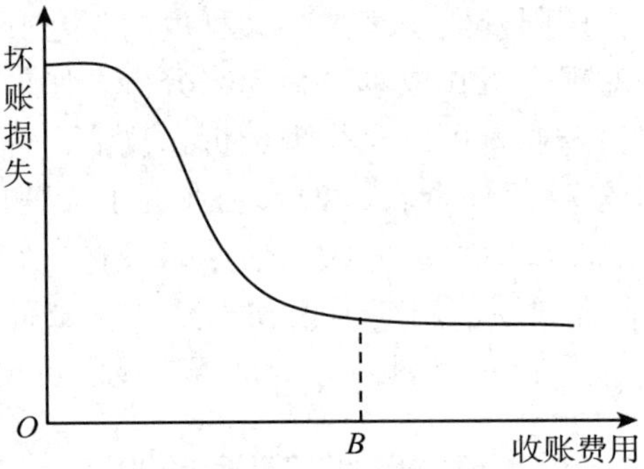

图 7－4　收账费用与坏账损失的关系

【例题 7－7】某公司应收账款原有的收账政策和建议的收账政策如表 7－6 所示。

表 7－6　　某公司两种收账政策的资料

项目	现行的收账政策	建议的收账政策
年收账费用（万元）	12	16
平均收账天数（天）	60	30
坏账损失率（%）	2	1
年销售收入（万元）	420	420
变动成本率（%）	60	60
资本成本率（%）	10%	10%

根据表7－6中的资料，计算两种方案的收账总成本，如表7－7所示。

表7－7　　收账政策分析评价表　　单位：万元

项目	现行的收账政策	建议的收账政策
年销售收入	420	420
平均收账天数（天）	60	30
应收账款平均余额	420 ÷ 360 × 60 = 70	420 ÷ 360 × 30 = 35
应收账款占用的资金	70 × 60% = 42	35 × 60% = 21
收账成本：		
机会成本	42 × 10% = 4.2	21 × 10% = 2.1
坏账损失	420 × 2% = 8.4	420 × 1% = 4.2
年收账费用	12	16
收账总成本	24.6	22.3

表7－8的计算结果说明，虽然建议的收账政策会增加4万元的收账费用，但是建议的收账政策相关的收账成本低于现行收账政策的收账成本。因此，建议收账政策的方案是可以接受的。

文本：实务演练2

三、应收账款的日常控制

在企业经营管理活动中，应收账款的监控也体现出相当重要的作用。对于已经发生的应收账款，企业还应进一步强化日常的管理工作，采取有效的措施进行分析、控制，及时发现问题，提前采取对策。

（一）应收账款追踪分析

应收账款一旦形成，企业就必须考虑如何按期足额收回的问题。这样，赊销企业就有必要在收款之前，对该项应收账款的运行过程进行追踪分析，重点要放在赊销商品的变现方面。企业要对赊购者今后的经营情况、偿付能力进行追踪分析，及时了解客户现金的持有量与调剂程度能否满足兑现的需要。应将那些挂账金额大、挂账时间长、经营状况差的客户的欠款作为考察的重点，防患于未然。必要时可采取一些措施，如要求这些客户提供担保等来确保应收账款的回收。

（二）应收账款账龄分析

建立应收账款账龄是考察应收账款的账龄结构，即各账龄应收账款的余额占应收账款总计余额的比重。一般而言，客户逾期拖欠账款时间越长，账款催收难度就越大，成为呆坏账损失的可能性也就越高。通过对应收账款的账龄分析，能够掌握以下信息：有多少客户在折扣期限内付款；有多少客户在信用期限内付款；有多少客户在信用期限过后才付款；有多少应收账款拖欠太久，可能会成为坏账。一般通过编制应收账款账龄分析表来掌握有关信息，如表 7－8 所示。

表 7－8　　某企业应收账款账龄分析表

应收账款账龄	账户数量	金额（万元）	比重（%）
信用期限内（设平均为 3 个月）	100	60	60
超过信用期 1 个月内	40	10	10
超过信用期 2 个月内	30	8	8
超过信用期 3 个月内	20	6	6
超过信用期 4 个月内	15	7	7
超过信用期 5 个月内	10	4	4
超过信用期 6 个月内	8	2	2
超过信用期 6 个月以上	5	3	3
应收账款余额合计	—	100	100

表 7－8 表明，该企业应收账款余额中，有 60 万元尚在信用期内，占全部应收账款的 60%。过期数额 40 万元，其中逾期在 1 个月、2 个月、3 个月、4 个月、5 个月、6 个月内的，分别为 10%、8%、6%、7%、4%、2%。另有 6% 的应收账款已经预期半年以上。此时，企业应分析逾期账款具体属于哪些客户，这些客户是否经常发生拖欠情况，发生拖欠的原因何在。根据这些信息，企业要制定相应的收账政策来处理。对于逾期程度不同的账款，可以采用不同的收账方式。

（三）催收拖欠款项

企业对存在不同逾期账款的客户应采用不同收账政策，通过制定一套完备的程序来催收账款，以减少坏账损失的风险。制定收账策略时应在收账费用和减少的坏账损失之间做出权衡。催收账款的程序一般是：

1. 信函通知

当账款过期几天时，可以先向客户发送“温馨提示”，如果仍然没有收到付款，可以发出措辞较直率的信件。

2. 电话催收

在送出几封信后，给客户打电话催收。如果客户有财务上的困难，可能找出折中的办法，收回一部分货款要比完全收不回好一些。

3. 个人拜访

企业促成这笔销售的销售人员可直接与客户面谈，协商解决。

4. 委托收账代理机构催收

将客户的逾期账款委托收账公司办理，通常这样费用很高，占应收账款的 15%～40%。

因此，企业的应收账款可能遭受较大的损失。

5. 诉讼程序

将逾期严重的客户提交法律诉讼，通过法院裁决强制收回账款，但这种方式往往会导致商业关系破裂。

思考

举例说明信用条件在现实生活中的应用。

文本：实务演练3

第四节　存货管理

存货在流动资产中所占的比重较大，其管理水平的高低将对企业的日常经营生产产生直接影响，最终会影响到企业的收益。因此，存货管理在整个流动资产管理中具有重要地位，在存货功能基础上按照存货计划的要求，对存货的使用和周转进行控制管理，从而降低存货成本。

一、存货概述

存货是指企业在生产经营过程中为销售或者耗用而储备的物质，包括各类材料、商品、在产品、半成品、产成品等。存货的功能是指存货在生产经营过程中的作用，具体包括：

（一）保证企业生产经营和销售活动的正常进行

企业储存一定数量的原材料和在产品，主要是为了保证生产活动顺利进行。在现实生产中，企业很难做到随时购入生产所需的各种物质，即使是市场供应充足、计划控制十分严密的物质也是如此。因为市场供应有可能间断，计划会出现失误或运输途中出现故障等。企业储存必要的产成品，不仅可以成批的销售产品，节约销售费用，而且也便于应付市场上临时的订货需求。

（二）便于组织均衡生产，降低产品成本

对于那些生产季节性产品或生产所需材料的供应具有季节性的企业，为实行均衡生产，降低生产成本，就必须适当储备一定的半成品或保持一定的原材料存货。如果根据需求状况时高时低地进行生产，有时生产能力可能得不到充分利用，有时则会出现超负荷运转，这也会导致生产成本的增加。为了降低生产成本，实行均衡生产，就要储备一定的产成品存货，从而相应地保持一定的原材料存货。

（三）防止意外事件发生造成损失

采购、运输、生产和销售过程中，都可能发生意外事故，因而企业保持一定数量的各种存货保险储备，可减少或避免意外事故的发生。

二、存货成本

为充分发挥存货的固有功能，企业必须储备一定的存货，但也会由此而发生各项支出，这就是存货成本，它主要包括以下内容。

（一）取得成本

取得成本是指为取得某种存货而支出的成本，通常用 TC_a 来表示。其又分为订货成本和购置成本。

1. 订货成本

订货成本指取得订单的成本，如办公费、差旅费、邮资、电报电话费、运输费等支出。订货成本中有一部分与订货次数无关，如常设采购机构的基本开支等，称为固定的订货成本，用 F_1 表示：另一部分与订货次数有关，如差旅费、邮资等称为订货的变动成本。每次订货的变动成本用 K 表示；订货次数等于存货年需要量 D 与每次进货量 Q 之商。订货成本的计算公式为：

$$订货成本 = F_1 + \frac{D}{Q}K$$

2. 购置成本

购置成本指为购买存货本身所支出的成本，即存货本身的价值，经常用数量与单价的乘积来确定。年需要量用 D 表示，单价用 U 表示，于是购置成本为 DU。订货成本加上购置成本，就等于存货的取得成本。其公式可表达为：

$$取得成本 = 订货成本 + 购置成本 = 订货固定成本 + 订货变动成本 + 购置成本$$

$$TC_a = F_1 + \frac{D}{Q}K + DU$$

（二）储存成本

储存成本指为保持存货而发生的成本，包括存货占用资金所应计的利息、仓库费用、保险费用、存货破损和变质损失等，通常用 TC_c 来表示。

储存成本也分为固定成本和变动成本。固定成本与存货数量的多少无关，如仓库折旧、仓库职工的固定工资等，常用 F_2 表示。变动成本与存货的数量有关，如存货资金的应计利息、存货的破损和变质损失、存货的保险费用等，单位变动成本用 K_c 来表示。用公式表达的储存成本为：

$$储存成本 = 储存固定成本 + 储存变动成本$$

（三）缺货成本

缺货成本指由于存货供应中断而造成的损失，包括材料供应中断造成的停工损失、产成品库存缺货造成的拖欠发货损失和丧失销售机会的损失及造成的商誉损失等。如果生产企业以紧急采购代用材料解决库存材料中断之急，那么缺货成本表现为紧急额外购入成本。缺货成本用 TC_s 表示。

如果以 TC 来表示存货总成本，它的计算公式为：

$$TC = TC_a + TC_c + TC_s = F_1 + \frac{D}{Q}K + DU + F_2 + \frac{D}{Q}K_c + TC_s$$

企业存货的最优化，就是使企业存货总成本即上式的 TC 值最小。

> **思考**
>
> 存货的相关成本有哪些？

三、最佳存货量的确定

存货的决策涉及四项内容：决定进货项目、选择供应单位、决定进货时间和决定进货批量。按照存货管理的目的，需要通过合理的进货批量和进货时间，使存货的总成本最低，这个批量就是经济订货量或经济批量，主要采取经济订货模型加以计算。

（一）经济订货基本模型

经济订货基本模型是建立在一系列严格假设基础上的。这些假设包括：

（1）需求量稳定且能够准确预测；

（2）所需存货市场供应充足，并能够集中到货；

（3）没有缺货成本；

（4）没有固定性订货成本和固定性储存成本；

（5）存货供应稳定且单价不变；

（6）仓储条件及所需资金不受限制，不会因为仓储和资金问题影响进货。

设立上述假设后，前述的总成本公式可以简化为：

$$TC = F_1 + \frac{D}{Q}K + DU + F_2 + \frac{D}{Q}K_c$$

当 F_1、K、D、U、F_2、Kc 为常数时，TC 的大小取决于 Q。为了求出 TC 的极小值，对其进行求导演算，可以得出经济订货基本模型，经济订货量的公式如下：

$$E0Q = \sqrt{\frac{2KD}{K_c}}$$

【例题 7-8】设某企业每年所需的原材料为 104 000 件，即每周平均消耗 2 000 件。如果我们每次订购 10 000 件，则可够企业 5 周的原材料需要。5 周后，原材料存货降至零，同时一批新的订货又将入库。这种关系可参考图 7－5（a）。现设企业决定每次订货量改变为 5 000 件。这样，每次订货只能供企业两周半生产所需，订货的次数较前者增加了 1 倍，但平均库存水平也只有前者一半，可参考图 7－5（b）。

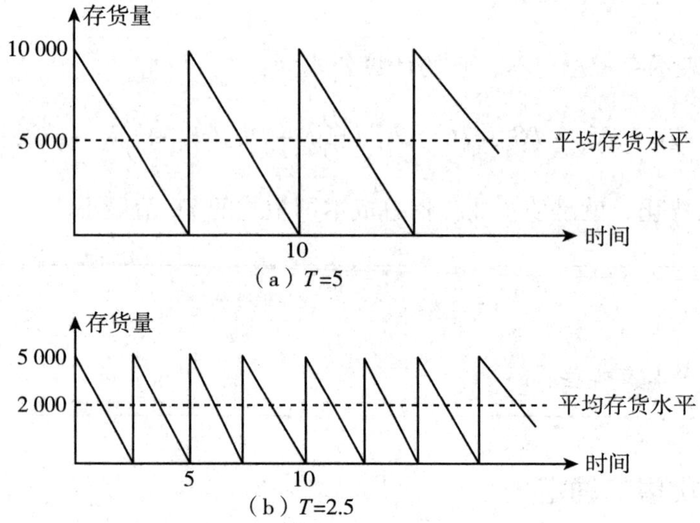

图 7－5　存货水平与订货

本例中，存货的相关成本表现为订货成本和储存成本。订货成本与订货次数成正比关系，而储存成本则与存货平均水平成正比关系。设企业每次订货费用为 20 元，存货年储存费率为 0.8 元/件。则存货的相关总成本 $TC(Q)$ 为：

$$TC(Q)=20\times\frac{104\ 000}{Q}+\frac{Q}{2}\times0.8$$

式中，Q 为每次订货批量。

我们的目的是要使企业 TC 最小化。由此例，可抽象出经济订货模型。存货的年相关总成本为：

$$TC(Q)=K\times\frac{D}{Q}+\frac{Q}{2}\times K_c$$

式中，$TC(Q)$ 为每期存货的相关总成本；D 为每期对存货的总需求；Q 为每次订货批量；K 为每次订货费用；K_c 为每期单位存货储存费率。

使 $TC(Q)$ 最小的批量 Q 即为经济订货批量 EOQ。利用数学知识，可推导出经济订货量

$$EOQ=\sqrt{\frac{2KD}{K_c}}$$

$$TC(Q)=\sqrt{2KDK_c}$$

从该公式，我们可算出企业的经济订货批量和相关存货总成本：

$$EOQ=\sqrt{\frac{2\times104\ 000\times20}{0.8}}=2\ 280.35\text{（件）}$$

$$TC(Q)=\sqrt{2KDK_c}=\sqrt{2\times20\times0.8\times104\ 000}=1\ 824.28\text{（件）}$$

订货批量存货与存货相关总成本、订货费用、储存成本的关系如图7－6所示。

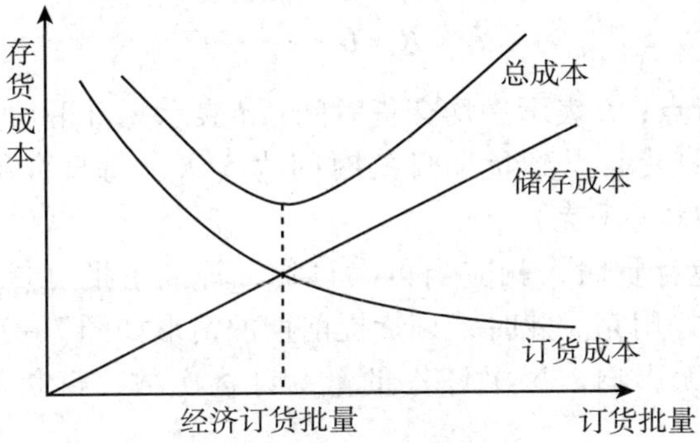

图7－6 存货总成本与订货批量的关系

（二）经济订货基本模型的扩展

放宽经济订货基本模型的相关假设，就可以扩展经济订货模型，以扩大其适用范围。

1. 有数量折扣的经济批量模型

基本模型假设存货采购单价不随批量而变动。但事实上，许多企业在销售时都有数量折扣，即对大批量采购在价格上给予一定的优惠。在这种情况下，除了考虑订货成本和储存成本外，还应考虑采购成本。因为此时的存货采购成本已经与进货数量的大小有了直接的关系，属于决策的相关成本。

【例题7－9】某企业每年需耗用甲材料7 200千克。平均每次订货成本为400元，单位储存成本为9元，计算经济批量、经济批次及最低年存货总成本。假设所需零件的每件价格为10元，但如果一次订购超过1 000千克，可给予2%的批量折扣，请问以多大批量订货？

此时如果确定最优订购批量，就要按以下两种情况分别计算三种成本的合计数。

第一种按经济订货量采购，不取得数量折扣。在不取得数量折扣，按经济订货量采购时的总成本合计应为：

$$\begin{aligned}\text{总成本}&=\text{订货成本}+\text{储存成本}+\text{采购成本}\\&=\frac{7\ 200}{800}\times400+\frac{800}{2}\times9+7\ 200\times10\\&=79\ 200\text{（元）}\end{aligned}$$

第二种不按经济订货量采购，取得数量折扣。如果想取得数量折扣，每批至少应当采购1 000件，此时三种成本的合计为：

$$\begin{aligned}\text{总成本}&=\text{订货成本}+\text{储存成本}+\text{采购成本}\\&=\frac{7\ 200}{1\ 000}\times400+\frac{1\ 000}{2}\times9+7\ 200\times10\times(1-2\%)\\&=77\ 940\text{（元）}\end{aligned}$$

将以上两种情况进行比较可知，订购数量为1 000件时的成本最低。

2. 再订货点

一般情况下，企业的存货不能做到随用随时补充，因此需要在没有用完时提前订货。再订货点就是在提前订货的情况下，为确保存货用完时订货刚好到达，企业再次发出订货单时应保持的存货库存量，它的数量等于平均交货时间和每日平均需用量的乘积。

$$R=L\times d$$

式中，R表示再订货点；L表示平均交货时间；d表示每日平均需用量。

【例题7－10】企业订货日至到货期日的时间为5天，每日存货需用量为20千克，那么：$R=L\times d=5\times 20=100$（千克）

企业在尚存100千克存货时，就应当再次订货，等到下批订货到达时（再次发出订货单5天后），原有库存刚好用完。此时，订货提前期的情形如图7－7所示。这就是说，订货提前期对经济订货量并无影响，每次订货批量、订货次数、订货间隔时间等与瞬时补充相同。

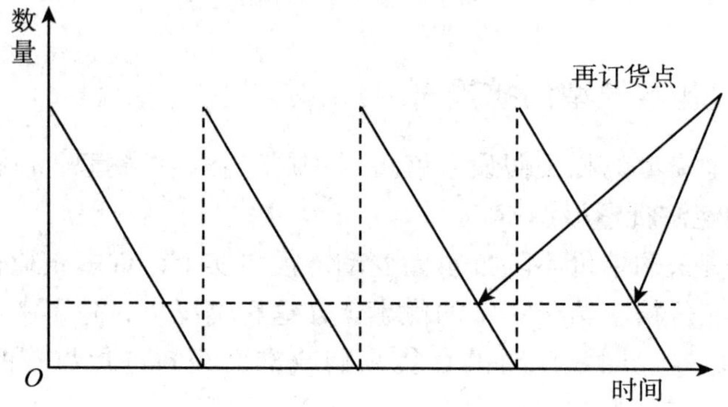

图7－7　再订货点

3. 存货陆续供应和使用模型

经济订货基本模型是建立在存货一次全部入库的假设之上的。事实上，各批存货一般都是陆续入库，库存量陆续增加。特别是产成品入库和在产品转移，几乎总是陆续供应和陆续耗用的，在这种情况下，需要对经济订货的基本模型做一些修正。

假设每批订货量Q，每日送货量为P，则该批订货全部送达所需日数即送货期为：

$$送货期=\frac{Q}{P}$$

假设每日耗用量为d，则送货期内的全部耗用量为：

$$送货期耗用量=\frac{Q}{P}\times d$$

由于零件边送边用，所以每批送完时，则送货期内平均库存量为：

$$送货期内平均库存量=\frac{1}{2}\left(Q-\frac{Q}{P}\times d\right)$$

假设存货年需用量为 D，每次订货费用为 K，单位存货储存费率为 K_c，则与批量有关的总成本为：

$$TC(Q)=\frac{D}{Q}K+\frac{1}{2}\times\left(Q-\frac{Q}{P}\times d\right)\times K_c=\frac{D}{Q}K+\frac{Q}{2}\times\left(1-\frac{d}{P}\right)\times K_c$$

在订货变动成本与储存变动成本相等时，$TC(Q)$ 有最小值，故存货陆续供应和使用的经济订货量公式为：

$$\frac{D}{Q}K=\frac{Q}{2}\times\left(1-\frac{d}{P}\right)\times K_c$$

$$EOQ=\sqrt{\frac{2KD}{K_c}\times\frac{p}{p-d}}$$

将这一公式代入上述 $TC(Q)$ 公式，可得出存货陆续供应和使用的经济订货量相关总成本公式为：

$$TC(Q)=\sqrt{2KDK_c\times\left(1-\frac{d}{p}\right)}$$

【例题 7－11】 某零件年需用量（D）为 3 600 件，每日送货量（P）为 30 件，每日耗用量（d）为 10 件，单价（U）为 10 元，一次订货成本（生产准备成本）（K）为 25 元，单位储存变动成本（K_c）为 2 元。要求计算该零件的经济订货量和相关总成本。

将例题中的数据代入相关公式，则：

$EOQ=367$（件）

$IC(Q)=490$（元）

（三）保险储备

前面讨论的经济订货量是以供需稳定为前提的。但实际情况并非完全如此，企业对存货的需求量可能发生变化，交货时间也可能会延误。在交货期内，如果发生需求量增大或交货时间延误，就会发生缺货。为防止由此造成的损失，企业应有一定的保险储备。图 7－8 显示了在具有保险储备时的存货水平。图中，在再订货点，企业按 EOQ 订货。在交货期内，如果对存货的需求量很大，或交货时间由于某种原因被延误，企业可能发生缺货。为防止存货中断，再订货点应等于交货期内的预计需求与保险储备之和。即：

再订货点＝预计交货期内的需求＋保险储备

企业应保持多少保险储备才合适？这取决于存货中断的概率和存货中断的损失。较高的保险储备可降低缺货损失，但也增加了存货的储存成本。因此，最佳的保险储备应该是使缺货损失和保险储备的储存成本之和达到最低。

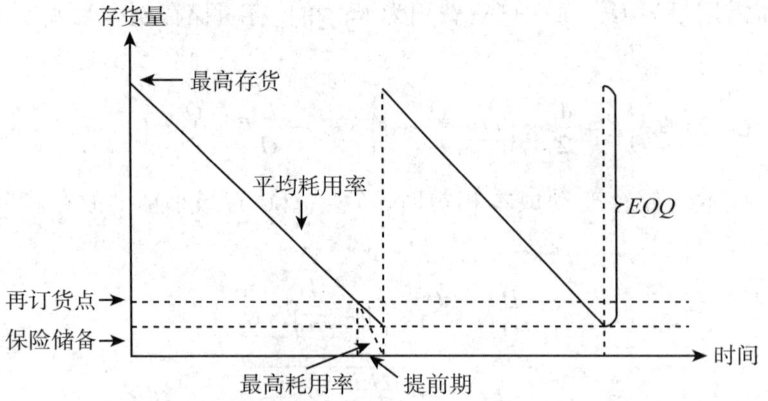

图 7－8　不确定需求和保险储备下的存货水平

【例题 7－12】信达公司计划年度耗用某材料 100 000 千克，材料单价 50 元，经济订货量 25 000 千克，全年订货 4 次（100 000/25 000），订货点为 1 200 千克，单位材料年储存成本为材料单价的 25%，单位材料缺货损失 24 元，在交货期内，生产需要量及其概率如表 7－9 所示。

表 7－9　生产需要量及其概率

生产需要量（千克）	概率
1 000	0.1
1 100	0.2
1 200	0.4
1 300	0.2
1 400	0.1

该公司最佳保险储备的计算如表 7－10 所示。

表 7－10　保险储备分析

保险储备量（千克）	缺货量（千克）	缺货概率	缺货损失	保险储备的储存成本	总成本
0	0	0.1	0		
	0	0.2	0		
	0	0.4	0		
	100	0.2	4 × 100 × 0.2 × 24 = 1 920		
	200	0.1	4 × 200 × 0.1 × 24 = 1 920		
			缺货损失期望值 = 3 840	0	3 840
100	0	0.1	0		

续表

保险储备量（千克）	缺货量（千克）	缺货概率	缺货损失	保险储备的储存成本	总成本
	0	0.2	0		
	0	0.4	0		
	0	0.2	0		
	100	0.1	4×100×0.1×24=960		
			缺货损失期望值=960	100×50×0.25=1 250	2 210
200	0	0.1	0		
	0	0.2	0		
	0	0.4	0		
	0	0.2	0		
	0	0.1	0		
			缺货损失期望值=0	200×50×0.25=2 500	2 500

注：缺货损失=每年订货次数×缺货数量×缺货概率×单位缺货损失。

从表7-10可以看出，当保险储备为100千克时，缺货损失与持有成本之和最低，因此，该企业保险储备量为100千克较为合适。

【例题7-12】说明了考虑交货期间市场需求量时的最佳保险储备量的确定方法。至于因延迟供货引起的缺货可以通过估计延迟时间和平均每日耗用量来计算增加的保险储备量。

文本：实务演练4

四、存货控制

存货控制是指在日常经营过程中，按照存货计划的要求，对存货的使用和周转情况进行的组织、调节和监督。

（一）ABC分类管理

ABC分类管理是由意大利经济学家维尔弗雷多·帕累托于1879年首创的，1951年管理学家戴克将其应用于库存管理，命名为ABC法。所谓ABC分类管理就是按照一定的标准，按照重要性程度，将企业存货划分为A、B、C三类，分别实行按品种重点管理、按类别一般控制和按总额灵活掌握的存货管理方法。

A类物资是指品种少、实物量少而价值高的物资，其成本金额约占70%，而实物量不超过20%。

C类物资是指品种多、实物量多而价值低的物资，其成本金额约占10%，而实物量不低于50%。

B 类物资介于 A 类、C 类物资之间，其成本金额约占 20%，而实物量不超过 30%。

对于 A 类物资应经常检查库存、严格管理、科学地制定其资金定额并按经济批量模型合理进货。对于 C 类物资不必严加控制，一次进货可适当多些，待发现存量已经不多时再次进货即可。对于 B 类物资应采取比较严格的管理，视具体情况部分参照 A 类，部分参照 C 类控制。

（二）存货的归口分级管理

分级归口控制是指按照使用资金和管理资金相结合、物资管理和资金管理相结合的原则，将存货资金定额按各职能部门所涉及的业务归口管理，各职能部门再将资金定额计划层层分解落实到车间、班组乃至个人，实行分级管理。

思考

三星集团 CEO 尹钟龙先生曾认为，寿司与手机有不少共同点。他说，再贵的鱼，一两天后也会变得便宜。无论是寿司店还是数码业，存货都是有害的，速度就是一切。你如何理解这种观点？

本章小结

营运资金是企业流动资产中满足偿还短期债务后可用于生产经营的流动资金。企业流动货币资金是为了满足交易性需要、预防性需要和投机性需要；通常会发生四种成本，即持有成本、交易成本、短缺成本、管理成本。最佳货币资金持有量的确定有成本分析模式和存货分析模式。应收账款管理中如何决定应收账款投资政策以及信用政策。存货管理中阐述了公司持有存货的原因以及如何进行存货管理决策等流动资金管理以及各种短期资金融通的优缺点等问题。

本章互动环节

（一）互动环节分析资料

某企业 2019 年 A 产品销售收入为 40 000 万元，总成本为 3 000 万元，其中，固定成本为 600 万元。

2020 年该企业有下列两种信用政策可供选用。

甲方案给予客户 60 天信用期限（N/60），预计销售收入为 5 000 万元，货款将于 60 天收到，其信用成本为 140 万元。

乙方案的信用政策为（2/10，1/20，N/90），预计销售收入为 5 400 万元，将有 30% 的货款于第 10 天收到，20% 的货款于第 20 天收到，其余 50% 的货款于第 90 天收到（前两部分货款不会产生坏账，后一部分货款的坏账损失率为该部分货款的 4%），收账费用为 50 万元。

该企业 A 产品销售额的相关范围为 3 000 万～6 000 万元，企业的资金成本率为 8%（为简化计算，不考虑增值税因素）。

（二）互动环节分析问题

（1）计算该企业 2019 年的变动成本总额和以销售收入为基础计算的变动成本率。

（2）为该企业作出采取何种信用政策的决策，并说明理由。

音频：互动环节分析提示

本章习题

一、理论知识强化训练题

（一）单项选择题

1. 信用条件为"2/10，1/20，N/30"时，预计有 50% 的客户选择 2% 的现金折扣优惠，有 10% 的客户选择 1% 的现金折扣优惠，则平均收账期为（　　）天。

A. 17　　B. 18　　C. 19　　D. 20

2. 某企业采用银行业务集中法增设收款中心，可使企业应收账款平均余额由现在的 1 500万元减至 1 200 万元。假定企业综合资金成本率为 15%，收款中心每年费用为 10 万元，则该企业分散收账收益净额为（　　）万元。

A. 290　　B. 235　　C. 35　　D. 55

3. 某企业每年现金需要量为 150 000 元，现金和有价证券的交易成本为 200 元，有价证券的月利率为 4‰，则该企业最佳现金余额为（　　）元。

A. 122 474. 49　　B. 150 000　　C. 35 355. 34　　D. 12 500

4. 企业目前信用条件是"N/30"，赊销额为 3 600 万元，预计将信用期延长为"N/50"，预计赊销额将变为 5 400 万元，若该企业变动成本率为 50%，资金成本率为 10%。则该企业维持赊销业务所需资金机会成本的变化为增加（　　）万元。

A. 360　　B. 1 800　　C. 22. 5　　D. 225

5. 研究存货合理保险储备的目的是（　　）。

A. 降低存货的储备成本

B. 使进货的缺货成本和储存成本之和最小

C. 在过量使用存货时保证供应

D. 在进货延迟时保证供应

6. 在允许缺货的情况下，经济进货批量是使（　　）的进货批量。

A. 进货费用等于储存成本

B. 进货费用、储存成本与短缺成本之和最小

C. 进货成本与储存成本之和最小

D. 进货成本等于储存成本和短缺成本之和

7. 某企业甲材料的 2019 年需用量 10 000 件。每次进货费用 200 元，单位储存成本 15

元，单位缺货成本 10 元，则经济进货批量为（　　）件。

A. 516.40　　B. 816.50　　C. 326.60　　D. 1 195.4566667

8. 在确定现金持有量时，存货模式和成本分析模式都要考虑的成本是（　　）。

A. 短缺成本　　B. 管理成本　　C. 机会成本　　D. 交易成本

9. 下列说法正确的有（　　）。

A. 信用标准是客户获得企业商业信用所应具备的基本条件

B. 信用标准高有利于企业市场竞争力的提高

C. 信用政策包括信用标准、信用条件

D. 信用标准是客户获得企业商业信用所应具备的最低条件

10. 在对存货采用 ABC 法控制时，应当对（　　）进行重点控制。

A. 占用资金较少但存货数量较多的存货

B. 数量较多的金额一般的存货

C. 占用资金较多但存货数量较少的存货

D. 品种多样的存货

11. 基本经济进货批量模式所依据的假设不包括（　　）。

A. 企业一定时期的进货总量可以较为准确地予以预测

B. 存货价格稳定

C. 允许缺货

D. 仓储条件不受限制

12. 在进行现金管理时，可利用的现金浮游量是指（　　）。

A. 企业实际现金余额超过最佳现金持有量之差额

B. 企业账户所记存款余额

C. 银行账户所记企业存款余额

D. 企业账户与银行账户所记录的存款余额之差

（二）多项选择题

1. 下列有关信用期限的表述中，正确的有（　　）。

A. 延长信用期限将增加应收账款的机会成本

B. 延长信用期限会扩大销售

C. 降低信用标准意味着将延长信用期限

D. 缩短信用期限可能增加当期现金流量

2. 关于最佳现金持有量的存货模式的表述中正确的有（　　）。

A. 机会成本与交易成本相等时的现金持有量为最佳现金持有量

B. 管理费用因其相对稳定，视为决策无关成本而不予考虑，但需要考虑现金的短缺成本

C. 只对机会成本和固定性交易成本予以考虑

D. 机会成本与固定性交易成本之和最低的现金持有量为最佳现金持有量

3. 甲商品的销售量为 3 600 件，进货单价 60 元，售价 100 元，单位储存成本 5 元，一次订货成本 250 元，则下列说法正确的是（　　）。

A. 甲商品的毛利为 144 000 元

B. 甲商品产品占用资金 18 000 元
C. 甲商品的经济订货量为 600 件
D. 甲商品的储存变动成本为 1 500 元

4. 采用成本分析模式确定现金最佳持有量时，不考虑（　　）。
A. 机会成本　　B. 短缺成本　　C. 管理成本　　D. 交易成本

5. 信用条件是指企业接受客户信用订单时所提出的付款要求，主要包括（　　）。
A. 商业折扣　　B. 现金折扣率　　C. 现金折扣期限　　D. 信用期限

6. 存货 ABC 分类控制法中对存货的划分的标准有（　　）。
A. 金额与数量标准　　B. 品种数量标准
C. 重量标准　　D. 金额标准

7. 确定建立保险储备量时的再订货点，需要考虑的因素包括（　　）。
A. 交货时间　　B. 保险储备量　　C. 平均库存量　　D. 平均日需求量

8. 甲企业给予客户的信用条件为“2.5/10，N/30”，则下列说法正确的有（　　）。
A. 现金折扣率为 2.5%　　B. 放弃现金折扣的成本为 46.15%
C. 折扣期限为 10 天　　D. 信用期限为 10 天

二、技能强化训练题

（一）案例分析题

信用政策方案的选择

某企业上年销售收入为 4 000 万元，总成本为 3 000 万元，其中固定成本为 600 万元。假设本年该企业变动成本率维持在上年的水平，现有两种信用政策可供选用：乙方案给予客户 45 天信用期限（N/45），预计销售收入为 5 000 万元，货款将于第 45 天收到，收账费用为 20 万元，坏账损失率为货款的 2%；甲方案信用政策为（2/10/20，N/90），预计销售收入为 5 400 万元，将有 30% 的货款于第 10 天收到，20% 的货款于第 20 天收到，其余 50% 的货款于第 90 天收到（前两部分货款不会产生坏账，后一部分货款的坏账损失率为该部分货款的 4%），收账费用为 50 万元。该企业产品销售额的相关范围为 3 000 万 ~ 6 000 万元，企业的资本成本率为 8%（为简化计算，本题不考虑增值税因素）。

根据以上资料选择最好的方案。

资料来源：陈玉菁．财务管理实务与案例．中国人民大学出版社，2015.

（二）实务计算题

1. 某企业预计 1 个月内经营所需货币资金约为 800 万元，准备用短期有价证券变现取得，证券每次交易的固定成本为 100 元，证券市场年利率为 12%。

要求：计算最佳货币资金持有量及最小相关总成本。

2. 某公司为扩大销售，拟定了两个备选方案，有关情况为：方案一：将信用条件放宽到“N/45”，预计年赊销收入是 5 000 万元，坏账损失为赊销额的 3%，收账费用为 60 万元。方案二：将信用条件改为“2/10，1/30，N/45”，预计赊销收入为 5 500 万元，估计约有 60% 的客户利用 2% 的现金折扣，20% 的客户会利用 1% 的现金折扣，坏账损失为赊销额的 2%，收账费用为 55 万元，已知该企业的变动成本率为 60%，资金成本率为 10%。要求：填写表 7 – 11，并做出选用哪种方案的决策。

表 7-11

项目	方案一（N/45）	方案二（2/10，1/30，N/45）
年赊销额		
变动成本		
信用成本前收益		
现金折扣		
平均收账期（天）		
应收账款周转率（次）		
应收账款平均余额		
赊销业务占用资金		
应收账款机会成本		
坏账损失		
收账费用		
信用成本		
信用成本后收益		

3. 某公司预计的年度赊销收入为 5 000 万元，信用条件是（3/10，2/20，N/45），其变动成本率为 40%，资金成本率为 10%，收账费用为 120 万元，坏账损失率为 2.5%。预计占赊销额 60% 的客户会利用 3% 的现金折扣，占赊销额 18% 的客户利用 2% 的现金折扣。一年按 360 天计算。

要求：(1) 计算平均收账期；

(2) 计算应收账款平均余额和维持赊销业务所需的资金；

(3) 计算应收账款机会成本；

(4) 计算信用成本；

(5) 计算信用成本前收益；

(6) 计算信用成本后收益。

4. 某企业每年需要耗用甲材料 5 000 千克，该材料的单位采购成本为 8 元，单位存货年变动储存成本为 3 元，平均每次订货成本 1 200 元。假设全年需求均衡，一年按 360 天计算。

要求：(1) 计算经济订货批量；

(2) 计算最佳订货次数；

(3) 计算最佳订货周期；

(4) 计算经济订货批量的相关总成本；

(5) 计算经济进货批量平均占用的资金；

（6）假设材料的在途时间为 4 天，保险储备量为 50 千克，计算再订货点。

5. 假设求精工厂全年需用甲零件 10 000 件。每次变动性订货成本为 50 元，每件甲零件年平均变动性储存成本为 4 元。当采购量小于 600 件时，单价为 10 元；当采购量大于或等于 600 件，但小于 1 000 件时，单价为 9 元；当采购量大于或等于 1 000 件时，单价为 8 元。

要求：计算最优采购批量及全年最小相关总成本。

文本：挑战中级

文本：本章实训题

第八章

收入与分配管理

PPT：收入与分配管理

学习目标

* 掌握收入的预测方法及产品价格的定价方法
* 掌握股利分配政策类型，并理解股利政策的相关理论
* 理解股利政策的实施
* 了解收入与分配管理的内容
* 了解股利支付程序及分配的基本原则

【引入知识】

从前，有位猎人养了几条猎狗，他一直在想办法让它们捉更多的兔子，开始猎人规定，在打猎中捉到几只兔子，就可以得到几根骨头，捉不到的就没有。这招果然有用，猎狗纷纷努力捉兔子，因为谁都不愿意看着别的猎狗有骨头吃，自己没得吃。可是不久后，猎人发现，由于猎狗获得的骨头是以捕获兔子的数量而定，和兔子的大小无关，而大兔子显然比小兔子要难捉得多，所以猎狗捉来的兔子数量没变，但越来越小了。于是，猎人改变做法，规定猎狗获得的骨头奖赏和兔子的重量挂钩，于是猎人收获兔子的重量和数量都得到了保证。但是过了一段时间，猎人发现猎狗捉兔子的数量又少了，而且越有经验的猎狗捉的兔子数量下降得越厉害。于是猎人去问猎狗，猎狗说：我们把最好的时间都奉献给了您，但是随着时间的推移我们会变老，当我们捉不动兔子的时候主人还会给我们骨头吃吗？猎人恍然大悟，于是规定，今后不管是否能够捉到兔子，猎狗都能得到食物，同时根据捕获兔子的多少进行奖励，随着贡献增大，奖励的比例还可以上升。这个决定重新调动了猎狗捕猎的热情。

如果将猎狗比作企业的投资者，而捕获的兔子作为企业的利润，上述这个故事实际上反映了企业收益分配的基本原理。

本章教会你利润的有关内容即收益分配的含义和分配的基本原则、收益分配程序、几种常用的股利分配政策等。财务管理人员应当熟悉掌握这些内容，以便在确定适当的股利政策的同时，为股东提供依据。

【案例导入】

（一）案例资料

美国绝大多数公司实行的是高支付率的稳定股利政策。股利支付率一般在50%左右，1992～1996年，纽约证券交易所上市公司的股利支付率分别为76.0%、56.9%、46.6%、52.1%、50.1%。美国股利政策形成的主要原因是：（1）分散化的股权结构。分散化一直是美国公司股权结构的主要特点，这与美国的法律背景有着直接联系。1863年的《美国国家银行法》以及1933年的《格拉斯—斯蒂格尔法》对金融混业经营进行了严格限制，1940年的《投资公司法》禁止机构集中持股，要求共同基金必须分散持股。这就导致了尽管美国的机构投资者在公司股权结构中所占的比例越来越大，但其投资行为与日本、德国的机构投资者有本质的差别。美国机构投资者在投资目的和投资行为上与个人投资者比较相似，对

红利和股价十分敏感。而美国公司为了保持股价稳定，不得不实行稳定的股利政策，支付较高的股利，否则股票表现不理想的话，股东往往会“用脚投票”，这将导致公司被收购接管。（2）美国公司较高的国际化程度。20 世纪 80 年代后期以来，美国公司利润中来源于国外的比例逐步上升。1981 年美国公司的国外利润占整个利润的 16.8%，1996 年则上升为 39%。而国外利润的股利支付率远高于国内，一般是国内的 3 倍。其原因在于海外公司的代理问题较国内更加严重，股东受到损失的可能性更高，为此股东自然会要求较高的股利支付率，以降低代理成本。这样，利率构成中，国外利润比例的加大相应提高了股利支付率。

日本一直执行低支付率的稳定股利政策，股利支付率一般在 35% 以下，1992 ~ 1996 年，日本东京证券交易所上市公司的股利支付率分别为 40.8%、32.4%、34.1%、32.4%，35.0%，明显低于美国。日本股利政策形成的主要原因是：（1）法人交叉持股的股权结构。日本公司的一个重要特点是法人持股比例很大，1990 年法人持股的比例达到 70%，并且法人往往交叉持股，这就使得日本公司的股权结构非常稳定。法人的投资目的和投资行为与个人投资者有很大差异。首先，个人投资目的主要是为了获得股息和股票差价，使得投资收益最大化，所以投资行为往往趋于短期化。而在日本的法人交叉持股情况下，法人的投资目的主要是在生产经营上与被持股企业建立起长期稳定的业务关系，对股利的要求不高。其次，在法人交叉持股情况下，如果提高分红，其实是互相支付，股利相互抵销，只有个人股东得利，法人公司只是增加了分红压力而已，因此日本公司也具有减少分红的动机。（2）经营目标上的差异。日本公司一般把追求公司长期发展放在第一位，产品开发、市场份额受到极大重视，股东投资回报则放在次要地位。这样，在利润分配上就表现为公司普遍重积累、轻分配。如果经营者为了维持较高的分红而减少技术开发和设备投资，为短期利益而牺牲长远发展，将不会得到持股伙伴公司的赞同。（3）税收方面的影响。日本税法规定，个人资本利得在销售某种股票达到 20 万股以上时，才缴纳个人所得税。这样，由于资本利得课税低，就使得投资者对资本利得的偏好高于现金分红。（4）日本的银行贷款利率较高，外部融资的资金成本较大，这样公司往往就倾向于从内部利润留存中获取资金，从而减少了现金股利分派。

德国大多数公司实行稳定的股利政策，股利支付率处于美国和日本之间。1992 ~ 1996 年，股利支付率分别为 54.8%、50.1%、48.7%、41.2%、40.3%。德国股利政策形成的原因是：（1）以银行为中心的公司治理结构。从 19 世纪开始，德国的银行就从公司的债权人逐步变成为大股东。德国法律对银行持股没有严格限制，德国银行一方面通过自己持股，另一方面通过接受小股东委托、代理选举董事会成员，从而获得了德国大部分公司的控制权。因为银行具有债权人和大股东的双重角色，所以它们就希望减少股息支付，使公司有能力偿还贷款。（2）员工参与型的共同治理模式。德国公司中，监事会是权力核心，它类似于我们通常意义的董事会。而董事会则是一个执行机构，实质上是通常意义上的管理层。德国公司董事会成员的任命、报酬由监事会决定，重大决策由监事会核准，监事会由 3 ~ 21 人组成，其中股东代表和员工代表分别占 50%，此外一般还包括一名独立监事。股东大会权力有限，它只能选举监事会中的股东代表，不能控制整个监事会，而公司员工通过选举员工代表可以实现公司的共同治理。这种模式导致了公司行为既不是美国式的股东支配型，也不是日本式的法人主导型，而是德国式的平衡型。在股利政策上能平衡内部积累与股东的股利要求，综合考虑股东利益和公司的长远发展。因此，股利支付率也介于美国和日本之间。

（二）阅读分析

美、日、德等国股利政策差异及形成的根源对我国的启示？

资料来源：陈玉菁．财务管理实务与案例．中国人民大学出版社，2015.

文本：案例导入分析提示

第一节　收入与分配管理的主要内容

收入与分配管理是对企业收入与分配活动及其形成的财务关系的组织与调节，是企业进行销售预测和定价管理，并将一定时期内所创造的经营成果合理地在企业内、外部各利益相关者之间进行有效分配的过程。收入反映的是企业经济利益的来源，而分配反映的是企业经济利益的去向，两者共同构成企业经济利益流动的完整链条。收入的初次分配是对成本费用的弥补，这一过程随着再生产的进行而自然完成，而收益分配则是对收入初次分配的结果进行再分配。

一、收入与分配管理

企业通过经营活动取得收入后，要按照补偿成本、缴纳所得税、提取公积金、向投资者分配利润等顺序进行分配。对于企业来说，收入分配不仅是资产保值保证简单再生产的手段，同时也是资产增值、实现扩大再生产的工具。通过收入分配还可以满足国家政治职能与组织经济职能的需要。同时，它也是处理所有者、经营者等各方面物质利益关系的基本手段。

（一）收入与分配管理的意义

收入与分配管理作为现代企业财务管理的重要内容之一，对于维护企业与各相关利益主体的财务关系、提升企业价值具有重要意义。具体而言，企业收入与分配管理的意义表现在以下三个方面。

1. 收入与分配管理集中体现了企业所有者、经营者与劳动者之间的利益关系

企业所有者是企业权益资金的提供者，按照“谁出资、谁受益”的原则，其应得投资利润须通过企业的收益分配来实现，而获得投资收入的多少取决于企业盈利状况及收益分配政策。通过收益分配，投资者能实现预期的利润，提高企业的信誉程度，有利于增强企业未来融通资金的能力。

企业的债权人在向企业投入资金的同时也承担了一定的风险。企业的收入分配应体现出对债权人利益的充分保护，不能伤害债权人的利益。除了按时支付到期本金、利息外，企业在进行收入分配时也要考虑债权人尚未偿付本金的保障程度，否则将在一定程度上削弱企业的偿债能力，从而降低企业的财务弹性。

职工是价值的创造者，是企业收入和利润的源泉，通过薪资的支付以及各种福利的提供，可以提高职工的工作热情，为企业创造更多价值，因此，为了正确合理地处理好企业各方利益相关者的需求，就必须对企业所实现的收入进行合理分配。

2. 收入与分配管理是企业再生产的条件以及优化资本结构的重要措施

企业在生产经营过程中所投入的各类资金，随着生产经营活动的进行不断地发生消耗和转移，形成成本费用，最终构成商品价值的一部分。销售收入的取得为企业成本费用的补偿提供了前提，为企业简单再生产的正常进行创造了条件。通过收入与分配，企业能形成一部分自行安排的资金，可以增强企业生产经营的财力，有利于企业适应市场需要扩大再生产。

留存利润，是企业重要的权益资金来源。留存利润的多少，影响企业积累的多少，从而影响权益与负债的比例，即资本结构。企业价值最大化的目标要求企业的资本结构最优，而收入与分配是优化资本结构，降低资本成本的重要措施。

3. 收入与分配管理是国家建设资金的重要来源

在企业正常的生产经营活动中，企业不仅为自己创造了价值，还为社会创造了一定的价值，即利润。利润代表企业的新创财富，是企业收入的重要构成部分。除了满足企业自身的生产经营性积累外，通过收入分配，国家税收也能够集中一部分企业利润，由国家有计划地分配使用，实现国家政治职能和经济职能，发展能源、交通和原材料基础工业，为社会经济的发展创造良好条件。

（二）收入与分配管理的原则

1. 依法分配原则

企业的收入分配必须依法进行。为了规范企业的收入分配行为，维护各利益相关者的合法权益，国家颁布了相关法规。这些法规规定了企业收入分配的基本要求、一般程序和重要比例，企业应当认真执行，不得违反。

2. 分配与积累并重原则

企业的收入分配必须坚持积累与分配并重的原则。企业通过经营活动获取收入，既要保证企业简单再生产的持续进行，又要不断积累企业扩大再生产的财力基础，恰当处理分配与积累之间的关系，留存一部分净利润，能够增强企业抵抗风险的能力，同时，也可以提高企业经营的稳定性与安全性。

3. 兼顾各方利益原则

企业的收入分配必须兼顾各方面的利益，企业是经济社会的基本单元，企业的收入分配涉及国家、企业股东、债权人、职工等多方面的利益。正确处理它们之间的关系，协调其矛盾，对企业的生存、发展是至关重要的。企业在进行收入分配时，应当统筹兼顾，维护各利益相关者的合法权益。

4. 投资与收入对等原则

企业进行收入分配应当体现“谁投资谁受益”、收入大小与投资比例相对等的原则。这是正确处理投资者利益关系的关键。企业在向投资者分配收入时，应本着平等一致的原则，按照投资者投资额的比例进行分配，不允许任何一方随意多分多占，以从根本上实现收入分配中的公开、公平和公正，保护投资者的利益。

思考

企业的营业收入包括哪些？

二、收入与分配管理的内容

企业通过销售产品、转让资产、对外投资等活动取得收入，而这些收入的去向主要是两个方面：一是弥补成本费用，即为取得收入而发生的资源耗费；二是形成利润，即收入扣除成本费用后的余额。收入、成本费用和利润三者之间的关系可以简单表述为：

收入－成本费用＝利润

可以看出，对企业收入的分配，首先是对成本费用进行补偿，然后，对其余额（即利润）按照一定的程序进行再分配。本章主要介绍收入管理和收益分配管理两方面内容。

（一）收入管理

根据《企业会计准则》的规定，收入是指企业在日常活动中形成的、会导致所有者权益增加的、与所有者投入资本无关的经济利益的总流入，一般包括销售商品收入、提供劳务收入和让渡资产使用权收入等。企业的收入主要来自生产经营活动，企业正常的经营活动主要包括销售商品、提供劳务、让渡本企业资产使用权等。具体表现为：销售商品得到的商品销售收入；提供运输、修理等劳务取得的劳务收入；让渡专利、商标等无形资产使用权而取得的使用费，以及以投资方式供其他企业使用本企业的资产而获得的股利。

销售收入是企业收入的主要构成部分，是企业能够持续经营的基本条件，销售收入的制约因素主要是销量与价格，因此销售预测分析与销售定价管理构成了收入管理的主要内容。

1. 销售预测分析

销售预测分析实际上是对市场动态与销售情况的预测分析。企业财务部门和销售部门应深入调查研究，把握市场动态和变化趋势，采用科学方法对销售收入进行合理的预测，从而更好地帮管理层决策，常见的预测分析方法主要有两类：一类是定性分析法，即非数量分析法，如营销员判断法、专家判断法和产品寿命周期分析法。另一类是定量分析法，也称数量分析法，一般包括趋势预测分析和因素预测分析法两大类。

2. 销售定价管理

在市场经济条件下，企业拥有商品的定价权，应根据各自的定价目标选择科学、可行的定价方法，合理确定商品的销售价格，价格策略的制定，应考虑市场供求状况、竞争激烈程度，消费者心理以及市场定位等因素，常见的定价方法主要有两类：一类是基于成本的定价方法，如全部成本费用加成定价法、目标利润法等。另一类是基于市场需求的定价方法，如需求价格弹性系数定价法、边际分析定价法等。

（二）分配管理

分配管理指的是对收益分配的管理。利润是收入弥补成本费用后的余额。由于成本数据的内容与表现形式不同，利润所包含的内容与形式也有一定的区别。若成本费用不包括利息和所得税，则利润表现为息税前利润；若成本费用包括利息而不包括所得税，则利润表现为利润总额；若成本费用包括利息和所得税，则利润表现为净利润。

本章所指收益分配是指对净利润的分配。收益分配关系着国家、企业及所有者等各方面的利益，必须严格按照国家的法令和制度执行，根据我国《公司法》及相关法律制度的规定，公司净利润的分配应按照下列顺序进行，并构成了分配管理的主要内容。

1. 弥补以前年度亏损

企业在提取法定公积金之前，应先用当年利润弥补以前年度亏损，企业年度亏损可以用下一年度的税前利润弥补，下一年度不足弥补的，可以在五年之内用税前利润连续弥补，连续五年未弥补的亏损则用税后利润弥补。其中，税后利润弥补亏损可以用当年实现的净利润，也可以用盈余公积转入。

2. 提取法定公积金

根据《公司法》的规定，法定公积金的提取比例为当年税后利润（弥补亏损后）的10%。当年法定公积金的累积额已达注册资本的50%时，可以不再提取。法定公积金提取后，根据企业的需要，可用于弥补亏损或转增资本，但企业用法定公积金转增资本后，法定公积金的余额不得低于转增前公司注册资本的25%，提取法定公积金的主要目的是为了增加企业内部积累，以利于企业扩大再生产。

3. 提取任意公积金

根据《公司法》的规定，公司从税后利润中提取法定公积金后，经股东会或股东大会决议，还可以从税后利润中提取任意公积金。这是为了满足企业经营管理的需要，控制向投资者分配利润的水平，以及调整各年度收益分配的波动。

4. 向股东（投资者）分配股利（利润）

根据《公司法》的规定，公司弥补亏损和提取公积金后所余税后利润，可以向股东（投资者）分配。其中，有限责任公司股东按照实缴的出资比例分取红利，全体股东约定不按照出资比例分取红利的除外；股份有限公司按照股东持有的股份比例分配，但股份有限公司章程规定不按照持股比例分配的除外。

此外，近年来以期权形式或类似期权形式进行的股权激励在一些大公司逐渐流行起来。从本质上来说，股权激励是企业对管理层或者员工进行的一种经济利益分配。

文本：实务演练1

第二节　收入管理

企业业务收入的范围包括销售收入、转让收入、投资收入等，销售收入是企业收入的主体，本节所指收入主要指销售收入，即企业在日常经营活动中，由于销售产品、提供劳务等所形成的经济利益流入。

企业销售收入是企业的主要财务指标，是企业资金运动的起点和终点，具有重要的经济意义。它是企业简单再生产和扩大再生产的资金来源，是加速资金周转的前提，所以必须加强企业销售收入的管理。销售收入大小的制约因素主要是产品的销售数量和销售价格，因此，企业在经营管理过程中一定要做好销售预测分析以及销售定价管理。

一、销售预测分析

销售预测分析是指通过市场调查，以有关的历史资料和各种信息为基础，运用科学的预测方法或管理人员的实际经验，对企业产品在计划期间的销售量或销售额做出预计或估量的过程。企业在进行销售预测时，应充分研究和分析企业产品销售的相关资料，诸如产品价格、产品质量、售后服务、推销方法等；此外对企业所处的市场环境、物价指数、市场占有率及经济发展趋势等情况也应进行研究分析。销售预测的方法有很多种，主要包括定性分析法和定量分析法。

（一）销售预测的定性分析法

定性分析法，即非数量分析法，是指由专业人员根据实际经验，对预测对象的未来情况及发展趋势做出预测的一种分析方法。它一般适用于预测对象的历史资料不完备或无法进行定量分析时，主要包括营销员判断法、专家判断法和产品寿命周期分析。

1. 营销员判断法

营销员判断法，又称意见汇集法，是由企业熟悉市场情况及相关变化信息的营销人员对市场进行预测，再将各种判断意见加以综合分析、整理，并得出预测结论的方法。企业营销人员能充分了解市场现状以及本企业的生产、销售情况，因此也就在一定程度上保证了预测的准确性。这种方法的优点在于用时短、成本低，比较实用。但是这种方法单纯靠营销人员的主观判断，具有较多的主观因素和较大的片面性。

2. 专家判断法

专家判断法，是由专家根据他们的经验和判断能力对特定产品的未来销售量进行判断和预测的方法。其主要有以下三种不同形式：

（1）个别专家意见汇集法，即分别向每位专家征求对本企业产品未来销售情况的个人意见，然后将这些意见再加以综合分析，确定预测值。

（2）专家小组法，即将专家分成小组，运用专家们的集体智慧进行判断预测的方法。此方法的缺陷是预测小组中专家意见可能受权威专家的影响，客观性较差。

（3）德尔菲法，又称函询调查法，它采用函询的方式，征求各方面专家的意见，各专家在互不通气的情况下，根据自己的观点和方法进行预测，然后由企业把各个专家的意见汇集在一起，通过不记名方式反馈给各位专家，请他们参考别人的意见修正本人原来的判断，如此反复数次，最终确定预测结果。

3. 产品寿命周期分析法

产品寿命周期分析法是利用产品销售量在不同寿命周期阶段上的变化趋势进行销售预测的一种定性分析方法。它是对其他预测分析方法的补充。产品寿命周期是指产品从投入市场到退出市场所经历的时间，一般要经过萌芽期、成长期、成熟期和衰退期四个阶段。在这一发展过程中，产品销售量的变化呈一条曲线，称为产品寿命周期曲线。

判断产品所处的寿命周期阶段，可根据销售增长率指标进行。一般地，萌芽期增长率不稳定，成长期增长率最大，成熟期增长率稳定，衰退期增长率为负数。了解产品所处的寿命周期阶段，有助于正确选择预测方法，如萌芽期历史资料缺乏，可以运用定性分析法进行预测；成长期可运用回归分析法进行预测；成熟期销售量比较稳定，适用趋势预测分析法。

（二）销售预测的定量分析法

定量分析法，也称数量分析法，是指在预测对象有关资料完备的基础上，运用一定的数学方法，建立预测模型，做出预测。它一般包括趋势预测分析法和因果预测分析法两大类。

1. 趋势预测分析法

趋势预测分析法主要包括算术平均法、加权平均法、移动平均法、指数平滑法等。

（1）算术平均法，是指将若干历史时期的实际销售量或销售额作为样本值，求出其算术平均数，并将该平均数作为下期销售量的预测值。其计算公式为：

$$Y = \frac{\sum X_i}{n}$$

式中，Y 为预测值；X_i 为第 i 期的实际销售量；n 为期数。

算术平均法适用于每月销售量波动不大的产品的销售预测。

【例题 8－1】某公司 2×10～2×17 年的产品销售量资料如表 8－1 所示。

表 8－1　　某公司 2×10～2×17 年的产品销售量资料

年份	2×10	2×11	2×12	2×13	2×14	2×15	2×16	2×17
销售量（吨）	3 250	3 300	3 150	3 350	3 450	3 500	3 400	3 600

要求：根据以上资料，用算术平均法预测公司 2×13 年的销售量。

解：根据算术平均法的计算公式，公司 2×18 年的预测销售量为：

$$\text{预测销售量}(Y) = \frac{\sum 3\,250 + 3\,300 + \cdots + 3\,400 + 3\,600}{8} = 3\,375(\text{吨})$$

（2）加权平均法，是指将若干历史时期的实际销售量或销售额作为样本值，将各个样本值按照一定的权数计算得出加权平均数，并将该平均数作为下期销售量的预测值。一般地，由于市场变化较大，离预测期越近的样本值对其影响越大，而离预测期越远的则影响越小，所以权数的选取应遵循“近大远小”的原则。其计算公式为：

$$Y = \sum_{i=1}^{n} W_i X_i$$

式中，W_i 为第 i 期的权数（$0 < W_i \leqslant W_{i+1} < 1$，且 $\sum W_i = 1$）；X_i 为第 i 期的实际销售量；n 为期数。

加权平均法较算术平均法更为合理，计算也较方便，因而在实践中应用较多。

【例题 8－2】沿用【例题 8－1】中的资料。假设 2×10～2×17 年各期数据的权数如表 8－2 所示。

表 8－2　　　　某公司 2×10～2×17 年各期数据的权数

年份	2×10	2×11	2×12	2×13	2×14	2×15	2×16	2×17
销售量（吨）	3 250	3 300	3 150	3 350	3 450	3 500	3 400	3 600
权数	0.04	0.06	0.08	0.12	0.14	0.16	0.18	0.22

要求：根据上述资料，用加权平均法预测公司 2×18 年的销售量。

解：根据算术平均法的计算公式，公司 2×18 年的预测销售量为：

$$Y = \sum_{i=1}^{n} W_i X_i = 3\ 250 \times 0.04 + 3\ 300 \times 0.06 + \cdots + 3\ 400 \times 0.18 + 3\ 600 \times 0.22 = 3\ 429 \text{（吨）}$$

（3）移动平均法，是指从 n 期的时间数列销售量中选取 m 期（m 数值固定，且 $m < n/2$）数据作为样本值，求其 m 期的算术平均数，并不断向后移动计算观测其平均值，以最后一个 m 期的平均数作为未来第 $n+1$ 期销售预测值的一种方法。这种方法假设预测值主要受最近 m 期销售量的影响。

【例题 8－3】沿用【例题 8－1】中的资料，假定公司预测前期（即 2×14 年）的预测销售量为 3 450 吨，要求用移动平均法预测公司 2×18 年的销售量（假设样本期为 3 期）。

$$Y = \frac{3\ 500 + 3\ 400 + 3\ 600}{3} = 3\ 500 \text{（吨）}$$

（4）指数平滑法，实质上是一种加权平均法，是以事先确定的平滑指数 a 及（$1-a$）作为权数进行加权计算，预测销售量的一种方法。

一般地，平滑指数的取值通常在 0.3～0.7 之间，其取值大小决定了前期实际值与预测值对本期预测值的影响。采用较大的平滑指数，预测值可以反映样本值新近的变化趋势；采用较小的平滑指数，则反映了样本值变动的长期趋势。因此，在销售量波动较大或进行短期预测时，可选择较大的平滑指数；在销售量波动较小或进行长期预测时，可选择较小的平滑指数。

该方法运用比较灵活，适用范围较广，但在平滑指数的选择上具有一定的主观随意性。

【例题 8－4】沿用【例题 8－1】中的资料，2×17 年实际销售量为 3 600 吨，假设原预测销售量为 3 450 吨，平滑指数 $a = 0.5$。

要求：用指数平滑法预测公司 2×18 年的销售量。

$Y = 0.5 \times 3\ 600 + (1 - 0.5) \times 3\ 450 \times = 3\ 525$（吨）

2. 因果预测分析

因果预测分析法是指通过影响产品销售量（因变量）的相关因素（自变量）以及它们之间的函数关系，并利用这种函数关系进行产品销售预测的方法。因果预测分析法最常用的是回归分析法。

二、销售定价管理

在社会主义市场经济条件下，我国的价格体系和管理体制发生了深刻变革，以市场为导向的价格体系和运行机制已经基本形成。正确制定销售定价策略，直接关系到企业的生存和发展，加强销售定价管理是企业财务管理的重要内容。

（一）销售定价管理的含义

销售定价管理是指在调查分析的基础上，选用合适的产品定价方法，为销售的产品制定最为恰当的售价，并根据具体情况运用不同价格策略，以实现经济效益最大化的过程。

企业销售各种产品都必须确定合理的产品销售价格。产品价格的高低直接影响到销售量的大小，进而作用于企业的盈利水平。单价水平过高，导致销售量降低，如果达不到保本点，企业就会亏损；单价水平过低，虽然会起到促销作用，但单位毛利降低会使企业的盈利水平下降。因此，产品销售价格的高低，价格策略运用得恰当与否，都会影响到企业正常的生产经营活动，甚至影响到企业的生存和发展。进行良好的销售定价管理，可以使企业的产品更富有吸引力，扩大市场占用率，改善企业的相对竞争地位。

（二）影响产品价格的因素

1. 价值因素

价格是价值的货币表现，价值的大小决定着价格的高低，而价值量的大小又是由生产产品的社会必要劳动时间决定的。因此，提高社会劳动生产率，缩短生产产品的社会必要劳动时间，可以相对地降低产品价格。

2. 成本因素

成本是影响定价的基本因素。企业必须获得可以弥补已发生成本费用的足够多的收入，才能长期生存发展下去。虽然短期内的产品价格有可能会低于其成本，但从长期来看，产品价格应等于总成本加上合理的利润，即产品售价必须足以补偿全部的生产管理、营销成本，并为企业提供合理的利润，否则企业无利可图，难以长久生存。

3. 市场供求因素

市场供求变动对价格的变动具有重大影响。当一种产品的市场供应大于需求就会对其价格产生向下的压力；而当其供应小于需求时，则会推动价格的提升。市场供求关系是永远矛盾的正反面，因此，产品价格也会不断地波动。

4. 竞争因素

市场竞争程度的不同，对定价的影响也不同。竞争越激烈，对价格的影响也越大，在完全竞争的市场上，企业几乎没有定价的主动权，只能接受市场价格，价格管理的核心问题是在产品价格既定的条件下，依据“边际收入与边际成本相等时，企业的利润最大化”的原则，决定预期实现最大化利润的产销水平；在不完全竞争的市场上，竞争的强度主要取决于产品生产的难易和供求形势，为了做好定价决策，企业必须充分了解竞争者的情况，最重要的是竞争对手的定价策略。

5. 政策法规因素

各个国家对市场物价的高低和变动都有限制和法律规定，同时国家会通过生产市场、货币金融等手段间接调节价格，企业在制定定价策略时一定要很好地了解本国及所在国有关方面的政策和法规。

（三）企业的定价目标

定价目标是指企业在一定的经营环境中，制定产品价格，通过价格效用实现企业预期的经营目标，要使销售定价管理卓有成效，企业必须制定与战略目标相匹配、切实可行的定价目标，以明确定价管理的方向，并用于指导选择适合的定价方法和价格运用策略，企业自身的实际情况及所面临的外部环境不同，企业的定价目标也多种多样，主要有以下几种：

1. 实现利润最大化

这种目标通常是通过为产品制定一个较高的价格，从而提高产品单位利润率，最终实现企业利润最大化，它适用于在市场中处于领先或垄断地位的企业，或者在行业竞争中具有很强的竞争优势，并能长时间保持这种优势的企业。

2. 保持或提高市场占有率

市场占有率是指企业产品销售额在同类产品市场销售总额中所占的比重，其大小在一定程度上反映了企业的经营状况和竞争实力。以保持或提高市场占有率为定价目标，其目的是使产品价格有利于销售收入的提高，企业利润得到有效保障，并且可以有效打击竞争对手，这是一种注重企业长期经营利润的做法。企业为了实现这一目标，其产品价格往往需要低于同类产品价格，以较低的价格吸引客户，逐步扩大市场份额，但在短期内可能要牺牲一定的利润空间。因此，这种定价目标要求企业具有潜在的生产经营能力，总成本的增长速度低于总销量的增长速度，商品的需求价格弹性较大，即适用于能够薄利多销的企业。

3. 稳定价格

为了长期稳定地占领市场，行业中能左右市场价格的一些大企业，往往希望价格稳定，在稳定的价格中获取稳定的利润。通常做法是由行业中的领导企业制定一个价格，其他企业的价格则与之保持一定的比例关系，无论是大企业，还是中小企业都不会随便降价。其优点是创造了一个相对稳定的市场环境，避免过度竞争产生两败俱伤的负面效应，减少风险，使企业能够以稳定的价格获得比较稳定的利润。这种定价通常适用于产品标准化的行业，如钢铁制造业等。

4. 应付和避免竞争

企业参照对市场有决定性影响的竞争对手的产品价格变动情况，随时调整本企业产品价格。当竞争对手维持原价时，企业也保持原价；竞争对手改变价格时企业也相应地调整价格，但是企业不会主动调整价格。这种定价方法主要适用于中小型企业。在激烈的价格竞争中，中小型企业没有足够实力对价格进行干预，为了避免在竞争中被淘汰，必须与市场行情保持一致。

5. 树立企业形象及产品品牌

企业形象及产品品牌是企业在经营中创造的重要无形资产。而价格是企业竞争的一种手段，表达了企业产品的定位，在一定程度上反映着企业形象和产品形象。以树立企业形象及产品品牌为定价目标主要有两种情况：一是树立优质高价形象。某些品牌产品具有较高的质量的认知价值，会被某一客户群所认同和接受。企业在定价时，可以不拘泥于实际成本，而是制定一个较高的价格，产生一种品牌的增值效应。采用这种策略，不但可以使企业获得高额利润，而且还能够满足消费者的心理需求。二是树立大众化评价形象，通过大众化的评价定位树立企业形象，吸引大量的普通消费者，以扩大销量，获得利润。

（四）产品定价方法

产品定价方法主要包括以成本为基础的定价方法和以市场需求为基础的定价方法两大类。

1. 以成本为基础的定价方法

在企业成本范畴中，基本上有三种成本可以作为定价基础，即变动成本、制造成本和全部成本费用。

变动成本是指在特定的业务量范围内，其总额会随业务量的变动而变动的成本。变动成本可以作为增量产量的定价依据，但不能作为一般产品的定价依据。制造成本是指企业为生产产品或提供劳务等发生的直接费用支出，一般包括直接材料、直接人工和制造费用。由于它不包括各种期间费用，因此不能正确反映企业产品的真实价值消耗和转移。利用制造成本定价不利于企业简单再生产的继续进行。

全部成本费用是指企业为生产、销售一定种类和数量的产品所发生的所有成本和费用总额，包括制造成本和管理费用、销售费用及财务费用等各种期间费用在全部成本费用基础上制定价格，既可以保证企业简单再生产的正常进行，又可以使劳动者为社会劳动所创造的价值得以全部实现。

（1）全部成本费用加成定价法，就是在全部成本费用的基础上，加合理利润来定价。合理利润的确定，在制造业企业一般是根据成本利润率，而在商业企业一般是根据销售利润率。在考虑税金的情况下，有关计算公式为：

$$成本利润率=\frac{预测利润总额}{预测成本总额}\times 100\%$$

$$单位产品价格=\frac{单位成本\times(1+成本利润率)}{1-适用税率}$$

$$销售利润率=\frac{预测利润总额}{预测销售总额}\times 100\%$$

$$单位产品价格=\frac{单位成本}{1-销售利润率-适用税率}$$

上述公式，单位成本是指单位全部成本费用，可以用单位制造成本加上单位产品负担的期间费用来确定。

【例题 8-5】某企业生产甲产品，预计单位产品的制造成本为 100 元，计划销售 10 000 件，计划期的期间费用总额为 900 000 元，该产品适用的消费税率为 5%。成本利润率必须达到 20%，根据上述资料，运用全部成本费加成定价法测算的单位甲产品的价格应为：

$$单位甲产品价格=\frac{\left(100+\frac{900\ 000}{10\ 000}\right)\times(1+20\%)}{1-5\%}=240\ （元）$$

完全成本费用加成定价法可以保证全部生产耗费得到补偿，但它很难适应市场需求的变化，往往导致定价过高或过低。并且，当企业生产多种产品时，间接费用难以准确分摊。从而会导致定价不准确。

（2）保本点定价法的基本原理，是按照刚好能够保本的原理来制定产品销售价格。即能够保持既不盈利也不亏损的销售价格水平，采用这一方法确定的价格是最低销售价格。其计算公式为：

$$单位产品价格=\frac{固定成本+单位变动成本}{1-适用税率}=\frac{单位完全成本}{1-适用税率}$$

【例题8－6】某企业生产乙产品，本期计划销售量为10 000件，应负担的固定成本总额为250 000元，单位变动成本为70元，适用的消费税税率为5%，根据上述资料，运用保本点定价法测算的单位乙产品的价格应为：

$$单位乙产品价格=\frac{\frac{250\ 000}{10\ 000}+70}{1-5\%}=100（元）$$

（3）目标利润定价法。目标利润是指企业在预定时期内应实现的利润水平。目标利润定价法是根据预期目标利润和产品销售量、产品成本、适用税率等因素来确定产品销售价格的方法。

$$单位产品价格=\frac{目标利润总额+完全成本总额}{产品销售量\times(1-适用税率)}$$

【例题8－7】某企业生产丙产品，本期计划销售量为10 000件，目标利润总额为240 000元，完全成本总额为520 000元，适用的消费税税率为5%。根据上述资料，运用目标利润法测算单位丙产品的价格应为：

$$单位丙产品价格=\frac{240\ 000+520\ 000}{10\ 000\times(1-5\%)}=80（元）$$

（4）变动成本定价法，是指企业在生产能力有剩余的情况下增加生产一定数量的产品，这些增加的产品可以不负担企业的固定成本，只负担变动成本，在确定价格时产品成本仅以变动成本计算。此处所指变动成本是指完全变动成本，包括变动制造成本和变动期间费用。其计算公式为：

$$单位产品价格=\frac{单位变动成本\times(1+成本利润率)}{1-适用税率}$$

【例题8－8】某企业生产丁产品，设计生产能力为12 000件，计划生产10 000件，预计单位变动成本为190元，计划期的固定成本费用总额为950 000元，该产品适用的消费税税率为5%，成本利润率必须达到20%。假定本年度接到一个额外订单，订购1 000件丁产品，单价300元。请问：该企业计划内产品单位价格是多少？是否应接受这一额外订单？

根据上述资料，企业计划内生产的产品价格为：

$$单位丁产品价格=\frac{\frac{950\ 000}{10\ 000}+190\times(1+20\%)}{1-5\%}=360（元）$$

追加生产1 000件的单位变动成本为190元，则：

$$计划外单位丁产品价格=\frac{190\times(1+20\%)}{1-5\%}=240（元）$$

因为额外订单单价高于其按变动成本计算的价格，故应接受这一额外订单。

2. 以市场需求为基础的定价方法

以成本为基础的定价方法，主要关注企业的成本状况而不考虑市场需求状况，因而运用这种方法制定的产品价格不一定满足企业销售收入或利润最大化的要求。最优价格应是企业取得最大销售收入或利润时的价格。以市场需求为基础的定价方法可以契合这一要求，主要有需求价格弹性系数定价法和边际分析定价法等。

（1）需求价格弹性系数定价法。产品在市场上的供求变动关系，实质上体现在价格的刺激和制约作用上。需求增大导致价格上升，刺激企业生产；而需求减小，则会引起价格下降，从而制约了企业的生产规模。从另一个角度看，企业也可以根据这种关系，通过价格的升降来作用于市场需求。在其他条件不变的情况下，某种产品的需求量随其价格的升降而变动的程度，就是需求价格弹性系数，其计算公式为：

$$E=\frac{\Delta Q/Q_0}{\Delta P/Q_0}$$

式中，E 为某种产品的需求价格弹性系数；ΔP 为价格变动量；ΔQ 为需求变动量；P_0 为基期单位产品价格；Q_0为基期需求量。

运用需求价格弹性系数确定产品的销售价格时，其基本计算公式为：

$$P=\frac{P_0Q_0^{(1/|E|)}}{Q^{(1/|E|)}}$$

式中，P_0为基期单位产品价格；Q_0为基期销售数量；E 为需求价格弹性系数；P 为单位产品价格；Q 为预计销售数量。

【例题 8－9】某企业生产销售戊产品，2×18 年前三个季度，实际产品销售价格和销售数量如表 8－3 所示。若企业在第四季度要完成 4 000 件的销售任务，那么价格应为多少？

表 8－3　　某企业 2×18 年前三季度的实际产品销售价格和销售数量

项目	第一季度	第二季度	第三季度
销售价格（元）	750	800	780
销售数量（件）	3 895	3 378	3 558

根据上述资料，戊产品的销售价格的计算过程为：

$$E_1=\frac{(3\ 378-3\ 859)\div 3\ 859}{(800-750)\div 750}=\frac{-0.1246}{0.0667}=-1.87$$

$$E_2=\frac{(3\ 558-3\ 378)\div 3\ 378}{(780-800)\div 800}=\frac{0.0533}{-0.025}=-2.13$$

$$|E|=2$$

$$P=\frac{780\times 3\ 558^{(1/2)}}{4\ 000^{(1/2)}}=735.64\text{（元）}$$

即第四季度要完成 400 件的销售任务，其单位产品的销售价格为 735.64 元。

（2）边际分析定价法，是指基于微分极值原理，通过分析不同价格与销售量组合下的产品边际收入、边际成本和边际利润之间的关系，进行定价决策的一种定量分析方法。

边际是指每增加或减少一个单位所带来的差异。那么产品边际收入、边际成本和边际利润就是指销售量每增加或减少一个单位所形成的收入、成本和利润的差额。

按照微分极值原理，如果利润函数的一阶导数等于零，即边际利润等于零，边际收入等于边际成本，那么利润将达到最大值。此时的价格就是最优销售价格；当收入函数和成本函数均可微时，直接对利润函数求一阶导数，即可得到最优售价；当收入函数或成本函数为离散型函数时，可以通过列表法，分别计算各种价格与销售量组合下的边际利润，那么在边际利润大于或等于零的组合中，边际利润最小时的价格就是最优售价。

（五）价格运用策略

企业之间的竞争在很大程度上表现为企业产品在市场上的竞争。市场占有率的大小是衡量产品市场竞争能力的主要指标。除了提升产品质量之外，根据具体情况合理运用不同的价格策略，可以有效地提高产品的市场占有率和企业的竞争能力。其中，主要的价格运用策略有以下几种：

1. 折让定价策略

折让定价策略是指在一定条件下，以降低产品的销售价格来刺激购买者，从而达到扩大产品销售量的目的。价格的折让主要表现是折扣，一般表现为单价折扣、数量折扣、推广折扣和季节折扣等形式。单价折扣，是指给予购买者以价格上的折扣，而不管其购买数量的多少。数量折扣，即按照购买者购买数量的多少所给予的价格折扣。购买数量越多，则折扣越大；反之，则越小。推广折扣，是指企业为了鼓励中间商帮助推销本企业产品而给予的价格优惠。季节折扣，即企业为鼓励购买者购买季节性商品所给予的价格优惠。这样可以鼓励购买者提早采购，减轻企业的仓储压力，加速资金周转。

2. 心理定价策略

心理定价策略是指针对购买者的心理特点而采取的一种定价策略，主要有声望定价、尾数定价、双位定价和高位定价等。声望定价，是指企业按照其产品在市场上的知名度和在消费者中的被信任程度来制定产品价格的一种方法。一般地，声望越高，价格越高，这就是产品的“名牌效应”。尾数定价，即在制定产品价格时，价格的尾数取接近整数的小数（如199.9 元）或带有一定谐音的数（158 元）等。它一般只适用于价值较小的中低档日用消费品定价。双位定价，是指在向市场以挂牌价格销售时，采用两种不同的标价来促销的一种定价方法。比如，某产品标明“原价 158 元，现促销价 99 元”。这种策略适用于市场接受程度较低或销路不太好的产品。高位定价，即根据消费者“价高质优”的心理特点实行高标价促销的方法。但高位定价必须是优质产品，不能弄虚作假。

3. 组合定价策略

组合定价策略是针对相关产品组合所采取的一种方法。它根据相关产品在市场竞争中的不同情况，使互补产品价格有高有低，或使组合售价优惠。对于具有互补关系的相关产品，可以采取降低部分产品价格而提高互补产品价格，以促进销售，提高整体利润，如便宜的整车与高价的配件等。对于具有配套关系的相关产品，可以对组合购买进行优惠，比如西服套装中的上衣和裤子等。组合定价策略可以扩大销售量、节约流通费用，有利于企业整体效益的提高。

4. 寿命周期定价策略

寿命周期定价策略是根据产品从进入市场到退出市场的生命周期，分阶段确定不同价格的定价策略。产品在市场中的寿命周期一般分为推广期、成长期、成熟期和衰退期。推广期产品需要获得消费者的认同，进一步占有市场，应采用低价促销策略；成长期的产品有了一定的知名度，销售量稳步上升，可以采用中等价格；成熟期的产品市场知名度处于最佳状态，可以采用高价促销，但由于市场需求接近饱和，竞争激烈，定价时必须考虑竞争者的情况，以保持现有市场销售量；衰退期的产品市场竞争力下降，销售量下滑，应该降价促销或维持现价并辅之以折扣等其他手段，同时，积极开发新产品，保持企业的市场竞争优势。

思考

完全成本定价法和制造成本定价法的区别是什么？举例说明。

文本：实务演练2

第三节　收益分配管理概述

企业通过经营活动赚取利润，并将其在相关各方之间进行分配。收益分配关系着国家、企业及所有者各方面的利益，是一项政策性较强的财务活动。收益分配的结果，形成了国家的所得税收入，投资者的投资报酬和企业的留用利润等不同的项目，其中企业的留用利润是指盈余公积金、公益金和未分配利润。

一、收益分配的含义

企业的收益分配有广义和狭义两种概念。广义的收益分配是指从营业收入开始的分配，即营业收入首先用来弥补成本，然后缴纳所得税，税后利润向投资者分配后，剩余的就是企业的留用利润。狭义的收益分配是指从税后利润开始的分配，即决定税后利润在投资者和企业之间的分配比例。收益分配实质就是确定给投资者分红与企业留用利润的比例。本书所讲的收益分配一般是指狭义的收益分配。

二、收益分配的基本原则

（一）依法分配原则

依法分配原则强调企业的收益分配必须保证依法进行，这是处理各方面利害关系的关键。为统一规范企业的收益分配，国家制定和颁布了相关法规，这些法律涵盖企业制度方面的法规、财务制度等。同时这些法规还就企业收益分配的基本要求、一般程序和重大比例做出了规定，要求企业严格执行，不能违反。

（二）分配与积累并重原则

企业除按规定提取法定盈余公积金以外，可适当留存一部分利润作为积累，这部分未分配利润仍归企业所有者所有。其积累的净利润不仅可以为企业扩大生产筹措资金，增强企业发展能力和抵抗风险的能力，同时，还可以供未来年度进行分配，起到以丰补歉、平抑收益分配数额波动、稳定投资报酬率的作用。积累与分配并重原则强调坚持分配与积累并重，正确处理分配与积累的关系。企业进行收益分配，应正确把握长远利益和近期利益的辩证关系，将两者有机结合起来。

（三）各方面利益兼顾原则

企业除依法纳税外，投资者作为资本投入者、企业的所有者，依法享有净利润的分配权。企业的债权人，在向企业投入资金的同时也承担了一定的风险，企业的收益分配中应当体现出债权人利益的充分保护，不能伤害债权人的利益。另外，企业的员工是企业净利润的直接创造者，企业的收益分配应当考虑员工的长远利益。因此，企业进行收益分配时，应当统筹兼顾，维护各利益相关团体的合法权益。

（四）投资与利润对等的原则

企业收益分配应当体现“谁投资谁获得利润”、利润大小与投资比例相适应，即投资与利润对等原则，这是正确处理企业与投资者利益关系的立足点。投资者因投资行为，以出资额依法享有收益分配权，要求企业在向投资者分配利润时，要遵守公开、公平、公正的“三公”原则，不搞幕后交易，不帮助大股东侵蚀小股东利益，一视同仁地对待所有投资者，任何人不得利用在企业中的特殊地位谋取私利，这样才能从根本上保护投资者的利益。

三、确定收益分配政策时应考虑的基本因素

（一）法律因素

为了保护债权人、投资者和国家的利益，国家有关法规如《公司法》对企业收益分配予以一定的硬性限制，这些限制主要体现在以下几个方面：

1. 资本保全约束

相关法律规定，为实现资本保全，规定企业发放的股利或向投资者的分红应来源于企业的经营利润，即当期的利润或留存利润，企业不能用原始的资本（或股本）进行分配。这样规定的目的是为了防止企业任意抽逃资本金，减少资本结构中的所有者权益，以维护债权人的利益。

2. 资本积累约束

它要求企业在分配利润时提取各种公积金必须按一定的比例和基数。另外，在具体的分配政策上，当企业出现年度亏损时，一般不得分配利润，即要贯彻“无利不分”原则。

3. 偿债能力约束

企业举债要签订债务契约，债权人为了保障自己的权益，往往在契约中约定：股份公司支付现金股利如果影响到其债务的偿还，则其股利的支付要受到限制。债权人的这一权利受到法律的保护。

4. 利润超额累积约束

许多国家在法律上明确规定公司不得超额累积利润，一旦公司留存利润超过法律认可的水平，将被加征额外税款。我国法律目前对此尚未做出规定。对于股份公司而言，由于投资

获得股利交纳的所得税要高于进行股票交易的资本利得所交纳的税金，因此许多公司会通过积累利润使股价上涨的方式来帮助股东避税。

（二）股东因素

1. 稳定收入因素

如果一个企业拥有很大比例的富有股东，这些股东多半不会依赖企业发放的现金股利维持生活，他们对定期支付现金股利的要求不会显得十分迫切。如果一个企业绝大部分股东属于低收入阶层以及养老基金等机构投资者，他们需要企业发放的现金股利来维持生活或用于发放养老金等，因此这部分股东要求公司支付稳定的股利，反对公司留存较多的利润。

2. 避税因素

一些高收入的股东出于避税考虑（股利的所得税高于股票交易的资本利得税），往往要求限制股利的支付，多进行资本积累较多地保留盈余，以便从股价上涨中获利。

3. 风险规避因素

在某些股东看来，通过增加留存利润引起股价上涨而获得的资本利得是有风险的，而目前所得股利是确定的，即便是现在较少的股利，也强于未来较多的资本利得，因此他们往往要求较多地支付股利。

4. 控制权因素

公司的股利支付率高，必然导致保留盈余减少，这意味着将来发行新股的可能性加大，而发行新股会稀释公司的控制权。因此，这些公司的股东往往限制股利的支付，而愿意较多地保留盈余，以防止控制权旁落他人。

（三）公司因素

1. 公司举债能力因素

对一个举债能力强的公司而言，能够及时地从资金市场筹措到所需的资金，则有可能采取较为宽松的收益分配政策。对一个举债能力较弱的公司而言，则宜保留较多的盈余，因而往往采取偏紧的收益分配政策。

2. 未来投资机会因素

如果企业没有或缺少良好的投资机会，这时保留盈余资金过多会造成资金的闲置，应考虑增大分红数额；可是当企业预见未来有好的投资机会，投资利润大于投资者期望时，企业应首先考虑将应分配的利润用于再投资的可能性，减少分红比例。只有如此，才有益于企业的长期发展，同时也能被众多的投资者所理解。正因为如此，处于发展中的企业应多采取少分多留政策，而陷于经营困难收缩的企业多采取多分少留政策。

3. 盈余稳定状况因素

有相对稳定盈余的企业具有较好的财务弹性，因此有可能支付比盈余不稳定的企业更高的股利；盈余不稳定的企业由于对未来盈余的把握小，不敢贸然采取高股利政策，而较多采取低股利支付率政策。

4. 资产流动状况因素

保持一定的资产流动性是企业经营的基础和必备条件，较多地支付现金红利，会减少企业现金持有量，使资产的流动性降低。如果企业的资产流动性差，即使利润可观，也不宜分配过多的现金股利。

5. 筹资成本因素

很多企业在考虑投资分红时，首先将企业的净利润作为筹资的第一选择渠道，特别是在负债资金较多、资金结构欠佳的时期。一般而言，将税后的利润用于再投资，有利于降低筹资的外在成本，包括再筹资费用和资本的实际支出成本。

（四）其他因素

1. 通货膨胀

在通货膨胀时期，企业一般采取偏紧的收益分配政策。通货膨胀会带来货币购买力水平下降，固定资产重置资金来源不足，此时企业往往不得不考虑留用一定的利润，以便弥补由于货币购买力水平下降而造成的固定资产重置资金缺口。

2. 债务合同

债务合同往往有限制企业现金支付程度的条款，以保护债权人利益。通常包括：未来的股利只能以签订合同之后的利润来发放，也就是说不能以过去的留存利润来发放；营运资金低于某一特定金额时不得发放股利；把利润的一部分以偿债基金的形式留存下来；利息保障倍数低于一定水平时不得支付股利。企业出于方便未来负债筹资的考虑，一般均自觉恪守与债权人事先签订的有关合同的限制性条款，以协调企业与债权人之间的关系。

思考

法律因素如何影响收益分配？举例说明。

第四节 收益分配程序

收益分配程序是指公司制企业根据适用法律、法规或规定，对企业一定期间实现的净利润进行分派必须经过的先后步骤。

一、非股份制企业的收益分配程序

根据《企业财务通则》的规定，企业可供分配的利润，除国家另有规定外，应按下列顺序分配：

（一）弥补企业以前年度亏损

根据我国财务和税务制度的规定，非股份制企业的年度亏损，可以用下一年度的税前利润弥补，下一年度税前利润尚不足以弥补的，可以由以后年度的利润继续弥补，但用税前利润弥补以前年度亏损的连续期限不得超过5年。5年内弥补不足的，用本年税后利润弥补。

本年净利润加上年初未分配利润为企业可供分配的利润，只有可供分配的利润大于零时，企业才能进行后续分配。

（二）提取法定盈余公积金

可供分配的利润大于零是计提法定盈余公积金的必要条件。法定盈余公积金以净利润扣除以前年度亏损为基数，按10%提取即企业年初未分配利润为借方余额时，法定盈余公积金计提基数为：本年净利润－年初未分配利润（借方）余额；若企业年初未分配利润为贷方余额时，法定盈余公积金计提基数为本年净利润，未分配利润贷方余额在计算可供投资者分配的净利润时计入。当法定盈余公积金达到注册资本的50%时，可不再提取。法定盈余公积金主要用于弥补亏损和转增资本金，但转增资本金后的法定盈余公积金一般不低于注册资本的25%。

$$\text{法定盈余公积金计提数额}=(\text{本年净利润}-\text{以前年度亏损})\times 10\%$$

（三）向投资者分配利润

企业本年净利润扣除弥补以前年度亏损、提取法定盈余公积金后的余额，加上年初未分配利润贷方余额，即为企业本年可供投资者分配的利润，按照分配与积累并重原则，确定应向投资者分配的利润数额。

【例题8－10】某公司2010年初未分配利润账户的贷方余额为37万元，2010年度发生亏损100万元，2011～2015年的每年税前利润为10万元，2016年税前利润为15万元，2017年税前利润为40万元。所得税税率为25%，盈余公积金计提比例为10%。

要求：（1）2016年应交纳的所得税是多少？是否计提盈余公积金？（2）2017年可供给投资者分配的利润为多少？

解：（1）2016年初未分配利润＝37－100＋10×5＝－13（万元）（为以后年度税后利润应弥补的亏损）

2016年应交纳所得税＝15×25%＝3.75（万元）

2016年税后利润＝15－3.75＝11.25（万元）

企业可供分配的利润＝11.25－13＝－1.75（万元）

因此，不能计提盈余公积金。

（2）2017年税后利润＝40×(1－25%)＝30（万元）

可供分配的利润＝30－1.75＝28.25（万元）

计提盈余公积金＝28.25×10%＝2.825（万元）

可供投资者分配的利润＝28.25－2.825＝25.425（万元）

分配给投资者的利润，是投资者从企业获得的投资回报。向投资者分配利润应遵循纳税在先，企业积累在先，无盈余不分利的原则，其分配顺序在收益分配的最后阶段，这体现了投资者对企业的权利、义务以及投资者所承担的风险。

二、股份制企业的收益分配程序

按照我国公司法的规定，股份制企业税后收益分配的顺序如下：

（1）弥补以前年度亏损。

（2）提取法定盈余公积金。

（3）提取法定公益金。

（4）支付优先股股息。一般地，优先股按事先约定的股息率取得股息，不受企业盈利与否或多少的影响。

（5）提取任意盈余公积金。任意盈余公积金是根据企业发展的需要自行提取的公积金，其提取基数与计提盈余公积金的基数相同，计提比例由股东会根据需要决定。

（6）支付普通股股利。

从上述收益分配程序看，股利来源于企业的税后利润，但净利润不能全部用于发放股利，股份制企业必须按照有关法规和公司章程规定的顺序、比例，在提取了法定盈余公积金、公益金后，才能向优先股股东支付股息，在提取了任意盈余公积金之后，才能向普通股股东发放股利。如股份公司当年无利润或出现亏损，原则上不得分配股利。但为维护公司股票的信誉，经股东大会特别决议，可按股票面值较低比率用盈余公积金支付股利，支付股利后留存的法定盈余公积金不得低于注册资本的25%。

第五节　股利理论和股利政策

一、股利理论

股利政策和筹资政策、融资政策一并被称为企业三大财务政策。股利政策的内容及实施路径的稳定性对股东的投资回报、公司在投资者心目中的形象及公司的再融资政策的制定和执行都产生了直接而重大的影响。国内外专家学者对股利政策与公司股价之间的关联性及其对股东财富的影响是否存在？为什么存在？怎样才能产生影响等问题的争论与探讨一直就未停止过，至今也尚无定论，使股利政策研究成为数十年一直困扰着财务经济学界的一个谜题。专家学者站在不同的角度、在做出不同的严格假设的情况下，研究得出的结论“仁者见仁，智者见智”。目前代表性的学说有MM股利无关论以及股利相关理论等。

（一）MM股利无关论

最著名的MM股利无关论是由莫迪格利安尼（Modigliani）和米勒（Miller）在1961年提出的，因为两人姓氏的第一个字母均为M而简称为MM理论。莫迪格利安尼和米勒认为，在一个信息对称的完善资本市场里，在公司投资决策既定的条件下，公司的价值和公司的财务决策是无关的，因此，是否分配现金股利对股东的财富和公司价值没有影响，股利政策与股价无关，公司的股利政策不会影响股票的市价。

（二）股利相关理论

股利相关理论认为，企业的股利政策会影响股票价格和公司价值。主要观点有以下几种：一是“手中鸟”理论；二是信号传递理论；三是所得税差异理论；四是代理理论。

1. “手中鸟”理论

“手中鸟”理论认为，用留存收益再投资给投资者带来的收益具有较大的不确定性，并且投资的风险随着时间的推移会进一步加大，因此，厌恶风险的投资者会偏好确定的股利收益，而不愿将收益留存在公司内部去承担未来的投资风险。该理论认为公司的股利政策与公司的股票价格是密切相关的，即当公司支付较高的股利时，公司的股票价格会随之上升，公司价值将得到提高。

2. 信号传递理论

信号传递理论认为，在信息不对称的情况下，公司可以通过股利政策向市场传递有关公司未来获利能力的信息，从而会影响公司的股价。一般来讲，预期未来获利能力强的公司，往往愿意通过相对较高的股利支付水平把自己同预期获利能力差的公司区别开来，以吸引更多的投资者。对于市场上的投资者来讲，股利政策的差异或许是反映公司预期获利能力的有价值的信号。如果公司连续保持较为稳定的股利支付水平，那么，投资者就可能对公司未来的盈利能力与现金流量抱有乐观的预期。另外，如果公司的股利支付水平在过去一个较长的时期内相对稳定，而现在却有所变动，投资者将会把这种现象看做是公司管理机构将改变公司未来收益率的信号，股票市价将会对股利的变动做出反应。

3. 所得税差异理论

所得税差异理论认为，由于普遍存在的税率以及纳税时间的差异，资本利得收益比股利收益更有助于实现收益最大化目标，公司应当采用低股利政策。一般来说，对资本利得收益征收的税率低于对股利收益征收的税率；再者，即使两者没有税率上的差异，由于投资者对资本利得收益的纳税时间选择更具有弹性，投资者仍可以享受延迟纳税带来的收益差异。

4. 代理理论

代理理论认为，股利政策有助于减缓管理者与股东之间的代理冲突，即股利政策是协调股东与管理者之间代理关系的一种约束机制。首先，股利的支付减少了管理者对自由现金流量的支配权，这在一定程度上可以抑制公司管理者的过度投资或在职消费行为，从而保护外部投资者的利益；其次，较多的现金股利发放，减少了内部融资，导致公司进入资本市场寻求外部融资，从而公司将接受资本市场上更多的、更严格的监督，这样便通过资本市场的监督减少了代理成本。因此，高水平的股利政策降低了企业的代理成本，但同时增加了外部融资成本，理想的股利政策应当使两种成本之和最小。

思考

代理理论认为，股利的支付能够有效地降低代理成本，为什么？

文本：实务演练3

视频：股利政策的类型

二、股利政策的类型

股利政策是指在法律允许的范围内，企业是否发放股利、发放多少股利，以及何时发放股利、发放多少股利，以及何时发放股利的方针及对策。股利政策的最终目标是使公司价值最大化。目前企业财务管理中，常用的股利政策主要有以下几种类型：

（一）剩余股利政策

1. 剩余股利政策的含义

剩余股利政策主张，企业未来有良好的投资机会时，根据企业设定的最佳资本结构，确定未来投资所需的权益资金，先最大限度地使用留用利润来满足投资方案所需的权益资本，然后将剩余部分作为股利发放给股东。

2. 应用剩余股利政策的步骤

第一步，根据投资决策测算项目投资所需资本总额。

第二步，根据公司目标资本结构确定项目投资所需权益资本总额。

第三步，决定是否发行现金股利。如果公司实现的税后净利润在满足项目投资所需权益资本之后还有剩余，就应向股东发放现金股利，否则，就不向股东发放现金股利。项目投资所需权益资本与公司税后净利润之间的差额可通过发行新权益证券的方式来解决。

3. 影响股利支付的因素

一是项目投资总额的大小；二是目标资本结构；三是税后净利润的多少。

【例题8-11】 假设某公司在2017年的税后净利润为2 400万元，按规定提取10%的盈余公积金和5%的公益金。2018年的项目投资计划需要资金2 100万元，公司的目标债务权益比率为1∶2。

要求：按照剩余股利政策确定该公司2018年的股利支付数额。

解：债务权益比率为1/3负债，2/3所有者权益

可供分配的利润 $=2\,400\times(1-10\%-5\%)=2\,040$（万元）

投资所需权益资本总额 $=2\,100\times2/3=1\,400$（万元）

2018年向股东分红的金额 $=2\,040-1\,400=640$（万元）

4. 剩余股利政策优缺点

剩余股利政策具有如下优点：（1）留存利润用于项目投资，可以降低发行成本。（2）保持最佳资本结构。

剩余股利政策具有如下缺点：（1）满足投资和资本结构调整需要后的股利支付呈现出较大的波动性，容易向投资者传递出企业发展不稳定的信息，不利于公司树立良好的形象；（2）不稳定的股利分配不利于投资者安排其收入和支出，并可能因此丧失一定数量的投资者。

（二）固定或稳定增长的股利政策

1. 固定或稳定增长的股利政策的含义

固定或稳定增长的股利政策是指公司将每年派发的现金股利固定在某一特定的水平上，

而且在一定时期内，不论公司的盈利状况和财务状况如何，现金股利支付额都保持不变。只有当公司管理层认为未来盈利将会持续增长，且足以维持在一个较高的股利支付水平时，才会逐渐提高每股股利。同样，即使公司面临暂时的净亏损，也会试图将现金股利支付保持在一个正常的水平上。只有当未来盈利无法维持在当前的股利水平时，才会削减每股股利。实践中，西方成熟资本市场国家的公司大多倾向于采用这种股利政策。

【例题8－12】 假设某公司执行的是稳定增长的股利政策，2017年税后净利润为2 000万元，现金股利分配额为500万元。

要求：（1）2018年公司应分配的现金股利额为多少？（2）假设公司固定股利增长率为10%，则2018年公司应分配的现金股利额为多少？

解：（1）根据固定股利政策得知，2018年公司分配的现金股利额同为500万元。

（2）2018年公司应分配的现金股利额＝500×（1＋10%）＝550（万元）

2. 固定或稳定增长的股利政策优缺点

固定或稳定增长的股利政策具有以下优点：（1）稳定的股利支付额能够向市场传递稳定的信息。股利支付具有信息传递功能。在这种政策下，当公司管理层决定增加每股股利，实际上向市场传递了公司未来盈利将持续增长的信息，公司股票价格将上升；当公司盈利减少而不削减股利支付，实际上就向市场传递了公司未来盈利应该比现在好的信息，增强了市场对公司未来的预期，公司股票价格也不会剧烈下降。（2）稳定的股利支付额可以使投资者获得稳定的股利。对于偏好现金股利的投资者来说，稳定股利政策为其提供了稳定的收入来源，因而具有较强的吸引力。（3）稳定的股利支付满足了机构投资者的需求。像保险公司、养老基金、信托基金等机构投资者，其对投资利润具有稳定性的要求，因此，采用稳定股利政策的公司能够获得这类机构投资者的青睐。

固定或稳定增长的股利政策具有以下缺点：（1）固定或稳定增长的股利政策使得股利支付与公司盈利相脱节，因而显得不够灵活。即在公司盈利较多时，仍支付固定的股利，容易产生闲余现金流量，损害股东利益，而在公司盈利较少时，仍支付固定股利，容易导致财务状况紧张，甚至发生财务危机。（2）固定或稳定增长的股利政策会增大公司的融资成本，影响公司价值。因为在这种政策下，公司在进行收益分配时，首先要考虑支付股利，然后再考虑保留盈余，所以，在公司面临较好的投资机会时，由于留存利润的不足，不得不对外融资，从而会增加公司的资金成本，降低公司的价值。

（三）固定股利支付率政策

1. 固定股利支付率政策的含义

固定股利支付率政策是指公司确定一个股利占盈利的比率（即股利派发率），在较长的时期内按此比率支付股利的政策。

【例题8－13】 某公司长期以来采用固定股利支付率政策进行股利分配，确定的股利支付率为40%。2018年税后利润为1 000万元，则公司需要支付的股利为：

1 000×40%＝400（万元）

2. 固定股利支付率政策优缺点

固定股利支付率政策具有以下优点：（1）这一股利政策和企业净利润水平密切联系，体现了多盈多分、少盈少分、不盈不分的原则。（2）合理的支付比例兼顾了股东的眼前利益和企业的长远发展两个方面。(3) 根据盈利水平按固定的比例进行股利支付，体现了这一股利政策的稳定性。

固定股利支付率政策具有以下缺点：(1) 固定股利支付率政策容易造成股票价格的异常波动。在这种政策下，股利支付的多少随公司盈利状况的变动而变动，股利支付的不稳定性容易造成股票价格的异常波动。(2) 固定股利支付率政策增加了公司的财务压力。在这种政策下，股利支付的多少取决于公司的盈利状况，在公司盈利状况良好而现金流量不足时，仍然按照固定支付率支付股利，会加大公司的财务压力。(3) 固定股利支付率难以确定。固定股利支付率定得过低，难以满足投资者对现金股利的要求，而固定股利支付率定得过高，又会影响公司的投资活动，因此，确定合理的固定股利支付率较为困难。

(四) 低正常股利加额外股利政策

1. 低正常股利加额外股利政策的含义

低正常股利加额外股利政策是指正常情况下，企业按照一个相对较低的稳定的水平支付股利，并可在此基础上根据企业的盈利状况、现金流量状况增加一定数量的额外股利支付的政策。正常股利部分是稳定的，而额外股利部分是可调整的，可以有，也可以没有，可以高，也可以低。具体金额视企业的盈利状况和现金流量情况而定。

【例题 8 - 14】 某公司长期以来采用低正常股利加额外股利政策，公司确定的正常股利为每股 0.3 元，由于 2017 年盈利状况较为理想，公司考虑额外增加每股 1 元的现金股利，该公司发行在外的流通股共计 5 000 万股，则公司 2017 年分派的现金股利为：

$5\ 000 \times (0.3 + 0.1) = 2\ 000$ (万元)

2. 低正常加额外股利政策优缺点

低正常加额外股利政策具有以下优点：(1) 低正常股利的支付保持了企业收益分配的稳定性，额外股利又增加了企业收益分配的弹性。这样有利于企业根据项目投资和调整资本结构的需要合理安排使用企业的利润，从而降低资本成本，降低财务风险，提高企业价值。(2) 低正常股利的稳定性有利于投资者安排其收入和支出，有利于吸引那些青睐固定股利利润、厌恶风险的投资者。(3) 当公司盈利状况较好且现金充裕时发放的额外股利有助于增强企业对投资者的吸引力，增强投资者的信心，并向市场传递企业发展状况良好的信息，有利于企业股价的上扬。低正常加额外股利支付的灵活性高，即公司每年支付数额较低的固定股利，在盈利较多的年份，可以将盈利以额外股利的形式支付给股东。

低正常加额外股利政策具有以下缺点：(1) 由于额外的股利支付随企业受益和现金流量的波动而不断变化，时有时无，时高时低，容易向投资者传递企业发展不稳定的信号。(2) 当一定数量的额外股利长期被发放后，往往被看做是正常股利的一部分。一旦企业因利润减少或现金短缺取消这部分额外股利时，容易向投资者传递企业财务状况恶化的信号，不利于稳定企业的股价。

思考

四种股利分配政策的优缺点各是什么？假若你是主要依靠股利维持生活的股东和养老基金管理人，请问你最不赞成的公司股利政策是什么？

三、股利政策的实施

（一）股利分配方案的确定

1. 选择适当的股利政策

以上介绍了可供企业选择的股利政策。但企业究竟采用何种股利政策，取决于企业所处的经济环境、发展状况等多方面的因素。

如果企业处于初创阶段，公司的经营风险大，投资需要量大且融资能力差，应选择剩余股利政策；如果公司处于衰退阶段，公司业务锐减，盈利能力和获取现金的能力降低，企业也应当采取剩余股利政策。剩余股利政策可以保证初创阶段的企业的盈利首先满足投资的需要，满足发展的需要，并可在一定程度上解决初创阶段资金不足的问题。剩余股利政策在衰退阶段的公司的应用，可以减轻其财务压力，也可以为企业新的投资机会、进入新的发展阶段积累资金。

如果公司处于快速发展阶段，盈利水平虽然总体上不断提高，但这种提高还缺乏一定的稳定性，此时的公司可以采取低正常股利加额外股利的政策。该政策的稳定性和灵活性既可以增强投资者的信心，又有利于企业合理安排投资所需要的资金，完善其资本结构。对于稳定增长的公司来说，固定或稳定增长型的股利政策更合适。因为此时公司业务稳定增长，投资需求减少，净现金流入量增加，每股净利润呈不断上升的趋势。固定或稳定增长型的股利政策向股票市场传递出公司经营状况稳定、管理层对未来充满信心的信号，有利于在资本市场上树立良好的形象，增强投资者的信心，进而有利于公司股价的稳定和上扬。处于成熟阶段的企业，可以采取固定支付率的股利政策。因为此时的公司盈利水平稳定，公司通常已经积累了一定的留存利润和资金。首先，固定股利支付率和企业今后的盈余紧密相关，体现了两者之间的依存关系。其次，公司稳定的利润水平不至于造成每年股利支付的波动，可以向投资者传递企业稳定发展的有利信息。最后，稳定的现金流入量、积累的留存利润和资金不会使企业面临股利支付的困难。

2. 确定股利支付水平

在已定的股利政策下，仍然存在着按多大比例支付的问题。本章第二节已经介绍了剩余股利政策下的股利支付额的确定方法，但固定股利支付率、固定股利或稳定增长股利率、政策股利支付比例及额外股利的支付比例的确定仍要考虑诸多因素的影响，包括本章第一节中介绍的影响企业收益分配的各有关因素。

3. 确定股利支付方式

（1）现金股利。现金股利是以现金支付的股利，是企业最常见也是最容易被投资者接受的股利支付方式，是股利支付的主要方式。现金股利的支付减少了企业的留存利润和现金资产。因此，公司支付现金股利时，必须具备两个基本条件：一是公司必须拥有足够的未指明用途的留存利润；二是要有足够的现金。

（2）财产股利。财产股利是以现金以外的资产支付的股利，主要是以公司所拥有的其他企业的有价证券，如债券、股票作为股利支付给股东。

（3）负债股利。负债股利即以公司的负债作为股利支付给股东，以代替现金股利的支付。通常的形式是公司开出应付票据支付给股东，也可以发行公司债券作为支付的股利。财产股利与负债股利实际上是现金股利的替代。这两种股利方式目前在我国公司实务中很少使用。

（4）股票股利。股票股利是公司以增发的股票作为股利的支付方式。发放股票股利的优点是，不会发生现金流出，不会减少公司股东权益总额的账面价值，只会导致股东权益各项目结构的变化。其具体做法是：有的公司增资发行新股时，预先扣除当年应发放的股利，减价配售给老股东；也有的公司在发行新股时进行无偿增资配股，股东不需要缴纳任何现金或实物，即可得到公司发行的新股。股票股利的支付不会减少企业股东权益和资产总额，但会增加普通股数，影响股票价格，改变股东权益的内部结构。

【例题 8－15】 某公司在发放股票股利前，股东权益情况见表 8－4。

表 8－4　　**股票股利前的股东权益**　　单位：元

项目	金额
普通股（面额 1 元，已发行 800 000 股）	800 000
资本公积	1 600 000
未分配利润	800 000
股东权益合计	3 200 000

假定该公司宣布发放 20% 的股票股利，即发放 160 000 股普通股股票，并规定现有股东每持 10 股可得 2 股新发放股票。我国目前按股票面值计算股票股利价格。随着股票股利的发放，需从“未分配利润”项目划转出的资金为：

1 × 800 000 × 20% = 160 000（元）

发放股票股利后，公司股东权益各项目见表 8－5。

表 8－5　　**股票股利（按面值计价）后的股东权益**　　单位：元

项目	金额
普通股（面额 1 元，已发行 960 000 股）	960 000
资本公积	1 600 000
未分配利润	640 000
股东权益合计	3 200 000

股票股利发放后，所有者权益总额不变，只有所有者权益的结构发生了变化，普通股本增加了 160 000 元，而未分配利润减少了 160 000 元。

如果某股东原持有的普通股数为 40 000 股，占全部股份的比例为：

40 000 ÷ 800 000 = 5%

发放股票股利后，该股东的股份数和持股比例为：

40 000 ×（1 + 20%）= 48 000（股）

48 000 ÷ 960 000 = 5%

从表面上看，该股东的权益没有任何增加，仍然是 320 万元的 5%，即 16 万元。但由于股数增加导致每股权益下降，每股股票价格也应该相应地下降。实际上，由于股票股利通常会向证券市场传递企业利润状况良好并有好的投资项目，未来成长和发展空间较大的信息，这些信息往往会稳定股价甚至使股价上涨，这样股东就会因此获得利润。如以上股东持有的股票价格在发放股票股利前为每股 10 元，股票股利发放后的价格即使仍然为每股 10 元，股东也可获取一定的资本利得，并可享受到资本利得在纳税方面的好处。

（二）股利的发放

企业在确定了股利分配方案后，即可按照规定的程序进行股利的支付。

1. 预案公布日

上市公司在分派股利时，首先要由公司董事会制订分红预案。预案内容包括本次分红的方式、数量，股东大会召开的时间、地点及表决方式等。以上内容要向社会予以公布。

2. 宣布日

股利宣布日就是公司董事会将股利支付情况予以公告的日期。公告中将宣布每股支付的股利、股权登记期限、除息日及股利支付日期等事项。

3. 股权登记日

股权登记日就是有权领取股利的股东登记日期。只有在股权登记日前在公司股东名册上有名字的股东，才有权分享股利。

4. 除息日

除息日是股票的股息和股票分离的日期，即从除息日起，股票中将不再包含有股利，从这天起购入公司股票的投资者不再享有已宣布发放的股利。因此，除息日的股价会下跌，发放下跌的幅度等于分配的股息。

5. 股利支付日

股利支付日就是向股东发放股利的日期。

【例题 8－16】某公司 2015 年 4 月 6 日公告了 2014 年度的最后分红方案，并发布公告如下：“本公司 2015 年 4 月 5 日在北京召开的股东大会上通过了董事会 4 月 2 日公布的本次分红方案，本年度发放每股 2 元的现金股利；本公司将于 2015 年 5 月 15 日至 30 日将上述股利发放给已在 2015 年 4 月 25 日登记为本公司股东的人士，除息日为 4 月 26 日。特此公告。”

本例中的相关日期如下：

预案公布日	4 月 2 日
宣布日	4 月 6 日
股权登记日	4 月 25 日
除息日	4 月 26 日
股利支付日	5 月 15 日—5 月 30 日

四、股票分割和股票回购

（一）股票分割

1. 股票分割的含义

股票分割，也称为股票拆细，即将一股股票分割为两股及两股以上的股票。分割前股票的面值较大，分割后的股票面值随分割股数的增加而降低。如将一股面值为 10 元的股票分割为面值 2 元的股票 5 股。股票分割后，股数增加，每张股票面值下降，但不影响股票面值总额。

和股票股利相似，股票分割也是在不增加股东权益的基础上增加股票的数量，股本、资本公积、留存利润的总额均不会发生变化。但和股票股利不同的是，股票分割不仅不改变股东权益总额，也不改变股东权益的内部构成。而股票股利虽然不改变股东权益总额，却改变了股东权益的内部结构，表现为留存利润的减少和股本的增加，有时也可以引起资本公积的增加。

2. 股票分割的作用

（1）股票分割有利于提高公司股票的流动性。股票分割不仅带来了股票面值的下降，同时引起了股票市价的下降。在企业股价较高，影响到股票交易的流动性时，股票分割使投资者以少量的资金就可以进行股票的交易，增加了股票在不同股东之间的换手率，提高了股票的流动性。

（2）股票分割可以传递有利的信息。股票分割往往可以向证券市场传递公司经营状况良好、发展前景乐观的信息，有利于提高股东的积极性，从而提高股票价格。

（3）股票分割有利于公司发行新股。在股价太高的情况下，公司往往不敢贸然发行股票，因为过高的股价会使许多资金数量较少的投资者望而却步，增大了企业发行新股的风险。股票分割后，股价降低，可以吸引众多的投资者进行投资，降低新股发行失败的风险。

（4）有利于公司的资本重组战略的实施。有意进行资本重组的公司，通过降低股价，提高了股票交易的流动性，有利于吸引被购并方。例如，甲、乙两家公司拟通过股票交换的方式实施并购。甲公司每股股票市价 50 元，乙公司每股市价 10 元，则甲公司的 1 股股票可以交换乙公司的 5 股股票。乙公司股东的心理上可能会很不舒服，难以接受。如果甲公司进行股票分割，将原来的每股分割为 5 股，每股市价降低到 10 元，则甲公司的 1 股股票可以交换乙公司的 1 股股票。乙公司股东的心理上就不会有抵触，更容易接受以股换股的并购方案。

（5）股票分割增加了股票的流动性和股东的数量，会在一定程度上加大其他公司恶意收购的难度。如果其他公司想要收购股票分割后的某股份公司，需要取得更多的股份。而股票收购数量的增加将导致股票价格的上扬，收购成本提高，从而增加了其恶意收购的难度。股份公司如果股价过低时，也可以进行反分割，即股票合并，也就是将几股股票合并为一股股票，从而提高每股股票面值和每股市价。股票反分割会降低股票的流动性、向投资者传递不利的信息。因此，一般只有在公司股价过低影响到其形象时，才进行股票的反分割。

（二）股票回购

1. 股票回购的含义

股票回购是指股份公司从股东手中购回本公司发行在外的股票，减少本公司股数的一种资本运作方式。我国《公司法》规定，公司一般情况下不得回购股票，除非发生下列情况：

（1）公司减少注册资本时。

（2）在与持有本公司股份的其他公司合并时。

（3）回购本公司股份用以奖励本公司职工。

（4）对公司股东大会的合并、分立决议持有异议的股东可以要求公司回购其股份。

2. 股票回购的作用

（1）替代现金股利的发放。股票回购和现金股利一样，一方面现金资产因支付而减少，股东权益也等额减少。在公司现金充裕的情况下，如果股份公司不愿意改变既定的股利分配政策，或不愿意因一次偶然的现金股利的支付增加今后现金股利支付的压力，则可以选择股票回购作为现金股利的一种替代。

（2）提高每股利润。如果股份公司每股利润水平较低，在一定程度上影响了公司的形象，可以通过股票回购的方式减少流通中的股数，从而提高每股利润水平。

（3）改变公司的资本结构。股票回购可以减少股东权益的数量，降低权益资本占全部资本的比重。这样有利于公司提高负债比率，降低综合资本成本，利用负债财务杠杆作用，提高权益资本的利润率。

（4）稳定公司股价以传递有利于公司的信息。股价过低会有损公司的形象，向投资者传递不利于公司发展的信息。企业可以通过股票回购的方式，提高每股股票的价格，向证券市场传递本公司真实的投资价值，提高投资者的投资信心。

（5）改变公司的控制权。拥有股份公司控制权的大股东为保证其控制权不会被分散，往往愿意通过股票回购的方式减少股票数量，提高自己股份的比例。不拥有公司控制权的法人代表为了削弱原有股东的控制权，往往通过回购股票的方式减少这些股东的股数，从而实现控制权的转移。

（6）满足认股权行使的需要。如果股份公司因发行了可转换债券、认股权证或施行经理人员股票期权计划及员工持股计划需要股票，可以通过股票回购的方式取得。这样既不会稀释每股利润，又可以满足认股权证的行使需要。

（7）满足企业兼并和收购的需要。如果企业通过股票换股票的方式实施兼并和收购需要股票时，则可以通过回购的方式取得所需要的股票。

（8）防止敌意收购。当企业面临敌意收购时，通过股票回购可以提高股票的价格，增加敌意收购者的收购难度。同时，回购过程减少了企业的流动资产，财务状况发生了较大的不利转变，这样可以降低收购公司的收购兴趣。

3. 股票回购的影响

（1）对上市公司来说，股票回购需要支出大量的现金资产，降低资产的流动性，增大了企业的支付风险，也影响企业的后续发展。

（2）股票回购后企业的所有者权益减少，对债权人的保障程度降低，加大了债权人的风险。

（3）股票回购容易导致公司操控股票价格，加剧公司行为的非规范化，损害投资者的权益。

（4）股票回购过程中涉及对积累盈余的分配问题，可能会使公司的发起人更注重利润的兑现，而忽略了公司的长远发展。

（5）对投资者来说，虽然股票回购和现金股利具有异曲同工之处，但现金股利通常需要缴纳个人所得税，而股票被回购取得的现金是不需要交纳个人所得税的，因此股票回购可以为投资者带来节税的好处。

(6) 公司回购股票时，股东可以选择出售股票，也可以选择继续持有股票，因此和股票股利相比，股票回购可以赋予股东更多的选择权。

4. 股票回购的方式

(1) 市场公开回购。市场公开回购时，发行公司和普通的股票投资者一样，在证券市场上以当前市场价格回购股票。其缺陷是容易提高股价，并且要支付交易费用，增加了回购成本。

(2) 要约回购。要约回购是指公司在特定的时间内向市场发出以高于股票当前市场价格的某一价格回购既定数量股票的要约，并按照要约进行回购的方式。要约回购通常可以向市场传递积极的信息，但要约回购的成本较高。

(3) 协议回购。协议回购是指公司以协议价格向某个或某些主要的股东回购股票的方式。协议价格通常低于当前的股票市场价格，也可能高于当前的市场价格。公司如果以超常溢价进行协议收购，将会损害继续持股的股东利益，并可能因此引起法律纠纷。

思考

股票分割与股票股利有何异同?

本章小结

企业业务收入的范围包括销售收入、转让收入、投资收入等，销售收入是企业收入的主体，本节所指收入主要指销售收入，即企业在日常经营活动中，由于销售产品、提供劳务等所形成的经济利益流入。企业销售收入是企业的主要财务指标，是企业资金运动的起点和终点，具有重要的经济意义。它是企业简单再生产和扩大再生产的资金来源，是加速资金周转的前提，所以必须加强企业销售收入的管理。销售收入大小的制约因素主要是产品的销售数量和销售价格，因此，企业在经营管理过程中一定要做好销售预测分析以及销售定价管理。

财务管理中的收益分配，主要指企业的净收益分配，收益分配的实质就是确定给投资者分红与企业留用利润的比例。为了正确处理企业与各方面的财务关系，企业收益分配必须遵循依法分配原则、分配与积累并重原则、兼顾职工利益原则和投资与利润对等原则。收益分配程序是指公司制企业根据适用法律、法规或规定，对企业一定期间实现的净利润进行分派必须经过的先后步骤。

股利分配政策是指企业管理层对与股利有关的事项所采取的方针策略，其核心问题是确定股利支付率。目前财务管理中，常用的股利政策主要有以下几种类型：(1) 剩余股利政策。(2) 固定股利政策。(3) 固定股利支付率政策。(4) 正常股利加额外股利政策。企业股利支付形式一般有现金股利、股票股利、财产股利和负债股利，其中最为常见的是现金股利和股票股利。(1) 现金股利。现金股利是指企业以现金的方式向股东支付股利，也称为红利。现金股利是企业最常见的，也是最易被投资者接受的股利支付方式。现金股利支付，会使企业的现金与未分配利润同时减少。(2) 股票股利。股票股利是指应分给股东的股利以额外增发股票形式来发放。股票股利发放，只涉及所有者权益内部结构的调整，但所有者权益总额不变。股利支付程序是指企业通常在收益分配时，必须事先确定与股利支付相关的时间界限。这个时间界限包括：(1) 股利宣告日。(2) 股权登记日。(3) 除息日。(4) 股利发放日。

本章互动环节

(一) 互动环节分析资料

2013 年 12 月，美国美邦科技公司基于其自身发展良好的电话业务和向国际多元化进军方面的成功，宣布一项优厚的计划来对股东进行奖励。这项计划包括：(1) 将每季度的股利支付额由每股 56. 5 美分上升到 60 美分；(2) 回购价值 20 亿美元的普通股；(3) 进行 1∶2 的股票分割。这一计划一公布，投资者就举杯相庆。该消息公布的当天股价上涨了 4%。

(二) 互动环节分析问题

试分析这项计划的影响。

音频：互动环节分析提示

本章习题

一、理论知识强化训练题

(一) 单项选择题

1. 可以保持最佳资本结构的股利政策是（　　）。

A. 固定股利支付率政策　　B. 剩余股利政策

C. 固定或稳定增长的股利政策　　D. 低正常股利加额外股利政策

2. 凡是在（　　）收盘之前取得了公司股票，成为公司在册股东的投资者都可以作为股东享受公司分派的股利。

A. 股利宣告日　　B. 股权登记日　　C. 除息日　　D. 股利支付日

3. 公司以股票形式发放股利，有可能使（　　）。

A. 股东权益与负债同时变化　　B. 公司负债减少

C. 公司资产减少　　D. 股东权益内部结构变化

4. 下列有关股票分割表述正确的是（　　）。

A. 股票分割会使每股利润和每股市价降低

B. 股票分割的结果使股东权益各账户的余额发生变化

C. 股票分割的结果会使股数增加、股东权益增加

D. 股票分割不影响股票面值

5. 股票回购对股东的影响是（　　）。

A. 可以防止敌意收购　　B. 与现金股利相比具有更大的灵活性

C. 容易导致公司操纵股价　　D. 在一定程度上削弱了对债权人的保障

6. 收益分配的基本原则中（　　）是正确处理投资者利益关系的关键。

A. 依法分配原则　　B. 兼顾各方面利益原则

C. 分配与积累并重原则　　D. 投资与利润对等原则

7. 通常在完全资本市场的条件下，一个公司的股票价格完全由公司的投资决策的获利能力和风险组合决定，而与公司的收益分配政策无关的股利理论是（　　）。

A. 代理理论　　B. 信号传递理论

C. MM 理论　　D. 所得税差异理论

8. 比较而言，能使企业在股利发放上具有较大灵活性的股利政策是（　　）。

A. 剩余股利政策　　B. 固定股利支付率政策

C. 低正常股利加额外股利政策　　D. 固定或稳定增长股利政策

9. 某公司目标资本结构为自有资金与借入资金之比为5∶3，该公司下一年度计划投资800万元，年末实现的净利润为1 000万元，公司法定盈余公积金的提取比例为10%，按照剩余股利政策，股利分配时，应将（　　）万元用于发放股利。

A. 0　　B. 400　　C. 600　　D. 500

10. 在公司的初创阶段和衰退阶段都适用的股利政策是（　　）。

A. 剩余股利政策　　B. 固定或稳定增长股利政策

C. 固定股利支付率政策　　D. 低正常股利加额外股利政策

（二）多项选择题

1. 在影响收益分配政策的法律因素中，我国相关法律做出规定的有（　　）。

A. 偿债能力约束　　B. 资本积累约束

C. 资本保全约束　　D. 超额累积利润约束

2. 下列属于影响收益分配政策的股东因素有（　　）。

A. 筹资成本　　B. 偿债能力　　C. 税赋　　D. 稳定收入

3. 下列属于影响收益分配政策的公司因素有（　　）。

A. 筹资成本　　B. 投资需求　　C. 税赋　　D. 偿债能力

4. 股票分割可以（　　）。

A. 改善企业资本结构

B. 可能会增加股东的现金股利

C. 增加对并购方的吸引力

D. 使公司每股市价降低，促进股票的流通和交易

5. 关于低正常股利加额外股利政策说法中，正确的有（　　）。

A. 容易使公司面临较大的财务压力

B. 有助于稳定股票价格，增强投资者信心

C. 容易给投资者公司利润不稳定的感觉

D. 具有较大的灵活性

6. 基于股利相关理论的股利政策有（　　）。

A. 剩余股利政策　　B. 固定股利政策

C. 固定股利比例政策　　D. 正常股利加额外股利政策

7. 对公司来讲，股票股利的优点包括（　　）。

A. 有派发股利之“名”，而无派发股利之实

B. 促进公司股票的交易和流通

C. 可以有效防止公司被恶意控制

D. 发放股票股利可以增强投资者的信心

8. 对股东派发股利及股利支付率高低的确定，需要对（　　）进行权衡。

A. 企业的投资机会　　B. 企业的筹资能力及筹资成本

C. 股利的信号传递功能　　D. 投资者的具体要求

9. 股利无关论的假设条件包括（　　）。

A. 公司股利政策不影响投资决策

B. 不存在任何公司或个人所得税

C. 不存在任何筹资费用

D. 市场具有强式效率

10. 固定股利支付率政策（　　）。

A. 缺乏财务弹性　　B. 公司的财务压力较大

C. 有利于股票价格的稳定与上涨　　D. 使股利和企业盈余紧密结合

二、技能知识强化训练题

（一）案例分析题

宏股集团是一家上市公司，自1996年以来公司的经营状况和业绩始终处于相对稳定状态，且在收益分配上，每年均发放一定比例的现金股利（0.2元/股，0.5元/股）。2013年公司受到了市场环境等因素的不利影响，收益水平大幅度下降，公司总资产报酬率从2012年的12%下降到4%，而且现金流量也明显趋于恶化。为此，公司于2014年初专门召开董事会，对2013年公司的股利分配方案进行研究。会上，王强董事长和刘平、陈莉、张林三位董事分别作了重点发言。

董事长王强：公司前几年的经营状况和经营业绩始终比较好，因此每年均支付给投资者一定的现金股利，树立了公司在广大投资者面前良好的市场形象，增强了投资者投资本公司股票的信心，促进了企业不断发展壮大。但是2012年公司由于受到外部环境等多种因素的影响，经营状况不佳，企业的获利水平下降，而且据推测这种不利局面将可能持续一段时期。另外，虽然2013年公司未分配利润达5 000万元，但计划全年将拿出其中的60%进行投资。因此，2013年公司的股利分配方案需要各位董事根据目前公司实际进行认真研究讨论，尽快形成预案，交股东大会表决。

刘平：我认为2013年公司仍然要分配一定比例的现金股利，其理由在于：第一，公司长期以来一直分配现金股利，且逐年递增，若2013年突然停止发放现金股利，难免会引起投资者不满，从而影响公司长期形成的良好的市场形象，而且很有可能进一步恶化公司的理财环境。第二，根据测算，公司若按上年0.5元/股的分配水平支付现金股利，约需现金3 000万元。从公司目前的资产负债率来看，仅有40%，而本行业平均资产负债率在60%左右，因此公司尚有一定的举债空间，而且公司历来举债能力较强，可以通过适当举借来弥补现金流量的不足，所以公司的现金流量不会存在问题。

陈莉：我认为公司2013年应暂停支付现金股利而改为分配股票股利，其理由有三个：

第一，公司2013年的经营状况和经营业绩不佳，资产报酬率下降，这本身已使公司的留存收益减少，影响到公司下年度的投资和发展，此时如果再支付相当数量的现金股利，则必然进一步增加公司现金的支付压力，对公司无疑是雪上加霜。第二，尽管公司目前有一定的举债空间和能力，可以通过举债使现金流量问题得到一定程度的缓解，但由于公司在短期内经营状况和收益水平的问题得不到很好的改善，因此，举债只能是权宜之计，不能从根本上减缓公司现金支付压力，同时在公司经营状况不理想的情况下，举债会加大财务杠杆作用，使财务风险增大。第三，暂停支付现金股利而改为分配股票股利不仅能继续维持投资者的投资信心，有利于保持公司的市场形象，而且可以节约现金支出，不增加现金支付的压力。

张林：我同意陈莉提出的暂停支付现金股利的观点及理由，但我也不赞成她提出的分配股票股利的观点，因为分配股票股利后，公司股本总额增加，而在近期内公司获利状况不能改观的情况下，每股收益必然下降，从而会导致公司股票市价下跌影响公司市场形象。因此我建议2013年公司暂不发放股利。

请分析以下问题：如果你是公司董事或是财务顾问，你会赞同哪位董事的建议。

资料来源：宋海涛，王静．财务管理基础知识训练与案例分析教程．哈尔滨工业大学出版社，2014.

（二）实务计算题

1. 某公司2×18年度的税后利润为1 200万元，该年分配利润600万元。该公司2×19年度实现税后利润为1 300万元。2×20年初投资1 000万元引进一条生产线以扩大生产规模，该公司目前权益乘数为1.25。

要求：（1）如果该公司执行的是固定股利政策，并保持资本结构不变，则2×20年该公司为引进生产线需要从外部筹集多少自有资金？

（2）如果该公司执行的是固定股利支付率政策，并保持资本结构不变，则2×20年该公司为引进生产线需要从外部筹集多少自有资金？

（3）如果该公司执行的是剩余股利政策，本年不需要计提盈余公积金，则2×19年公司可以发放多少现金股利？

2. 某企业遵循剩余股利政策，其目标资本结构为资产负债率60%。

要求：（1）如果该年的税后利润为60万元，在没有增发新股的情况下，企业可以从事的最大投资支出是多少？

（2）如果企业下一年拟投资100万元，企业将支付股利多少？

3. 某企业在发放股票股利前，股东权益情况如表8－6所示。

表8－6　　发放股票股利前的股东权益情况　　单位：元

项　目	金　额
普通股股本（面值1元，已发行200 000股）	200 000
盈余公积（含公益金）	400 000
资本公积	400 000
未分配利润	2 000 000
股东权益合计	3 000 000

假定该企业宣布发放 10% 的股票股利，即发放 20 000 股普通股股票，现有股东每持 100 股可得 10 股新发放股票。如该股票当时市价 20 元，发放股票股利以市价计算。

要求：(1) 计算未分配利润划出的资金。

(2) 计算普通股股本增加额。

(3) 资本公积增加额。

(4) 计算发放股票股利后，企业股东权益各项目金额。

4. 某公司成立于 2×18 年 1 月 1 日，2×18 年度实现的净利润为 500 万元，分配现金股利 300 万元，提取盈余公积 200 万元（所提盈余公积均已指定用途）。2×19 年实现的净利润为 800 万元。2×20 年计划增加投资，所需要资金为 1 000 万元。假定公司目标资本结构为自有资金占 50%，借入资金占 50%。

要求：(1) 在保持目标资本结构的前提下，请计算 2×20 年投资方案所需的自有资金和需要从外部借入的资金。

(2) 在保持目标资本结构的前提下，如果公司执行剩余股利政策，请计算 2×19 年度应分配的现金股利。

(3) 在不考虑目标资本结构的前提下，如果公司执行固定股利政策，请计算 2×19 年度应分配的现金股利、可用于 2×20 年投资的留存收益和需要额外筹集的金额。

(4) 不考虑目标资本结构的前提下，如果公司执行固定股利支付率政策，请计算该公司的股利支付率和 2×19 年度应分配的现金股利。

文本：挑战中级

文本：本章实训题

第九章

财务分析

PPT：财务分析

学习目标

* 掌握财务分析的方法
* 掌握偿债能力、营运能力、盈利能力分析的内容
* 掌握杜邦财务分析体系
* 理解财务分析的概念和作用
* 理解现金流量分析的内容
* 了解沃尔比重分析法

【引入知识】

小李是一名2020年7月毕业的会计专业大学毕业生，他在2020年3月1日到一家公司应聘会计岗位工作，当时财务经理拿了该公司2019年的财务报表，让小李谈谈对本公司的总体评价。小李应该从哪些方面对该公司进行评价，有哪些方法可以运用?

本章教会你财务分析的有关内容。财务分析是对企业财务状况和经营情况进行的总结、考核和评价。企业的财务报财务分析的最终目的是为企业管理和企业战略服务。所以，在做财务分析的时候，首先要搞清楚分析的目的。究竟是为了提高改善企业的盈利能力，或者是提升公司的价值，还是为了加强风险防范，还是潜在的投资人需要全面了解公司的经营状况，针对不同目的的分析重点和分析方法有所不同。会计报表的不同使用者对报表关注的侧重点亦不相同。如潜在投资人可能比较关注企业的盈利能力、负债程度和财务杠杆；企业的管理人员可能对自己所管理的企业或部门的经济效益更感兴趣；财务咨询公司、审计事务所的专业人员则更关注企业可能会作假和风险较高的地方。为了满足各方的需要，企业财务管理人员要搞好企业财务管理工作，对企业的财务状况进行了解，就必须采用一系列财务指标，运用一定方法分析企业财务和财务成果，帮助企业提出财务管理的对策与措施，使财务管理科学化。

【案例导入】

(一) 案例资料

曙光公司是一家提供摄影器材、摄影服务的上市公司。新上任的财务经理认为公司的流动资金管理方面存在很多问题，有必要采取改善措施。他提出通过与银行签订无追索权的保理协议改善其应收账款管理。根据协议，银行将收取年销售收入0.5%的保理手续费。保理的折现利率为5%，高于同期银行短期贷款利率。通过保理协议，公司的应收账款周转天数短期内就可下降到75天，预计在两年内可达到行业平均水平。同时，财务经理认为此举还可降低公司的坏账损失率，减少应收账款管理费用的支出。该公司的2019年的资产负债表、利润表及摄影器材行业的相关数据见表9－1～表9－3。

表 9－1　　曙光公司的资产负债表

2019 年 12 月 31 日　　单位：万元

资产	期末余额	期初余额	负债与所有者权益	期初余额	期末余额
货币资金	1 000	1 600	应付账款	1 700	1 100
存货	3 600	3 200	短期借款	800	100
应收账款	4 100	2 400	流动负债合计	2 500	1 200
流动资产合计	8 700	7 200	长期借款	1 300	1 300
固定资产	3 600	3 500	应付债券	2 500	2 500
			长期负债合计	3 800	3 800
			股本	1 000	1 000
			盈余公积	5 000	4 700
			所有者权益合计	6 000	5 700
资产合计	12 300	10 700	负债所有者权益合计	12 300	10 700

表 9－2　　曙光公司利润表

2019 年 12 月 31 日　　单位：万元

项目	本期金额	上期金额	上上期金额
主营业务收入	16 000	14 500	13 200
主营业务成本	12 000	10 530	9 970
主营业务利润	4 000	3 970	3 630
管理费用	3 000	2 600	2 350
财务费用	360	330	330
税前利润	640	1 040	950
所得税	190	310	280
税后利润	450	730	670

注：公司的所有销售均采用赊销方式，曙光公司目前短期借款利率为 4%。

表 9－3　　摄影器材行业的平均数据

存货周转天数	100 天
应收账款周转天数	60 天
应付账款周转天数	50 天
流动比率	3.5
速动比率	2.5

（二）阅读分析

根据以上相关财务数据，对曙光公司新任财务经理提出的流动资金管理有待改善的观点做出评价。

文本：案例导入分析提示

第一节　财务分析概述

一、财务分析的概念及作用

（一）财务分析的概念

财务分析主要是财务报表分析，财务报表是企业财务状况和经营成果的信息载体，但财务报表所列示的各类项目的金额，如果孤立地看并无多大意义，必须与其他数据相比较，才能成为有用的信息。这种参照一定标准将财务报表的各项数据与有关数据进行比较、评价就是企业财务报表分析。具体地说，财务分析就是以财务报表和其他资料为依据和起点，采用专门方法，系统分析和评价企业的财务状况、经营成果和现金流量状况的过程。其目的是评价过去的经营业绩，衡量现在的财务状况，预测未来的发展趋势。

（二）财务分析的作用

财务分析既是财务预测的前提，也是过去经营活动的总结，具有承上启下的作用：

（1）财务分析是评价财务状况及经营业绩的重要依据。通过财务分析，可以了解企业偿债能力、营运能力、盈利能力和现金流量状况，合理评价经营者的经营业绩，以奖优罚劣，促进管理水平的提高。

（2）财务分析是实现理财目标的重要手段。企业理财的根本目标是实现企业价值最大化。通过财务分析，不断挖掘潜力，从各方面揭露矛盾，找出差距，充分认识未被利用的人力、物力资源，寻找利用不当的原因，促进企业经营活动按照企业价值最大化目标运行。

（3）财务分析是实施正确投资决策的重要步骤。投资者通过财务分析，可了解企业获利能力、偿债能力，从而进一步预测投资后的收益水平和风险程度，以做出正确的投资。

> **思考**
>
> 财务分析应根据哪些资料的数据？

二、财务分析的内容

财务分析的内容主要包括以下四个方面：

（一）偿债能力分析

偿债能力是指企业如期偿付债务的能力，它包括短期偿债能力和长期偿债能力。由于短期债务是企业日常经营活动中弥补营运资金不足的一个重要来源，通过分析有助于判断企业短期资金的营运能力以及营运资金的周转状况。通过对长期偿债能力的分析，不仅可以判断企业的经营状况，还可以促使企业提高融通资金的能力，因为长期负债是企业资金的重要组成部分，也是企业的重要融资途径。而从债权人的角度看，通过偿债能力分析，有助于了解其贷款的安全性，以保证其债务本息能够及时、足额地得以偿还。

（二）营运能力分析

营运能力分析主要是从企业所运用的资产进行全面分析。分析企业各项资产的使用效果、资金周转的快慢以及挖掘资金的潜力，提高资金的使用效果。

（三）盈利能力分析

盈利能力分析主要通过将资产、负债、所有者权益与经营成果相结合来分析企业的各项报酬率指标，从而从不同角度判断企业的获利能力。

（四）现金流量分析

现金流量分析主要通过现金流量的结构分析、流动性分析、获取现金能力分析、财务弹性分析、收益质量分析等五个方面来分析评价企业资金的来龙去脉，融投资能力和财务弹性。

以上四个方面的财务分析指标中，偿债能力是财务目标实现的保证，营运能力与现金流量是财务目标实现的物质基础，盈利能力是三者共同作用的结果，同时也对三者的增强起着推动作用，四者相辅相成，共同构成企业财务分析的基本内容。

第二节　财务分析的方法

视频：财务分析方法

财务分析方法多种多样，但常用的有以下三种方法：比率分析法、因素分析法和趋势分析法。

一、比率分析法

比率分析法是把两个相互联系的项目加以对比，计算出比率，以确定经济活动变动情况的分析方法。比率指标主要有以下三类：

(一) 效率比率

效率比率是反映经济活动中的投入与产出，所费与所得的比率，以考察经营成果，评价经济效益的指标。如成本利润率、销售利润率及资本利润率等指标。

(二) 结构比率

结构比率又称构成比率，是某项经济指标的某个组成部分与总体的比率，反映部分与总体的关系。其计算公式为：

结构比率 = 某个组成部分/总体数额

利用结构比率可以考察总体中某部分形成与安排的合理性，以协调各项财务活动。

(三) 相关比率

相关比率是将两个不同但又有一定关联的项目加以对比得出的比率，以反映经济活动的各种相互关系。实际上财务分析的许多指标都是这种相关比率，如流动比率、资金周转率等。

比率分析法的优点是计算简便，计算结果容易判断分析，而且可以使某些指标在不同规模企业间进行比较。但要注意以下几点：

1. 对比项目的相关性

计算比率的分子和分母必须具有相关性，否则就不具有可比性。构成比率指标必须是部分与总体的关系；效率比率指标要具有某种投入产出关系；相关比率指标分子、分母也要有某种内在联系，否则比较就毫无意义。

2. 对比口径的一致性

计算比率的子项和母项在计算时间、范围等方面要保持口径一致。

3. 衡量标准的科学性

要选择科学合理的参照标准与之对比，以便对财务状况做出恰当评价。

二、因素分析法

一个经济指标往往是由多种因素造成的。它们各自对某一个经济指标都有不同程度的影响。只有将这一综合性的指标分解成各个构成因素，才能从数量上把握每一个因素的影响程度，给工作指明方向，这种通过逐步分解来确定几个相互联系的因素对某一综合性指标的影响程度的分析方法叫因素分析法或连环替代法。

例如，某项财务指标 P 是由 A、B、C 三个因素的乘积构成，其实际指标与标准指标以及有关因素关系由下式构成：

实际指标：$P_a = A_a \times B_a \times C_a$

计划指标：$P_s = A_s \times B_s \times C_s$

实际与计划的总差异为 $P_a - P_s$，这一总差异同时受到 A、B、C 三个因素的影响。它们各自的变动对指标总差异的影响程度可分别由下式计算求得：

A 因素变动影响：$(A_a - A_s) \times B_s \times C_s$

B 因素变动影响：$A_a \times (B_a - B_s) \times C_s$

C 因素变动影响：$A_a \times B_a \times (C_a - C_s)$

将以上三个因素的影响数相加应该等于总差异 $P_a - P_s$。

【例题 9－1】 某企业甲产品的材料成本见表 9－4，运用因素分析法分析各因素变动对材料成本的影响程度。

表 9－4　　材料成本资料

项目	计量单位	计划数	实际数
产品产量	件	160	180
单位产品材料消耗量	千克/件	14	12
材料单价	元/千克	8	10
材料总成本	元	17 920	21 600

根据以上资料分析如下：

材料成本＝产量×单位产品材料消耗量×材料单价

材料成本总差异＝21 600－17 920＝3 680（元）

产量变动对材料成本的影响值：（180－160）×14×8＝2 240（元）

单位产品材料消耗量变动对材料成本的影响值：180×（12－14）×8＝－2 880（元）

材料单价变动对材料成本的影响值：180×12×（10－8）＝4 320（元）

将以上三个因素的影响值相加：2 240＋（－2 880）＋4 320＝3 680（元）

因素分析法既可以全面分析各因素对某一经济指标的影响，又可以单独分析某个因素对某一经济指标的影响，在财务分析中颇为广泛，但应用因素分析法须注意以下几个问题：

1. 因素分解的关联性

即构成经济指标的各因素确实是形成该项指标差异的内在构成原因，它们之间存在着客观的因果关系。

2. 因素替代的顺序性

替代因素时，必须按照各因素的依存关系，排列成一定顺序依次替代，不可随意加以颠倒，否则各个因素的影响值就会得出不同的计算结果。在实际工作中，往往是先替代数量因素，后替代质量因素；先替代实物量、劳动量因素，后替代价值量因素；先替代原始的主要因素，后替代派生的次要因素；在有除号的关系式中，先替代分子，后替代分母。

3. 顺序替代的连环性

计算每个因素变动的影响数值时，都是在前一次计算的基础上进行的，并采用连环比较的方法确定因素变化影响结果。只有保持这种连环性，才能使各因素影响之和等于分析指标变动的总差异。

4. 计算结果的假定性

由于因素分析法计算各个因素变动的影响值会因替代计算顺序的不同而有差别，因而，计算结果具有一定顺序上的假定性和近似性。

三、趋势分析法

趋势分析法是将两期或连续数期财务报告中相同指标进行对比，确定其增减变动的方向、数额和幅度，以说明企业财务状况及经营成果变动趋势的一种方法。趋势分析法主要有三种比较方式：

1. 重要财务指标的比较

这种方法是将不同时期财务报告中相同的重要指标或比率进行比较，直接观察其增减变动情况幅度及发展趋势。它又分两种比率：

（1）定基动态比率。它是将分析期数额与某一固定基期数额对比计算的比率。其计算公式为：

定基动态比率＝分析期指标/固定基期指标

（2）环比动态比率。它是将每一分析期数额与前一期同一指标进行对比计算得出的动态比率。其计算公式为：

环比动态比率＝分析期指标/分析前期指标

2. 会计报表的比较

这种方法是将连续数期的会计报表有关数字并行排列，比较相同指标的增减变动金额及幅度，以此来说明企业财务状况和经营成果的发展变化。一般可以通过编制比较资产负债表，比较损益表及比较现金流量表来进行，计算出各有关项目增减变动的金额及变动百分比。

3. 会计报表项目构成的比较

这种方法是以会计报表中某个总体指标作为100%，再计算出报表各构成项目占该总体指标的百分比，依次来比较各个项目百分比的增减变动，以及判断有关财务活动的变化趋势。这种方法即可用于同一企业不同时期财务状况的纵向比较，又可用于不同企业间的横向比较，并且还可以消除不同时期（不同企业）间业务规模差异的影响，有助于正确分析企业财务状况及发展趋势。但采用趋势分析法时，应注意以下几个问题：

（1）用于对比的各项指标的计算口径要一致。

（2）剔除偶然性因素的影响，使分析数据能反映正常的经营及财务状况。

（3）对有显著变动的指标要作重点分析。

思考

适合用来进行比率分析的资料有哪些？

第三节 财务指标分析

财务指标分析的内容包括偿债能力分析、营运能力分析和盈利能力分析、现金流量分析四个方面，本节仅对前三个方面内容加以介绍。

一、偿债能力分析

企业偿债能力是反映企业财务状况和经营能力的重要标志。企业偿债能力低不仅说明企业资金紧张，难以支付日常经营支出，而且说明企业资金周转不灵，难以偿还到期债务，甚至面临破产危险。企业偿债能力分析包括短期偿债能力分析和长期偿债能力分析。

（一）短期偿债能力分析

企业短期债务一般要用流动资产来偿付，短期偿债能力是指企业流动资产对流动负债及时足额偿还的保证程度，是衡量流动资产变现能力的重要标志。企业短期偿债能力的衡量指标主要有流动比率、速动比率和现金比率。

1. 流动比率

流动比率是企业流动资产与流动负债之比。其计算公式为：

流动比率 = 流动资产/流动负债

一般认为，生产企业合理的最低流动比率是2。这是因为流动资产中变现能力最差的存货金额约占流动资产总额的一半，剩下的流动性较大的流动资产至少要等于流动负债，企业短期偿债能力才会有保证。人们长期以来的这种认识因其未能从理论上证明，还不能成为一个统一标准。

运用流动比率进行分析时，要注意以下几个问题：

（1）流动比率高，一般认为偿债保证程度较强，但并不一定有足够的现金或银行存款偿债，因为流动资产除了货币资金以外，还有存货、应收账款、待摊费用等项目，有可能出现虽说流动比率高，但真正用来偿债的现金和存款却严重短缺的现象，所以分析流动比率时，还需要进一步分析流动资产的构成项目。

（2）计算出来的流动比率，只有和同行业平均流动比率、本企业历史流动比率进行比较，才能知道这个比率是高还是低。这种比较通常并不能说明流动比率为什么这么高或低，要找出过高或过低的原因，还必须分析流动资产和流动负债所包括的内容以及经营上的因素。一般情况下，营业周期、流动资产中的应收账款和存货的周转速度是影响流动比率的主要因素。

【例题9－2】为便于说明，本节各项财务比率的计算，将主要采用××公司作为例子，该公司的资产负债表、利润表如表9－5、表9－6所示。

表 9－5　　资产负债表

2018 年 12 月 31 日　　单位：万元

资产	年初数	年末数	负债及所有者权益	年初数	年末数
流动资产：			流动负债：		
货币资金	125	250	短期借款	225	300
短期投资	60	30	应付票据	20	25
应收票据	55	40	应付账款	545	500
应收账款	995	1 990	预收账款	20	50
预付账款	20	60	其他应付款	85	35
其他应收款	110	110	应付工资	5	10
存货	1 685	595	应付福利费	80	60
一年内到期的		200	未交税金	20	25
长期债权投资	0	225	未付利润	50	140
流动资产合计	3 050	3 500	其他未交款	5	35
			待扣税金	20	45
长期投资	225	150	一年内到期的		10
固定资产：			长期负债	0	250
固定资产原价	8 085	10 000	其他流动负债	25	15
减：累计折旧	3 310	3 810	流动负债合计	1 100	1 500
固定资产净值	4 775	6 190	长期负债：		
固定资产清理	60	0	长期借款	1 225	2 250
在建工程	175	90	应付债券	1 300	1 200
固定资产合计	5 010	6 280	其他长期负债	375	350
无形及递延资产：			长期负债合计	2 900	3 800
无形资产	40	30	所有者权益：		
递延资产	75	25	实收资本	3 000	3 000
其他长期资产	0	15	资本公积	50	80
非流动资产合计	5 350	6 500	盈余公积	200	370
			未分配利润	1 150	1 250
			所有者权益合计	4 400	4 700
资产总计	8 400	10 000	负债及所有者权益总计	8 400	10 000

表 9－6 利润表

2018 年 12 月 31 日 单位：万元

项　目	上年实际	本年累计
一、主营业务收入	14 250	15 000
减：主营业务成本	12 515	13 220
主营业务税金及附加	140	140
二、主营业务利润	1 595	1 640
加：其他业务利润	180	100
减：营业费用	100	110
管理费用	200	230
财务费用	480	550
三、营业利润	995	850
加：投资收益	120	200
营业外收入	85	50
减：营业外支出	25	100
四、利润总额	1 175	1 000
减：所得税	375	320
五、净利润	800	680

根据表 9－5 资料，××公司 2018 年年初与年末的流动资产分别为 3 050 万元、3 500 万元，流动负债分别为 1 100 万元、1 500 万元，则该公司流动比率为：

年初流动比率＝3 050÷1 100＝2.773

年末流动比率＝3 500÷1 500＝2.333

××公司年初年末流动比率均大于 2，说明该公司具有较强的短期偿债能力。

流动比率虽然可以用来评价流动资产总体的变现能力，但流动资产中包含存货这类变现能力较差的资产，如能将其剔除，其所反映的短期偿债能力更加令人可信，这个指标就是速动比率。

2. 速动比率

速动比率是企业速动资产与流动负债之比，速动资产是指流动资产减去变现能力较差且不稳定的存货、待摊费用等之后的余额。由于剔除了存货等变现能力较差的资产，速动比率比流动比率能更准确、可靠地评价企业资产的流动性及偿还短期债务的能力。其计算公式为：

$$速动比率＝速动资产÷流动负债$$

一般认为速动比率为 1 较合适，速动比率过低，企业面临偿债风险；但速动比率过高，会因占用现金及应收账款过多而增加企业的机会成本。

根据表 9－5 资料，××公司 2018 年的年初和年末速动资产：

年初速动资产 = 125 + 60 + 55 + 995 + 20 + 110 = 1 365（万元）

年末速动资产 = 250 + 30 + 40 + 1 990 + 110 + 60 = 2 480（万元）

××公司的速动比率为：

年初速动比率 = 1 365 ÷ 1 100 = 1.24

年末速动比率 = 2 480 ÷ 1 500 = 1.65

××公司2018年年初、年末的速动比率都比公认标准高，一般认为其短期偿债能力较强，但进一步分析可以发现，在××公司的速动资产中应收账款比重很高（分别占73%和80%），而应收账款不一定能按时收回，所以我们还必须计算分析第三个重要比率—现金比率。

3. 现金比率

现金比率是企业现金类资产与流动负债的比率。现金类资产包括企业所拥有的货币资金和持有的有价证券（即资产负债表中的短期投资）。它是速动资产扣除应收账款后的余额。速动资产扣除应收账款后计算出来的金额，最能反映企业直接偿付流动负债的能力。现金比率一般认为20%以上为好。但这一比率过高，就意味着企业流动负债未能得到合理运用，而现金类资产获利能力低，这类资产金额太高会导致企业机会成本增加。现金比率计算公式为：

现金比率 =（现金 + 有价证券）÷ 流动负债

根据表9－5资料，××公司的现金比率为：

年初现金比率 =（125 + 60）÷ 1 100 = 0.168

年末现金比率 =（250 + 30）÷ 1 500 = 0.186

××公司虽然流动比率和速动比率都较高，而现金比率偏低，说明该公司短期偿债能力还是有一定风险，应缩短收账期，加大应收账款催账力度，以加速应收账款资金的周转。

（二）长期偿债能力分析

长期偿债能力是指企业偿还长期负债的能力。其分析指标主要有三项：资产负债率、产权比率和利息保障倍数。

1. 资产负债率

资产负债率是企业负债总额与资产总额之比。其计算公式为：

资产负债率 =（负债总额 ÷ 资产总额）× 100%

资产负债率反映债权人所提供的资金占全部资金的比重，以及企业资产对债权人权益的保障程度。这一比率越低（50%以下），表明企业的偿债能力越强。

事实上，对这一比率的分析，还要看站在谁的立场上。从债权人的立场看，债务比率越低越好，企业偿债有保证，贷款不会有太大风险；从股东的立场看，在全部资本利润率高于借款利息率时，负债比率越大越好，因为股东所得到的利润就会加大。从财务管理的角度看，在进行借入资本决策时，企业应当审时度势，全面考虑，充分估计预期的利润和增加的风险，权衡利害得失做出正确的分析和决策。

根据表9－5资料，××公司的资产负债率为：

年初资产负债率 =（1 100 + 2 900）÷ 8 400 × 100% = 47.62%

年末资产负债率 =（1 500 + 3 800）÷ 10 000 × 100% = 53%

××公司年初资产负债率为47.62%，低于50%，而年末资产负债率为50%，虽然偏高，但在合理的范围内，说明××公司有一定的偿债能力和负债经营能力。

2. 产权比率

产权比率又称资本负债率，是负债总额与所有者权益之比，它是企业财务结构稳健与否的重要标志。其计算公式为：

$$产权比率 = 负债总额 \div 所有者权益 \times 100\%$$

产权比率不仅反映了由债务人提供的资本与所有者提供的资本的相对关系，而且反映了企业自有资金偿还全部债务的能力，因此它又是衡量企业负债经营是否安全有利的重要指标。一般来说，这一比率越低，表明企业长期偿债能力越强，债权人权益保障程度越高，承担的风险越小，一般认为这一比率为1∶1，即100%以下时，应该是有偿债能力的，但还应该结合企业的具体情况加以分析。当企业的资产收益率大于负债成本率时，负债经营有利于提高资金收益率，获得额外的利润，这时的产权比率可适当高些。产权比率高，是高风险高收益的财务结构；产权比率低，是低风险、低收益的财务结构。

根据表9－5资料，××公司的产权比率为：

$年初产权比率 = (1\ 100 + 2\ 900) \div 4\ 400 \times 100\% = 90.91\%$

$年末产权比率 = (1\ 500 + 3\ 800) \div 4\ 700 \times 100\% = 112.77\%$

由计算可知，××公司年初的产权比率不是很高，而年末的产权比率偏高，表明年末该公司举债经营程度偏高，财务结构不稳定。

产权比率与资产负债率对评价偿债能力的作用基本一致，只是资产负债率侧重于分析债务偿付安全性的物质保障程度，产权比率则侧重于揭示财务结构的稳健程度以及自有资金对偿债风险的承受能力。

与设置有形资产负债率指标的原因相同，对产权比率也可适当调整成有形净值负债率，其计算公式为：

$$有形净值负债率 = 负债总额 \div 有形净值总额 \times 100\%$$

式中，有形净值总额＝有形资产总额－负债总额。

根据表9－5资料，××公司有形净值负债率为：

$$年初有形净值负债率 = \frac{4\ 000}{8\ 230 - 4\ 000} \times 100\% = 94.56\%$$

$$年末有形净值负债率 = \frac{5\ 300}{9\ 745 - 5\ 300} \times 100\% = 119.24\%$$

有形净值负债率指标实质上是产权比率指标的延伸，能更为谨慎、保守地反映在企业清算时债权人投入的资本对所有者权益的保障程度。

3. 利息保障倍数

利息保障倍数是指企业息税前利润与利息费用之比，又称已获利息倍数，用以衡量偿付借款利息的能力。其计算公式为：

$$利息保障倍数 = 息税前利润 \div 利息费用$$

公式中的分子—息税前利润是指利润表中未扣除利息费用和所得税前的利润。公式中的分母—利息费用是指本期发生的全部应付利息，不仅包括财务费用中的利息费用，还应包括计入固定资产成本的资本化利息。资本化利息虽然不在利润表中扣除，但仍然是要偿还的。利息保障倍数的重点是衡量企业支付利息的能力，没有足够大的息税前利润，利息的支付就会发生困难。

利息保障倍数不仅反映了企业获利能力的大小，而且反映了获利能力对偿还到期债务的保证程度，它既是企业举债经营的前提依据，也是衡量企业长期偿债能力大小的重要标志。要维持正常的偿债能力，利息保障倍数至少应大于1，且比值越高，企业长期偿债能力越强。如果利息保障倍数过低，企业将面临亏损、偿债的安全性与稳定性下降的风险。

根据表9－6资料，假定表中财务费用全部为利息费用，资本化利息为0，则××公司利息保障倍数为：

上年利息保障倍数＝(1 175＋480)÷480＝3.45

本年利息保障倍数＝(1 000＋550)÷550＝2.82

从以上计算结果看，××公司这两年的利息保障倍数虽不太高，但大于1，说明有一定的偿债能力，但还需要与其他企业特别是本行业平均水平进行比较来分析评价。从稳健角度来看，还要比较本企业连续几年的该项指标进行分析评价。

4. 权益乘数

这个指标的计算见本章第四节财务综合分析。

思考

偿债能力分析能解决哪些问题？

二、营运能力分析

文本：实务演练1

企业的经营活动离不开各项资产的运用，对企业营运能力的分析，实质上就是对各项资产的周转使用情况进行分析。一般而言，资金周转速度越快，说明企业的资金管理水平越高，资金利用效率越高。企业营运能力分析主要包括：流动资产周转率、固定资产周转率和总资产周转率三个方面。

（一）流动资产周转情况分析

反映流动资产周转情况的指标主要有应收账款周转率、存货周转率和流动资产周转率。

1. 应收账款周转率

应收账款在流动资产中有着举足轻重的地位，及时收回应收账款，不仅增强了企业的短期偿债能力，也反映出企业管理应收账款的效率。

应收账款周转率（次数）是指一定时期内应收账款平均收回的次数，是一定时期内商品或产品销售收入净额与应收账款平均余额的比值。其计算公式为：

应收账款周转次数＝销售收入净额÷应收账款平均余额

式中，销售收入净额＝销售收入－销售折扣与折让。

应收账款平均余额＝(期初应收账款＋期末应收账款)÷2

应收账款周转天数＝计算期天数÷应收账款周转次数

＝计算期天数×应收账款平均余额÷销售收入净额

公式中的应收账款包括会计报表中应收账款和应收票据等全部赊销账款在内，且其金额应为扣除坏账后的金额。

应收账款周转率反映了企业应收账款周转速度的快慢及企业对应收账款管理效率的高低。在一定时期内周转次数多，周转天数少表明：

（1）企业收账迅速，信用销售管理严格。

（2）应收账款流动性强，从而增强企业短期偿债能力。

（3）可以减少收账费用和坏账损失，相对增加企业流动资产的投资收益。

（4）通过比较应收账款周转天数及企业信用期限，可评价客户的信用程度，调整企业信用政策。

根据表9－5和表9－6资料，××公司2018年度销售收入净额15 000万元，2018年年末应收账款、应收票据净额为2 030（1 990＋40）万元，年初数为1 050（995＋55）万元；则2018年该公司应收账款周转率指标计算如下：

$$\text{应收账款周转次数}=\frac{15\ 000}{(2\ 030+1\ 050)\div 2}=9.74\ (\text{次})$$

应收账款周转天数＝360÷9.74＝37（天）

在评价应收账款周转率指标时，应将计算出的指标与该公司前期，与行业平均水平或其他类似企业相比较来判断该指标的高低。

2. 存货周转率

在流动资产中，存货所占比重较大，存货的流动性将直接影响企业的流动比率。因此，必须特别重视对存货的分析。存货流动性的分析一般通过存货周转率来进行。

存货周转率（次数）是指一定时期内企业销售成本与存货平均资金占用额的比率，是衡量和评价企业购入存货、投入生产、销售收回等各环节管理效率的综合性指标。其计算公式为：

存货周转次数＝销货成本÷存货平均余额

存货平均余额＝(期初存货＋期末存货)÷2

存货周转天数＝计算期天数÷存货周转次数

＝计算期天数×存货平均余额÷销货成本

根据表9－5和表9－6资料，××公司2018年度销售成本为13 220万元，期初存货为1 630万元，期末存货为595万元，该公司存货周转率指标为：

$$\text{存货周转次数}=\frac{13\ 220}{(1\ 630+595)\div 2}=11.88\ (\text{次})$$

存货周转天数＝360÷11.88＝30（天）

一般来讲，存货周转速度越快，存货占用水平越低，流动性越强，存货转化为现金或应收账款的速度就越快，这样会增强企业的短期偿债能力及获利能力。通过存货周转速度分析，有利于找出存货管理中存在的问题，尽可能降低资金占用水平。

3. 流动资产周转率

流动资产周转率是反映企业流动资产周转速度的指标。流动资产周转率（次数）是一定时期销售收入净额与企业流动资产平均占用额之间的比率。其计算公式为：

流动资产周转次数 = 销售收入净额 ÷ 流动资产平均余额

流动资产周转天数 = 计算期天数 ÷ 流动资产周转次数

= 计算期天数 × 流动资产平均余额 ÷ 销售收入净额

式中，流动资产平均余额 =（期初流动资产 + 期末流动资产）÷2。

在一定时期内，流动资产周转次数越多，表明以相同的流动资产完成的周转额越多，流动资产利用效果越好。流动资产周转天数越少，表明流动资产在经历生产销售各阶段所占用的时间越短，可相对节约流动资产，增强企业盈利能力。

根据表 9－5 和表 9－6 资料，××公司 2018 年销售收入净额 15 000 万元，2018 年流动资产期初数为 3 050 万元，期末数为 3 500 万元，则该公司流动资产周转指标计算如下：

$$\text{流动资产周转次数} = \frac{15\ 000}{(3\ 050 + 3\ 500) \div 2} = 4.58\text{（次）}$$

流动资产周转天数 = 360 ÷ 4.58 = 78.6（天）

（二）固定资产周转率

固定资产周转率是指企业年销售收入净额与固定资产平均净额的比率。它是反映企业固定资产周转情况，从而衡量固定资产利用效率的一项指标。其计算公式为：

固定资产周转率 = 销售收入净额 ÷ 固定资产平均净值

式中，固定资产平均净值 =（期初固定资产净值 + 期末固定资产净值）÷2。

固定资产周转率高，说明企业固定资产投资得当，结构合理，利用效率高；反之，如果固定资产周转率不高，则表明固定资产利用效率不高，提供的生产成果不多，企业的营运能力不强。

根据表 9－5 和表 9－6 资料，××公司 2017 年和 2018 年的销售收入净额分别为 14 250 万元，15 000 万元，2018 年年初固定资产净值为 4 775 万元，2018 年年末为 6 190 万元。假设 2017 年年初固定资产净值为 4 000 万元，则固定资产周转率计算如下：

$$2017\text{ 年固定资产周转率} = \frac{14\ 250}{(4\ 000 + 4\ 775) \div 2} = 3.25\text{（次）}$$

$$2018\text{ 年固定资产周转率} = \frac{15\ 000}{(4\ 775 + 6\ 190) \div 2} = 2.74\text{（次）}$$

通过以上计算可知，2018 年固定资产周转率为 2.74 次，2017 年固定资产周转率为 3.25 次，说明 2018 年周转速度要比上年慢，其主要原因在于固定资产净值增加幅度要大于销售收入净额增长幅度，说明企业营运能力有所减弱，这种减弱幅度是否合理，还要视公司目标及同行业水平的比较而定。

（三）总资产周转率

总资产周转率是企业销售收入净额与企业资产平均总额的比率。计算公式为：

$$总资产周转率 = 销售收入净额 \div 资产平均总额$$

如果企业各期资产总额比较稳定，波动不大，则：

$$资产平均总额 = (期初资产总额 + 期末资产总额) \div 2$$

这一比率用来衡量企业全部资产的使用效率，如果该比率较低，说明企业全部资产营运效率较低，可采用薄利多销或处理多余资产等方法，加速资产周转，提高运营效率；如果该比率较高，说明资产周转快，销售能力强，资产运营效率高。

根据表 9－5 和表 9－6 资料，2017 年××公司销售收入净额为 14 250 万元，2018 年为 15 000 万元，2018 年年初资产总额为 8 400 万元，2018 年年末为 10 000 万元。假设 2017 年初资产总额为 7 500 万元，则该公司 2017 年和 2018 年总资产周转率计算如下：

$$2017\text{ 年总资产周转率} = \frac{14\,250}{(7\,500 + 8\,400) \div 2} = 1.72\text{（次）}$$

$$2018\text{ 年总资产周转率} = \frac{15\,000}{(8\,400 + 10\,000) \div 2} = 1.63\text{（次）}$$

从以上计算可知，××公司 2018 年总资产周转率比上年减慢，这与前面计算分析固定资产周转速度减慢结论一致，该公司应扩大销售额，处理闲置资产，以提高资产使用效率。

思考

营运能力能解决哪些问题？

三、盈利能力分析

不论是投资人、债权人还是经理人员，都会非常重视和关心企业的盈利能力。盈利能力就是企业获取利润、资金不断增值的能力。反映企业盈利能力的指标主要有销售毛利率、销售净利率、成本利润率、总资产报酬率、净资产收益率和资本保值增值率。

（一）销售毛利率

销售毛利率是销售毛利与销售收入之比，其计算公式如下：

$$销售毛利率 = 销售毛利 \div 销售收入$$

式中，销售毛利＝主营业务收入（销售收入）－主营业务成本（销售成本）。

根据表 9－6 资料，可计算××公司销售毛利率如下：

2017 年销售毛利率＝(14 250－12 515)÷14 250＝12.18%

2018 年销售毛利率＝(15 000－13 220)÷15 000＝11.87%

（二）销售净利率

销售净利率是净利润与销售收入之比，其计算公式为：

销售净利率 = 净利润 ÷ 销售收入

根据表 9 - 6 资料，可计算销售净利率如下：

2017 年销售净利率 = 800 ÷ 14 250 = 5.61%

2018 年销售净利率 = 680 ÷ 15 000 = 4.53%

从上述计算分析可以看出，2018 年各项销售利润率指标均比上年有所下降。说明企业盈利能力有所下降，企业应查明原因，采取相应措施，提高盈利水平。

（三）成本利润率

成本利润率是反映盈利能力的另一个重要指标，是利润与成本之比。成本有多种形式，但这里成本主要指经营成本，其计算公式如下：

经营成本利润率 = 主营业务利润 ÷ 经营成本

式中，经营成本 = 主营业务成本 + 主营业务税金及附加。

根据表 9 - 6 资料，可计算成本利润率如下：

2017 年经营成本利润率 = 1 595 ÷ (12 515 + 140) = 12.60%

2018 年经营成本利润率 = 1 640 ÷ (13 220 + 140) = 12.28%

从以上计算可知，××公司 2017 年成本利润率指标比 2018 年也有所下降，这进一步验证了前面销售利润率指标所得出的结论，说明其盈利能力下降。公司应进一步分析利润下降、成本上升的因素，采取有效措施，降低成本，提高盈利能力。

（四）总资产报酬率

总资产报酬率是企业息税前利润与企业资产平均总额的比率。由于资产总额等于债权人权益和所有者权益的总额，所以该比率既可以衡量企业资产综合利用的效果，又可以反映企业利用债权人及所有者提供资本的盈利能力和增值能力。其计算公式为：

$$总资产报酬率 = \frac{息税前利润}{资产平均总额} = \frac{净利润 + 所得税 + 利息费用}{(期初资产 + 期末资产) \div 2}$$

该指标越高，表明资产利用效率越高，说明企业在增加收入、节约资金使用等方面取得了良好的效果；该指标越低，说明企业资产利用效率低，应分析差异原因，提高销售利润率，加速资金周转，提高企业经营管理水平。

据表 9 - 5 和表 9 - 6 资料，××公司 2017 年净利润为 800 万元，所得税 375 万元，财务费用 480 万元，年末资产总额 8 400 万元；2018 年净利润为 680 万元，所得税 320 万元，财务费用 550 万元，年末资产总额 10 000 万元。假设 2017 年初资产总额 7 500 万元，则××公司总资产报酬率计算如下：

$$2017 年资产报酬率 = \frac{800 + 375 + 480}{(7\ 500 + 8\ 400) \div 2} \times 100\% = 20.85\%$$

$$2018 年总资产报酬率 \frac{680 + 320 + 550}{(8\ 400 + 10\ 000) \div 2} \times 100\% = 16.85\%$$

由计算结果可知，××公司 2018 年总资产报酬率要大大低于上年，需要对公司资产的使用情况，增产节约情况，结合成本效益指标一起分析，以改进管理，提高资产利用效率和企业经营管理水平，增强盈利能力。

（五）净资产收益率

净资产收益率又叫自有资金利润率或权益报酬率，是净利润与平均所有者权益的比值，它反映企业自有资金的投资收益水平。其计算公式为：

$$净资产收益率=净利润\div平均所有者权益\times100\%$$

该指标是企业盈利能力指标的核心，也是杜邦财务指标体系的核心，更是投资者关注的重点。

据表 9－5 和表 9－6 资料，××公司 2017 年净利润为 800 万元，年末所有者权益为 4 400 万元；2018 年净利润为 680 万元，年末所有者权益为 4 700 万元。假设 2017 年初所有者权益为 4 000 万元，则××公司净资产收益率为：

$$2017\text{ 年净资产收益率}=\frac{800}{(4\ 000+4\ 400)\div2}\times100\%=19.05\%$$

$$2018\text{ 年净资产收益率}=\frac{680}{(4\ 400+4\ 700)\div2}\times100\%=14.95\%$$

由于该公司所有者权益的增长快于净利润的增长，2018 年净资产收益率要比上年低了 4 个多百分点，盈利能力明显降低。

（六）资本保值增值率

资本保值增值率是指所有者权益的期末总额与期初总额之比。其计算公式为：

$$资本保值增值率=期末所有者权益\div期初所有者权益\times100\%$$

如果企业盈利能力提高，利润增加，必然会使期末所有者权益大于期初所有者权益，所以该指标也是衡量企业盈利能力的重要指标。当然，这一指标的高低，除了受企业经营成果的影响外，还受企业利润分配政策的影响。

根据前面净资产收益率的有关资料，××公司资本保值增值率计算如下：

2017 年资本保值增值率 $=4\ 400/4\ 000\times100\%=110\%$

2018 年资本保值增值率 $=4\ 700/4\ 400\times100\%=107\%$

可见该公司 2018 年资本保值增值率比上年有所降低。

> **思考**
>
> 盈利能力能解决哪些问题？

文本：实务演练 2

第四节 财务综合分析

一、财务综合分析概述

（一）财务综合分析的概念

前面已经介绍了企业偿债能力、营运能力和盈利能力等各种财务分析指标，但单独分析任何一项财务指标，就跟盲人摸象一样，都难以全面评价企业的经营状况与财务成果。要作全面的分析，必须采取适当的方法，对企业财务进行综合分析与评价。所谓财务综合分析就是将企业营运能力、偿债能力和盈利能力等方面的分析纳入一个有机的分析系统之中，全面地对企业财务状况、经营状况进行解剖和分析，从而对企业经济效益做出较为准确的评价与判断。

（二）财务综合分析的特点

一个健全有效的财务综合指标体系必须具有以下特点：

1. 评价指标要全面

设置的评价指标要尽可能涵盖偿债能力、营运能力和盈利能力等各方面的考核要求。

2. 主辅指标功能要匹配

在分析中要做到：明确企业分析指标的主辅地位；能从不同侧面、不同层次反映企业财务状况，揭示企业经营业绩。

3. 满足各方面经济需求

设置的指标评价体系既要能满足企业内部管理者决策的需要，也要能满足外部投资者和政府管理机构决策及实施宏观调控的要求。

二、财务综合分析的方法

财务综合分析的方法主要有两种：杜邦财务分析体系法和沃尔比重评分法。

（一）杜邦财务分析体系法

这种分析方法由美国杜邦公司的经理创立并首先在杜邦公司成功运用，称为杜邦系统（The Du Pont System），它是利用财务指标间的内在联系，对企业综合经营理财能力及经济效益进行系统的分析评价的方法。杜邦财务分析法是采用“杜邦分析图”，将有关分析指标按内在联系排列，如图 9 - 1 所示。

从图 9 - 1 可以了解到以下财务信息。

第一，权益报酬率是杜邦分析图体系的核心内容，是综合性最强的财务比率，它代表了所有者投入资金的获利能力，反映企业筹资、投资、资产运营等活动的效率，提高权益报酬率是所有者财富最大化的基本保证，这一比率的高低不仅取决于总资产报酬率，而且还取决于股东权益在总权益中的比重。

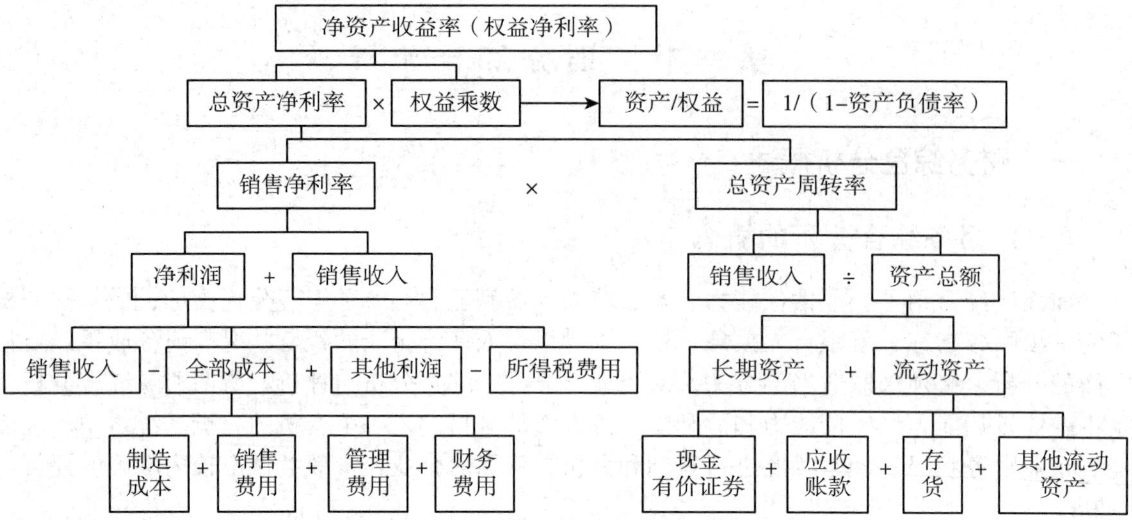

图9－1　杜邦分析体系

第二，总资产报酬率也是一个重要财务比率，是企业销售利润率与总资产周转率的综合表现。销售利润率反映了销售收入与其利润的关系，要提高销售利润率，不仅要增加销售收入，而且应努力降低各项成本。要提高总资产周转率，一方面要增加销售收入，另一方面应降低资金的占用。由此可见，总资产报酬率是销售成果与资产管理的综合体现。

第三，销售净利润率反映了企业税后净利润与企业销售收入的关系，就此意义而言，提高销售净利润率是提高企业盈利能力的关键所在。销售净利润率的提高，一是要靠扩大销售收入，二是要靠降低成本费用。降低各项成本开支也是企业财务管理的一项重要内容。通过各项成本的列示，有利于进行成本、费用的结构分析，加强成本控制。

第四，权益乘数反映了所有者权益同企业总资产的关系。它主要受资产与负债之间比例关系的影响。在资产总额既定的前提下，负债总额越大，权益乘数就越高，说明企业有较高的负债程度，给企业带来了较大的杠杆收益，同时也给企业带来了较大的财务风险。

【例题9－3】某公司有关财务数据如表9－7所示，分析该公司的净资产收益率变化的原因。

表9－7　　基本财务数据　　单位：万元

年份	净利润	销售收入	平均资产总额	平均负债总额	全部成本	制造费用	销售费用	管理费用	财务费用
2017	10 284.04	411 224.01	306 222.94	205 677.07	403 967.43	373 534.53	10 203.05	18 667.77	1 562.08
2018	12 653.92	757 613.81	330 580.21	215 659.54	736 747.24	684 261.91	21 740.96	25 718.20	5 026.17

该公司的2017年和2018年的主要财务比率如表9－8所示。

表 9-8

分类	2017 年	2018 年
净资产收益率（%）	10.23	11.03
权益乘数	3.05	2.88
资产负债率（%）	67.2	65.2
总资产净利率（%）	3.35	3.82
销售净利率（%）	2.5	1.67
总资产周转率（次）	1.34	2.29

1. 对净资产收益率的分析

该公司的净资产收益率在 2017～2018 年出现了一定程度的好转，从 2017 年的 10.23% 增加至 2018 年的 11.03%。企业的投资者在很大程度上依据这个指标来判断是否投资或是否转让股份，考察经营者业绩和决定股利分配政策。这些指标对企业的管理者也至关重要。

净资产收益率 = 权益乘数 × 总资产净利率

2017 年净资产收益率 = 3.05 × 3.36% = 10.23%

2018 年净资产收益率 = 2.88 × 3.83% = 11.03%

通过分解可以明显地看出，该公司净资产收益率的变动是资本结构（权益乘数）变动和资产利用效果（总资产净利率）变动两方面共同作用的结果，而该公司的总资产净利率太低，显示出很差的资产利用效果。

2. 对总资产净利率的分析

总资产净利率 = 销售净利率 × 总资产周转率

2017 年总资产净利率 = 2.5% × 1.34 = 3.35%

2018 年总资产净利率 = 1.67% × 2.29 = 3.82%

通过分解可以看出，2018 年该公司的总资产周转率有所提高，说明资产的利用得到了比较好的控制，显示出比前一年较好的效果，表明该公司利用其总资产产生销售收入的效率在增加。总资产周转率提高的同时销售净利率减少，阻碍了总资产净利率的增加。

3. 对销售净利率的分析

销售净利率 = 净利润/销售收入

2017 年销售净利率 = 10 284.04 ÷ 411 224.01 = 2.5%

2018 年销售净利率 = 12 653.92 ÷ 757 613.81 = 1.67%

该公司 2018 年大幅度提高了销售收入，但是净利润的提高幅度却很小，分析其原因是成本费用增多，从表 9-7 可知，全部成本从 2017 年的 403 967.43 万元增加到 2018 年的 736 747.24 万元，与销售收入的增加幅度大致相当。

4. 对全部成本的分析

全部成本 = 制造成本 + 销售费用 + 管理费用 + 财务费用

2017 年全部成本 = 373 534.53 + 10 203.05 + 18 667.77 + 1 562.08 = 403 967.43（万元）

2018 年全部成本 = 684 261.91 + 21 740.96 + 25 718.20 + 5 026.17 = 736 747.24（万元）

本例中，导致该公司净资产收益率小的主要原因是全部成本过大，也正是因为全部成本的大幅度提高导致了净利润提高幅度不大，而销售收入大幅度增加，就引起了销售净利率的降低，显示出该公司销售盈利能力的降低。总资产净利率的提高当归功于总资产周转率的提高，销售净利率的减少却起到了阻碍的作用。

5. 对权益乘数的分析

权益乘数 = 资产总额/权益总额

2017 年权益乘数 = 306 222.94/(306 222.94 − 205 677.07) = 3.05

2018 年权益乘数 = 330 580.21/(330 580.21 − 215 659.54) = 2.88

该公司下降的权益乘数，说明企业的资本结构在 2017 ~ 2018 年发生了变动，2018 年的权益乘数较 2017 年有所减小，权益乘数越小，企业负债程度越低，偿还债务能力越强，财务风险有所降低。这个指标同时也反映了财务杠杆对利润水平的影响。该公司的权益乘数一直处于 2.5，也即负债率在 50% ~ 80%，属于激进战略型企业。管理者应该准确把握企业所处的环境，准确预测利润，合理控制负债带来的风险。

6. 结论

对于该公司，最为重要的就是要努力降低各项成本，在控制成本上下功夫，同时要保持较高的总资产周转率。这样可以使销售净利率得到提高，进而使总资产净利率有大的提高。

思考

杜邦财务分析法有哪些缺点？

（二）沃尔比重评分法

沃尔比重评分法的先驱者之一是亚历山大·沃尔。他在 20 世纪初出版的《信用晴雨表研究》和《财务报表比率分析》中提出了信用能力指数的概念，把流动比率、产权比率、固定资产比率、存货周转率、应收账款周转率、固定资产周转率、自有资金周转率七项财务比率用线性关系结合起来，并分别给定各自的分数比重，然后通过与标准比率进行比较，确定各项指标的得分及总体指标的累计分数，从而对企业的信用水平作出评价。

这一方法的优点在于简单易用，便于操作。但它在理论上存在着一定的缺陷：它未能说明为什么选择这七个财务比率，而不是更多或者更少，或者选择其他财务比率；它未能证明各个财务比率所占权重的合理性；它也未能说明比率的标准值是如何确定的。

尽管沃尔比重评分法存在着上述缺陷，但它在实践中仍然被广泛应用并得到不断的改进和发展。在社会发展的不同阶段和不同的环境，人们应用沃尔比重评分法时所选择的财务比率不断地变化，各个比率的权数不断地修正，各个比率的标准值不断地调整，评分方法不断地改进，但是沃尔比重评分法的基本思路始终没有改变，其运用的基本步骤也没有发生大的变化。沃尔比重评分法的基本步骤如下：

1. 选定评价指标

不同的分析者所选择的财务比率都不尽相同，但在选择财务指标时应注意以下几点原则。

（1）所选择的比率要具有全面性，反映盈利能力、偿债能力、营运能力和发展能力的指标都应包括在内，只有这样才能反映企业的综合财务状况。

（2）所选择的财务指标要具有代表性，即在每个方面的众多财务指标中要选择那些典型的、重要的指标。

（3）所选择的指标最好具有变化方向的一致性，即当财务指标数值增大时表示财务状况的改善，当财务指标数值减小时表示财务状况的恶化。

2. 确定各项财务指标的权重

如何将 100 分的总分合理分配给所选择的各项财务指标，是沃尔比重评分法中的一个非常重要的环节。分配的标准是依据各项财务指标的重要性程度，越重要的财务指标分配的权重越高，对各项财务指标重要性程度的判断，应结合企业的经营状况、管理要求、发展趋势以及分析的目的等具体情况而定。

3. 确定各项财务指标的标准值

财务指标的标准值就是判断财务指标数值高低的比较标准。只有有了标准，我们才能判断企业的某个财务指标是高还是偏低。这个比较的标准可以是企业的历史水平，可以是竞争企业的水平，还可以是同行业的平均水平等。其中最常选择的标准是同行业的平均水平。

4. 计算各项财务指标的实际值

利用相关的财务数据计算企业各项财务指标的实际值。

5. 计算各项财务指标的相对值

将各财务指标实际值与标准值相除，得到的数据称为相对值。

6. 计算各项财务指标的综合得分及其合计数

各项财务指标的综合得分是相对值和权重的乘积，其合计数可作为评价企业财务状况的依据，一般而言，综合得分合计数如果为 100 或接近 100 表明其财务状况基本上符合标准要求；如与 100 有较大差距，则表明企业财务状况偏离标准要求。

【例题 9－4】某企业是一家中型电力企业，2019 年的财务状况评分的结果如表 9－9 所示。

表 9－9　某企业财务状况评分结果

财务比率	比重(1)	标准比率(2)	实际比率(3)	相对比率 (4)=(3)+(2)	综合指数 (5)=(1)×(4)
流动比率	25	2.00	1.60	0.83	20.75
净资产/负债	25	1.50	2.39	1.59	39.75
资产/固定资产	15	2.50	1.84	0.736	11.04
销售成本/存货	10	8	9.94	1.243	12.43

续表

财务比率	比重(1)	标准 比率(2)	实际 比率(3)	相对比率 (4) = (3) ÷ (2)	综合指数 (5) = (1) × (4)
销售收入/应收账款	10	6	8.61	1.435	14.35
销售收入/固定资产	10	4	0.55	0.138	1.38
销售收入/净资产	5	3	0.40	0.133	0.67
合计	100				100.37

从表 9 –9 可知，该企业的综合指数为 100.37，总体财务状况是不错的，综合评分达到标准的要求。但由于该方法技术上的缺陷，夸大了达到标准的程度，尽管沃尔比重评分法在理论上还有待证明，在技术上也不完善，但它还是在实践中被广泛地加以应用。

【例题 9 –5】 仍以【例题 9 –4】中企业 2019 年的财务状况为例，以中型电力生产企业的标准值为评价基础，则其综合评分标准如表 9 –10 所示。

表 9 –10　　综合评分表

指标	评分值	标准比率%	行业最高比率%	最高评分	最低评分	每份比率的差%
盈利能力						
总资产报酬率	20	5.5	15.8	30	10	1.03
销售净利率	20	26.0	56.2	30	10	3.02
净资产收益率	10	4.4	22.7	15	5	3.66
偿债能力						
自有资本比率	8	25.9	55.8	12	4	7.475
流动比率	8	95.7	253.6	12	4	39.475
应收账款周转率	8	290	960	12	4	167.5
存货周转率	8	800	3 030	12	4	557.5
成长能力						
销售增长率	6	2.5	38.9	9	3	12.13
净利增长率	6	10.1	51.2	9	3	13.7
总资产增长率	6	7.3	42.8	9	3	11.83
合计	100			150	50	

标准比率以本行业平均数为基础，在给每个指标评分时，应规定其上限和下限，以减少个别指标异常对总评分造成不合理的影响。上限可定为正常评分值的 1.5 倍，下限可定为正常评分值的 0.5 倍。此外，给分不是采用"乘"的关系，而是采用"加"或"减"的关系

来处理，以克服沃尔比重评分法的缺点。例如总资产报酬率每分比率的差为 1.03% =(15.8% - 5.5%) ÷ (30 - 20)。总资产报酬率每提高 1.03%，多给 1 分，但该项得分不得超过 30 分。

根据这种方法，对该企业的财务状况重新进行综合评价，得 124.94 分（见表 9 - 11），是一个中等略偏上水平的企业。

表 9 - 11　　**财务情况评分**

指标	实际比率%（1）	标准比率%（2）	差异（3）=（1）-（2）	每份比率%（4）	调整比率%（5）=（3）+（4）	标准评分值（6）	得分（7）=（5）+（6）
盈利能力							
总资产报酬率	10	5.5	4.5	1.03	4.37	20	24.37
销售净利率	33.54	26.0	7.54	3.02	2.50	20	22.50
净资产收益率	13.38	4.4	9.43	3.66	2.58	10	121.58
偿债能力							
自有资本比率	72.71	25.9	46.81	7.475	6.26	8	14.26
流动比率	166	95.7	70.3	39.475	1.78	8	9.78
应收账款周转率	861	290	571	167.5	3.41	8	11.41
存货周转率	994	800	194	557.5	0.35	8	8.35
成长能力							
销售增长率	17.7	2.5	15.2	12.13	1.25	6	7.25
净利增长率	-1.74	10.1	-11.84	13.7	-0.86	6	5.14
总资产增长率	46.36	7.3	39.06	11.83	3.30	6	9.30
合计						100	124.94

沃尔比重评分法是评价企业总体财务状况的一种比较可取的方法，但是这一方法的正确性取决于指标的选定、标准值的合理程度、标准值权重的确定等。

思考

杜邦财务分析法有哪些缺点？

文本：实务演练 3

本章小结

财务分析就是以财务报表和其他资料为依据和起点，采用专门方法，系统分析和评价企业的财务状况、经营成果和现金流量状况的过程。财务分析是评价财务状况及经营业绩的重要依据，是实现理财目标的重要手段，也是实施正确投资决策的重要步骤。财务分析方法多种多样，但常用的有以下三种方法：比率分析法、因素分析法和趋势分析法。财务分析的内容主要包括四个方面：偿债能力分析、营运能力分析、盈利能力分析和现金流量分析。企业偿债能力分析包括短期偿债能力分析和长期偿债能力分析。企业短期偿债能力的衡量指标主要有流动比率、速动比率和现金比率。长期偿债能力是指企业偿还长期负债的能力，其分析指标主要有四项：资产负债率、产权比率、利息保障倍数和权益乘数。企业营运能力分析主要包括流动资产周转情况分析、固定资产周转率和总资产周转率三个方面。企业盈利能力的一般分析指标主要有销售利润率、成本利润率、资产利润率、净资产收益率和资本保值增值率。财务综合分析就是将企业营运能力、偿债能力和盈利能力等方面的分析纳入一个有机的分析系统之中，全面地对企业财务状况，经营状况进行解剖和分析，从而对企业经济效益做出较为准确的评价与判断。财务综合分析的方法主要有两种：杜邦财务分析体系法和沃尔比重评分法。

本章互动环节

（一）互动环节分析资料

ZX 公司应收账款周转率计算表（见表 9－12）。

表 9－12　应收账款周转率计算表

项目	2018 年	2017 年
期初应收账款	16 623.43	15 449.48
期末应收账款	958.04	613.15
平均应收账款	1 012.35	985.19
应收账款周转率（次）	16.87	19.67
应收账款周转天数	21.34	18.31

（二）互动环节分析问题

音频：互动环节分析提示

分析问题（1）：应收账款周转率是如何计算的，2017 年和 2018 年相比应收账款周转率变化如何？

分析问题（2）：应收账款周转率的影响因素及评价方法。

本章习题

一、理论知识强化训练题

(一) 单项选择题

1. 流动比率大于1时，向银行借入流动资金100万元，流动比率将（　　）。

A. 降低

B. 增大

C. 流动资产和流动负债同时增加且增加数相同，流动比率不受影响

D. 无法确定

2. 某公司2020年年初所有者权益为30 000万元，2020年发行普通股3 000万元股，面值1元，发行价5元，年末所有者权益总额为50 000万元，则该公司2020年资本保值增值率为（　　）。

A. 1.17　　B. 1.57　　C. 1.67　　D. 1.27

3. 关于资产负债率，以下说法中正确的是（　　）。

A. 从债权人角度看，负债比率越大越好

B. 从债权人角度看，负债比率越小越好

C. 从股东角度看，负债比率越高越好

D. 从股东角度看，当全部资本利润率低于债务利息率时，负债比率越高越好

4. 下列表述正确的是（　　）。

A. 流动比率越大越好

B. 营运资金越多，企业的偿债能力就越强

C. 速动比率比流动比率更能反映企业的短期偿债能力

D. 如果流动比率小于2，则说明企业的偿债能力较差

5. 在公司财务报表中，销售成本为14万元，假定销售毛利率为30%，如果应收账款周转次数为2.5，应收账款年初数为6万元，应收账款年末数是（　　）万元。

A. 2　　B. 10　　C. 5.2　　D. 2.5

6. 某公司2020年相关资料为：实收资本年初数5 000万元，年中发行股票3 000万股，面值1元，发行价3元；资本公积年初数1 000万元，年初负债总额1 500万元，年末负债总额2 000万元，期初未分配利润1 500万元，不考虑其他因素。本年实现净利润5 000万元（本年未作分配），公司所得税率25%，财务费用500万元。则该公司2020年的净资产收益率为（　　）。

A. 58.50%　　B. 66.67%　　C. 23.81%　　D. 36.37%

7. 不属于发展能力指标的是（　　）。

A. 技术投入比率　　B. 资本保值增值率　　C. 市盈率　　D. 资本积累率

8. 关于每股收益，下列说法不正确的是（　　）。

A. 是本年净利润与年末普通股股数的比值

B. 是衡量上市公司盈利能力最重要的指标，它反映了普通股的获利水平

C. 在分析每股收益时，公司间的比较意义很有限

D. 每股收益的计算包括基本每股收益和稀释每股收益

9. 以下经济业务可以提高已获利息倍数的是（　　）。

A. 成本下降增加利润　　B. 支付现金股利

C. 贷款购买一条生产线　　D. 所得税税率降低

10. 权益乘数为8/5，则产权比率为（　　）。

A. 5/3　　B. 3/5　　C. 8/3　　D. 5/8

（二）多项选择题

1. 下列公式中不正确的有（　　）。

A. 权益乘数 = 1 + 产权比率　　B. 权益乘数 = 1/(1 - 产权比率)

C. 权益乘数 = (1 + 产权比率)/产权比率　　D. 产权比率 × 权益乘数 = 1

2. 下列指标中，可用于衡量企业长期偿债能力的是（　　）。

A. 产权比率　　B. 流动比率　　C. 资产周转率　　D. 已获利息倍数

3. 下列关于市盈率的说法，不正确的有（　　）。

A. 市盈率指标可用于不同行业公司间的比较

B. 市盈率越高，表明市场对公司的未来越看好

C. 在每股收益确定的情况下，市价越高，市盈率越高，投资风险越小

D. 在市价确定的情况下，每股收益越低，市盈率越高，投资风险越小

4. 权益净利率是杜邦分析体系中是综合性最强、最具有代表性的指标，通过对系统的分析可知，以下可以提高权益净利率的有（　　）。

A. 加强负债管理，提高产权比率　　B. 强加资产管理，提高其利用率和周转率

C. 加强负债管理，降低资产负债率　　D. 加强销售管理，提高销售净利率

5. 关于已获利息倍数的说法中正确的有（　　）。

A. 已获利息倍数是指企业息税前利润与利息支出的比率

B. 已获利息倍数计算公式分母的利息支出指实际支出的借款利息、债券利息等，包括资本化利息

C. 国际上通常认为该指标为3时较为适当，从长期来看至少应大于1

D. 已获利息倍数既是企业举债经营的前提依据，也是衡量企业短期偿债能力大小的重要标志

6. 在计算应收账款周转率时，需要注意的问题有（　　）。

A. 公式中应收账款包括“应收账款”和“应收票据”等的全部赊销账款，金额为扣除坏账准备前的数额

B. 公式中应收账款包括“应收账款”和“应收票据”等的全部赊销账款，金额为扣除坏账准备后的净额

C. 如果应收账款余额波动性较大，则应尽可能使用更详尽的计算资料比如按每月的应收账款余额来计算其平均占用额

D. 分子、分母数据应注意时间的对应性

7. 根据杜邦等式可知，提高净资产收益率的途径有（　　）。

A. 提高产权比率　　B. 提高营业净利率

C. 提高总资产周转率　　D. 提高资产负债率

二、技能知识强化训练题

（一）案例分析题

国雅公司部分财务比率见表9－13。

表9－13　　国雅公司部分主要财务比率

月份 标准	1	2	3	4	5	6	7	8	9	10	11	12	月平均
流动比率	2.2	2.3	2.4	2.2	2	1.9	1.8	1.9	2	2.1	2.2	2.2	2.1
速动比率	0.7	0.8	0.9	1	1.1	1.2	1.2	1.2	1.1	1	0.9	0.8	0.98
资产负债率	52	55	60	55	53	50	42	45	46	48	50	52	51
资产净利率	4	6	8	13	15	16	18	16	10	6	4	2	10
销售净利率	7	8	8	9	10	11	12	11	10	8	8	7	9

要求：请根据表9－13分析以下内容：

（1）该企业生产经营有什么特点？

（2）流动比率与速动比率的变动趋势为什么会产生差异？怎样消除这种差异？

（3）资产负债率的变动说明了什么问题？3月资产负债率最高说明什么问题？

（4）资产净利率与销售净利率的变动程度为什么不一致？

（5）该企业筹资、投资应注意什么问题？

资料来源：陈玉菁．财务管理实务与案例．中国人民大学出版社，2015.

（二）实务计算题

1. 某公司2×17年营业收入5 000万元，营业净利率为12%，年末有息负债利息率为8%，全年固定经营成本总额为600万元，该公司适用的所得税税率为33%，目前该公司部分生产能力闲置，2×17年12月31日简化的资产负债表如表9－14所示。

表9－14　　资产负债表

2×17年12月31日　　单位：万元

资产	年末	权益	年末
货币资金	100	应付账款	100
应收账款	150	应付票据	50
存货	300	长期借款	250
固定资产	450	股本	400
		留存收益	200
合计	1 000	合计	1 000

该公司的流动资产和流动负债与收入同比例增长。预计2×18年的营业收入增长率为20%，营业净利率为10%，营业毛利率为15%，股利支付率为90%。

要求：（1）计算该公司2×17年的净利润、息税前利润和边际贡献；

（2）计算该公司2×18年的经营杠杆系数、财务杠杆系数和复合杠杆系数；

（3）根据销售额比率法计算该公司2×18年的外部融资需求量；

（4）结合（3），该公司所需外部融资需求量通过平价发行3年期分期付息公司债券来筹集，债券票面年利率为6%，计算该债券的资金成本；

（5）编制该公司2×18年12月31日的预计资产负债表；

（6）计算该公司2×18年的应收账款周转率、存货周转率。

2. 已知A公司有关资料如表9－15所示：

表9－15　　A公司的资产负债表

2×18年12月31日

资产	年初	年末	负债及所有者权益	年初	年末
流动资产			流动负债合计	175	150
货币资金	50	45	长期负债合计	245	200
应收账款	60	90	负债合计	420	350
存货	115	180			
流动资产合计	225	315			
固定资产净值	475	385	所有者权益合计	280	350
总计	700	700	总计	700	700

同时，该公司2×17年度营业净利率为16%，总资产周转率为0.5次（年末总资产），权益乘数为2.5（年末数），净资产收益率为20%（年末净资产），2×18年度主营业务收入净额为420万元，净利润为63万元。

要求根据上述资料：

（1）计算2×18年年末的流动比率、速动比率、资产负债率和权益乘数；

（2）计算2×18年总资产周转率、营业净利率和净资产收益率（资产、净资产均按期末数计算）；

（3）计算2×18年产权比率、资本保值增值率；

（4）通过差额分析法，结合已知资料和（1）（2）分析营业净利率、总资产周转率和权益乘数变动对净资产收益率的影响（假设按此顺序分析）。

文本：挑战中级

附录

资金时间价值系数表

复利终值系数表

$(F/P,i,n)=(1+i)^n$

贴现率 i / 期数 n	1%	2%	3%	4%	5%	6%	7%	8%	9%	10%
1	1.0100	1.0200	1.0300	1.0400	1.0500	1.0600	1.0700	1.0800	1.0900	1.1000
2	1.0201	1.0404	1.0609	1.0816	1.1025	1.1236	1.1449	1.1664	1.1881	1.2100
3	1.0303	1.0612	1.0927	1.1249	1.1576	1.1910	1.2250	1.2597	1.2950	1.3310
4	1.0406	1.0824	1.1255	1.1699	1.2155	1.2625	1.3108	1.3605	1.4116	1.4641
5	1.0510	1.1041	1.1593	1.2167	1.2763	1.3382	1.4026	1.4693	1.5386	1.6105
6	1.0615	1.1262	1.1941	1.2653	1.3401	1.4185	1.5007	1.5869	1.6771	1.7716
7	1.0721	1.1487	1.2299	1.3159	1.4071	1.5036	1.6058	1.7138	1.8280	1.9487
8	1.0829	1.1717	1.2668	1.3686	1.4775	1.5938	1.7182	1.8509	1.9926	2.1436
9	1.0937	1.1951	1.3048	1.4233	1.5513	1.6895	1.8385	1.9990	2.1719	2.3579
10	1.1046	1.2190	1.3439	1.4802	1.6289	1.7908	1.9672	2.1589	2.3674	2.5937
11	1.1157	1.2434	1.3842	1.5395	1.7103	1.8983	2.1049	2.3316	2.5804	2.8531
12	1.1268	1.2682	1.4258	1.6010	1.7959	2.0122	2.2522	2.5182	2.8127	3.1384
13	1.1381	1.2936	1.4685	1.6651	1.8856	2.1329	2.4098	2.7196	3.0658	3.4523
14	1.1495	1.3195	1.5126	1.7317	1.9799	2.2609	2.5785	2.9372	3.3417	3.7975
15	1.1610	1.3459	1.5580	1.8009	2.0789	2.3966	2.7590	3.1722	3.6425	4.1772
16	1.1726	1.3728	1.6047	1.8730	2.1829	2.5404	2.9522	3.4259	3.9703	4.5950
17	1.1843	1.4002	1.6528	1.9479	2.2920	2.6928	3.1588	3.7000	4.3276	5.0545
18	1.1961	1.4282	1.7024	2.0258	2.4066	2.8543	3.3799	3.9960	4.7171	5.5599
19	1.2081	1.4568	1.7535	2.1068	2.5270	3.0256	3.6165	4.3157	5.1417	6.1159
20	1.2202	1.4859	1.8061	2.1911	2.6533	3.2071	3.8697	4.6610	5.6044	6.7275
21	1.2324	1.5157	1.8603	2.2788	2.7860	3.3996	4.1406	5.0338	6.1088	7.4002
22	1.2447	1.5460	1.9161	2.3699	2.9253	3.6035	4.4304	5.4365	6.6586	8.1403
23	1.2572	1.5769	1.9736	2.4647	3.0715	3.8197	4.7405	5.8715	7.2579	8.2543
24	1.2697	1.6084	2.0328	2.5633	3.2251	4.0489	5.0724	6.3412	7.9111	9.8497
25	1.2824	1.6406	2.0938	2.6658	3.3864	4.2919	5.4274	6.8485	8.6231	10.835
26	1.2953	1.6734	2.1566	2.7725	3.5557	4.5494	5.8074	7.3964	9.3992	11.918
27	1.3082	1.7069	2.2213	2.8834	3.7335	4.8223	6.2139	7.9881	10.245	13.110
28	1.3213	1.7410	2.2879	2.9987	3.9201	5.1117	6.6488	8.6271	11.167	14.421
29	1.3345	1.7758	2.3566	3.1187	4.1161	5.4184	7.1143	9.3173	12.172	15.863
30	1.3478	1.8114	2.4273	3.2434	4.3219	5.7435	7.6123	10.063	13.268	17.449

续表

期数 n \ 贴现率 i	12%	14%	15%	16%	18%	20%	24%	28%	32%	36%
1	1.1200	1.1400	1.1500	1.1600	1.1800	1.2000	1.2400	1.2800	1.3200	1.3600
2	1.2544	1.2996	1.3225	1.3456	1.3924	1.4400	1.5376	1.6384	1.7424	1.8496
3	1.4049	1.4815	1.5209	1.5609	1.6430	1.7280	1.9066	2.0872	2.3000	2.5155
4	1.5735	1.6890	1.7490	1.8106	1.9388	2.0736	2.3642	2.6844	3.0360	3.4210
5	1.7623	1.9254	2.0114	2.1003	2.2878	2.4883	2.9316	3.4360	4.0070	4.6526
6	1.9738	2.1950	2.3131	2.4364	2.6996	2.9860	3.6352	4.3980	5.2899	6.3275
7	2.2107	2.5023	2.6600	2.8262	3.1855	3.5832	4.5077	5.6295	6.9826	8.6054
8	2.4760	2.8526	3.0590	3.2784	3.7589	4.2998	5.5895	7.2058	9.2170	11.703
9	2.7731	3.2519	3.5179	3.8030	4.4355	5.1598	6.9310	9.2234	12.166	15.917
10	3.1058	3.7072	4.0456	4.4114	5.2338	6.1917	8.5944	11.806	16.060	21.647
11	3.4785	4.2262	4.6524	5.1173	6.1759	7.4301	10.657	15.112	21.199	29.439
12	3.8960	4.8179	5.3503	5.9360	7.2876	8.9161	13.215	19.343	27.983	40.037
13	4.3635	5.4924	6.1528	6.8858	8.5994	10.699	16.386	24.759	36.937	54.451
14	4.8871	6.2613	7.0757	7.9875	10.147	12.839	20.319	31.691	48.757	74.053
15	5.4736	7.1379	8.1371	9.2655	11.974	15.407	25.196	40.565	64.359	100.71
16	6.1304	8.1372	9.3576	10.748	14.129	18.488	31.243	51.923	84.954	136.69
17	6.8660	9.2765	10.761	12.466	16.672	22.186	38.741	66.461	112.14	186.28
18	7.6900	10.575	12.375	14.463	19.673	26.623	48.039	86.071	148.02	253.34
19	8.6128	12.056	14.232	16.777	23.214	31.948	59.568	108.89	195.39	344.54
20	9.6463	13.743	16.367	19.461	27.393	38.338	73.864	139.38	257.92	468.57
21	10.804	15.668	18.822	22.574	32.324	46.005	91.592	178.41	340.45	637.26
22	12.100	17.861	21.645	26.186	38.142	55.206	113.57	228.36	449.39	866.67
23	13.552	20.362	24.891	30.376	45.008	66.247	140.83	292.30	593.20	1 178.7
24	15.179	23.212	28.625	35.236	53.109	79.497	174.63	374.14	783.02	1 603.0
25	17.000	26.462	32.919	40.874	62.669	95.396	216.54	478.90	1 033.6	2 180.1
26	19.040	30.167	37.857	47.414	73.949	114.48	268.51	613.00	1 364.3	2 964.9
27	21.325	34.390	43.535	55.000	87.260	137.37	332.95	784.64	1 800.9	4 032.3
28	23.884	39.204	50.066	63.800	102.97	164.84	412.86	1 004.3	2 377.2	5 483.9
29	26.750	44.693	57.575	74.009	121.50	197.81	511.95	1 285.6	3 137.9	7 458.1
30	29.960	50.950	66.212	85.850	143.37	237.38	634.82	1 645.5	4 142.1	10 143

复利现值系数表

$(P/F,i,n)=1/(1+i)^n$

贴现率 i / 期数 n	1%	2%	3%	4%	5%	6%	7%	8%	9%	10%
1	0.9901	0.9804	0.9709	0.9615	0.9524	0.9434	0.9346	0.9259	0.9174	0.9091
2	0.9803	0.9612	0.9426	0.9246	0.9070	0.8900	0.8734	0.8573	0.8417	0.8264
3	0.9706	0.9423	0.9151	0.8890	0.8638	0.8396	0.8163	0.7938	0.7722	0.7513
4	0.9610	0.9238	0.8885	0.8548	0.8227	0.7921	0.7629	0.7350	0.7084	0.6830
5	0.9515	0.9057	0.8626	0.8219	0.7835	0.7473	0.7130	0.6806	0.6499	0.6209
6	0.9420	0.8880	0.8375	0.7903	0.7462	0.7050	0.6663	0.6302	0.5963	0.5645
7	0.9327	0.8706	0.8131	0.7599	0.7107	0.6651	0.6227	0.5835	0.5470	0.5132
8	0.9235	0.8535	0.7894	0.7307	0.6768	0.6274	0.5820	0.5403	0.5019	0.4665
9	0.9143	0.8368	0.7664	0.7026	0.6446	0.5919	0.5439	0.5002	0.4604	0.4241
10	0.9053	0.8203	0.7441	0.6756	0.6139	0.5584	0.5083	0.4632	0.4224	0.3855
11	0.8963	0.8043	0.7224	0.6496	0.5847	0.5268	0.4751	0.4289	0.3875	0.3505
12	0.8874	0.7885	0.7014	0.6246	0.5568	0.4970	0.4440	0.3971	0.3555	0.3186
13	0.8787	0.7730	0.6810	0.6006	0.5303	0.4688	0.4150	0.3677	0.3262	0.2897
14	0.8700	0.7579	0.6611	0.5775	0.5051	0.4423	0.3878	0.3405	0.2992	0.2633
15	0.8613	0.7430	0.6419	0.5553	0.4810	0.4173	0.3624	0.3152	0.2745	0.2394
16	0.8528	0.7284	0.6232	0.5339	0.4581	0.3936	0.3387	0.2919	0.2519	0.2176
17	0.8444	0.7142	0.6050	0.5134	0.4363	0.3714	0.3166	0.2703	0.2311	0.1978
18	0.8360	0.7002	0.5874	0.4936	0.4155	0.3503	0.2959	0.2502	0.2120	0.1799
19	0.8277	0.6864	0.5703	0.4746	0.3957	0.3305	0.2765	0.2317	0.1945	0.1635
20	0.8195	0.6730	0.5537	0.4564	0.3769	0.3118	0.2584	0.2145	0.1784	0.1486
21	0.8114	0.6598	0.5375	0.4388	0.3589	0.2942	0.2415	0.1987	0.1637	0.1351
22	0.8034	0.6468	0.5219	0.4220	0.3418	0.2775	0.2257	0.1839	0.1502	0.1228
23	0.7954	0.6342	0.5067	0.4057	0.3256	0.2618	0.2109	0.1703	0.1378	0.1117
24	0.7876	0.6217	0.4919	0.3901	0.3101	0.2470	0.1971	0.1577	0.1264	0.1015
25	0.7798	0.6095	0.4776	0.3751	0.2953	0.2330	0.1842	0.1460	0.1160	0.0923
26	0.7720	0.5976	0.4637	0.3604	0.2812	0.2198	0.1722	0.1352	0.1064	0.0839
27	0.7644	0.5859	0.4502	0.3468	0.2678	0.2074	0.1609	0.1252	0.0976	0.0763
28	0.7568	0.5744	0.4371	0.3335	0.2551	0.1956	0.1504	0.1159	0.0895	0.0693
29	0.7493	0.5631	0.4243	0.3207	0.2429	0.1846	0.1406	0.1073	0.0822	0.0630
30	0.7419	0.5521	0.4120	0.3083	0.2314	0.1741	0.1314	0.0994	0.0754	0.0573

续表

贴现率 i / 期数 n	12%	14%	15%	16%	18%	20%	24%	28%	32%	36%
1	0. 8929	0. 8772	0. 8696	0. 8621	0. 8475	0. 8333	0. 8065	0. 7813	0. 7576	0. 7353
2	0. 7972	0. 7695	0. 7561	0. 7432	0. 7182	0. 6944	0. 6504	0. 6104	0. 5739	0. 5407
3	0. 7118	0. 6750	0. 6575	0. 6407	0. 6086	0. 5787	0. 5245	0. 4768	0. 4348	0. 3975
4	0. 6355	0. 5921	0. 5718	0. 5523	0. 5158	0. 4823	0. 4230	0. 3725	0. 3294	0. 2923
5	0. 5674	0. 5194	0. 4972	0. 4762	0. 4371	0. 4019	0. 3411	0. 2910	0. 2495	0. 2149
6	0. 5066	0. 4556	0. 4323	0. 4104	0. 3704	0. 3349	0. 2751	0. 2274	0. 1890	0. 1580
7	0. 4523	0. 3996	0. 3759	0. 3538	0. 3139	0. 2791	0. 2218	0. 1776	0. 1432	0. 1162
8	0. 4039	0. 3506	0. 3269	0. 3050	0. 2660	0. 2326	0. 1789	0. 1388	0. 1085	0. 0854
9	0. 3606	0. 3075	0. 2843	0. 2630	0. 2255	0. 1938	0. 1443	0. 1084	0. 0822	0. 0628
10	0. 3220	0. 2697	0. 2472	0. 2267	0. 1911	0. 1615	0. 1164	0. 0847	0. 0623	0. 0462
11	0. 2875	0. 2366	0. 2149	0. 1954	0. 1619	0. 1346	0. 0938	0. 0662	0. 0472	0. 0340
12	0. 2567	0. 2076	0. 1869	0. 1685	0. 1372	0. 1122	0. 0757	0. 0517	0. 0357	0. 0250
13	0. 2292	0. 1821	0. 1625	0. 1452	0. 1163	0. 0935	0. 0610	0. 0404	0. 0271	0. 0184
14	0. 2046	0. 1597	0. 1413	0. 1252	0. 0985	0. 0779	0. 0492	0. 0316	0. 0205	0. 0135
15	0. 1827	0. 1401	0. 1229	0. 1079	0. 0835	0. 0649	0. 0397	0. 0247	0. 0155	0. 0099
16	0. 1631	0. 1229	0. 1069	0. 0980	0. 0708	0. 0541	0. 0320	0. 0193	0. 0118	0. 0073
17	0. 1456	0. 1078	0. 0929	0. 0802	0. 0600	0. 0451	0. 0258	0. 0150	0. 0089	0. 0054
18	0. 1300	0. 0946	0. 0808	0. 0691	0. 0508	0. 0376	0. 0208	0. 0118	0. 0068	0. 0039
19	0. 1161	0. 0829	0. 0703	0. 0596	0. 0431	0. 0313	0. 0168	0. 0092	0. 0051	0. 0029
20	0. 1037	0. 0728	0. 0611	0. 0514	0. 0365	0. 0261	0. 0135	0. 0072	0. 0039	0. 0021
21	0. 0926	0. 0638	0. 0531	0. 0443	0. 0309	0. 0217	0. 0109	0. 0056	0. 0029	0. 0016
22	0. 0826	0. 0560	0. 0462	0. 0382	0. 0262	0. 0181	0. 0088	0. 0044	0. 0022	0. 0012
23	0. 0738	0. 0491	0. 0402	0. 0329	0. 0222	0. 0151	0. 0071	0. 0034	0. 0017	0. 0008
24	0. 0659	0. 0431	0. 0349	0. 0284	0. 0188	0. 0126	0. 0057	0. 0027	0. 0013	0. 0006
25	0. 0588	0. 0378	0. 0304	0. 0245	0. 0160	0. 0105	0. 0046	0. 0021	0. 0010	0. 0005
26	0. 0525	0. 0331	0. 0264	0. 0211	0. 0135	0. 0087	0. 0037	0. 0016	0. 0007	0. 0003
27	0. 0469	0. 0291	0. 0230	0. 0182	0. 0115	0. 0073	0. 0030	0. 0013	0. 0006	0. 0002
28	0. 0419	0. 0255	0. 0200	0. 0157	0. 0097	0. 0061	0. 0024	0. 0010	0. 0004	0. 0002
29	0. 0374	0. 0224	0. 0174	0. 0135	0. 0082	0. 0051	0. 0020	0. 0008	0. 0003	0. 0001
30	0. 0334	0. 0196	0. 0151	0. 0116	0. 0070	0. 0042	0. 0016	0. 0006	0. 0002	0. 0001

年金终值系数表

$$(F/A,i,n)=[(1+i)^n-1]/i$$

期数 n \ 贴现率 i	1%	2%	3%	4%	5%	6%	7%	8%	9%	10%
1	1.0000	1.0000	1.0000	1.0000	1.0000	1.0000	1.0000	1.0000	1.0000	1.0000
2	2.0100	2.0200	2.0300	2.0400	2.0500	2.0600	2.0700	2.0800	2.0900	2.1000
3	3.0301	3.0604	3.0909	3.1216	3.1525	3.1836	2.2149	3.2464	3.2781	3.3100
4	4.0604	4.1216	4.1836	4.2465	4.3101	4.3746	4.4399	4.5061	4.5731	4.6410
5	5.1010	5.2040	5.3091	5.4163	5.5256	5.6371	5.7507	5.8666	5.9847	6.1051
6	6.1520	6.3081	6.4684	6.6330	6.8019	6.9753	7.1533	7.3359	7.5233	7.7156
7	7.2135	7.4343	7.6625	7.8983	8.1420	8.3938	8.6540	8.9228	9.2004	9.4872
8	8.2857	8.5830	8.8923	9.2142	9.5491	9.8975	10.260	10.637	11.028	11.436
9	9.3685	9.7546	10.159	10.583	11.027	11.491	11.978	12.488	13.021	13.579
10	10.462	10.950	11.464	12.006	12.578	13.181	13.816	14.487	15.193	15.937
11	11.567	12.169	12.808	13.486	14.207	14.972	15.784	16.645	17.560	18.531
12	12.683	13.412	14.192	15.026	15.917	16.870	17.888	18.977	20.141	21.384
13	13.809	14.680	15.618	16.627	17.713	18.882	20.141	21.495	22.953	24.523
14	14.947	15.974	17.086	18.292	19.599	21.015	22.550	24.215	26.019	27.975
15	16.097	17.293	18.599	20.024	21.579	23.276	25.129	27.152	29.361	31.772
16	17.258	18.639	20.157	21.825	23.676	25.673	27.888	30.324	33.003	35.950
17	18.430	20.012	21.762	23.689	25.840	28.213	30.840	33.750	36.974	40.545
18	19.615	21.412	23.414	25.645	28.132	30.906	33.999	37.450	41.301	45.599
19	20.811	22.841	25.117	27.671	30.539	33.760	37.379	41.446	46.018	51.159
20	22.019	24.297	26.870	29.778	33.066	36.786	40.995	45.762	51.160	57.275
21	23.239	25.783	28.676	31.969	35.719	39.993	44.865	50.423	56.765	64.002
22	24.472	27.299	30.537	34.248	38.505	43.392	49.006	55.457	62.873	71.403
23	25.716	28.845	32.453	36.618	41.430	46.996	53.436	60.893	69.532	79.543
24	26.973	30.422	34.426	39.083	44.502	50.816	58.177	66.765	76.790	88.497
25	28.243	32.030	36.459	41.646	47.727	54.865	63.249	73.106	84.701	98.347
26	29.526	33.671	38.553	44.312	51.114	59.156	68.676	79.954	93.324	109.18
27	30.821	35.344	40.710	47.084	54.669	63.706	74.484	87.351	102.72	121.10
28	32.129	37.051	42.931	49.968	58.403	68.528	80.698	95.339	112.97	134.21
29	33.450	38.792	45.219	52.966	62.323	73.640	87.347	103.97	124.14	148.63
30	34.785	40.568	47.575	56.085	66.439	79.058	94.461	113.28	136.31	164.49

续表

贴现率 i / 期数 n	12%	14%	15%	16%	18%	20%	24%	28%	32%	36%
1	1.0000	1.0000	1.0000	1.0000	1.0000	1.0000	1.0000	1.0000	1.0000	1.0000
2	2.1200	2.1400	2.1500	2.1600	2.1800	2.2000	2.2400	2.2800	2.3200	2.3600
3	3.3744	3.4396	3.4725	3.5056	3.5724	3.6400	3.7776	3.9184	3.0624	3.2096
4	4.7793	4.9211	4.9934	5.0665	5.2154	5.3680	5.6842	6.0156	6.3624	6.7251
5	6.3528	6.6101	6.7424	6.8771	7.1542	7.4416	8.0484	8.6999	9.3983	10.146
6	8.1152	8.5355	8.7537	8.9775	9.4420	9.9299	10.980	12.136	13.406	14.799
7	10.089	10.730	11.067	11.414	12.142	12.916	14.615	16.534	18.696	21.126
8	12.300	13.233	13.727	14.240	15.327	16.499	19.123	22.163	25.678	29.732
9	14.776	16.085	16.786	17.519	19.086	20.799	24.712	29.369	34.895	41.435
10	17.549	19.337	20.304	21.321	23.521	25.959	31.643	38.593	47.062	57.352
11	20.655	23.045	24.349	25.733	28.755	32.150	40.238	50.398	63.122	78.998
12	24.133	27.271	29.002	30.850	34.931	39.581	50.895	65.510	84.320	108.44
13	28.029	32.089	34.352	36.786	42.219	48.497	64.110	84.853	112.30	148.47
14	32.393	37.581	40.505	43.672	50.818	59.196	80.496	109.61	149.24	202.93
15	37.280	43.842	47.580	51.660	60.965	72.035	100.82	141.30	198.00	276.98
16	42.753	50.980	55.717	60.925	72.939	87.442	126.01	181.87	262.36	377.69
17	48.884	59.118	65.075	71.673	87.068	105.93	157.25	233.79	347.31	514.66
18	55.750	68.394	75.836	84.141	103.74	128.12	195.99	300.25	459.45	700.94
19	63.440	78.969	88.212	98.603	123.41	154.74	244.03	385.32	607.47	954.28
20	72.052	91.025	102.44	115.38	146.63	186.69	303.60	494.21	802.86	1 298.8
21	81.699	104.77	118.81	134.84	174.02	225.03	377.46	633.59	1 060.8	1 767.4
22	92.503	120.44	137.63	157.41	206.35	271.03	469.06	812.00	1 401.2	2 404.7
23	104.60	138.30	159.28	183.60	244.49	326.24	582.63	1 040.4	1 850.6	3 271.3
24	118.16	158.66	184.17	213.98	289.49	392.48	723.46	1332.7	2 443.8	4 450.0
25	133.33	181.87	212.79	249.21	342.60	471.98	898.09	1 706.8	3 226.8	6 053.0
26	150.33	208.33	245.71	290.09	405.27	567.38	1 114.6	2 185.7	4 260.4	8 233.1
27	169.37	238.50	283.57	337.50	479.22	681.85	1 383.1	2 798.7	5 624.8	11 198.0
28	190.70	272.89	327.10	392.50	566.48	819.22	1 716.1	3 583.3	7 425.7	15 230.3
29	214.58	312.09	377.17	456.30	669.45	984.07	2 129.0	4 587.7	9 802.9	20 714.2
30	241.33	356.79	434.75	530.31	790.95	1 181.9	2 640.9	5 873.2	12 941.0	28 172.3

年金现值系数表

$(P/A,i,n)=[1-(1+i)^{-n}]/i$

贴现率 i / 期数 n	1%	2%	3%	4%	5%	6%	7%	8%	9%
1	0.9901	0.9804	0.9709	0.9615	0.9524	0.9434	0.9346	0.9259	0.9174
2	1.9704	1.9416	1.9135	1.8861	1.8594	1.8334	1.8080	1.7833	1.7591
3	2.9410	2.8839	2.8286	2.7751	2.7232	2.6730	2.6243	2.5771	2.5313
4	3.9020	3.8077	3.7171	3.6299	3.5460	3.4651	3.3872	3.3121	3.2397
5	4.8534	4.7135	4.5797	4.4518	4.3295	4.2124	4.1002	3.9927	3.8897
6	5.7955	5.6014	5.4172	5.2421	5.0757	4.9173	4.7665	4.6229	4.4859
7	6.7282	6.4720	6.2303	6.0021	5.7864	5.5824	5.3893	5.2064	5.0330
8	7.6517	7.3255	7.0197	6.7327	6.4632	6.2098	5.9713	5.7466	5.5348
9	8.5660	8.1622	7.7861	7.4353	7.1078	6.8017	6.5152	6.2469	5.9952
10	9.4713	8.9826	8.5302	8.1109	7.7217	7.3601	7.0236	6.7101	6.4177
11	10.3676	9.7868	9.2526	8.7605	8.3064	7.8869	7.4987	7.1390	6.8052
12	11.2551	10.5753	9.9540	9.3851	8.8633	8.3838	7.9427	7.5361	7.1607
13	12.1337	11.3484	10.6350	9.9856	9.3936	8.8527	8.3577	7.9038	7.4869
14	13.0037	12.1062	11.2961	10.5631	9.8986	9.2950	8.7455	8.2442	7.7862
15	13.8651	12.8493	11.9379	11.1184	10.3797	9.7122	9.1079	8.5595	8.0607
16	14.7179	13.5777	12.5611	11.6523	10.8378	10.1059	9.4466	8.8514	8.3126
17	15.5623	14.2919	13.1661	12.1657	11.2741	10.4773	9.7632	9.1216	8.5436
18	16.3983	14.9920	13.7535	12.6593	11.6896	10.8276	10.0591	9.3719	8.7556
19	17.2260	15.6785	14.3238	13.1339	12.0853	11.1581	10.3356	9.6036	8.9501
20	18.0456	16.3514	14.8775	13.5903	12.4622	11.4699	10.5940	9.8181	9.1285
21	18.8570	17.0112	15.4150	14.0292	12.8212	11.7641	10.8355	10.0168	9.2922
22	19.6604	17.6580	15.9369	14.4511	13.1630	12.0416	11.0612	10.2007	9.4424
23	20.4558	18.2922	16.4436	14.8568	13.4886	12.3034	11.2722	10.3711	9.5802
24	21.2434	18.9139	16.9355	15.2470	13.7986	12.5504	11.4693	10.5288	9.7066
25	22.0232	19.5235	17.4131	15.6221	14.0939	12.7834	11.6536	10.6748	9.8226
26	22.7952	20.1210	17.8768	15.9828	14.3752	13.0032	11.8258	10.8100	9.9290
27	23.5596	20.7069	18.3270	16.3296	14.6430	13.2105	11.9867	10.9352	10.0266
28	24.3164	21.2813	18.7641	16.6631	14.8981	13.4062	12.1371	11.0511	10.1161
29	25.0658	21.8444	19.1885	16.9837	15.1411	13.5907	12.2777	11.1584	10.1983
30	25.8077	22.3965	19.6004	17.2920	15.3725	13.7648	12.4090	11.2578	10.2737

续表

期数 n \ 贴现率 i	10%	12%	14%	15%	16%	18%	20%	24%	28%	32%
1	0.9091	0.8929	0.8772	0.8696	0.8621	0.8475	0.8333	0.8065	0.7813	0.7576
2	1.7355	1.6901	1.6467	1.6257	1.6052	1.5656	1.5278	1.4568	1.3916	1.3315
3	2.4869	2.4018	2.3216	2.2832	2.2459	2.1743	2.1065	1.9813	1.8684	1.7663
4	3.1699	3.0373	2.9137	2.8550	2.7982	2.6901	2.5887	2.4043	2.2410	2.0957
5	3.7908	3.6048	3.4331	3.3522	3.2743	3.1272	2.9906	2.7454	2.5320	2.3452
6	4.3553	4.1114	3.8887	3.7845	3.6847	3.4976	3.3255	3.0205	2.7594	2.5342
7	4.8684	4.5638	4.2883	4.1604	4.0386	3.8115	3.6046	3.2423	2.9370	2.6775
8	5.3349	4.9676	4.6389	4.4873	4.3436	4.0776	3.8372	3.4212	3.0758	2.7860
9	5.7590	5.3282	4.9164	4.7716	4.6065	4.3030	4.0310	3.5655	3.1842	2.8681
10	6.1446	5.6502	5.2161	5.0188	4.8332	4.4941	4.1925	3.6819	3.2689	2.9304
11	6.4951	5.9377	5.4527	5.2337	5.0286	4.6560	4.3271	3.7757	3.3351	2.9776
12	6.8137	6.1944	5.6603	5.4206	5.1971	4.7932	4.4392	3.8514	3.3868	3.0133
13	7.1034	6.4235	5.8424	5.5831	5.3423	4.9095	4.5327	3.9124	3.4272	3.0404
14	7.3667	6.6282	6.0021	5.7245	5.4675	5.0081	4.6106	3.9616	3.4587	3.0609
15	7.6061	6.8109	6.1422	5.8474	5.5755	5.0916	4.6755	4.0013	3.4834	3.0764
16	7.8237	6.9740	6.2651	5.9542	5.6685	5.1624	4.7296	4.0333	3.5026	3.0882
17	8.0216	7.1196	6.3729	6.0472	5.7487	5.2223	4.7746	4.0591	3.5177	3.0971
18	8.2014	7.2497	6.4674	6.1280	5.8178	5.2732	4.8122	4.0799	3.5294	3.1039
19	8.3649	7.3658	6.5504	6.1982	5.8775	5.3162	4.8435	4.0967	3.5386	3.1090
20	8.5136	7.4694	6.6231	6.2593	5.9288	5.3527	4.8696	4.1103	3.5458	3.1129
21	8.6487	7.5620	6.6870	6.3125	5.9731	5.3837	4.8913	4.1212	3.5514	3.1158
22	8.7715	7.6446	6.7429	6.3587	6.0113	5.4099	4.9094	4.1300	3.5558	3.1180
23	8.8832	7.7184	6.7921	6.3988	6.0442	5.4321	4.9245	4.1371	3.5592	3.1197
24	8.9847	7.7843	6.8351	6.4338	6.0726	5.4509	4.9371	4.1428	3.5619	3.1210
25	9.0770	7.8431	6.8729	6.4641	6.0971	5.4669	4.9476	4.1474	3.5640	3.1220
26	9.1609	7.8957	6.9061	6.4906	6.1182	5.4804	4.9563	4.1511	3.5656	3.1227
27	9.2372	7.9426	6.9352	6.5135	6.1364	5.4919	4.9636	4.1542	3.5669	3.1233
28	9.3066	7.9844	6.9607	6.5335	6.1520	5.5016	4.9697	4.1566	3.5679	3.1237
29	9.3696	8.0218	6.9830	6.5509	6.1656	5.5098	4.9747	4.1585	3.5687	3.1240
30	9.4269	8.0552	7.0027	6.5660	6.1772	5.5168	4.9789	4.1601	3.5693	3.1242

参考文献

1. 财政部会计资格评价中心．中级会计资格财务管理［M］．北京：中国财政经济出版社，2016.

2. 孔德兰．财务管理实务［M］．北京：中国人民大学出版社．2014.

3. 李其银，徐然，齐明霞．财务管理实务［M］．哈尔滨：哈尔滨工程大学出版社．2018.

4. 王振华．财务管理［M］．北京：经济科学出版社，2007.

5. 李小安．财务管理教程［M］．北京：现代教育出版社，2012.

6. 陈玉菁．财务管理实务与案例［M］．北京：中国人民大学出版社，2015.